法社会学の基礎理論

トーマス・ライザー 著
Thomas Raiser

大橋憲広 監訳
Norihiro Ohashi

田中憲彦・中谷 崇・清水 聡 訳
Norihiko Tanaka, Takashi Nakaya & Soh Shimizu

法律文化社

Grundlagen der Rechtssoziologie 5th edition
by Thomas Raiser

©2009 Mohr Siebeck, Tübingen
Japanese translation published by Horitsu Bunka Sha

日本語版への序文

　1987年，ドイツにおいて最初に『生きた法』という標題で上梓し，2009年の第5版では，『法社会学の基礎理論』という標題とした私の著作は，次のような目的を追求している。すなわち，学問分野としての法社会学の水準と，大学の講義での専門科目としての法社会学の水準にふさわしい著作を執筆するということである。そのような試みは，さらになお，次の点においても重要であるようにも思われる。というのも，規範に方向づけられた法律学と，社会学的な社会理論，さらには経験的な社会研究との間で通例分離していることを前にして，この法社会学という分野は中間地帯の研究分野となってしまっているように思われるからである。したがってこの著作は，社会学の一分野としての法社会学と，法学の分肢としての法社会学という2つの役割を浮き彫りにすることを目的としている。法の現実を研究するためには，社会学の思考方法と法律学の思考方法を相互に関連づけること，その学問方法を調和させること，そしてこの2つの学問分野の経験を結び合わせることが重要である。

　さらにこの著作は次のような確信をも反映させている。つまり，今日，法社会学はもはや純粋に実証主義的なものではなく，さらにはまた，法解釈学と法哲学や社会哲学から，隔絶して存在する傾向もなく，孤立するものではないということである。しかしながらこの複雑な課題を念頭に置くならば，それは社会科学者や法律家にとって有益で学問的な豊かさを確保し伝えることができるであろう。

　本書は，上記の理由から，学際的でドイツ一国にとどまらない著作として構想されており，3部構成となっている。第Ⅰ部では，現在の学問状況における法社会学の位置を規定する。第Ⅱ部では，今日に至るまで影響力がある理論家の基本的考え方を説明し，さらには，それらを批判的な視点から論じている。これらに取り組むことで，人間社会の本質および人間社会における法の機能に関する実り豊かな知見のはかり知れないほどの源を引き続いて提供し続けることになるであろう。第Ⅲ部では，数多くの様々なテーマと法社会学研究の知見

を体系的に説明することを試みている。3つの部分全てで，私は，確かに模範的な成果となるように取り組まなければならなかったし，私の視点で，非常に卓越していると思われる思想家と，最も重要であると思われる問題とを選び出さなければならなかった。そうすることによって，この著作は，私なりのものとなっている。執筆にあたり，私には，自由主義的で社会的な法治国家の強化に寄与することが重要であった。

　本書の翻訳については，法学と社会科学の現状からみて，日本においては，とくに有益であると思われるし，私はそのことからして，本書の翻訳を非常に歓迎している。翻訳は，大橋憲広教授と中谷崇准教授，田中憲彦講師，清水聡講師により手掛けられた。彼らには，このテキストの難解な叙述を外国語に訳すという，たいへんに骨の折れる作業を担っていただいた。私は彼らに心からお礼を述べたい。また，日本での本書の出版を引き受けてくれた法律文化社にもお礼の言葉を述べたい。

2011年10月，ベルリンにて

トーマス・ライザー

第 5 版への序文

　既に前版から 2 年半の歳月が経過したため，新版の刊行が必要不可欠となったので，私は本文をもう一度全部，目を通した。そしてそのことが適切だったので，本文はより良いものとなり，今日の状況にふさわしいものとなった。特に，「契約と契約法」という新たな章をつけ加えた〔本書では「契約および契約法の社会学」〕。既に長いこと私には，法社会学の基礎に関する著作においては，このテーマは欠けてはならないものであるという確信があった。しかしながら，論じる対象が複雑であったので，このことに関するふさわしい切り口は見つけにくかった。ここで見出した解決は，関連する点を全て論じているわけではないので，誰もが満足するものとはなっていないだろう。しかし私が期待していることは，法社会学にとって有意義な点であるが，法社会学以外の分野では，これまであまり解明されてこなかったいくつかの点を際立たせることに，少なくとも成功したことである。

2009 年 7 月，ベルリンにて

トーマス・ライザー

第 2 版への序文 (1995 年)

　初版の公刊から 8 年を経て，法社会学に関する私のこれまでの総括が，新しいタイトルと新装版によって刊行される。このたびの修正は，旧版の改訂あるいは増補以上のものであり，単なる教科書とは異なるものとすることである。社会学の一分野としての法社会学と法学の分肢としての法社会学という二重の役割を強調することは，私にとってこれまでよりも明らかに重要である。オイゲン・エールリッヒ Eugen Ehrlich は，書かれた法から生きた法を区別した。しかし，生きた法は，社会科学の観察資料という単なるデータとも，社会理論のモデルとも異なっている。生きた法を研究するに際しては，社会学的思考法

と法学的思考法とを相互に関係づけ，両方の学問分野の経験を比較し，さらには，両方の学問分野の方法を結びつけることが，肝要である。全てのテーマについて，社会学者が法学の知識を身近なものとし，法学者が社会学の知識を身近なものとする，そのような知見が求められている。

　以上の理由により，本書は**学際的**に構想されている。同時に本書は，法社会学の国際的現況を踏まえ，ドイツの法文化の特徴を他の国々との比較において明らかにすることで，**ドイツ一国にとどまらないもの**となっている。もっともこれら2つのことは，一人の著者としては，どちらか一方しか成し遂げることができないのである。そのどちらを選ぶかは，法社会学という**学問分野の全体像を描く**という目的に従った。もちろん，その全体像というのは私自身のものにすぎないのだが。

　前版で，私は，著作の意味するところをたったひとつの文でまとめるというオイゲン・エールリッヒの要求を実現した。この文は，躊躇することなく繰り返すことができる。すなわちこの著作の目的は，自由主義的かつ社会的法治国家の法社会学である，ということである。しかし，次に示されるように第2の目的が加えられる。すなわち，法社会学はもはや純粋に実証主義的に研究することはできないし，法哲学および社会哲学ならびに法解釈学と距離を置いて研究することはできないということである。

　1995年7月，ベルリンにて

　　　　　　　　　　　　　　　　　　　　　　　　トーマス・ライザー

略 語 表

略　語

AaO	am angegebenen Ort
AcP	Archiv für die civilistische Praxis
AG	Amtsgericht
AG	auch: Die Aktiengesellschaft (Zeitschrift)
AGBG	Gesetz zur Regelung des Rechts der Allgemeinen Geschäftsbedingungen
AktG	Aktiengesetz
Am. Soc. Rev.	American Sociological Review
AnwBl	Anwaltsblatt
ArbG	Arbeitsgericht
ARSP	Archiv für Rechts- und Sozialphilosophie
BayObLG	Bayerisches Oberstes Landgericht
BetrVG	Betriebsverfassungsgesetz
BGB	Bürgerliches Gesetzbuch
BGBl	Bundesgesetzblatt
BGH	Bundesgerichtshof
BGHZ	Entscheidungen des Bundesgerichtshofs in Zivilsachen
BRAO	Bundesrechtsanwaltsordnung
BRAGO	Bundesgebührenordnung für Rechtsanwälte
BSHG	Bundessozialhilfegesetz
BT-Drucks	Drucksachen des Deutschen Bundestages
BVerfG	Bundesverfassungsgericht
BVerfGE	Entscheidungen des Bundesverfassungsgerichts
BVerwG	Bundesverwaltungsgericht
BVerwGE	Entscheidungen des Bundesverwaltungsgerichts
Cal. L.R.	California Law Review
Col. L.R.	Columbia Law Review
DDR	Deutsche Demokratische Republik
DRiG	Deutsche Richtergesetz
DRiZ	Deutsche Richterzeitung
DtZ	Deutsch-Deutsche Rechtszeitschrift
FamG	Familiengericht
FamRZ	Zeitschrift für das gesamte Familienrecht
FAZ	Frankfurter Allgemeine Zeitung
FGG	Gesetz über die Angelegenheiten der freiwilligen Gerichtsbarkeit
GmbH	Gesellschaft mit beschränkter Haftung
GWB	Gesetz gegen Wettbewerbsbeschränkungen
Harv. L.R.	Harvard Law Review

HGB	Handelsgesetzbuch
Hrsg.	Herausgeber
Ill. L.R.	Illinois Law Review
Jahrb.	Jahrbuch
JuS	Juristische Schulung
JW	Juristische Wochenschrift
JZ	Juristenzeitung
KOL	Knowledge and Opinion about Law
KritJ	Kritische Justiz (Zeitschrift)
KSchG	Kündigungsschutzgesetz
KZfSS	Kölner Zeitschrift für Soziologie und Sozialpsychologie
LG	Landgericht
MEW	Marx-Engels Werke
MEAS	Marx-Engels, Ausgewählte Schriften
NJW	Neue Juristische Wochenschrift
OHG	Offene Handelsgesellschaft
OLG	Oberlandesgericht
ÖTV	Gewerkschaft Öffentliche Dienste, Transport und Verkehr
RabelsZ	Rabels Zeitschrift für ausländisches und internationales Privatrecht
Rechtstheorie	Rechtstheorie (Zeitschrift)
SJZ	Süddeutsche Juristenzeitung (ab 1950: Juristenzeitung)
StGB	Strafgesetzbuch
StPO	Strafprozeßordnung
UCLA L.R.	University of California Los Angeles Law Review
UWG	Gesetz gegen den unlauteren Wettbewerb
WV	Weimarer Reichsverfassung
Yale L.J.	Yale Law Journal
ZEuP	Zeitschrift für Europäisches Privatrecht
ZfRSoz	Zeitschrift für Rechtssoziologie
ZfS	Zeitschrift für Soziologie
ZRP	Zeitschrift für Rechtspolitik
ZPO	Zivilprozeßordnung

引用文献の略語

Cotterrell, Roger,	The Sociology of Law, 2. Ed. 1992;
Durkheim, Emile,	Über soziale Arbeitsteilung (De la division du travail social 1893), neue deutsche Übersetzung, 1992;
Ehrlich, Eugen,	Grundlegung der Soziologie des Rechts, 1913, 4. Aufl. 1989;
—	Recht und Leben, 1967;
—	Gesetz und lebendes Recht, 1986;
Friedman, Lawrence M.,	Das Recht im Blickfeld der Sozialwissenschaften (The Legal System. A Social Science Perspective, 1975), deutsch 1981;

Geiger, Theodor,	Vorstudien zu einer Soziologie des Rechts, 1947, 4. Aufl. 1987;
Habermas, Jürgen,	Theorie des Kommunikativen Handelns, 2 Bände 1981; Faktizität und Geltung, 1992;
Luhmann, Niklas,	Legitimation durch Verfahren, 1969; 2. Aufl. 1989;
—	Rechtssoziologie, 1972, 4. Aufl. 1987 (zitiert 1972);
—	Rechtssystem und Rechtsdogmatik, 1974;
—	Ausdifferenzierung des Rechts. Beiträge zur Rechtssoziologie und Rechtstheorie, 1981;
—	Soziale Systeme, 1984;
—	Die soziologische Beobachtung des Rechts, 1986;
—	Das Recht der Gesellschaft, 1993;
Podgórecki, Adam,	Law and Society, 1974;
Radbruch, Gustav,	Rechtsphilosophie, 4. Aufl. 1950;
Rehbinder, Manfred,	Rechtssoziologie, 6. Aufl. 2007;
Röhl, Klaus,	Rechtssoziologie, 1987;
Rottleuthner, Hubert,	Einführung in die Rechtssoziologie, 1987;
Ryffel, Hans,	Rechtssoziologie, 1974;
Schelsky, Helmut,	Die Soziologen und das Recht, 1980;
Weber, Max,	Wirtschaft und Gesellschaft, 1921, 5. Aufl. 1972.

目　次

日本語版への序文
第5版への序文
第2版への序文
略語表

第 I 部　法社会学の学問的位置づけ

第1章　社会学の一分野としての法社会学……………003

第1節　人間社会の理論としての社会学……………003
　1 社会学の起源および特性　003　　2 社会学における理論　005

第2節　社会学の対象としての法……………007
　1 社会的現実の現象としての法　007　　2 理論的法社会学と批判的法社会学　011

第2章　法学の分肢としての法社会学……………012

第1節　法学分野としての法社会学……………012
　1 基礎学問としての法社会学　012　　2 法社会学と法制史　014　　3 法社会学と法哲学　015　　4 法社会学と比較法学　015　　5 法社会学と法解釈学　016

第2節　法事実の研究……………018
　1 その成立とプログラム　018　　2 現在の状況　020

第3節　立法における経験的法社会学の応用……………021

第4節　司法における経験的法社会学の応用……………023
　1 憲法裁判権　023　　2 競争法および一般的民事法　024　　3 民事法の一般条項　025

第5節　法社会学的な概念および理論の受容……………026
　1 受容の間接的道筋　026　　2 諸　例　027

第3章　法社会学の歴史および現在の状況……………030

第1節　19世紀における前史……………030
　1 先駆者たち　030　　2 歴史法学派　031　　3 国家学および犯罪学　035

第2節　法社会学の最初の繁栄（1900-1933）……………036
　1 ドイツ　036　　2 フランス　039　　3 アメリカ合衆国　041　　4 東ヨーロッパ　046

第3節　第二次世界大戦以降の発展 ……………………………………… 048
　　　　1 グローバル化　049　　2 研究方法の洗練と学際性　050　　3 理　論　051
　　　　4 ドイツにおける発展　053

第Ⅱ部　法社会学の理論家たち

第4章　カール・マルクスとフリードリヒ・エンゲルス ………… 057
　　第1節　年　譜 ……………………………………………………………… 057
　　第2節　マルクスとエンゲルスの法理論 ………………………………… 058
　　　　1 史的唯物論と弁証法的唯物論　059　　2 ブルジョアジーとプロレタリアートと
　　　　の間の階級対立　062　　3 共産主義社会への移行　064　　4 政治的行動　065
　　第3節　マルクス主義に関する法社会学の評価について ……………… 066
　　　　1 法の経済関係への依存　066　　2 支配階級の支配の道具としての法　067
　　　　3 階級なき社会に関する学説　067

第5章　エミール・デュルケム ……………………………………… 070
　　第1節　年　譜 ……………………………………………………………… 070
　　第2節　エミール・デュルケムの社会学 ………………………………… 071
　　　　1 社会的事実の概念とその探究　071　　2 社会的分業　073　　3 分業の病的
　　　　な現象　074　　4 法の位置価値　075　　5 デュルケムの契約理論　077
　　　　6 自　殺　077
　　第3節　影響と評価 ………………………………………………………… 078
　　　　1 現代社会学の創始者としてのデュルケム　078　　2 方法論的アプローチ　079
　　　　3 社会理論　080　　4 法の機能　081　　5 分業社会における連帯と正義　082

第6章　オイゲン・エールリッヒ …………………………………… 084
　　第1節　年　譜 ……………………………………………………………… 084
　　第2節　エールリッヒの法社会学 ………………………………………… 085
　　　　1 制定法と社会の法　085　　2 法学としての法社会学　086　　3 生きた法の
　　　　概念　087　　4 3種類の法　087　　5 法律家の役割　094
　　第3節　エールリッヒの法学方法論 ……………………………………… 096
　　第4節　影響と評価 ………………………………………………………… 097
　　　　1 法社会学の創始者としてのエールリッヒ　097　　2 3種の法と生きた法　099
　　　　3 エールリッヒの法学方法論　100

第7章　マックス・ヴェーバー ……………………………… 102

第1節　年　譜 ……………………………………………… 102

第2節　マックス・ヴェーバーの法社会学 ………………… 103
　1 ヴェーバーの社会学的法概念　104　2 支配の諸類型　106　3 理解社会学の方法　110　4 法の合理化の過程　115　5 新しい法の成立　118　6 契約自由　120

第3節　影響と評価 ………………………………………… 121
　1 ヴェーバーの社会学的方法　121　2 強制秩序としての法　123　3 法の合理性　124　4 支配の社会学にむけて　125

第8章　ニクラス・ルーマン ………………………………… 128

第1節　年　譜 ……………………………………………… 128

第2節　ルーマンの法社会学 ……………………………… 129
　1 社会システムの理論　129　2 ルーマンの社会学的法概念　133　3 法の実定性　137　4 手続を通しての正当化　142　5 制度としての基本権　144　6 オートポイエシスシステムとしての法　146

第3節　批判的評価のために ……………………………… 150
　1 ルーマンの社会学的基礎と法社会学的基礎　150　2 普遍主義的社会理論　152　3 ルーマンの法概念　153　4 法の実定性　155　5 社会システム，法システムおよびその他の社会のサブシステム　157

第9章　ヘルムート・シェルスキー ………………………… 161

第1節　年　譜 ……………………………………………… 161

第2節　シェルスキーの法社会学的アプローチ …………… 162
　1 普遍主義的な社会理論と個別主義的な社会理論　162　2 人類学的なアプローチと人的機能的なアプローチ　164　3 制度と法　166　4 法の一般的指導理念　168　5 権利のための闘争　170

第3節　批判的評価について ……………………………… 171
　1 1960年代のドイツ社会学の批判者としてのシェルスキー　171　2 法学との関係　172

第Ⅲ部　法と社会（法社会学総説）

第10章　社会学的法概念 …………………………………… 177

第1節　社会の規範的構造 ………………………………… 177

1　社会的行動範型としての規範　177　　2　二者間の関係　179　　3　逸脱行動　179　　4　特殊規範，全体規範，個別規範　181　　5　社会集団と社会組織　183　　6　社会の規範的秩序　185

　第2節　社会規範 …………………………………………………………186
　　1　行為の同型性，行動の要求，行動の評価　186　　2　規範の概念　189　　3　社会慣習と規範の間の移行　191　　4　潜在的規範　192　　5　機能の相違　193

　第3節　社会規範の現象形態としての法 …………………………………194
　　1　社会規範と法規範　194　　2　決定のための方法論的諸前提　197　　3　制度によって保証された強制規範としての法　199　　4　法の補充的要素としての強制と承認　200　　5　法形成の諸段階　202　　6　その他の区分　203

　第4節　法の諸機能 ………………………………………………………205
　　1　社会統合　205　　2　行動統御　206　　3　紛争の解決　207　　4　社会的支配の正当性　207　　5　自由の保障　207　　6　生活条件の形成　208　　7　教育　208

　第5節　法と道徳 …………………………………………………………209
　　1　道徳の概念　209　　2　伝統規範，法規範，倫理規範そして宗教規範の対比　211　　3　伝統規範，法規範，倫理規範そして宗教規範の共通内容　215

第*11*章　一般的法原理 ……………………………………218

　第1節　法哲学的問題設定と法社会学的問題設定 ………………………218

　第2節　人間の自律 ………………………………………………………221

　第3節　相互性 ……………………………………………………………223
　　1　相互性の原理　223　　2　現代的意義　225

　第4節　配分的正義 ………………………………………………………226
　　1　物質的財と精神的財の公正な配分　226　　2　哲学的テーマとしての配分的正義　227　　3　古典的法社会学　230　　4　政治学および社会心理学の最近の認識　231　　5　法社会学の課題　236

　第5節　手続的正義 ………………………………………………………238
　　1　公正な手続の意味　238　　2　法社会学的手続研究と社会心理学的手続研究　240　　3　民主主義と法治国家の構成部分としての手続的正義　243

第*12*章　サンクション …………………………………247

　第1節　刑罰と報奨 ………………………………………………………247
　　1　否定的サンクション　247　　2　肯定的サンクション　249　　3　サンクションの概念　249　　4　サンクションの主体　250

　第2節　サンクションの有効性 …………………………………………253
　　1　規範に反する行為としてのサンクション　253　　2　規範違反とサンクショ

ンとの対応 254　3 サンクションの潜在能力 255　4 費用と効果との正当な関係 256　5 追及の選択 257

第3節　サンクションの規範化 …………………………………………259
　1 サンクション権力の独占化 259　2 サンクション規範 260　3 法規範の条件プログラム化 261　4 特有でないサンクション 263　5 サンクションの放棄 264

第*13*章　法の妥当と有効性 …………………………………………266

第1節　規範の社会学的妥当 ……………………………………………266
　1 法学的妥当概念と社会学的妥当概念 266　2 行動妥当とサンクション妥当 268　3 実効性率 269　4 妥当可能性 270　5 経験的な妥当概念の適用領域とその限界 270

第2節　規範のシンボリックな妥当 ……………………………………273

第3節　法的プログラムの実効性と作用 ………………………………275
　1 規範命令と間接的規範目的 275　2 運用研究と評価研究 277　3 前プログラム的無効性 281　4 意図されない作用と副次的効果 283

第4節　有効性の諸要因 …………………………………………………284
　1 規範と規範提供者の領域の有効性諸要因 286　2 執行機関およびサンクション機関の領域での有効性諸要因 287　3 有効性の条件としての人々の一般的な価値観念との合致 288　4 有効性の前提としての規範の受け手の関係集団の価値観念との合致 290　5 規範名宛人の人格に基づく有効性要因 292

第*14*章　契約および契約法の社会学 ………………………………294

第1節　社会生活における基本的形態としての契約 …………………294
　1 契約の概念 294　2 契約の機能 295

第2節　古典的な法社会学的契約論 ……………………………………297
　1 自由主義的契約理論 297　2 身分契約と目的契約 298　3 契約理論の発展 300　4 契約社会学の課題 301

第3節　法社会学における新たな契約理論 ……………………………302
　1 形式的な法的平等および事実上の法的平等 302　2 契約法の対象としての社会的保護 303　3 関係的契約の理論 305

第4節　経験的な契約の研究 ……………………………………………308

第5節　契約類型の社会学上の区別 ……………………………………310
　1 役務供給契約 310　2 組織契約 310　3 規範を設定する集合契約 315　4 枠組契約 317　5 普通取引約款 318　6 契約絡合 322

第6節　国家を越えた契約 ………………………………………………326

第15章 権力，支配，法 ……………………………………… 330
第1節 権力と支配 ……………………………………………… 330
1 基　礎　330　2 権力の概念　331　3 社会的に媒介された権力　333
4 承認された権力としての支配　335
第2節 権力と支配の規制としての法 ………………………… 337
1 権力と法の関係　337　2 法の正当性　339　3 法的規制の課題としての支配構造　341

第16章 紛争と紛争処理 ……………………………………… 343
第1節 社会的紛争の理論 ……………………………………… 343
1 社会学的紛争理論と法社会学的紛争理論　343　2 紛争に関する社会理論と法理論　344　3 建設的紛争と破壊的紛争　346
第2節 「私的」紛争 …………………………………………… 347
1 ミクロ社会学的紛争　347　2 発生原因　349　3 紛争の種類　349
第3節 当事者による紛争処理 ………………………………… 352
1 回　避　353　2 譲　歩　354　3 補　償　355　4 交渉と妥協　355
5 闘　争　356　6 第三者に対する関係　356
第4節 第三者の援助による紛争処理 ………………………… 357
1 相　談　357　2 斡　旋　358　3 調　停　359
第5節 抽象的紛争処理としての法律 ………………………… 363
1 補完的紛争裁定形態としての法律と判決　363　2 権力分立の理論　363
3 法社会学的評価　365
第6節 裁判手続の理論 ………………………………………… 367
1 裁判官による法発見の理論　367　2 メタ紛争および自律的行為システムとしての裁判手続　368　3 裁判手続の影の部分　371
第7節 司法の中立性 …………………………………………… 372
第8節 弁護士へのアクセスと裁判所へのアクセス ………… 374
1 法動員の条件　374　2 人的条件による権利追求の不足　376　3 弁護士費用と裁判費用　377
第9節 当事者の布置状況 ……………………………………… 378
1 訴訟負担の分配　378　2 非対称的当事者構造　379　3 当事者の背後の当事者　380　4 匿名の社会関係における訴訟の起こりやすさ　381

第17章 法文化の研究 ………………………………………… 384
第1節 法文化の概念 …………………………………………… 384

1　抽象的法社会学と具体的法社会学　384　　2　法のあらゆる現象形態の総体としての法文化　385　　3　法家族　386
　第2節　法多元主義と法普遍主義 …………………………………… 390
　　1　法文化の多元主義　390　　2　法普遍主義　391

第18章　人間と法 ……………………………………………………… 394
　第1節　法感情と法意識 ……………………………………………… 394
　第2節　人々の法知識 ………………………………………………… 398
　　1　法知識の源泉　398　　2　知識水準　400　　3　法知識の望ましい程度　401
　第3節　実定法の承認と正当性 ……………………………………… 402
　　1　受容の前提　402　　2　法システムへの信頼　406
　第4節　法順応 ………………………………………………………… 407
　　1　法順応に対する根拠　407　　2　法律に忠実であることについての人々自身の意見　408

第19章　法律家の社会的プロフィール ……………………………… 411
　第1節　法律家の社会における地位 ………………………………… 411
　　1　法に関する職業　411　　2　歴史的経過における法に関する職業の展開　413　　3　国際比較　414
　第2節　弁護士：狭義の司法機関またはサービス事業者 ………… 417

第20章　法の進化 ……………………………………………………… 421
　第1節　進化論的な法理論 …………………………………………… 421
　第2節　社会の法化 …………………………………………………… 422
　　1　問題　422　　2　ドイツにおける立法と判決の量的発展　423　　3　法文化の質的変化　426　　4　脱法化　428
　第3節　近代法の実定性 ……………………………………………… 429
　　1　法の実定性の諸理論　429　　2　実定法と実質的正義　431
　第4節　近代法の合理性 ……………………………………………… 432
　　1　合理性の諸形態　432　　2　近代の法文化の合理性　434　　3　非合理性への後退の危険　436

ライザー教授の法社会学 ………………………………… [広渡清吾] … 441
監訳者あとがき ……………………………………………………………… 447
索引（人名・事項）

凡　例

- 本書は，Thomas Raiser, Grundlagen der Rechtssoziologie の邦訳である。Thomas Raiser, Grundlagen der Rechtssoziologie. 4., neu gefasste Auflage von ‚Das Lebende Recht', Mohr Siebeck Tübingen, 2007 を底本に翻訳したが，翻訳検討中に Thomas Raiser, Grundlagen der Rechtssoziologie 5., durchgesehene und erweiterte Auflage von ‚Das Lebende Recht', Mohr Siebeck Tübingen, 2009 が出版されたため，これに合わせて内容を修正している。修正にあたっては十分に注意したが，思わぬ見落としがあるかもしれない。
- 原著者の意向により，原著の第8章「テオドール・ガイガー」を削除し，原著者が日本語版のために新たに書き起こした「Die Soziologie des Vertrags und des Vertragsrechts（契約と契約法の社会学）」を第15章に挿入した。なお，原著の第5版から「契約と契約法 Vertrag und Vertragsrecht」というタイトルの章が新たに設けられているが，こちらは上記原稿が改訂されたものである。
- 原著の第8章を削除したことにより，本文中の章番号，脚注等もそれに応じて変更・削除している。
- 原則として訳注は挿入していない。これは，原著が法社会学の教科書として簡にして要を得た内容であるため，我々が訳注を挿入することにより却って煩雑になると考えたためである。
- 原文中にドイツ語以外の言語（ラテン語，フランス語，英語）で表現されている字句は，本書では原則として原語を並置している。ただし，文章になっているものはこの限りではない。
- 人名は本文中の初出にのみ原綴を並置している。
- 人名・地名の呼称は，わが国の慣行のものがあるときはそれに従い，それが不明な場合は可能な限り原語の発音に倣った。
- 雑誌名は日本語に訳す意味が乏しいと判断し，原語をそのまま用いている。
- 書名は第4章から第9章の「主要著作」では，原語と二重鍵括弧で囲んだ日本語訳を並置している。それ以外の場合には，日本語訳のみを記載している。
- 原語を掲げる場合には（　）を用いず，訳語の直後に原語を並置している。
- 原文中のイタリック体は，本書ではボールド（太字）にした。ただし，人名・見出しはこの限りではない。
- 原文中における明らかな誤り（誤字・脱字など）は，訳者の裁量で修正した。
- 訳文は，各章の担当者が翻訳した原訳を「ライザー翻訳研究会」での検討を経て修正したものである。
- 訳語は，各担当者の間で齟齬がないよう可能な限り統一をはかったが，一部文脈を優先してあえて訳語を統一していないところがある。
- 索引は，原著の索引を参考にしつつ，訳者が独自につけた。
- 翻訳に際しては，諸家の専門書・翻訳書・論文を参照し，多大の教示を得た。逐一の掲載を割愛することについては，読者のご海容を乞う次第である。

第Ⅰ部
法社会学の学問的位置づけ

第1章　社会学の一分野としての法社会学

Rechtssoziologie als Teilgebiet der Soziologie

第1節　人間社会の理論としての社会学

1　社会学の起源および特性

　法社会学は，「法」と「社会学」とが概念として結合している言葉の意味から明らかなように，**法システム**を対象とする**社会学**の一部である。もっとも，この純外面的な説明ではまだ不十分である。この学問の対象をより正確に規定するには，相互に関連づけられている法と社会学という両概念の意味を明らかにすること，そして，第2の思考の段階において両概念間の関係は如何なるものであるのかを問うことが必要である。これは決して容易に解決できる課題ではない。というのも，法にも社会学にも，単に受け継ぎさえすれば済むというような一般的に認められている簡単な境界づけが存在しないからである。それ故，法社会学という概念を抽象的に規定しようという試みは不毛であろう。結局，法社会学の研究が充実することでしか，そのテーマ，理論，研究方法そして学問的成果についての生きた知見を得ることはできない。しかし，さしあたっては，その足がかりを見出すことで十分とせざるを得ない。その最善の手段は，社会学と法社会学が由来する学史的な関係を注視することである。

　社会学は周知のように，**社会** societas の理論である。つまり，**人間社会の理論**であり，人間の行動が社会的環境において他の人間と関係する限りにおいて**人間の行動**の理論である。それは「社会生活の一般的秩序，そのような秩序の変動と発展の法則，そのような秩序と自然環境・文化一般・生活の個々の領域・

人間の社会―文化的人格との関係」である。こう記述することで,無機物および有機物を扱う自然科学や個々の人間を研究領域とする医学や心理学といった人間科学から社会学を区分けすることができる。心理学と社会学との交差点には,社会心理学がある。

これに対して,たとえば,神学的社会倫理学,社会哲学,歴史学そして特に法学といったいわゆる精神科学と社会科学としての社会学とは,これら学問の研究対象を基準にして区別することはできない。というのも,精神科学も人間社会を扱うものだからである。むしろ,両者の差異は問題提起の種類とその方法論とに存在する。社会学は19世紀に独自の学問として成立し,その起源は自然科学の研究の方法論を社会の学問的研究に転用しようという意図に見出される。社会学という概念を形作ったオーギュスト・コント Auguste Comte (1798-1857) は社会物理学 physique sociale を創設しようという考えを追究し,エミール・デュルケム Emile Durkheim は自らの著作『社会学講義 Leçons de Sociologie』をその副題において「習俗と法の物理学 physique des moeurs et du droit」と呼んだ。そこには3つのプログラムが潜んでいた。すなわち,第1に,自然科学がその知識の源としている**経験的**で**実験的**な**観察**による**方法**を,その正当性が証明されない思弁的な社会的―哲学的な理論に取って代わらせようとした。第2に,この方法で,自然法則を類推することによって,**社会的規則性**を明らかにしようとした。第3に,この第2の事柄と結びついて,社会的出来事を将来に対しても**予測し統御する**ことが可能になることが期待された。

社会学の成立にとっての政治上の起源としては,19世紀における社会関係それ自体の発展が挙げられる。向上を目指していた市民階級が,当時まだ支配的であった封建的構造に対する自らの地位を向上させるために関心をもっていたのは,社会秩序が変化する前提を研究することであった。さらに一段と深刻に必要に迫られたのは,人口が増加し,工業化が始まり,それによって人口の大部分が困窮したことにより,この惨状に対して責任のある事情を研究しそれを改善する可能性を追究することであった。歴史学は,その視点を過去に向けているので,この目的には適していなかったが,この新しい学問の方法論的ア

---

1) *König* im Fischer-Lexikon Soziologie 8.

プローチはまさにこの目的に適うものであった。このようにして，社会学が自らの研究方法と関連させたのは，その成立当初から，ある種の批判的で社会改革主義者的な思潮であり，それはコントやデュルケムの業績の重要な部分を占め，マルクス Karl Marx やエンゲルス Friedrich Engels において極めて顕著に現れているものであった。今日でも，社会学の批判的構成要素を指摘することは容易である。経験的な要素と批判的な要素とが特徴的に結びついていることは，単に社会学の成立史の帰結ということではなく，この学問の本質に根ざしているものである。というのは，社会学が人間の価値観念や欲望と現実の社会関係との矛盾を際立たせることによって，もしくは現存する支配構造を意識し，また分析することによって，有害であると明らかになった事柄をその学問的な洞察が批判するに至るのはほぼ必然的だからである。これが，全体主義的な支配システムが社会学的な学問を通常はまったく許容しないか，またはその支配システムに貢献する場合にしか許容しないことの理由である。

2　社会学における理論

社会学の研究に必要なのは，それが経験的に方向づけられているにもかかわらず，人間社会における概念および理論的な指導概念の集積，つまり，ある種の思考上の座標系であり，それによって，社会学の研究は，その問題を精緻化し，仮説を立て，取得したデータを整序し解釈するのである。そのような思考上の枠組みを構想することは，理論社会学の対象である。理論社会学が扱うのは，たとえば，**社会的行為**，**社会的役割**，**システム**，**組織**，**公的制度**，**小集団**，**群集**，**規範**，**サンクション**，**権力**，**支配**，**紛争**といった概念の定義や認識価値である。さらに理論社会学は，観察した現象を分類し，類型によって整序することも試みる。最終的に理論社会学は，いっそう一般化され抽象化された社会理論になっていくが，そこで特に区別されるのは，行為理論や行動理論のモデル，規範理論のモデル，階級理論や階層理論のモデル，公的制度理論のモデル，システム理論のモデルそして紛争理論のモデルである。[2]しかしその場合に，思弁的な哲学とは対照的に，理論社会学が維持している前提は，その概念や理論

---

2) *Röhl*, Rechtssoziologie, 133 を参照。

を経験的に確保すること,つまり概念や理論と社会的現実との整合性を経験的なデータに基づいて継続的にコントロールし,一般化や抽象化をする際に経験的資料が許容する限度を超えないということである。経験的資料が方法論として完璧な証明資料に成り得ない場合,理論社会学は**仮説**を取り上げるが,さらにまだそれを証明しなければならない。

理論社会学のもうひとつの**課題**は,社会学における研究の認識論的前提を自己批判的に熟考することにある。どれだけ経験的にコントロールしても,その研究結果は,当該問題に取り組んでいる社会学者が自らの研究のなかで追究した観点の影響を受けやすいことが明らかになっている。このような主観的要素が入り込んでくるのは,研究者が追究するテーマを選択する際,また経験的に取得した資料を解釈する際に,一定の「**認識を導く関心**」[3]を出立点としているということも原因となっている。さらに,日常言語に由来する学問上の概念にも,僅かながら,認識の客観性に影響を与える特定の先入観がある。この問題は,全ての社会科学について同様に,特に法概念を顧慮して,提起される。このような方法で無制御に入り込んでくる価値観念や偏見を一掃すること,または少なくともそれらを透明性のあるものにし,不適切な一般化を解消することは**学問的論争**や**イデオロギー批判**の課題である。

学問的理論では,そもそも社会科学のなかで**価値自由的な認識**ないし**イデオロギー自由的な認識**が,人間の思考の構造に照らして,可能なのかという旨の問題が議論される[4]。新実証主義者が,価値自由的な言明それ自体は存在しないにしても,それでもやはり評価を伴わない根拠づけの関係は存在すると主張しているのに対し,他の多数の者は利害関係を伴わない認識の可能性を否定している。ここでは,この認識論上の論争を示唆することしかできない。というのも,この論争を説明することは,法社会学の枠組みを越えるものだからである。いずれにせよ,以下では,社会学上の理論を評価する場合や経験的な研究成果を解釈する場合に,この問題に繰り返し出会うことになるだろう。必要なの

---

3) *Habermas,* Erkenntnis und Interesse, 1969; さらに概観については *Theodor W. Adorno, Karl R. Popper, Jürgen Habermas, Hans Albert* u.a., Der Positivismusstreit in der deutschen Soziologie, 1970 を参照。

4) これについては,既にマックス・ヴェーバーが述べている。後述第7章第2節3を参照。

は，法社会学上の研究を行うどのような場合にも，この問題を批判的に律すべきものとして留意しておくことである。

第2節 社会学の対象としての法

1 社会的現実の現象としての法

社会学が法をその学問的関心の対象とする場合に，社会学が前提とすることは，**法は社会的現実の現象**であり，その現象は経験的研究に照らせば自然科学という模範に近似するものであり，このような方法で認識できるようになる一定の規則性があるということである。このアプローチは従来の法律学の観点を様々な方法で拡張する。すなわち，

a) 解釈学的な法学における法とは，法律，裁判所の判決，行政の決定およびそれ以外の法的行為において定められている法規の**総体**，つまり，**法文**の全てであり，宗教のテキストないし文学のテキストにおいてそうであるのと同様に，その学問的な観察は，論理および明晰かつ目的に適った（目的論的な）解釈という手段を用いて，その法文の**意味**を明らかにするという目的を追求するのである。それに対して，当該法文がどのように成立したのか，また成立する際にどのような社会的影響力や社会的利害が実現されたのかについては，解釈学的な法学は無関心であり，それと同じく法の現実における法文の受容ないし貫徹および人間の行動や社会構造に対する法文の影響についても問題としない。それとは対照的に，法社会学は法を次のような行動範型の複合体と捉えている。すなわち，人間が実際に指針とし，人間の共同生活が営まれる拠り所となり，現存する権力関係および支配関係が安定もしくは変化する尺度となり，また社会における紛争が仲裁される基準となり，さらに社会を政治的に統御する手段に資する行動範型である。つまり，法社会学は，法規だけでなく，「**生きた法**」や「**現に行われている法** law in action」[5]，換言すれば，社会生活における当然の欲求や生存条件を含む社会生活の表出および産物としての法的行動範型，その行動範型の機能性，そしてその行動範型の社会生活に対する影響もそ

---
5) エールリッヒについては，後述第**6**章第2節3を参照。

の研究の客体としている。定式化すれば，法社会学は法と法的でない社会的事実との**相互依存**と**機能的関係**を究明しようと試みているということができる。[6]

b）方法論については，法社会学は，法文を解釈する方法に経験的な社会研究という方法を付け加えることによって，法学の研究手段を拡張している。[7]法社会学は，特定の範囲の人や一定地域の人々に対する批判的に熟考された調査——つまり口頭，筆記または電話による**インタヴュー**，**公開調査**または**秘密裡調査**，**公式の統計**の評価，あらゆる種類の**文書**の分析および**社会科学的**な**実験**——を使用する。通常，法社会学はこれらのやり方の幾つかを組み合わせる。その調査の際に取得した資料の評価は，**量的**には統計的方法によって行われ，あるいは**質的**には特定の状況およびそこで観察された行動過程，意味解釈，目標観念や価値観念を慎重かつ詳細に記述するという意味において行われる。その際，法社会学は，一般的な社会学の内容豊富な経験とその方法論全てを利用し，そのようにして証明可能で信用できる確証を得ることができ，それは場合によってはかなりの程度において一般的な妥当性を有するに至る。これら全てには，法学において広く行われている法文解釈という手段に依拠することも含まれている。ただし，法文解釈が法社会学にとっても重要となるのは，法文も事実として把握することができる場合だけである。

c）法を社会学的に考察することの重要な利点は，**法規定が規範的に妥当する必要性**と法規定の**法適用**に対する関係を度外視することが可能であるという事情に見出される。解釈学的な法律学の中心にあるのは，適法な行為と違法な行為とを区別することである。その区別は，法律家の責務を基準にして方向づけられる。彼らは当該行為が適法か違法かを判断しなければならず，かつその際に現行法の準則を出立点とすることは道理である。しかし，彼らはその準則

---

6) *Hirsch*, Das Recht im sozialen Ordnungsgefüge, 25 ff.; *Ryffel*, Rechts- und Staatsphilosophie, 62 ff.; *Rehbinder*, Rechtssoziologie, 1 f.; *Luhmann*, Rechtssoziologie, 9.

7) 本書では経験的——社会科学的方法の詳細にわたる描写は行われていない。詳しい論述については，*Röhl*, 1987, 105 ff. による説明，また *Rottleuthner*, Einführung における例示，さらに *Blankenburg* (Hrsg.), Empirische Rechtssoziologie, 1975 を参照。その他の点では，一般的な社会学における経験的方法に関する国内外の包括的な文献を指摘しなければならない。広範囲にわたる経験的調査の例として，ここで挙げられるのは，*Jagodzinski/Raiser/Riehl*, Rechtsschutzversicherung und Rechtsverfolgung, 1994 とされている。

に拘束されてもいる。法社会学にはこのような限界はない。法社会学は，正や不正を取り扱うことなく，または正や不正について判断する必要はなく，法的生活を観察し分析することができる。その代わりに，法社会学は，法概念や法制度，個々の法案，行政手続または紛争事例，それに法の理念や法解釈学上の理論も，それらの社会的コンテクストにおいて**理解**しようと尽力している[8]。法社会学にとって現行法は，拘束力のある標準尺度ではなく，特定の社会的プロセスの産物とみなすことのできる事実である。法社会学の目標は学問的認識である。このようにして法社会学は，自らの有益性を証明する多くの新しい問題提起や洞察を開拓しているのである。

　法学的考察方法と社会学的考察方法との相違は，数多くの法社会学者によって持続的に強調されている。であるから，エールリッヒ Eugen Ehrlich にとって法社会学とは，「実践的な目的にではなく，純粋な認識に資する」法の本来の学問であるが，その一方で彼は，法を「法的生活の特別な需要のために利用する」手工業的技術や技能としてむしろ解釈学的な法学を軽蔑的に描写している[9]。マックス・ヴェーバー Max Weber やテオドール・ガイガー Theodor Geiger のような理論家は，法解釈学の問題や法学方法論の問題または特定の紛争の解決にはまったく関心を示さなかった。彼らが法政策的な問題について意見を表明する場合，その意見表明は社会学的分析とは切り離されて行われる[10]。近時，たとえばニクラス・ルーマン Niklas Luhmann，アダム・ポドゴレツキ Adam Podgórecki，ローレンス・フリードマン Lawrence Friedman[11]は，法解釈学と法社会学との隔たりを強調し，法的現象をもっぱら社会学的観点から分析した。とりわけルーマンは，法社会学が実用的な司法に貢献するという如何なる要求や期待に対しても断固として反対する立場をとっている。ルーマンは，「詳細を決定しなければならない場合に，法的問題を社会学的理論や経験的な社会研究

---

8) *Cotterrell*, Why must Legal Ideas be Interpreted Sociologically, Journal of Law and Society, 1998, 171 を参照。
9) *Ehrlich*, Grundlegung, 1; これについては，第6章第2節2を参照。
10) ヴェーバーについては，第7章第3節1を参照。
11) *Luhmann*, Rechtssystem und Rechtsdogmatik, 9; *ders.*, Das Recht der Gesellschaft, 274 u.a., *Podgórecki*, Law and Society, 32; *Friedman*, Das Recht im Blickfeld der Sozialwissenschaften, 21.

という方法にどのようにして関連させるのかを考える必要はまったくない」と考え，社会学的な法律学を目指そうとすることには「社会学と法律学の両者にとって最低のレベルでお互いが接近し，妥結することになる危険があること」を見出した[12]。

　他方で，法社会学は，このように狭隘化したアプローチをとるに当たり，社会形成および法の実現という実践的な課題を避けている。法社会学は，いわば純粋な認識という象牙の塔へと退いている。これと対立しているのは，特に社会的弊害を克服するための手段と方法を見出したいという願望があった19世紀において社会学が成立したという点である[13]。今日においても，社会学の極めて重要な課題は，社会の病的な状態を認識して，変化を生じさせることに寄与することにある。経験的な法社会学的研究は，具体的な社会政策上の問題に関連することが少なくない。それゆえ，法社会学は，法学の一分肢として登場する限度において，法の改善および法による社会統御という目標にも可能性が開かれなければならない。そのために，法社会学は，法を経験的に理解しようとする術をまったく放棄する必要はないのである[14]。

　d) それゆえ，社会学的認識の内容は，法的事実について**社会的意味を理解**することおよび法的事実を**因果的に説明する**ことや**機能的に説明する**ことである。たとえば，社会的認識が確定するのは，何ゆえある事態が法的に重要な特定の行為になったのか，ある結果Aがもう一つの結果Bに影響を与えたのか，または与えたとしたらどの程度か，そしてその影響は恒常的に繰り返し起こるものなのか，決定的なものなのか，または「合法的な」ものなのかということである。多くの場合において重要だといえるのは，統計的に相互関係を確定すること，つまり結果Bの発生頻度の変動と結果Aの発生頻度の変動とがどの程度一致するのかを確定することのみである。このような関連性を説明する方法論的手段は，とりわけ**類型**という形象であり，その類型においては，マック

---

12) *Luhmann*, aaO, 9.
13) 前述第1節1を見よ。さらに，マルクスとエンゲルスについては第4章，デュルケムについては第5章を見よ。
14) *Raiser*; Aufgaben der Rechtssoziologie als Zweig der Rechtswissenschaft, ZfRSoz 1994 1.

ス・ヴェーバー[15]が導入した**理念型**というモデルが特に有益である。複数の現実的因果の流れおよび／または複数の仮定的因果の流れを相互に比較し，その結果を顧慮してそれら因果の流れを等価値なものとして，ないしは等価値でないものとして確定する場合，つまり，たとえば，特定の社会的プロセスの統御は，法でも金銭でも，機能的には等価値であり得るということを確定する場合，ルーマン[16]の言葉を借りて，**機能的説明**を取り上げることができる。この種の分析により，洞察は非常に広範囲に及ぶことになる。

2　理論的法社会学と批判的法社会学

　一般的な社会学と同様に法社会学もまたデータの収集だけでは十分ではなく，概念や理論の枠組みが必要である。その際，さしあたって法社会学は一般的な社会学において認められている概念や理論的アプローチを利用することができる。なぜなら，法は，社会のいたるところに存在する現象として，社会においても中心的な役割を担っているからである。理論的法社会学は，一般的な社会学の理論と広範囲にわたって一致している。さらに理論的法社会学は，主観的法（権利），法人，公法上の団体や法強制機関等の概念といった法学上の概念も利用し，その限度において法解釈学や法理論と接している。**法社会学が批判的次元**に達する理由は結局のところ，法社会学が現行法や法解釈学の経済的前提，政治的前提，イデオロギー的前提を学問として分析し，それらが主観的な先入観，時代に制約された評価，権力との利害，階級との利害等にどの程度影響を受けるのか，そして逆にこれらの要素をどの程度支えているのかという問いを追究することにある。

---

15) 第7章第2節4，第3節1を参照。
16) *Luhmann*, Soziale Systeme, 84; *ders.*, Das Recht der Gesellschaft, 140.

第2章　法学の分肢としての法社会学

Rechtssoziologie als Zweig der Rechtswissenschaft

第1節　法学分野としての法社会学

1　基礎学問としての法社会学

　法を扱う学問分野としては，法社会学は単に社会学の一分野というだけでなく法学の分肢でもある。法学の全ての分野における役割を，法の理解と正当な社会秩序の実現とに寄与することであると考えると，法社会学がこの目標のためにどのような固有の貢献ができるのかが問われる。この問いには様々な答えが求められる。第一義的に人間の協働生活のための社会規範や法規範の意味の確認，社会の規範構造や法と社会の相互依存に関する理論の構築，または法の発展の歴史進化のプロセスにおける一般的な発展傾向の究明に認識への関心が向けられている限り，そこから得られた認識が直接活用されることは期待できない。このような基礎研究は，むしろその価値がそれ自体に内在する学問的真理の認識に向けられている。しかしその影響は，人類が社会の推移を明確に見据えて，これまでと違う行為や決定を行い始めれば，間接的に現れてくる。これに対して，法社会学的な観察や基礎概念または理論的学説に実際の司法のための直接的な行動指示を期待することは見当違いであろう。

　しかし，法社会学的研究の対象と目的はそれを越えたところにある。なぜなら，**法が意味の担い手と行為を指示するものという二重の性質**を示しているように，[1] 法社会学も法の認識だけにではなく法の実現にも役立っているからであ

---

1) *Habermas*, Faktizität und Geltung, 146 を参照。

る。このような観点に立てば，法社会学と実用法学は相互にそれぞれを必要としており，両者とも包括的に理解された法律学の同程度に不可欠で，互いを補完し合う構成要素であるといえる。ヘルマン・カントロヴィッツ Hermann Kantorowicz はカント Immanuel Kant に倣って，既に 1911 年に「社会学なしの法解釈学は空虚であり，法解釈学なしの社会学は盲目である」と定式化して表現しており的を射ている。既に述べたように社会学においては当初より，単に抽象的な社会理論を構想するだけでなく，法という手段を用いて社会の改良に寄与しようという強い動機も現れているのである。

　もっとも，理論的法社会学においてのみならず，法学方法論においてもこの見解に対してははっきりとした留保が見られる。法はその自らの内部的合法則性に従って発展し，学問的に研究されなければならないという旨の見解が大きく広まっている。このように両者が隔絶している傾向にあっては，20 世紀初頭の新カント派哲学において台頭してきた存在と当為の対置や経験的・記述的な方法を採用する社会科学と規範的・ヘルメノイティーク的な法学との対立の影響が露見する。この対立は今日的な視点では，もはや記述的言明なしの法学も規範的要素なしの社会学も成り立たないという理由から，学問分野間の対置をもはや生じさせるものではない。それと並んで，コミュニケーションがうまくいかないことも，批判的に考慮しなければならない専門分野特有の制約の現れである。なぜなら，法律家は社会学者と同様に彼らの教育や活動力が限定されているが故に，それぞれ別の学問分野の抽象性や思考領域や方法論に入り込むことが困難だとわかるからである。

　しかし，このような障害にもかかわらず，社会学的思考の影響は法学方法論においても既に早くから目立っていた。今日，社会学的思考の影響は利益法学や目的論的な法解釈という形で至るところで認められる。刑法においては特に

---

2) *Raiser,* Aufgaben der Rechtssoziologie als Zweig der Rechtswissenschaft, ZfRSoz 1994, 1, 4.
3) *Kantrowicz,* Rechtswissenschaft und Soziologie, 1911, Neudruck 1962, 139.
4) 第 *1* 章第 2 節 1c)。
5) 全ての文献を挙げる代わりに，*Bydlinski,* Juristische Methodenlehre und Rechtsbegriff, 1982, 84ff.; *Larenz,* Methodenlehre der Rechtswissenschaft, 6. Aufl. 1991, 474ff.; *Fikentscher,* Methoden des Rechts Bd 3, 1976, 387ff.; *Henke,* Jurisprudenz und Soziologie, JZ 1974, 729ff.; *Pawlowski,* Methodenlehre für Juristen, 1981, 111ff. を参照。

フランツ・フォン・リスト Franz von Liszt によって犯罪学の学派が築かれたことが，公法においては社会学的国家学および行政学が，それぞれ想起される。オイゲン・エールリッヒもまた，法の本来の学問として法社会学を相当程度強調し，それに加えて直接に実際的な影響力を展開するために，法律家および自由法運動の精神的指導者として活動していた。

2　法社会学と法制史

法社会学は法制史とその研究対象を共有している。法社会学の研究対象は「最大の普遍性において社会化された人間の全生活」を法の観点から含む。とりわけデュルケム，エールリッヒ，ヴェーバーといった重要な法社会学者はその認識の素材を主に法制史，つまり法の学説史および法の社会史から汲み取った。

両者の相違点は方法および認識の目的にある。法制史は，法の発展のプロセスを原則的に一回限りの不可逆的で一般化することのできない経過として追う。法制史は，「因果関係の重要な，つまり運命的な個々の関係の帰責」に関するものである。法制史の目的は，それらの個々の関係のそれぞれの意味を把握することである。その際，法制史は了解的解釈という方法を用いる。同時に法制史は，現在では特にその言説を量的・経験的に裏づけることにも尽力しているにもかかわらず，思弁的な意味解釈，少なくとも時代に制約された意味解釈という危険にさらされている。これに対して，法社会学は一般化する知識を追究している。法社会学は人間―社会的な行動の特徴的な反復や規則性を研究し，人間がある一定の方法で社会的に相互に結びついている場合に何が起こ

---

6)　*Franz von Liszt,* Der Zweckgedanke im Strafrecht, 1882; *ders.,* Über den Einfluss der soziologischen und anthropologischen Forschungen auf die Grundbegriffe des Strafrechts, 1893, なお，両書は *ders.,* Strafrechtliche Vorträge und Aufsätze, 1905, Bd. 1, 126, Bd. 2, 75 において再掲されている。

7)　*Georg Jellinek,* Allgemeine Staatslehre, 3. Aufl. 1900, Nachdruck 1959, Zweites Buch: Allgemeine Soziallehre des Staates; *Hermann Heller,* Staatslehre 1934, 6. Aufl. 1993, zweiter Abschnitt: Die gesellschaftliche Wirklichkeit を参照。

8)　第 6 章第 5 節 3 を参照。

9)　*Kracauer,* Soziologie als Wissenschaft, 1922, in Schriften Bd. 1, 1971, 15; 全体については，*Killias/Rehbinder*（Hrsg.), Rechtsgeschichte und Rechtssoziologie, 1985 を参照。

10)　*Weber,* Wirtschaft und Gesellschaft, 14.

かを徹底的に究明することを試みる。[11]このようにして法社会学は，歴史学より
もずっと抽象化されたレベルで，人間の行動様式および社会的行動様式に関す
る一般的な言説，ないしはそうでないとしても少なくとも典型的な言説に必然
的に到達する。もっとも，特に時代の出来事を扱っている限り，現代の歴史学
において，否，社会学においてさえも，歴史的観察方法と社会学的観察方法は
相互に影響し合う。

3　法社会学と法哲学

　一般的な意味では，法的に秩序づけられた人間社会の本質およびその人間社
会の認識の諸前提に関するあらゆる考察を法哲学と呼ぶことができる。その
際，法社会学を含む概念が使用される。これに対して，法哲学が法社会学に対
置されると，その概念は法の**形而上学**の要素，つまり経験的に体験し得る現実
の彼岸に存在する法の要素の理論を示すことになる。現実科学的な観察は，次
のような問いが投げかけられると即座に限界に達する。すなわち，現に存在す
る秩序が正義，人道，善，公正という意味において内容的にも正しいか否か，
そしてその秩序自体が維持されるべきか否か，もしくはその秩序に変化が必要
か否かという問いである。法解釈学的な考察も，きっかけが何であれ，それが
法律にその正義の内容を問うならば，この点に直面する。基本法第20条第3
項が行政権と司法権を法律**および法**に拘束しているのがその一例である。問題
は結局，法の本質を求める問い，および正義の理念に辿り着く。それが法哲学
の対象である。法哲学はそれ故「正法の理論」[12]または「法における正しさ」[13]と
も表現することができる。

4　法社会学と比較法学

　法社会学はその国際的視野を比較法学と共有する。しかし両分野の共通点
は，より深くまで及んでいる。確かに，両者の接点は，比較法学が解釈学的方

---

11)　*Kracauer*, aaO, 19.
12)　*Radbruch*, Rechtsphilosophie, 97.
13)　*Henkel*, Einführung in die Rechtsphilosophie 5.

法を適用することによって，単に法規範を比較するに過ぎない程度に制約されていたときは，僅かなままであった。それとは対照的に，今日の比較法学の役割は，法制度の相違点も説明し複合的な事柄に対するその都度の最善の解決策を見出すことにも存在する。それぞれ異なる文化的伝統や様々な国の法的な実際の諸条件に鑑みると異なった規律が望ましいことがあり得るということも比較法学は，考慮している。比較法学はそのために法の諸規定の社会的背景をその研究に取り込まなければならないので，自ずと法社会学の問題提起や方法論や成果に行き当たる。

他方，以前よりあらゆる民族や国々の法は，法社会学の研究の観察材料および対象として法社会学の役に立ってきた。その際，法社会学は比較法学の方法論や結果を用いてきた。[14]

5　法社会学と法解釈学

解釈学的法学の対象は，ある共同体においてある一定の時点で規範的に適用されている法，つまりヨーロッパ大陸の国々においてはまずは制定された法の**解釈**，**分類**および**体系化**である。解釈学的法学が目的としているのは，方法論的にコントロールされた思考操作という手段によって個々の事案に対する決定準則を抽象的に表現されている法律から導き出すことによって，裁判官や行政官による具体的な法的判断を用意することである。憲法の解釈が法的な限界を決定し，その限界が立法機関の政治的に形成する権限を支配している限りで，立法に対して解釈学的法学は，役割を果たしている。これによって与えられた課題は次のことを前提としている。すなわち，法律が命ずるところのものの意味内容が論理や方法論的解釈によってより正確に確定され，明確に規定されること，および法律がそれ自体において表現している評価や政策的決定が吟味の対象として問われることである。さらに，法の諸規定を体系的に関係づけることも必要である。これにより矛盾を回避または取り除くことが可能となり，法

---

[14] *Drobnig/Rehbinder* (Hrsg.), Rechtssoziologie und Rechtsvergleichung, 1977; *Rheinstein, Max*, Einführung in die Rechtsvergleichung, 2. Aufl. 1987, 28f., 143ff.; *Varga* (Hrsg.), Comparative Legal Cultures, 1992 を参照。第 *17* 章第 1 節 3 も参照。

が一様に適用されることが担保される。それとは対照的に，解釈学的法学は現行法の諸規定の拘束力を原則として受け入れ，まさにそのことにより教義学となるのである。このことは，公式に現行法を変化させようとする批判を排除するものではない。しかし通常は，解釈学的法学は，法の諸規定が成立する背景，法の諸規定の受容および法の諸規定の影響についての法社会学の問いは埒外に置く。

しかし，法律家の仕事をこのように狭義に把握された法解釈学の概念の範囲に制限するならば狭すぎるだろう。[15] それどころか法学は，その概念の枠をつねにある程度越えてきた。このことは既に，法学がある法律の解釈に際してその文言に拘泥するのではなく，その成立の背景および立法者の意図をも同時に考慮するということから明らかである。さらに法的判断の予測される結果さえも考慮される。場合によっては，ある規範が至る所で従われているならば，それが法律として成立していなくても，法規範として認められる（**慣習法**）。他方，ある法律上の規定が事実上 de facto 時代遅れとなった場合，その法的拘束力も失うことがある（**廃れた慣習法**）。また，法律は法生活を完全には規律できないので，裁判所や行政官庁さらにはまた弁護士や私人による法適用の過程において，規律されるべき社会過程の特性を取り入れる新たな法が生み出される（「**事実の規範力**」）。

法律がたとえば法律家に**信義誠実**，**取引の慣行**，**商慣習**，**取引上通常の注意**等を基準とするよう指示するときは，多くの場合，法律そのものが実際に妥当している社会規範を特に参照するよう指示している。このような一般条項は法解釈学と法社会学の間の重要な接点となっている。[16] それに応じて，法学方法論もつとに社会学的思考過程を取り上げ吸収してきた。このことは「利益法学」や「社会学的法学」といった名称に文字どおりに表わされている。[17] アメリカ合

---

15) Raiser, Über die Beziehungen zwischen Rechtssoziologie und Rechtsdogmatik, in: *Hoffmann-Riem/Mollnau/Rottleuthner*, Rechtssoziologie in der DDR und in der BRD, 1990, 234; *Schulz-Schaeffer, Ingo*, Rechtsdogmatik als Gegenstand der Rechtssoziologie, ZfRSoz 2004, 141.
16) 後述，第4節3を見よ。
17) 見落すことのできない文献として，*Esser*, Möglichkeiten und Grenzen des dogmatischen Denkens im modernen Zivilrecht, AcP 172 (1972) 97 だけは参照せよ。

衆国での法の発展においては，「社会学的法学 sociological Juirisprudence」学派および「リーガルリアリズム」学派が社会的現実に法を関連づけようとする目標を追求していた。他方，経験的法社会学は立法や司法の具体的な決定問題も引き受けること，およびそれらの決定問題の法事実的な前提を解明することができる。経験的法社会学がそれを成し遂げたならば，その結果からまだ行われていない決定に対する提案を導きだすことさえも当然に考えられる。この種の調査は，経験的法社会学の不可欠の構成要素である法事実の調査の課題である。

第2節　法事実の研究

1　その成立とプログラム

　一般的な意味においては，法事実の研究は経験的法社会学以外の何ものも意味しない。しかし，これに対して法事実の研究という概念はしばしば狭義に理解され，法律家によって提唱される民事法の分野における経験的調査にのみ限定され，他方で同様の問題は刑事法の分野では**犯罪学**に，公的行政の分野では**行政学**にそれぞれ向けられる。この専門用語は，それが方法論的に前提となっているのではなく，単に法学的専門区分の反映したものにすぎないということを意識していれば，問題はない。

　新しい社会学的な思考方法の影響下において，また概念法学の教育を受けた法律家が現実とは疎遠であることに対する反応として，1900年に民法が施行された直後に法事実の研究は成立した。既に1906年に物権法の著名な教科書の著者であるマルティン・ヴォルフ Martin Wolff は，若手の教授として，「民法とドイツの生活習慣」に関するアンケートを用いて法に携わる民衆に問い，「ドイツ国民の生活における民法の個々の法制度に相応しい」実際の意味を確定し，「ドイツ人の法生活の習俗についての鮮明な像」を得た。彼はこの目的

---

18)　全ての文献を挙げる代わりに，*Pound, Roscoe*, The Need for a Sociological Jurisprudence, 19 Green Bag (1907), 607; *Llewellyn, Karl*, Jurisprudence, Realism in Theory and Practice, 1962を参照。
19)　例として，*Jagodzinski/Raiser/Riehl*, Rechtsschutzversicherungen und Rechtsverfolgung, 1994, 143ff. を参照。
20)　Juristische Wochenschrift 1906, 15.

のために，よく読まれている法律雑誌にアンケート用紙を添付し，それに回答の上返送してくれるよう読者に依頼した。2年後，そのアンケートの評価結果が『Archiv für bürgerliches Recht』に発表された。同じ頃，オイゲン・エールリヒは農場の用益賃貸借契約の収集を始め，「生きた法のゼミナール」を設立した。1914年，当時ベルリンで商法および経済法の大学講師であったアルトゥール・ヌスバウム Arthur Nußbaum は偉大な綱領的文書「法事実の研究」を公表した。この綱領的文書は当該研究傾向全体にその名を与えた。ヌスバウムは私法学の拡大を要求したが，それは「帰納的に研究されるべき事実」の，「その事実を知ることが当該規範の十分な理解と事実に即した適用に必要である事実」の「体系的および学問的処理およびそれに関連する知識」を手段としていた。彼は後に「個々の法的規則が発生する基礎となっている社会的，政治的およびその他の事実的条件」そして法規範の「社会的，政治的およびその他の作用の検証」について言及している。この広く把握されている法事実の研究の概念から出発することが今日においても事態に即している。

　ヌスバウムは，このような研究を利用することをまず学問のためのものとした。法制度の実際の意味を知ることにより，学者は，たとえば無記名土地債務や定期土地債務（民法第1195条，第1199条以下）のようなおよそ実生活では起こらない対象に学問的エネルギーを旺盛に注ぐことなく，自分たちの努力や洞察力を浪費することがなくなると主張する。しかし，ヌスバウムは法事実の研究の立場から法学教育さえも再編成しようとした。それは彼が事実上死文となっている法律の条文は無視するが，事実上重要な条文については，解釈学的問題だけでなく経済的，科学技術的，心理的およびその他の問題も扱い，このようにしてそこで扱われている素材の具体性を高めることを手段とした。彼

---

21)　*Sengall,* Archiv für bürgerliches Recht 32 (1908), 410ff.
22)　*Ehrlich,* Die Erforschung des lebenden Rechts, 1911; *ders.,* Ein Institut für lebendes Recht, 1911; *ders.,* Das lebende Recht der Völker der Bukowina, 1912, sämtlich wieder abgedruckt in *Ehrlich,* Recht und Leben を参照.
23)　*Nußbaum,* Die Rechtstatsachenforschung, 1968, 18ff. において再掲されている。
24)　*Nußbaum,* aaO, 19, 21.
25)　AaO, 57, 67.
26)　AaO, 24, 30ff.

は，法事実の研究のために考慮される対象について長いカタログを自ら作成し，自分自身のいくつかの研究を提示した。もっとも，彼は方法論的には法学の周辺に断固として留まった。彼がことさら強調したのは，テーマの選択は法理論自体の必要にのみ基づいて，かつ特殊法学的観点からなされなければならないということである[27]。したがって，彼は法事実研究を独自のテーマや問題設定を定式化するのにふさわしくない法学の一種の補助分野として理解していた。しかし，今日ではこのような限定に制約される必要はない。

2 現在の状況

法事実の研究が必要であるという点については今日異論はない[28]。そのことについての十分な証左は連邦司法省における「法事実研究」部局の設置である[29]。法事実の研究は，経済法および労働法において行われている。両法は，特に市民法の中心部分とは異なって何世紀もの経験という古い財産を参考にすることはできず，新たな事態を克服しなければならないからである。同様の理由から，法事実の研究は民法の適用領域，特に経済政策的，社会政策的に敏感な領域において真価を発揮している。刑事司法においては犯罪学が，公法の領域では行政学が，それぞれ同様の役割を担っている。また，法事実的な研究と法解釈学的な研究とを結びつけることの有用性を印象深く証明する多数の学問的な論文やモノグラフもある。それにもかかわらず法事実の研究が到達した水準は幾つかの理由からまだ満足のゆくものではない。法事実の研究の準備態勢が整っていて，かつそれができる研究者および研究機関の数は今日まで依然として少なすぎる。僅かな数の法学部だけがそのための人材面および制度面の要件を満た

---

27) AaO, 9, 21, 40, 90ff.

28) *Rehbinder*, Die Rechtstatsachenforschung im Schnittpunkt zwischen Rechtssoziologie und soziologischer Jurisprudenz, in: *Lautmann/Maihofer/Schelsky,* Die Funktion des Rechts in der modernen Gesellschaft, 1970, 333ff.; *Raiser,* Rechtstatsachenforschung und Rechtsfortbildung in: *Plett/Ziegert* (Hrsg.), Empirische Rechtsforschung zwischen Wissenschaft und Politik, 1984, 27ff.; *Röhl,* Die Bedeutung der Rechtssoziologie für das Zivilrecht, in: *Dreier* (Hrsg.), Rechtssoziologie am Ende des 20. Jahrhunderts, 2000, 39, *Hoffmann-Riem,* Sozialwissentschaftlich belebte Rechtsanwendung, FS Raiser, 2005, 515.

29) *Strempel,* Rechtstatsachenforschung und Rechtspolitik, ZRP 1984, 195 を参照。

しているにすぎない。社会科学的，経験的研究は費用がかさむので，財政面での限界も目立っている。比較的規模の大きな調査は通常，結果がどうなるかわからない面倒な申請手続や承認手続を条件とする公的資金によってのみ行われ得る。

しかし，方法論的な問題も同様に妨げとなる。法律家が課題に取り組んでいるとしても，彼らは必要な社会科学的技能を往々にして有していない。それに対して，社会学者は通常は法学固有の様々な分野や意味基準に精通していなければならない。社会学者は社会学的視角を安易に法学的問題設定の下に置くこともない。そのことは，ヌスバウムがいわば当然のこととして前提にした。[30] いずれにせよ法事実の研究を断念する理由は何もない。このような困難は研究チームが学際的に協力することによって極めて容易に克服することができる。

第3節　立法における経験的法社会学の応用

経験的法社会学は，立法権との関係においては民事法的な法事実の研究，犯罪学および行政学の形で極めて実務上有益である。[31] 立法者が，客観的に基礎づけられ社会において支配的な法の観念に応ずるような法律を制定しようとすれば，当該立法者が出発点とし影響を及ぼすことを意図している事実や意見に関する包括的情報が必要である。立法者は，これらを省庁の官僚機構において収集された専門的知識によって，当事者や関係者，特に利益団体の情報や聴取を通じて，そして専門家から，さらに政党や議員に対する影響の政治的チャンネルを経て入手する。しかしこのシステムは，様々な形で事実説明や評価の偏りの危険がある。なぜならば，情報を有する者は多くの場合，限定的な独自の知識しかもっていないし，また彼らはとりわけ不偏不党でもないからである。

---

30) *Gessner,* Rechtssoziologie und Rechtspraxis. Zur Rezeption empirischer Rechtsforschung, sowie *Raiser,* Rechtstatsachenforschung und Rechtsfortbildung, beide in *Plett/Ziegert,* aaO 69ff. und 27ff.

31) *Raiser,* Rechtstatsachenforschung und Rechtsfortbildung, aaO; *ders.,* Richterrecht heute, ZRP 1985, 111ff.; *Helmrich,* Die Innenseite der Rechtspolitik, ZRP 1987, 204; *Röhl,* Die Bedeutung der Rechtssoziologie für das Zivilrecht, in: *Dreier* (Hrsg.), Rechtssoziologie am Ende des 20. Jahrhunderts, 2000, 39 を参照。

これに対して，立法機関が学問的な法事実研究に期待しているのは専門知識であり，それは冷徹なまでに合理的で，批判的に検証されており，また諸集団の利害関係に影響を受けておらず，全体の需要に合っているものである。その限りでは，立法府へのあらゆる学問的助言のように，経験的法研究は，その他の情報源が不足していることを考慮して，システムに条件づけられた使命，そしてそれ故まさに機能に不可欠な使命を果たす。その活動領域において経験的法研究は，以下の理由によってもこの使命に特に適している。すなわち，経験的法研究は，法の現実に関する統計的に評価され一般化された言明を行うが，立法者がそれと同様に一般的規律を目的とする法律のための素材や範型として経験的法研究を必要とするからである。[32]

しかし，法社会学的経験の立法への貢献は法律の準備作業にとどまらない。むしろ，**爾後の制御**さえもここに加わる。それは，ある法律がどのように現実の生活に入り込んだのか，その法律が目的を達成したのか否か，そしてその法律がどのような期待されていた副作用または予期していなかった副作用をもたらしたかというものである。この種の問題に取り組んでいる法社会学の分肢としての**法作用の研究・運用研究・評価研究**は，近年特に興隆してきている。[33]しかし立法機関自体はこの種の調査にこれまであまり関心を示していない。

---

[32] ドイツ連邦共和国においては，1970年代初頭以降，立法過程に関与する諸機関は，準備過程や準備計画の段階にある法律に関して，法社会学的，経験的調査に関する任務を委託する傾向を次第に増加させた。連邦司法省が指導的役割を果たしているが，特に連邦社会労働省もそれに関与している。際立った事例は，石炭鉄鋼業に従事する労働者との共同決定によって生み出された経験について，ドイツ連邦政府によって設置された評価委員会によって進められた1967年の調査である。その成果は，「当該地域の継続的考察のための基礎」として有益であり，1976年の共同決定法の内容にも本質的な影響を与えた（BT-Drucks. VI/334での委員会報告を参照）。監査役会の共同決定の影響に関する新しく包括的な経験的調査は，今度は立法機関によってではなく，1995-1997年にその調査のイニシアティブをとり，調査に資金を提供した委員会と共同する形で，産業界に近いベルテルスマン Bertelsmann 財団や，労働組合に近いハンス・ベックラー Hans Böckler 財団によって行われた。その報告である „Mitbestimmung und neue Unternehmenskulturen"，1998 を参照。その調査について，さらなる事例として，*Rottleuthner*, Das Rechtsberatungsgesetz-rechtstatsächlich betrachtet, Gutachten H für den 65. Deutschen Juristentag, 2004 genannt. Zuweiteren Nachweisen vgl. die Vorauflage S. 39f.

[33] 第 *13* 章第3節を参照。

第4節　司法における経験的法社会学の応用

　司法においては経験的法社会学の応用は，その有用性に対する問いは既にかなり早くから存在したにもかかわらず，立法におけるほどは行われていない[34]。それは致し方のないことである。なぜならば，裁判所の判決が通常個々の事案に関係しているのに対し，社会学の量的な方法は統計的に基礎づけられた一般的な結果を目的としているからである。社会学が方法論的にコントロールされた個々の関係や経過の観察と結びつく場合には，社会学のパフォーマンスは裁判所の証拠調べの手続に比べ，注目に値するほどよいとはいえない。いずれにせよここでも重要な応用場面がある。これについては以下の例が示す通りである。

1　憲法裁判権

　連邦憲法裁判所は，方策として考えられるならば，社会学の専門家の意見を聞いたり社会科学的な研究の成果を参考にしたりする。たとえば有名な**薬局に関する判決**[35]は基本法第12条第1項の職業の自由という基本権の根本的に新しい解釈だけでなく，薬局の配置や薬品の住民への供給についての包括的な経験的説明も含んでいる。**レーバッハ訴訟**[36]では裁判所は，あるドキュメントフィルムのテレビ放映が一般視聴者と当該フィルムに映っている犯罪者の社会復帰のチャンスにどのような影響を与えるかという問題について，専門家として一人の社会学者の意見を聴取した[37]。**共同決定訴訟**[38]においては，立法者は「社会を形成する」法律を可決する前にその法律の予想される影響を社会科学的な予測研

---

34) Raiser, Was nutzt die Soziologie dem Recht, JZ 1970, 665; ders., Soziologie im Gerichtssaal, DRiZ 1978, 161; Naucke, Über die juristische Relevanz der Sozialwissenschaften, 1972; Opp, Soziologie im Recht, 1973; Röhl, Das Dilemma der Rechtstatsachenforschung, 1974; Heldrich, Die Bedeutung der Rechtssoziologie für das Zivilrecht, AcP 186 (1986), 74, 79ff.

35) BVerfGE 7, 377.

36) BVerfGE 35, 202.

37) その手続と，特に社会科学上の知識の利用については，次の文献の中で記されている。Hoffmann-Riem/Kohl/Kübler/Lüscher, Medienauswirkung und Medienverantwortung, 1975.

38) BVerfGE 50, 290ff.

究によって調査して，それを自らの決定の基礎にしなければならないということが要請された。

2 競争法および一般的民事法

民事司法は法事実的な統計データを特に**競争訴訟**において引き合いに出す。ある広告が不正競争防止法の意味において紛らわしいか否か，またはある商標や会社の名称が世間に知られているか否か（商標法第14条以下）は，関係業界への意見調査に基づけば極めて容易に見出される。それ故，このような事案では，紛争の解決がこの種の鑑定書に左右される場合には，連邦通常裁判所の裁判はこれを求める。[39]

現行法は，それが具体的な係争事件を超越した一般的な事実関係を参照するよう指示するあらゆる場合にこのような方法を採るきっかけを作るであろうが，**民事法**のその他の領域ではそのような方法はこれまで馴染みがなかった。[40] たとえば，ある錯誤が民法第119条第2項の意味における人または物についての取引において本質的な性状に関するものか否か，当該地域で**通常支払われる賃貸料**はどのくらいか（民法第558条），イミシオーンが当該地域では通常なのか否か（民法第906条）といった問題は，全て社会科学的な研究の助けを借りることによって，極めて適切に答えを得られるものである。[41] それにもかかわらず，これらの場合において裁判所が社会学的な鑑定を要求することを躊躇するとすれば，それはとりわけ高額な費用のためである。十分に詳細でかつ判断にとって重要な法律問題に照準が合わされている社会科学的な資料は，通常手許にないので，具体的な事件について特にそのために調査が行われなければな

---

39) *Baumbach/Lauterbach/Albers/Hartmann*, Zivilprozessordnung, Übersicht 1 B vor §402 における文献案内を参照。さらに *Noelle-Neumann/Schramm*, Umfrageforschung in der Rechtspraxis, 1962; *Noelle-Neumann*, Demoskopie und Rechtspraxis, in: *Lüderssen* ua (Hrsg.), Generalklauseln als Gegenstand der Sozialwissenschaften, 1978, 37ff.; *Knaak*, Demoskopische Umfragen in der Praxis des Wettbewerbs- und Warenzeichenrechts, 1986; *Böhm*, Demoskopische Gutachten als Beweismittel in Wettbewerbsprozessen, 1985.

40) *Jost*, Soziologische Feststellungen in der Rechtsprechung des BGH in Zivilsachen, 1981.

41) *Heldrich*, AcP 186 (1986), 77ff. und *Schweizer*, Repräsentative Rechtstatsachenermittlung durch Befragen, in *Chiotellis/Fikentscher* (Hrsg.), Rechtstatsachenforschung, 1985, 89ff. におけるさらなる事例。

らない。しかし通常その事件の訴訟物の価格は当該調査の費用に見合わない。そのため裁判実務はこのような場合，通常はたとえば当局の情報のような，より信頼性の低い他の判決の補助資料で満足しなければならない。

3　民事法の一般条項

取引慣行や**商慣習**を参照するように指示する民事法の一般条項（民法第151条・第157条・242条，商法第346条）はさらに法律外の判断基準に関門を開いている。それ故，既に早くから法社会学の関心もこれらに集中していた。[42]今日，法律がこれらの概念の使用を通して，当該集団やある一定の地域や当該法律紛争が生じた経済部門に妥当する社会規範を裁判官の決定の根底に置くことを義務づけようとしていたということは周知のこととなっている。これらは原則として世論調査のアンケートによって確定される。それにもかかわらず裁判所がこの分野においても通常，他の認識根拠に頼るとすれば，[43]裁判所は利用可能な説明手段を十分に活用しているとはいえない。それ故，どのみち費用が問題にならないところでは，このような場合には世論調査的な意見アンケートが躊躇なく行われるべきである。このことは，裁判所が経験的に確定された取引慣行や商慣習を，それらが法律上濫用であることが明らかである場合に，承認しないということを排除しない。

善良の風俗という一般条項（民法第138条・第817条・第826条）では，事柄は比較的細分化されている。なぜならここでは複数の層が重なっているからである。[44]善良の風俗という伝統的な中心領域では，この条項も産業経済や自由業の職業倫理や取引倫理を参照するよう指示している。このことは裁判の通例の定

---

42)　*Teubner*, Standards und Direktiven in Generalklauseln, 1971; *Röhl*, Das Dilemma der Rechtstatsachenforschung, 1974, 155ff.; *Hopt*, Was ist von den Sozialwissenschaften für die Rechtsanwendung zu erwarten, JZ 1975, 343ff.; *Raiser*, Soziologie im Gerichtssaal, DRiZ 1978, 161.; *Lüderssen*, Juistische Allgemeinbegriffe und Demoskopie; *Teubner*, Generalklauseln als sozionormative Modelle, beide in: *Lüderssen* ua (Hrsg.), Generalklauseln als Gegenstand der Sozialwissenschaften, 1978.

43)　商慣習は，大部分が，会議所の一員へのアンケートを自ら実施している産業会議所や商工会議所の情報によって確認される。

44)　*Teubner*, Standards und Direktiven in Generalklauseln, 1971; *Heldrich*, AcP 186 (1986), 77, 93ff.

式化に表れている。それよれば，公正で正当に考えているすべての人たちの良識感覚に照準が定められている[45]。またたとえば，被相続人の婚姻外の愛人に有利な遺言が善良の風俗に反すると見なされるか否かという問題は，当該民衆の道徳観に基づいてのみ答えることができる[46]。つまり，その限りでは世論調査による質問を利用することは適切である。しかし裁判所は，一般条項を援用して，確定された慣習が法的な基準に適合するものかどうか，または受容できない悪習であるかどうかを独自にコントロールする権利も恒常的に留保してきた[47]。それ故，このような観点から民法第138条・第817条および第826条は，裁判所によって発展させられ，当該取引範囲における相違する行動基準に対して実施される法特有の倫理の法的基礎を成している。内容的にみれば，裁判官による法形成に対する授権である。

　他の関係においては，一般条項は結局，法秩序に定着した上位に置かれた価値基準を具体的に表す道具として役立っている。特に重要であるのは，独占や経済的に優位な地位を過度に利用することが良俗違反であると判断された場合や民法第138条が私法的取引における基本権の第三者効を法的に基礎づける規定として機能している場合である[48]。それ故，結果的に善良の風俗という一般条項は経験的な法事実の研究を利用するきっかけを条件つきでのみ提供しているにすぎない。

第5節　法社会学的な概念および理論の受容

1　受容の間接的道筋

　法事実の調査が法学独特の問題設定に調整されることがあるのに対して，法社会学の概念や理論においては，社会的現実に関する複合的な言明や経験が増大しており，その社会的現実の真実内容および学問的成果は，第一義的に社会学的研究自体の文脈において明らかになる。この限りにおいて，法解釈学の専

---

45)　*Teubner*, aaO, 65ff.
46)　BGHZ 20, 71; 369 および特に BGH NJW における判例の変遷を参照。
47)　*Teubner*, aaO, 99ff. を参照。
48)　*Heldrich*, aaO, 96.

門的表現や思考上の説明範型に対するのとまったく同じことが妥当する。全ての学問は，それぞれの対象を，ここではそれは社会的現実であるが，それぞれの概念や理論とともに再構築する。それ故，これらの概念や理論は容易には他の学問の用語に受け継がれないのである。

しかしこのことは，法社会学理論が不断の論争において法解釈学の学説と対比され，また比較されることによって，間接的な影響を排除するものではない。このようにして法社会学は，法律家の思考慣習を批判的に解明し，法律家の注意をこれまで十分には顧慮されていなかった関係に向け，法律家に新たな論証の雛型を提供することに成功する[49]。法律学が法社会学上の思想の所産の獲得を実現するのは，長くて把握するのが難しいコミュニケーション過程においてであるが，そこには多くの人々が参加し，その経過において社会学的な言明は法的な問題提起に関係し，同時に法学の教義も変化させる。同じような道筋で法学独特の概念や学説は理論社会学への入口を見出す[50]。これが理論のレベルでの学際的協力の意義である。この協力は法社会学と法解釈学との間では，まだ初歩の段階にある。その必要性には，両学問の対象が同じものであるという理由だけで，疑問が差し挟まれるべきではない。それ故，そのつどお互いに反映しあうことは，その反映がないとすればその分野特有の盲点ゆえに生じ得る偏りを防ぐことになる。法社会学の批判的な構成要素はまさにこの分野で真価を発揮しなければならない。

2 諸 例

両分野間のこのような相互の刺激や強化がどのように行われるのかはここでは単に示唆することしかできない[51]。我々は例として契約および経済企業の教訓[52]

---

49) *Teubner,* Folgenkontrolle und responsive Dogmatik, Rechtstheorie 6/1975, 179ff. を参照。さらに *Heldrich,* aaO, 95.
50) 法律上の概念に関する考察とその社会学的な解釈は，特にニクラス・ルーマンの著作のなかで印象深い。例として，*Luhmann,* Rechtssoziologie, 252f.; 1; *ders.,* Das Recht der Gesellschaft, 291f., 483ff. における主観的法（権利）subjektives Recht についての彼の解釈を参照。
51) さらなる解説については，以下の論集の中の諸論文を参照。*Daintith/Teubner* (Hrsg.), Contract and Organisation. Legal Analysis in the Light of Economic and Social Theory, 1986.
52) また第14章も見よ。

を選び出した。

　a） 民事法の解釈学では**契約**は2人の当事者がかかわる法律行為として，そして2つの補足しあう意思表示の一致として理解される。その見方は全くもって個人主義的で主意主義的なものである。契約による義務の効力は契約当事者の意思およびそれと結びついている自己拘束に基づいている。しかし学説は当初から，社会的コンテクストから導き出される意思表明における表示の意味と真意とが一致しない場合，困難に直面していた。学説はまた「合意は守られなければならない pacta sunt servanda」つまり，一旦締結された契約は履行されるという，法秩序によって保障されている強制という命題を十分には説明できていない。さらにこの学説は，契約自由が任意に行われる可能性を私的な目的のために制限するという契約自由の制度上の限界を理解することは困難である。最近では，さらに次のような問題を加えることができる。すなわち，契約上のまたは契約類似の責任構造を，情報，社会的に典型的な行動，または職業特有の活動といった意思表示が欠如している場合にも利用する必要性と関係している問題である。

　これに対して社会学は，社会的分業，財の交換，社会的および経済的資源の最適な分配を実行するひとつの手段としての契約の社会的機能を強調する。かかる見解においては個人の意思表示は，その決定的な意味において後退する。契約という法の形態は法的に配置された社会プロセスの全体の中に組み込まれている。契約自由の内容および範囲は，個々の法人格の自律性からではなく，その社会的機能から決定されるべきものである。契約の拘束力は，単に意思表示から導き出されることはできず，人の相手方に対する自己表明から，社会的役割の引き受けから，そしてまた人間諸関係の相互性からも導き出されなけれ

---

53) 全ての文献を挙げる代わりに，*Flume,* Das Rechtsgeschäft 601ff.; *ders.,* Rechtsgeschäfte und Privatautonomie, in: Hundert Jahre Deutsches Rechtsleben, Festschrift zum 100jährigen Bestehen des Deutschen Juristentages, 1960, Bd. 1, 135 を参照。

54) それに関しては特に，*Köndgen,* Selbstbindung ohne Vertrag, 1981 を参照。

55) これについては，既出デュルケム（第5章第2節2）およびマックス・ヴェーバー（第7章第2節6）を参照。

56) *Ludwig Raiser,* Vertragsfunktion und Vertragsfreiheit, in: Hundert Jahre Deutsches Rechtsleben, Festschrift Deutscher Juristentag Bd. 1, 1960, 101ff.

ばならない。[57)]

　b）伝統的な法学説は，**経済企業**を法の担い手として機能する商人や商事会社の活動領域や資産対象として理解する。[58)]これらの商人や会社は，こうした見解では，それらの（経済的）所有者であり（会社の）名称を有する担い手であり，当然の経営者，そして当該企業の利益のために締結された契約の当事者であり，とりわけ被用者との間で締結された契約の当事者である。これに対して社会学は，――さらにまた経済学もそのように理解するように――企業を社会的行為システムとしてそしてまた多くの人々――株主，被用者，企業経営者――が，分業的に商品やサービスを生み出し，そうして利益を得るという共通目的のために協働する組織体として理解する。法学もまた，重要な問題においてそのような見解からもはや距離をおくことはできない。[59)]実務上の最も重要な例は，連邦憲法裁判所と連邦通常裁判所の判決において出資者と企業経営者の行為規準として経営利益という形が認められたことである。[60)]

---

57)　*Köndgen* aaO, 165ff., 192ff., 233ff.
58)　以下については，特に，*Thomas Raiser,* Das Unternehmen als Organisation, 1969, 13ff.; *ders,* Unternehmensrecht und Wirtschaftsrecht. Über die Schwierigkeiten juristischer Begriffs- und Systembildung, FS Schwark, 2009, 59. また，変更法における企業経営者についての言及にも参照せよ。
59)　*K. Schmidt,* Handelsrecht §3; Gesellschaftsrecht, §1 II 4.
60)　全ての文献を挙げる代わりに以下を参照。*Raiser/Veil,* Recht der Kapitalgesellschaften, §§14 I 5, 15 VII, 7. 法人の概念に関する社会学的基礎については，さらに，*Th. Raiser,* Acp 199 (1999), 108, 132.

第3章　法社会学の歴史および現在の状況

Geschichte und gegenwärtiger Stand der Rechtssoziologie

第1節　19世紀における前史

1　先駆者たち

　他の学問領域から区別できる法社会学という学問領域の成立は，エミール・デュルケムやオイゲン・エールリッヒやマックス・ヴェーバー[1]といった名前と結びついている。それ故，法社会学の成立は20世紀初頭にまでしか遡らない。しかし当然のことながら，社会学的観察方法は既にもっと早くから行われている。法の社会的根源や社会に対する法の機能についての省察は，西洋哲学の始まりにまでその起源をたどることができる。したがって，たとえばプラトンPlatonやアリストテレス Aristoteles の国家哲学，ホッブズ Thomas Hobbes やロック John Locke やルソー Jean Jacques Rousseau やカントの社会契約説，プーフェンドルフ Samuel Pufendorf あるいはトマジウス Christian Thomasius の自然法論の中に，法社会学的要素を指摘することは難しくないであろう[2]。とりわけ注目すべきは，法と社会生活との相互依存を力説したモンテスキュー Charles Secondat Montesquieu の相対論と決定論における社会学的観点である[3]。まだ行われていないのは，社会科学的に経験的な方法論上の研究である。

---

1) 第5章から第7章を見よ。
2) プラトン，アリストテレス，ホッブズ，ロック，ルソー，カントについては，*Welzel*, Naturrecht und materiale Gerechtigkeit, 4. Aufl. 1962 を，プーフェンドルフ，トマジウスについては，*Erik Wolf*, Große Rechtsdenker der deutschen Geistesgeschichte, 4. Aufl. 1963 を，それぞれ参照。
3) *Röhl*, Rechtssoziologie, 5f.

2 歴史法学派

a） 19世紀においては，特に歴史法学派が法社会学のパイオニアとして活動した。フリードリッヒ・カール・フォン・サヴィニー Friedrich Carl von Savigny (1779-1861) によれば，本来実定法は全て民族法であった。実定法は「全ての個人のなかに共通に宿り作用している民族精神」であり，民族精神はこの実定法を生み発展させるのである。法は，言語や社会生活における習俗のように，もともと人知れずまた意識されることもなく発生し変化する。社会的な分化がある程度進んだ段階になって初めて，国家の立法は，民族法を外から見てわかるものにして，それが容易に貫徹されるようにし，またわからないところをなくし，さらに状況が変化してもそれに速やかに順応できるようにすることによって，このプロセスに「補充的かつ支持的に資する」ことになる。さらに進んだ段階では，職業階層による社会の内部分化が生じてくる。すなわち，法律家階層およびそれとともに法学が生まれ，これらは「民族の機関として」その後独自に法形成力を発揮するのである。このような考え方は，オイゲン・エールリッヒによる社会の法，法曹法，国家法の区別に決定的な影響を与えた。

b） サヴィニーよりさらに近いところでは，ルドルフ・フォン・イェーリング Rudolf von Jhering (1818-1892) が法社会学の生みの親の一人に数えられている。イェーリングの学問的な歩みの特徴は，カントやヘーゲル G. W. Friedrich Hegel の観念論あるいは歴史法学派の民族精神論から，さらにこの民族精神論が帰着した概念法学や構成法学からの離反であった。イェーリングは，これに代えて，法を社会的現実の産物と捉える**現実主義**の考えを支持した。法は無意識に生成されるというサヴィニーの学説に対し，イェーリングは，法は「**意識的に作られる**」という学説を唱えたのである。それによれば，法は，「人間共同

---

4) *v. Savigny,* System des heutigen Römischen Rechts Bd. 1, 1840, §§ 7-15 および既に挙げた *ders.,* Vom Beruf unserer Zeit für Gesetzgebung und Rechtswissenschaft, 1814, Neuauflage 1973, 98ff., 118ff.
5) System des heutigen Römischen Rechts § 7.
6) AaO, § 15.
7) AaO, § 14.
8) 第6章第2節4を見よ。
9) *Wieacker,* Privatrechtsgeschichte der Neuzeit, 2. Aufl. 1967, 449ff. を参照。

体の生活諸条件を現実のものとすることについての」「人の企図および打算の産物」である。これに従えば，法史学の課題は歴史的事実を叙述することである。

> 「この歴史的事実とは，それによって法がこの特定の発展段階においてこの特定の形そのものをとるようになる，そのような事実のことである。つまり，まず内部的衝撃である。すなわち，民族性，民族の考え方，しかるべき時代における民族の文化段階である。さらに外部的衝撃である。すなわち，民族の経済的，社会的，政治的状況，とりわけ他の民族との接触である。」

同時にイェーリングは，法が現実のものとなることを「法の生命と真実」と見なす。

> 「現実にはならないもの，単に法律のなか，紙の上にのみ存在するものは，単なる見せかけの法，空虚な言葉にすぎない。逆に，法として現実化しているものは，たとえそれを法律のなかに見出すことができず，民族や学問がそれをまだ意識するに至っていなくとも，法である。」

つまり，法が社会に定着しているということ，また法が目的をもっているということ，これらがイェーリングの晩年の著作における中心的な考え方であり，この著作が法社会学への扉を直接開いたのである。社会学的な考察方法は，主観的法（権利）についてのイェーリングの新たな定義においても現れている。イェーリングは，この権利の意味を，**権利者は法の保護の下に自己の個人的な欲求や好みや価値観念や利益を追求することができる**という点に見出した。イェーリングの現実主義は，法は社会において静的に作用する力から生ずるのではなくつねに社会における権力闘争や利害闘争の結果でありそこから法は権利を求めて闘うという各個人の自分自身に対する道徳的な義務を導き出すとい

---

10) *Jhering,* Über Aufgabe und Methode der Rechtsgeschichtsschreibung, 1894 (*Jhering,* Der Kampf ums Recht, Ausgewählte Schriften, 1965, 428 から引用)．
11) AaO, 429.
12) Geist des Römischen Rechts Bd.2, 2.Teil, 4. Aufl. 1883 § 38.
13) 「目的は法の創造者である」という，イェーリングの最後の著作「法における目的」のモットーを参照．
14) *Schelsky,* Das Jhering-Modell des sozialen Wandels durch Recht, in: Jahrbuch für Rechtssoziologie und Rechtstheorie Bd.3, 1972, 47ff.; *Helfer,* Rudolf v. Jhering als Rechtssoziologe, KZfSS, 1968, 553ff.
15) Geist des Römischen Rechts 3.Teil, 4. Aufl. 1888 § 60.

う命題を擁護した彼の有名な「権利のための闘争」[16]という講演において最も端的に現れている。これらの学説によりイェーリングは法社会学における全ての行為理論および紛争理論的なアプローチの嚆矢となった。

　c）これに対し，オットー・フォン・ギールケ Otto von Gierke（1841-1921）はシステム理論および組織理論の先駆者の一人に数えられる。イェーリングの現実主義や経験論はギールケにとっては自明のことであった。ギールケは，国家だけが法の創造者なのか，それとも社会において活動している団体あるいは組織されていない共同体さえも法の創造者なのか，さらに，法の成立過程は理性の表出なのか，それとも意思の活動なのか，そして，共同体の生活においては法にどのような機能が与えられているのか，という後に法社会学によって取り上げられる問いを既に提示していた[17]。ギールケは，国家や団体は法を作るだけでなくそれ自体が法的に構築されていると考えた[18]。ギールケの理論的関心は，彼が社会有機体と表現した国家を含む「**人的団体の本質**」に向けられていた。社会有機体は「**個人と同じく精神的・肉体的な生活統一体であり**」，それ自体が「**生きた存在**」[19]なのである。この概念の選択は生物学から借用されたものであるが，結局ほとんど役に立つことはなく，そのためにギールケはロマン主義的な社会形而上学からの非難を受けることになった[20]。それにもかかわらず，ギールケは，個人と団体とのアナロジーがもつ限られた表現力をすこぶる批判的な目で見きわめていた[21]。彼がこのアナロジーによって表現しようとしたのは，団体のもつその構成員を超えた統一性や個性や完全性や社会的行為能力である。こうした理解は（法）社会学の基本的認識の一つである。

　d）法社会学の先駆者としてはイギリスの法史家ヘンリー・サムナー・メイン卿 Sir Henry Sumner Maine（1822-1888）も挙げられなければならない。彼の著書『**古代法** Ancient Law』（1861年）は，あらゆる社会の法構造は歴史の流れ

16）　Der Kampf ums Recht, 1872, 20. Aufl. 1921.
17）　*Gierke,* Das Wesen menschlicher Verbände, 1902, Neuausgabe 1954, 2.
18）　AaO, 7, 15, 26ff.
19）　AaO, 15, 12.
20）　*Wieacker,* Privatrechtsgeschichte der Neuzeit 2. Aufl. 456 を参照。
21）　AaO, 16ff.

のなかで「**身分から契約へ** from status to contract」発展するという結論に達した。メインは次のように述べている。

> 「進歩する社会のうねりは一つの点では画一的であった。そのうねりの全体的な経過のなかで，進歩的な社会は，家族関係が段階的に解消し，それに代わって個人の義務が増していることによって特徴づけられる。個人は市民法の根底をなす単位として，家族と入れ換えられ続けている。この進歩の速度は様々であった。…しかし，その起源を家族のなかにもつ利権と義務との相互関係というかような形態に徐々にとって代わっていった人間と人間との間の紐帯がどのようなものであるかを見ることは難しくない。すなわち，それは契約以外の何ものでもない。人々のあらゆる関係が家族関係に統合されている社会的状態を出立点とすれば，我々にはこれら全ての関係が個人の自由な合意に起因する社会秩序の一つの局面に向かって絶え間なく変動してきたように思われる。…つまり身分 Status という語を個人の人的関係の呼称として使用することに限るとすれば，進歩し続ける社会のうねりは，これまでのところ**身分** Status から**契約** Contract へのうねりであったと言うことができる。」[22]

メインは，奴隷制度の廃止および夫や父親の権力から女性や子どもが法的に解放されることについて自分の考えを解説している。それによって，メインが19世紀における身分社会から市民的─自由主義的経済社会への移行を特徴づけている過程を把握したことは疑いない。メインの考えは，ドイツではまずフェルディナント・テンニース Ferdinand Tönnies が[23]，次いでマックス・ヴェーバーが取り上げた[24]。現在では，メインの考えをマンフレート・レービンダー Manfred Rehbinder がさらに発展させた[25]。レービンダーは，契約社会が社会的役割によって形づくられている社会構造へと20世紀においてさらに発展したことを観察した。

---

22) *F. Tönnies,* Gemeinschaft und Gesellschaft, 1887, Neuausgabe 1963, 184f. の訳。
23) テンニースは，その有名な著書『ゲマインシャフトとゲゼルシャフト』（注22）において，古い時代の社会構造としてゲマインシャフトを描き出した。それは，土地所有，支配関係，交換経済，身分秩序，家族や集団による個人の束縛という特徴をもっている。これと対比をなすのが現代のゲゼルシャフトであり，それは，可動資産，法的平等，市場経済・貨幣経済・信用経済，集団による束縛からの個人の解放，私的自治に基づいて成立している。
24) *Weber,* Wirtschaft und Gesellschaft, 401ff., 後述第7章第2節6を参照。
25) *Rehbinder,* Wandlungen der Rechtsstruktur im Sozialstaat, in: *Hirsch/Rehbinder* (Hrsg), Studien und Materialien zur Rechtssoziologie, 1967, 197ff.

3　国家学および犯罪学

国家学および国家法の分野においては，第１にロレンツ・フォン・シュタイン Lorenz von Stein（1815-1890）とゲオルク・イェリネック Georg Jellinek（1851-1911）が，犯罪学においてはフランツ・フォン・リスト（1851-1919）が，それぞれ法社会学の先駆者として挙げられる。

a） ロレンツ・フォン・シュタインはそれまでになかった決意をもって国家と社会とを区別し，国家と社会は全ての人間共同体の２つの異なった形態と生活要素であり，互いに終わることのない闘争状態にあると表現した。[26]　国家観念と社会的秩序とをこのように鮮明に対照させることは歴史における動的な要素である。フォン・シュタインは国家をその全ての構成員の有機的な統一体として理解した。国家の構成員は，「**生命の独立した形態**」として独自の人格と独立した意思を持ち意思形成と行為を通じて自らの使命を果たす。[27] これに対して，社会においては自らの経済的および非経済的な生活条件の形成を巡る各個人の非組織的な闘争が行われている。それを特徴づけるのは，欲求を満足させること，享楽を求めることを目的とした労働，労働によって取得した財産の不可侵性を求める権利としての私的所有権，そして特にこの闘争の結果生じた社会的不平等である。[28] 国家の原理は全ての人に対する配慮であり，社会の原理は私的な利益の追求である。[29] そこから国家と社会との学問間の分離も当然生じてくる。

b） ゲオルク・イェリネックは自己の一般的国家学を**国家の社会論**と**国法学**とに分類した。[30] 前者は国家を「社会的構成体」として観察する。国家の社会論は，社会科学的な方法を用い国法学以前の存在である。国家の社会論の目的は，記述や説明的な分析や比較による帰納的な方法で**経験的な**タイプを明らかにすることである。その際イェリネックは資料を主としてなおも歴史から引用したが，

---

26)　v. Stein, Geschichte der sozialen Bewegung in Frankreich von 1789 bis auf unsere Tage, Bd.1: Der Begriff der Gesellschaft und die Gesetze, 1850, Neuausgabe 1972, 31f. このことおよび以下のことについては，A. Fürst, Die soziologische Dimension in der Gesellschftslehre L. v. Steins. Diss. Heidelberg, 1957; E. Grünfeld, L. v. Stein und die Gesellschftslehre, 1910 を参照。

27)　AaO, 15ff., 34ff.

28)　AaO, 13ff., 24ff., 40ff.

29)　AaO, 36, 43.

30)　Jellinek, Allgemeine Staatslehre, 1900, zitiert nach der 2. Auflage 1905, 3ff., 123ff.

少なくともそれと同等のものとして歴史的な科学と並んで社会科学を引用している[31]。それに対して，イェリネックは既に国法学を規範科学として理解し，社会的現象としての国家の存在についての言明から明確に分離されるべきだとした[32]。

c）犯罪学では，ドイツにおける近代犯罪学の創始者フランツ・フォン・リスト（1851-1919）が法社会学の決定的な父の一人に数えられる[33]。フォン・リストの思想は，当時の自然科学的な実証主義やイェーリングの目的合理主義に影響されていた。そこで彼は犯罪の発生の**因果律の説明**を試みた。その試みのなかで，フォン・リストは犯人の人格的メルクマール（犯罪人的性向）と社会的要素（負担になっている生活条件）とを同じくらい欠かせないものと考えた。もっとも，社会的ファクターが優位することを主張した。刑罰の理由および効果を研究するにあたり，フォン・リストは明確な実用主義的思考に従っていた。行刑が資するのは，不正が犯されたことに対する回顧的な報復ではなく，犯人の更正や将来の犯罪に対する威嚇や社会の安全である。一定の犯人のタイプの列挙のためにフォン・リストは，犯罪統計的な手続も既に利用していた。

第2節　法社会学の最初の繁栄（1900-1933）

1　ドイツ

a）ドイツにおける法社会学の確立は，オイゲン・エールリッヒの功績である[34]。エールリッヒに加えて，とりわけ1933年に亡命するまでフライブルク大学およびキール大学で教授を務めていたヘルマン・カントロヴィッツ（1877-1940）が法社会学の発展に決定的に寄与した。カントロヴィッツは，その論文「法学と社会学[35]」において，法社会学的な経験の課題を解明し，またこの経験が法

---

31) AaO, 11, 34ff., 40.
32) AaO, 49.
33) *v. Liszt*, Der Zweckgedanke im Strafrecht, 1882, in: Strafrechtliche Vorträge und Aufsätze Bd.1, 1905, 126; *ders.*, Über den Einfluß der soziologischen und anthropologischen Forschungen auf die Grundbegriffe des Strafrechts, 1893, ebenda Bd. 2, 75ff.
34) 第**6**章を見よ。
35) 1911年の第1回ドイツ社会学会における報告。*Kantorowicz*, Rechtswissenshaft und Soziologie, 1962, 117ff. に再掲。

学にとって不可欠であることを明らかにした。カントロヴィッツは，イェーリングに倣って，特にそれぞれの法律が追求している目的を研究することおよび社会生活における法律の規定の効果を調査することを要求した。後々まで影響力を持ち続けたのは，特に彼が1906年に既にグナエウス・フラヴィウス Gnaeus Flavius という筆名で公表した「**法学のための闘争**」という論文であった。彼はその論文において，全ての法律の欠缺，なかんずく大きな法典の欠缺を主張し，裁判官による決定を認識の行為としてではなく意思決定の行為として捉えた。国家の官吏としての裁判官に代わって創造力をもった「国王裁判官」を求めたのである。[36] この論文は，ドイツ民法の施行後最盛期を迎えていた法実証主義に対して総攻撃としての効果を及ぼしたので，すぐに大きな注目を浴びるとともに激しい抵抗を引き起こした。この論文は，長く影響を与えながら，その後，法学方法論を変えていったのである。[37]

　b) エールリッヒやカントロヴィッツと並んでカールスルーエの弁護士エルンスト・フックス Ernst Fuchs (1859-1929) も自由法論の先駆者であった。彼もまた，法律からの論理的な演繹だけで法的紛争を解決しようとするのは不可能であることをたゆまず指摘した。その代わり彼は，社会学的考慮および心理学的考慮を法発見の過程のなかに思い切って取り入れる新たな「正義科学」を要求した。[38]

　c) ドイツ法社会学の創始者の一人として，1933年までフランクフルトで弁護士と教授を務めていたフーゴ・ジンツハイマー Hugo Sinzheimer (1875-1945) をさらに挙げることができる。ジンツハイマーは，実例を挙げながら法的現実

---

36) Rechtswissenschft und Soziologie 13ff. に再掲。
37) カントロヴィッツの社会学的意義の評価については, *Muscheler,* Relativismus und Freirecht, 1984; *ders., H.U.Kantorowicz,* Eine Biographie, 1984; *Frommel,* in: Kistische Justiz (Hrsg.), Streitbare Juristen, 1988, 243ff.; *Raiser, H.U.Kantorowicz,* in: *Lutter/Stiefel/Hoeflich* (Hrsg.), Der Einfluss deutscher Emigranten auf die Rechtsentwicklung in USA und in Deutschland, 1993, 365ff. を参照。
38) 主要著作：Schreibjustiz und Richterkönigtum, 1907; Recht und Wahrheit in unserer heutigen Justiz, 1908; Die Gemeinschädlichkeit der konstruktiven Jurisprudenz, 1909; Was will die Freirechtslehre, 1929. 著作は, *Fuchs, Ernst,* Gerechtigkeitswissenschaft, 1965 mit Einleitung von *A. Kaufmann* und *Foulkes, Albert S.* (Hrsg.), *Fuchs,* Gesammelte Schriften über Freiheit und Rechtsreform, Bd. 1 1970, Bd.2 1973 に収録されている。

の観察を法形成を行う法解釈活動と立法活動に結びつけた[39]。彼は，工場労働の組織が投げかける法的問題の目新しさを認識し，ギールケの弟子としてこの問題を団体思想および社会主義的理念に基づいて解決しようとした。規範的な効果を備えた集合契約という彼の考えは画期的な影響を与えた。この考えによって彼は「ドイツ労働法の父」[40]となった。彼は社会学的見方と法解釈的見方と法政策的見方を結合したが，このことがまた彼の弟子たちのグループを特徴づけているのである。このグループのうち，特にフランツ・レオポルト・ノイマン Franz L. Neumann (1900-1954)[41]やエルンスト・フレンケル Ernst Fraenkel (1898-1975)[42]やオットー・カーン＝フロイント Otto Kahn-Freund (1900-1979)[43]は，法学の経験的態度を身につけ，影響力をもつようになった。

　d) 経験的な社会研究の方法を用いた**法事実の調査**は当初から必要とされていたが，とりわけ高額な費用のため 1933 年まではほとんど行われることはなかった。それでもこのような調査の必要性は，1919 年のヌスバウムの大きな綱領的文書以降[44]，法律家たちの意識のなかに深く浸透していった。1920 年代の成功を

---

39) ジンツハイマーの法社会学に関する著作は，*Sinzheimer,* Arbeitsrecht und Rechtssoziologie, Gesammelte Aufsätze und Reden, 2 Bde, 1976 (Hrsg. *O. Kahn-Freund* und *Th. Ramm*) で参照できる。評価については，*O. Kahn-Freund* の序文；*Fraenkel,* JZ 1958, 457；*Simtis/Londerer/Gerfin* (Hrsg.), *Hugo Sinzheimer,* Gedächtnisveranstaltung zum 100. Geburtstag, 1975 を参照。
40) *Fraenkel,* JZ 1958, 457ff.
41) ノイマンは，"*Behemoth, Struktur und Prxis des Nationalsozialismus, Demokratischer und autoritärer Staat*", 1957, deutsch 1967 および "*Die Herrschaft des Gesetzs. Eine Untersuchung zum Verhältnis von politischerTheorie und Rechtssystem in der Konkurrenzgesellschaft*", deutsch 1980 の著作によってひとかどの政治理論家になった。その評価については，特に *Söllner, Alfons,* Neumann zur Einführung, 1982; *Prels, Joachim* (Hrsg.), Recht, Demokratie und Kapitalismus. Aktualität und Probleme der Theorie Franz L. Neumanns, 1985; *Rückert, Joachim,* Franz Leopold Neumann, in: *Lutter/Stiefel/Hoeflich, Der* Einfluss deutscher Emigranten (Fn. 37), 44ff.
42) 法社会学とって重要なのは，何よりもフレンケルの論文 "*Zur Soziologie der Klassenjustiz*", 1927, Neudruck 1968 である。彼は亡命中の 1941 年に，"The Dual State" (deutsch: *Der Doppelstaat,* 1974) を出版し，そのなかで 1938 年までの国家社会主義を分析した。1951 年にドイツに帰国した後は，ベルリン大学で政治学の教授となり，政治学の諸論考を発表した。その評価については，*v. Brünneck* in: Streitbare Juristen (Fn. 37), 415ff. を参照。
43) カーン＝フロイントは，最初は裁判官であったが，1933 年にイギリスに亡命せざるを得なくなり，そこで国際的な労働法学者になった。法社会学にとって導きとなったのは，次の 2 つの初期の論考である。"*Das soziale Ideal des Reichsarbeitsgerichts*", 1932 および "*Der Funktionswandel des Arbeitsrechts*", Archiv für Sozialwissenschaft und Sozialpolitik 1932, 146ff.
44) *Nußbaum,* Die Rechtstatsachenforschung, 1914. 第 *2* 章第 2 節 1 を参照。

おさめた業績の例と言えるのは，パッソヴ[45] Richard Passow やフリートレンダー[46] Heinrich Friedländer やハウスマン[47] Fritz Haussmann の経済法的調査である。

2 フランス

a）フランスではエミール・デュルケム[48]とともに彼の同年代の人物でボルドー大学で憲法の教授であったレオン・デュギー Léon Duguit（1859-1928）が法社会学を創始した。[49]コントやデュルケムと同様にデュギーもまた，科学からあらゆる形而上学的な要素を排除し，科学をただ「社会的事実」の観察にだけ基礎づけようとした。社会においては「社会的連帯」を個人の恣意から守る社会規範が生み出される。その際デュギーは経済的規範と道徳的規範とを区別した。規範は，それが集団の意識に受け入れられ，それゆえ規範を破った者が集団によるサンクションに従うときに，法的な性格を獲得する。集団生活に由来するこの種の規則の総体は，国家法（**実定法** loi positive）に優先する「**客観法** droit objectif」を形成する。こうした考え方が，同じ基本概念（社会的事実，社会的連帯）から出発するデュルケムの法社会学，さらにエールリッヒの法社会学とも類似していることは，一目瞭然である。

b）これに対して，精神史的な伝統により強く結びついたままであったのは，デュルケムやデュギーの重要な学問上の反対者たるモーリス・オーリュー Maurice Hauriou（1856-1929）である。オーリューの主な業績は**制度の理論**である。彼はそのなかで理念の要素と実在の要素を結合させた。[50]彼の定義によれば，

---

45) *Passow, Richard,* Die Aktiengesellschaft, 1922.
46) *Friedländer, Heinrich,* Konzernrecht, 1927.
47) *Hausmann, Fritz,* Von Aktienwesen und vom Aktienrecht, 1928.
48) 第 5 章を見よ。
49) 主要著作：L'Etat, Le Droit Objectif et La Loi Positive, 1901; Souveraineté et Liberté,1922; Traité de Droit Constitutionel, 1921ff. その評価については，*Gurvitch, Georges,* Grundzüge der Soziologie des Rechts, deutsch 1960, 94ff.; *Arnaud, André-Jean*, Critique de la Raison Juridique, 1981, 115; *Friedmann, Wolfgang,* Legal Theory, 229ff.; Luhmann, Niklas, Zur Funktion der „subjektiven Rechte" in: Jahrbuch für Rechtstheorie und Rechtssoziologie Bd. 1, 1970, 321ff.; *Grimm, Dieter,* Zur Recht- und Staatslehre Leon Duguits, 1973; *Fikentscher, Wolfgang,* Methoden des Rechts Bd. 1, 1975, 496ff.
50) *Hauriou, Maurice,* La theorie de l'institution et de la fondation, Essai de vitalisme social, 1925; deutsch: Die Theorie der Institution 1965. その評価については，*Schnur,* Einleitung zur deutschen Ausgabe, 11ff. mit zahlreichen Nachweisen 115ff.; さらに，*Schmur* (Hrsg.), Institution und Recht,

制度とはある社会的環境において実現と法の安定を見出す工場や企業の指導理念（指導理念 idée directrice）のことである。この理念は，社会の集団において力をもつようになりその集団の機関によって定着するとともに，さらに集団の連帯の表現をも呼び起こすことによって，社会的現実に変わっていく。[51] オーリューは**人的制度**（団体，法人を指す）と**物的制度**（特に現行法の法制度，たとえば意見表明の自由や私的所有権の制度）を区別した。[52] 彼の学説はドイツでもその後，国家法に影響を与えていった。[53]

c）フランスの民事法においてはレイモン・サレイユ Raymond Saleilles（1855-1912）とフランソワ・ジェニー François Gény（1861-1959）が，法文のみに目を向ける解釈学派を打ち負かし，それに対して法の歴史的かつ社会学的側面を強調した。彼らにとって慣習法は成文法と同じ価値をもつ。法解釈のために彼らはナポレオン法典（フランス民法 Code Civil 1809，フランス商法 Code de Commerce 1807）の公布以来の社会的変遷をも考慮に入れた新しい方法を生み出した。[54]

d）狭い意味での法社会学は特にデュルケム学派によってさらに発展させられた。デュルケムの弟子のうち何人かは，古代社会における法の発生および変遷を研究するために法民族学に向かった。[55] それに対してジョルジュ・ギュルヴィッチ Georges Gurvitch（1899-1964）は，法社会学のための理論的な枠組みとして考えられた概念のカテゴリーの細分化された骨組みを発展させた。[56] とり

1968 の諸論文；*Gurvitch, Georges,* Grundzüge der Soziologie des Rechts, deutsch 1960, 108ff.; *Fikentscher* aaO, 504ff. を参照。

51）Deutsche Ausgabe von „Theorie der Institution" 34.
52）AaO, 34ff.
53）特に，*Carl Schmitt,* Über die drei Arten des rechtswissenschaftlichen Denkens, 1934; *Peter Häberle,* Die Wesensgehaltsgarantie des Art. 19 Abs. 2 Grundgesetz, 3. Aufl. 1983; さらに，*Luhmann,* Grundrechte als Institution, 1967 および *Schelsky,* Über die Stabilität von Institutionen, besonders Verfassungen を参照。オーリューに依拠した重要な著作としては，*Santi Romano,* Die Rechtsordnung 1918, deutsch 1975 もある。
54）サレイユとジェニーの方法論についての包括的な叙述が，*Fikentscher* (Fn. 49), 453ff. にある。
55）*Lévy-Bruhl, Lucien,* La morale et la science des moeurs, 1903; *ders.,* Les fonctions mentales dans les sociétés inférieures, 1910; *ders.,* La mentalité primitive, 1922; *Marcel Mauss,* Essai sur le don. Forme et raison de l'échange dans les sociétés archaiques, 1923, deutsch: Die Gabe, 1968.
56）*Gurvitch, Georges,* Eléments de sociologie juridique, 1940, deutsch: Grundzüge der Soziologie des Rechts, 1962.

わけ彼は社交の3つの様態，つまり大衆（**大衆** masse）と共同体（**共同体** communauté）と結合（**一致** communion），と法の4つの種類，すなわち**組織された法と柔軟的な法と再帰的な法と直観的な法**，とを互いに対置させた。彼の主な関心事は社会学と法律学との間の距離をなくすことである。アンリ・レヴィ＝ブリュール Henri Lévy-Bruhl (1889-1969) は，ローマ法から出発して法解釈的な要素と歴史的な要素と比較法的な要素と法社会学的な要素とを統一する法学的な方法に到達した。彼は法学部において認められた法社会学の父と考えられた。民法と法社会学との結合はジャン・カルボニエ Jean Carbonnier によっても行われた。彼は，大部の民法教科書（『民法』Droit Civil, 1955，第15版1984）以外に法社会学の教科書風の著作を書き，フランスにおける経験的法社会学の戦後の発展を決定的に促進した。

3 アメリカ合衆国

a) アメリカ合衆国の法理論においては，オリヴァー・ウェンデル・ホームズ判事 Oliver Wendell Holmes (1841-1935) が，彼はドイツにおけるイェーリング後の世代の人間であるが，概念的─分析的な方法を克服し，経験的に方向づけられたリアリズムをその代わりとした。1881年に出版されたホームズの著書『コモン・ロー』は，19世紀後半におけるアメリカの法学文献で最も重要

---

57) AaO, deutsche Ausgabe, 18, 132ff.
58) AaO, 23ff.
59) *Lévy-Bruhl, Henri,* La sociologie du droit, 1961; *ders.,* Aspects sociologiques du droit, 1955. 法社会学に関する多くの短い論文のドイツ語訳は，*Lévy-Bruhl,* Soziologische Aspekte des Rechts, 1970 に収められている。
60) *Arnaud, Jean-André,* Critique de la raison juridique, Bd. 1, 1984, 144ff., 155ff. を参照。
61) *Carbonnier,* Sociologie juridique, 1972; deutsch: Rechtssoziologie, 1974. *ders.,* Die großen Hypothesen der theoretischen Rechtssoziologie, deutsch in: *Hirsch/Rehbinder,* Studien und Materialen zur Rechtssoziologie, 1967, 135ff. を参照。その評価については，*Noreau/Arnaud,* The Sociology of Law in France. Trends and Paradigms, 25 Journal of Law and Society, 1998, 257 を参照。
62) ホームズに関するドイツ語の文献として挙げられるのは，次のものである。すなわち，*Reich, Norbert,* Sociological Jurisprudence and Legal Realism im Rechtsdenken Amerekas, 1967; *Fikentscher, Wolfgang,* Methoden des Rechts Bd. 2, 1975, 151ff.
63) その創始者は，「法理学の本分 The Province of Jurisprudence」を著したイギリスの法理論家であるジョン・オースティン（1790-1859）である。フィッケンチャー（注62）45頁によれば，彼は，イギリスにおいて，ドイツにおいてのプフタと同じような役割を果たしている。

な文献と呼ばれているが，その指導理念は「法の生命は論理ではなく経験である」というものである。

> 「法の生命は論理ではなかった。即ち，経験であった。時代の要請が感じられること，広く普及している道徳的な理論および政治上の理論，公序についての明示的ないし無意識的な直感，それどころか裁判官が自らの同胞と共有している偏見の方が，人々を律するべきルールを決定するにあたり，三段論法よりも多大に関与していた。法は何世紀にもわたる国家の発展の歴史を体現しており，数学の書物における公理や原理しか含まれていないかの如く法を扱うことはできない。」[64]

つまり，現行法は，古来より続く歴史的な伝統と新たな需要や価値観念へ絶えず適応してきたことから成る混合物である。この学説は，ホームズが形而上学的に基礎づけられたあらゆる価値観念に対して極端に不信感を抱いていることと組み合わされている。ホームズは，形而上学的に基礎づけられた価値観念の代わりに社会ダーウィニズムを支持した。社会ダーウィニズムは，強者の権利と関係しており，民主主義においては，過半数の者の権利と関係している。全ての生活状況および全ての紛争事例においてはそれに適した調整はそれ自体から生じて然るべきである。その際，当事者は自己の個人的な利益を他人のことを考慮しないで追求することだけを期待してもよい。

> 「法だけのことを知りたいのならば，法の知識によって自ら予言することができる実質的な帰結のみに配慮する悪人のように法を見なければならず，法の範囲内であれ範囲外であれ，自らの行為に対するその道理を道徳観念という法より曖昧なサンクションにおいて見出す善人のように法を見てはならない。……法を構成するものは何であろうか。マサチューセッツ州やイングランドの法廷によって下された判決とは異なるものであるとか，合理性の体系であるとか，倫理やら承認された公理やら何やら彼にやらの原則からの演繹であるとか，判決と一致しているかもしれないし，そうでないかもしれないと説いている著述家がいるだろう。しかし，我らが友人たる悪人の観点に立つならば，かの悪人は公理や推論といった2つの些事は欲しないが，マサチューセッツ州やイングランドの法廷が実際に行なう可能性がある事柄を知りたがることがわかるだろう。私は彼の考えとほとんど意見を同じくする。法廷が実際に行おうとすることを予言すること，そしてそれよりも誇大でないもの，それが法であると私は言っ

---

64) Anfang von „The Common Law".

ているのだ。」[65]

　　b)　社会科学においては，ウィリアム・グラハム・サムナー William Graham Sumner（1840-1910）がアメリカ合衆国における法社会学の最も重要な先駆者である。同時代の年下の人物であるデュルケムやエールリッヒやヴェーバーと同様に，サムナーもまた，一般的な社会規則や発展法則を発見するという目的で，19世紀において歴史学や民族学が開花した結果として目覚しく増大していた当時の歴史的知識や民族学的な知識を摂取した。1906年に出版された著書『フォークウェイズ』において，サムナーは古代より世界の民族のなかで発展してきた社会規範を比較した。その著書の対象は社会生活全般である。つまり，たとえば言語規則，社会分業，物質的な財産の取得や分配，性的行動や男女関係に関する規律，婚姻，家族，血族関係，妊娠中絶，えい児殺害や老人殺害，人の生贄，血讐，宗教的な掟そして入浴・服装・食事の習俗を含むあらゆる種類の儀礼的規則を範囲としている。理論的にみれば，サムナーが出立点としているのは，彼が自ら形成した造語である「フォークウェイズ Folkways」という語で概括している[66]全ての社会規範は経験から発生したものであるという点である。人類は人生の苦境を克服する途を模索し，試行錯誤をすることにより教訓を得る。最大の幸福感または最小の苦痛をもたらす解決策は慣習になる。他の解決策はこの慣習を受け入れ，それらは一般的な拘束力を獲得し，真実で正しいものと理解され社会的に強制されるようになる。この発展状態においてサムナーはそれを「モーレース mores」と呼ぶ。[67]

　フォークウェイズとモーレースは，社会的共存から無意識のうちに育つ。これらは目的をもった努力により限定的に修正され得るにすぎない。しかし，これらは時の経過とともにその力を失ったり，崩壊したり，変形したりすること

---

65)　*Holmes,* The Path of the Law, 10 Harvard Law Review, 1896/97, 459-461.
66)　サムナーは，フォークウェイズを「需要を満たすための努力から生じる個人の習慣や社会の慣習」と定義している。『フォークウェイズ』のまえがきを参照。
67)　モーレースは「人間の欲望や欲求を満たすために社会において受け入れられている物事を行う方法であり，この方法と起源的な関係をもっている方法に付随する信仰，観念，法典およびよく生きるための基準とともにある。」（『フォークウェイズ』第1章セクション66）。

もある。これらは，力をもっている限り，全ての個人的活動および社会的活動を支配する。法律でさえも，道徳的な規範から生まれてくる。しかし，制定法は，社会規範を理性的にかつ道具主義的に理解することを前提とする比較的最近の文明の産物である。もともと全ての法は慣習法または「コモン・ロー common law」である。もっとも，サムナーは社会規範，法規範そして道徳規範の間での区別をまだ完成させていなかった[68]。これがサムナーが法社会学の先駆者としてしか見なされることのない所以である。

c）ホームズのリアリズムは社会学的な考え方を英米法学に定着させたが，体系的な法社会学を発展させるものではなかった。法学者であり法哲学者であったロスコー・パウンド Roscoe Pound（1870-1964）[69]もまた，「**社会学的法学** Sociological Jurisprudence」を求めたが，それは，法において有効な個人的利益や公益や社会的利益を際立たせることおよびそれらの利益を相互に考量するにあたり具体的に判断されることを目的としていた[70]。パウンドは，法事実の包括的な調査を根拠として，法規定の「**社会的効果** social effects」から正しい判決を導き出そうとする。パウンドはイェーリングの業績やドイツの利益法学，それどころかエールリッヒの法社会学や自由法論をもアメリカ合衆国で紹介し，そこでこれらの学説の影響を基礎づけた。彼はホームズの権力哲学に対抗して，社会統制（「**社会統制** social control」）という概念を焦点とする法の理解を主張した。パウンドにとって法とは宗教や道徳と並んで，相容れない需要や利害を調和させることを責務とする社会統制のひとつの現象形態である。法は権威ある規定の存立，基準および法原則の３つの要素から構成されている。法は政治的に組織された社会の力によって支えられ裁判手続および行政手続において適

---

68) AaO, Section 62f.
69) パウンドについては，特に，*Reich* (Fn. 62), 55, *Fikentscher* (Fn. 62), 225ff.; *Patterson, Edwin W.*, Art. Roscoe Pound in: International Encyclopedia of the Social Sciences, 1968, Bd. 2, 395; *Coing*, Neue Strömungen in der nordamerikanischen Rechtsphilosophie 38 ARSP (1949/50), 536ff.を参照。
70) *Pound,* The Need for a Sociological Jurisprudence, 19 Green Bag, 1907, 607; *ders.,* The Scope and Purpose of Sociological Jurisprudence, 24 Harv. L.R. (1911), 591ff.; 25 Harv. L.R. (1911/ 12), 140ff., 489ff.; *ders.,* A Survey of Social Interest, 57 Harv. L.R. (1943), 1ff.; ders., Social Control through Law, 1942, Neudruck 1968.

用される[71]。しかし，法の妥当性は「悪人 bad man」に対するサンクションの力にのみ基づくものではなく，理性的な市民の同意および正義という理念との関係にも基づいている[72]。パウンドは正義の内容を「**文明に対して競合する自己の誇示というよりむしろ協調**」と表現している[73]。確かにパウンドにとって，権力理論，合意理論および正義理論は相互に二律背反的であるが，法に忠実な行動のプロセスにおいては，法が文明化された秩序を維持しそれを促進することに成功する限度において，それらの理論は互いの内側へ流入し合うものである[74]。

d)「社会学的法学 Sociological Jurisprudence」はホームズ，ルイス・ブランダイス[75] Louis Brandeis，ベンジャミン・カードーゾ[76] Benjamin Cardozo といった裁判官の人格を通じてアメリカの司法，特に最上級審の司法に影響を及ぼしたが，法発見の概念的かつ分析的方法を乗り越えることはできなかった。一世代後，「リーガル・リアリズム Legal Realism」の学派がその要求を急進化させた[77]。1930 年にジェローム・フランク Jerome Frank[78] は，自身の著書『**法と現代精神**』の中で，抽象的な法規則や先例よりも事件ごとに判決を下す裁判官の特性や気分や傾向や慣習の方が裁判官による判断に影響を与えるという極端な命題

---

71) Social Control through Law 40ff.
72) AaO, 51ff.
73) AaO, 127.
74) AaO, 53f.
75) ルイス・デムビッツ・ブランダイス（1856-1941）は，まず弁護士であった。そうして 1916 年にアメリカ合衆国最高裁判所に任命された。有名になったのは，ミュラー対オレゴン事件（1907 年）*Muller vs. Oregon,* 1907 において最高裁判所に彼が登場したことであった。その事件で彼は，法理論を書き込んだ 2 枚の書面を提出したが，150 枚を超える経験的資料を付け加えた。Reich (Fn. 62), 69ff.; Fikentscher (Fn. 62), 253ff. を参照。
76) ベンジャミン・ネイサン・カードーゾ（1870-1938）は，1913-1932 年の期間に，ニューヨーク州で判事を務め，1932 年から亡くなるまでの期間は，アメリカ合衆国最高裁判所判事を務めた。彼の学問上の主要作品は，„The Nature of the Judicial Process" (1921), „The Growth of the Law" (1924), „The Paradoxes of Legal Science" (1928). 個々の点については，Reich aaO, 73ff.; Fikentscher aaO, 240ff. を参照。
77) 以下のことについては，全ての文献を挙げる代わりに，Reich, aaO, 82ff.; Fikentscher aaO, 273ff.; Casper, Juristischer Realismus und politische Theorie im amerikanischen Rechtsdenken, 1967; Röhl, 1987, 50ff. を見よ。
78) *Jerome Frank,* Law and the Modern Mind. 1930, Neudruck 1963; ders., „What Courts do in Fact", 26 Illinois L.R. 645, 732 (1932); ders., „Courts on Trial", 1949. Zu ihm Reich, aaO, 86f.; Fikentscher, aaO, 290.

を主張した。カール・ニコルソン・ルウェリン Karl N. Llewellyn は，彼らの仲間の知的指導者でありホームズと並んでアメリカの法律学において最も才気に溢れた人物の一人であるが，彼は法形成の過程について決定的に重要なのは，裁判官の行動のみならず，法的に有意な行為に及ぶ市民を含む全ての当事者の行動であることを強調した[79]。彼の法社会学への最も重要な貢献は**法の働き** Law-Jobs[80]，つまり法の諸機能についての学説である。リアリストたちは[81]，法を規則の自律的なシステムとして理解するのではなく，社会的な力の産物および社会形成の手段として理解した[82]。そのことから，彼らは経験的法学を求めることを導き出し，その目的を裁判所が実際に適用した判断の際の観点を明らかにすることとした。その帰結として彼らが始めたことは，事実に関する資料を収集し，統計的に評価し，法学の授業で用いる新たな種類のケースブックにおいて利用できるようにすることであった。

4　東ヨーロッパ

東ヨーロッパにおける法社会学の創始者は，サンクト・ペテルブルクとワルシャワで活動していた大変創造力豊かな万能の学者レオン・ペトラジツキ[83] Leon

---

79) *Twining, William,* Karl Llewellyn and the Realist Movement, 1973; *Reich* aaO, 82ff., *Fikentscher* aaO, 283ff., *Löffelholz,* Die Rechtsphilosophie des Pragmatismus, 1961; *Rehbinder,* Rechtssoziologie, 1. Aufl. 1977, 71ff., さらに，フィッケンチャー，トワイニング，フリードマンの論文は，とりわけ次の論集を参照。*Drobnig/Rehbinder* (Hrsg.), Rechtsrealismus, multikulturelles Gesellschafts- und Handelsrecht. Karl N. Llewellyn und seine Bedeutung heute, 1994; *Rea-Frauchinger,* Der amerikanische Rechtsrealismus: Karl N. Llewellyn, Jerome Frank, Underhill Moore, 2006.

80) 「リーガル・リアリズム Legal Realism」に関するルウェリンの主要作品は，„A Realistic Jurisprudence–The Next Step" 30 Col. L.R. 431 (1930); *ders.,* The Brumble Bush–On our Law and its Study, 1930, 2. Aufl. 1951; *ders.,* „Some Realism about Realism–Responding to Dean Pound", 44 Harv. L.R. 1222 (1931); *ders.,* The Normative, the Legal and the Law–Jobs, The Problem of Juristic Method, 49 Yale L.J. 1355, 1940, *ders.,* „Jurisprudence–Realism in Theory and Practice", 1962. ルウェリンのプログラムに関する議論は，*Pound,* „The Call for a Realistic Jurisprudence", Harv. L.R. 44, 697 (1931).

81) 後述の第 *10* 章第 4 節を見よ。

82) さらにリアリストに挙げられるのは *Thurman, Arnold,* (The Symbols of Government, 1935); *Beutel, Frederic K.,* (Some Implications of Experimental Jurisprudence, 48 Harv. L.R. 169, 1934); *Moore Underhill, Oliphant, Hermann, Radin Max, Yntema Hessel E.* などである。

83) ペトラジツキについては，特に *Baum,* Leon Petrażycki und seine Schüler, 1967; *Bechtler,* Der soziologische Rechtsbegriff, 1977, 78ff.; *Jan Gorecki* (Hrsg.), Sociology and Jurisprudence of Leon Petrażycki, Urbana 1975.

Petrażycki（1867-1931）である。同年代のデュルケムやエールリッヒやヴェーバーと同様に，彼はアプローチを社会的事実に求めた。しかし，彼がアプローチを見出したのは，個々人の心理的領域においてであった。どんな人間も空腹や喉の渇きや恐怖や好奇心等の衝動の他に「義務感」というものを覚える。他人は義務に従った行動を求める権利を有しているが，他方で義務感はそれに対応する権利がなくとも道徳の領域のひとつであると考えるならば，義務感は法の本性である。義務感を呼び起こす要求が基礎とするのは，第1には法律の規定ではなく，たとえば両親や非公式の社会的集団の指導者や団体のリーダー等である。それ故，彼らに従った行動様式もまたペトラジツキによれば法である。社会的共存においては，法的な規定は，通常ある程度一般化され，そして対外的に裁可される。それにもかかわらず，誰もが法的義務を自律的な衝動として覚え，その衝動そのものが法的義務の拘束力を内包する場合に，ペトラジツキは**直観的な法**を取り上げる。それは外部から決定的に影響を受ける**実定法**と対峙するものである。さらに実定法は，国家の機関によって保証され実施される場合は**公式**のものであり，国家によって保証されていない場合には**非公式**のものである。直観的な法もまた，たとえば裁判所が適用できる法律の規定がない事件において，自らの法感覚に頼る場合には，公式のものであるといえる。道徳規範と法規範，直観的な法と実定法，公式の法と非公式の法，これらは異なる性質を有しているが，互いに影響を与え合っている。これらの相互関係が社会が変遷する原動力である。

　ペトラジツキの心理学的に基礎づけられた法理論は，法社会学を理論的に基礎付けることに極めて独創的に貢献している。もっとも，それは法社会学が社会科学的に傾倒していたために，これまでほんの僅かしか取り上げられてこなかった。それ故，ペトラジツキの法理論がどのくらい有益であるかは，今もまったく明らかにされていないように思われる。最近になってようやく動き出してきた心理学的な法研究において，彼の法理論がどのくらい有益であるかが明ら

---

84) ペトラジツキの法社会学に関する唯一のドイツ語による資料は，次の論文である。‚Über die Motive des Handelns und über das Wesen der Moral und des Rechts', Berlin 1907. それゆえ，これ以外の重要な資料は簡略化された英語の翻訳である *Bobb*, Law and Morality, mit Einleitung von *Timasheff*, 1955 を引き合いに出さねばならない。

かになるだろう。社会学的にみれば，ペトラジツキのアプローチは法概念を著しく拡大した。なぜなら，彼は，この法概念のなかに多数の行動形式を含めたが，それらの行動形式は今日では通常，習律に分類されるか，または道徳に分類されることさえあるからである。しかし，こうすることで，あらゆる社会規範の共通の根源が見えてくるようになり，そしてこれら規範の間でどう分化しようと，それが疑わしいことが目に見えてくる。ペトラジツキの直観的な法のカテゴリーは，エールリッヒの生きた法という概念と同一平面にあり，またその概念と同様に国家による法強制という観点から整序された社会学的な法概念が有する難点を回避している。ペトラジツキは，後に残るような影響を特に東ヨーロッパにおける彼の次の世代の法社会学者に及ぼした。彼らは，とりわけマックス・レーザーソン Max Laserson やピティリム・ソローキン Pitirim Sorokin（1889–1968）やニコラス・ティマーシェフ Nicholas Timasheff（1886–1970）のように主としてソビエト連邦から移住することを余儀なくされたが，アメリカ合衆国において新たに活躍の場を広げた。直観的な法という概念は，アダム・ポドゴレツキによって近時の法社会学において取り上げられた。

第3節　第二次世界大戦以降の発展

　第二次世界大戦終結以来，法社会学は新たな局面へと発展した。この局面は，もはや個々の傑出した研究者の業績と一致するものではない。それはこの学問が世界的に広まったこと，経験的研究方法が洗練されたこと，学際性が成長しつつあること，テーマや対象が著しく多様になっていること，そしてそれらと関

---

85) 第 *10* 章第2節・第3節を参照。
86) 第 *10* 章第3節1以降を参照。
87) *Laserson*, The Work of Leon *Petrażycki*, Columbia Law Review 51 (1951), 59ff.
88) *Sorokin*, Organisierte Gruppe (Institution) und Rechtsnormen, in: *Hirsch/Rehbinder* (Hrsg.), Studien und Materialien zur Rechtssoziologie, 2. Aufl. 1970, 87.
89) *Timashef*, Einleitung zur amerikanischen Ausgabe der Rechtslehre von *Petrażycki* (Fn. 84). ティマーシェフは広範囲にわたる独自の法社会学についても執筆している。(An Introduction to the Sociology of Law, 1939).
90) *Podgórecki*, Intuitive versus Folk Law, ZfRSoz 1982, 74ff.; *ders.*, A Sociological Theory of Law, 1991, 11, 65ff. それに関しては，第 *10* 章第3節6を参照。

連して，包括的な理論体系が明らかに後退することよって特徴づけられている。

1 グローバル化

第二次世界大戦を通じて根本的に途切れずに社会科学が継続できたのは，アメリカ合衆国のみであった。それ故，アメリカ合衆国は第二次世界大戦直後に躍進期を迎え，それは法社会学も決定的に前進させた。その際どちらかといえば経験的で実践的な傾向のあるアメリカ人の思考法方が法社会学にとって役に立った。極めて重要な契機となったのは次の2つの出来事であった。一つは，ブラウン対トピーカ市教育委員会事件[91] Brown v Board of Education of Topeka においてアメリカ合衆国の最高裁判所が 1964 年に下した判決である。これは核心部において社会学を基礎としていた。本件で最高裁判所は公立学校での人種によるクラス分けを違憲とした。もう一つは，カルヴィン Harry Kalven とザイゼル Hans Zeisel[92] によるアメリカ合衆国の陪審員の大規模な経験的調査である。これは公のスキャンダルを引き起こした。今日なお，法社会学的研究の方向は，国際的にみても，大部分はアメリカ合衆国での問題提起とプロジェクトとによって決定されている。

さて，それと並行して法社会学は多くの国々において認められるようになった。政治的要求がその決定的要因であることが多かったのにひきかえ，法律家や学問的な法律学はそれにあまり関心を示さなかった。1962 年，国際社会学連合の法社会学調査委員会 Research Committee on Sociology of Law が設立された。1989 年，法社会学の国際機関がスペインのオニャティに開設されることとなった。この機関は研究および教育のセンターとなった。法社会学の広がりは『発展的法社会学・世界規模の記録資料研究』[93] という全集によっても明らかとなった。この全集は 36 件を下らない各国の報告を含んでいた。

---

91) 347 U.S. 483 (1954); dazu *Heldrich*, Höchstrichterliche Rechtsprechung als Triebfeder des sozialen Wandels, in: Jahrbuch für Rechtssoziologie Bd. 3, 1972, 305ff.
92) *Kalven, Harry/Zeisel, Hans,* The American Jury, 1966.
93) Herausgegeben im Auftrag des Research Committee on Sociology of Law von *Vincenzo Ferrari,* Mailand 1990.

2 研究方法の洗練と学際性

19世紀における社会学誕生のきっかけは，第 *1* 章で述べたように，伝統的な社会哲学の思弁的な要素から解放され，その代わりに物理学を模した経験的に基礎づけられた社会科学を構築したいという願いであった。それ以来，このアプローチはますます広がり差異分化している。このアプローチは今日たくさんの学問分野で現れている。ここでいう学問分野には社会学の他に政治学，行政学，経済学，人類学，民族学，社会心理学，教育学が挙げることができる。これらの学問分野の領域においては，法社会学は特に司法に関わり，その範囲で限定されたテーマ領域しか網羅していない独自の専門分野として理解することもできる。しかし，そのような制限を徹底することは適切ではあるまい。なぜなら，法社会学におけるものの見方というのは，人類社会の規範的な秩序をそこで生じるあらゆる現象形態について把捉して然るべきだからである。それ故，法が全ての生活領域に浸透するにつれて，法社会学のテーマや専門領域は他の社会科学のテーマや専門領域と同一になるか，重複するようになる。したがって，法社会学は個人と社会と法との間の関係についての一般的な学問へと発展し，学問的障壁にたじろぐどころか，逆にそれを乗り越えることを迫っている。[94]

---

94) そのことが最も明白に表れているのは，法社会学の学術雑誌のなかで扱われている数多くのテーマにおいてである。学際的に開かれていることが多弁に表すのは，外国の指導的な学術雑誌の表題と内容が，つとにこの広い視点を証明しているという事実でもある。そのようなものとして，アメリカ合衆国の学術雑誌 *Law & Society Review* や *Law & Social Inquiry*，イギリスの *Journal of Law and Society*，フランスの *Droit et Société* がある。さらに別の証拠として，法社会学の大会で扱われている数多くの対象がある。国際会議である「21世紀における法と社会——変容・抵抗・将来」は，2007年にベルリンで行われたが，70か国から約2,500人が参加した。2008年にルツェルンで行われた「法は如何に作用するか」なるテーマについての法社会学者によるドイツ語での大会には，約170名が参加し，50を超える研究グループが一堂に会した。それと関連する数多くのテーマについての考えを報告したのが，1995年に行われた国際的な法社会学調査委員会 Research Committee on Sociology of Law の大会のプログラムである。そこではたとえば次に挙げる19の研究グループが組織された。即ち，Theories of Law; Terminological Issues of Sociology of Law; Law Consciousness; Social Systems and Legal Systems; Anthropological Approaches to Law; Law and Politics; Transformation of Legal Systems of Former Socialist Countries; Comparative Sociology of Law; Legal Professions; Litigation; Crime Control; Law and Communication; Human Rights; Law and the Family; Gender and Equality; Law and the Business World; Contractual Relations; Legal Culture of International Trade; Industrialization; Law and Technological Innovations; Law of Land and Water である。さらに das Sammelwerk Cotterrell (Ed.), Law and Society, 1994 を参照。

3　理　　論

　経験的研究の広がりに比べて理論的法社会学の意義はむしろ後退している。決定的な影響は偉大な古典作家が依然として及ぼしている。それは特にマックス・ヴェーバーとエミール・デュルケムである。彼らほどの影響はなかったがオイゲン・エールリッヒもそうである。⁹⁵⁾さらに 1930 年代以降，システム論だけが「偉大な」社会学的社会理論として，まずもってタルコット・パーソンズ⁹⁶⁾ Talcott Parsons（1902-1979）やニクラス・ルーマン⁹⁷⁾の名前と一緒に，発展した。**再帰的法**によって社会を自己統御するシステム論的に基礎づけられた理論はグンター・トイブナー Gunther Teubner に負っている⁹⁸⁾。ヘルムート・シェルスキー Helmut Schelsky の制度的な法理論は第 1 にルーマンのシステム理論に対する顕著な反対説として理解される⁹⁹⁾。さらにユルゲン・ハーバーマス Jürgen Habermas の「コミュニケーション行為の理論」および彼の著書『事実性と妥当性』におけるその適用がここで挙げられなければならない。「コミュニケーション行為の理論」は，社会学，社会哲学そして法律学の最近の発展における切り結びの例である¹⁰⁰⁾。若干数の理論家は，これとは異なる基本的立場を出立点とした。これらの理論家のなかでは第 1 にラルフ・ダーレンドルフ¹⁰¹⁾，ハイン

---

95) それに対して，テオドール・ガイガーとヘルムート・シェルスキーは，ドイツおよびスカンジナビア諸国以外ではそれほど有名にならなかった。

96) 主要著作：The Structure of Social Action 1937. ドイツ語のものとして：Die Struktur sozialer Handlungen 1968; The Social System, 1951; *Parsons/Shils,* Toward a General Theory of Action, 1962; 法社会学に関するパーソンズの意義については次を見よ。*Damm, Reinhard,* Systemtheorie und Recht, 1976.

97) システム理論についてはさらに次のものを見よ。*Merton, Robert K.,* Social Theory and Social Structure, 1968; *Münch, Richard,* Theorie sozialer Systeme, 1976; *Teubner, Gunther,* Recht als autopoietisches System, 1989.

98) *Teubner,* Reflexives Recht. Entwicklungsmodelle des Rechts in vergleichender Perspektive, ARSP 1982, 13ff.; *Teubner/Willke,* „Kontext und Autonomie". Gesellschaftliche Selbststeuerung durch reflexives Recht, ZfRSoz 1984, 4ff.

99) 第 *9* 章第 3 節を見よ。

100) *Habermas,* Theorie des kommunikativen Handelns, 1981, *ders.,* Faktität und Geltung, 1992.

101) *Dahrendorf,* Homo sociologicus. Ein Versuch zur Geschichte, Bedeutung und Kritik der Kategorie der sozialen Rolle, 1958, 16. Aufl. 2006; *ders.,* Soziale Klassen und Klassenkonflikt in der industriellen Gesellschaft, 1957; *ders.,* Gesellschaft und Freiheit. Zur soziologischen Analyse der Gegewart, 1963.

リッヒ・ポピッツ Heinrich Popitz[102)]，ハンス・ハーファーカンプ Hans Haferkamp[103)]，カール゠ディーター・オップ Karl-Dieter Opp[104)]，そしてエルンスト゠ディーター・ランペ Ernst-Dieter Lampe[105)] が際立っている。フランスでは社会科学的理論において，特にミシェル・フーコー Michel Foucault（1926-1984）[106)]，ピエール・ブルデュー Pierre Bourdieu（1930-2002）[107)] そしてジャック・デリダ Jacques Derrida[108)]（1942-2004）が現われた。

最新の研究では多くの「説明アプローチ」[109)] が併存している。つまり，行動理論，行為理論，コミュニケーション理論，規範理論，役割理論，集団理論，組織理論，階級理論，階層理論，制度理論，システム理論，紛争理論である。これらは全て以下の叙述においても現れる。しかし，我々はこれらのいずれかに従うのではなく，より控え目なアプローチを出立点とする。経験的法社会学は，個々の具体的な問題に取り組み，この問題についてできる限り現実的な仮説を立てる。そして経験的法社会学はこれらの仮説の正当性を検証する。この手続が必要とするモデルは，直観と経験から取り出される。もちろんそのモデルは理解できるものでなければならないが，その他の点では，特定の目的のみについて ad hoc 定義することができる。これらのモデルの理論的な性質は，そのモデルが解明的な洞察や実務的に有意な結果になる場合には，二次的なものに

---

102) *Popitz*, Prozesse der Machtbildung, 1968; *ders.*, Die normative Konstruktion von Gesellschaft, 1980; *ders.*, Phänomene der Macht, 1986.
103) *Haferkamp*, Soziologie der Herrschaft, 1983.
104) *Opp*, Die Entstehung sozialer Normen, 1983.
105) *Lampe*, Genetische Rechtstheorie: Recht, Evolution und Geschichte, 1987; *ders.*, Grenzen des Rechtspositivismus. Eine rechtsanthropologische Untersuchung, 1988.
106) 主要著作：*Foucault, Michel*, Folie et déraison, 1961. ドイツ語のものとして：Wahnsinn und Gesellschaft; L'histoire de la sexualité, 3 Bde (La volonté de savoir, 1976), ドイツ語のものとして：Der Wille zum Wissen; L'usage des plaisirs, 1984. ドイツ語のものとして：Der Gebrauch der Lüste; Le souci de soi, 1984. ドイツ語のものとして：Die Sorge um sich.
107) *Bourdieu*, La Distinction. Critique sociale du jugement, 1979. ドイツ語のものとして：Die feinen Unterschiede. Kritik der gesellschaftlichen Urteilskraft, 1987; Le sens patrique, 1980. ドイツ語のものとして Sozialer Sinn, 1987.
108) *Derrida*, Force de loi. Le fondement mystique de l'autorité, 1990. ドイツ語のものとして Gesetzeskraft. Der mystische Grund der Autorität, 1991. これについては，*Teubner, Clam, Menke, Ladeur* u.a. in ZfRSoz 2008, Heft 1 の諸論文を参照。
109) そのようなものとして *Röhl*, Rechtssoziologie, 127 以下による定式化がある。

とどまる。そこで果たして学説においても，**範囲の短い理論ないし中範囲の理論**でよしとすることが薦められている。[110]

4　ドイツにおける発展

　ドイツでは，法社会学の発展は国民社会主義によって中断を余儀なくされた後，60年代になってようやく再開した[111]。きっかけを与えたのは，社会学者ラルフ・ダーレンドルフが1960年の自らの著書『ドイツの裁判官──上層の社会学への寄与[112]』であった。この著書の影響でドイツの法律家の職業社会学的な調査が次々と行われた[113]。エルンスト・エドゥアルト・ヒルシュ Ernst E. Hirsch は，1964年以来ベルリン自由大学において最初の法社会学研究所を設立した。この研究所からは1966年以来重要な図書シリーズ「法社会学および法事実の研究のための著作」が出版された。その後，60年代末期の変革により法社会学はより広く認められるようになったが，その変革はまた法社会学をマルクス主義的社会理論と強制的な社会の変化というトラウマで苦しめた。制度的にみれば，法社会学はこれを背景として控え目にしか発展しなかった。それは，人事がボトルネックとなり法学部での大規模な拡大が妨げられ，専門社会学はむしろ長いこと法とは縁遠い関係にあっただけになおさらである。何はともあれ，1970年代には2つの法社会学の専門同盟が設立された。より強く法学を志向した「**ドイツ法社会学会**」と「**ドイツ社会学会・法社会学部門**」がそれである。それらが今日まで統合されていないことは，社会科学者と法律家との間に，今なお隔りがあることを示唆している。ともあれ，1980年以来「**法社会学雑誌**」が発行されており，今では両同盟がそれにたずさわっている。

110）　中程度の理論を求める要求は，ロバート・キング・マートン *Robert K. Merton* に帰する。Merton, On Sociological Theories of the Middle Range, in: *ders.*, Social Theory and Social Structure, 3. Aufl. 1968, 39ff. を参照。

111）　法社会学の思想の大部分の代表者は，主にユダヤ人であり，彼らは，1933年以降，亡命せざるを得なくなった。それは特に，ヌスバウム，カントロヴィッツ，ジンツハイマー，フレンケル，ノイマン，カーン＝フロイント，エルンスト・エドゥアルト・ヒルシュ等々の思想家である。法社会学の研究と教育は完全に中止に追い込まれた。

112）　これは *Dahrendorf,* Gesellschaft und Freiheit, 1961, 176ff に掲載されている。*ders.,* Gesellschaft und Demokratie in Deutschland, 1965, 260ff も参照。

113）　第 *19* 章を見よ。

経験的研究がどの程度発展し得るかは，個々の研究者の関心にのみかかっているのではなく，研究助成の資金を司る機関の研究政策にもかかっている。ドイツにおける経験的研究の多くのテーマをここでは列挙することはできない。その重点は1970年代までは法律家に関する職業社会学にあった。それは後になって若干数の調査において弁護士職務へとさらに継続された[114]。1980年代になると民事法的紛争や労働法的紛争の研究およびそれらの調整や民事裁判所や労働裁判所の手続の研究が注目をあびた。さらに，実体法の領域では消費者保護や家族法の状況や両性の研究が注目をあびた[115][116]。他の調査は法律や裁判所の判決の実行およびその実行の際の欠陥と取り組んでいた[117]。

---

114) 第*19*章第2節を見よ。
115) *Bruhn,* Konsumentenzufriedenheit und Beschwerden, 1982; *Holzscheck/Hörmann/Daviter,* Die Praxis des Konsumentenkredits in der Bundesrepublik Deutschland, 1982; *Hörmann,* Verbraucher und Schulden, 1987; *Reifner/Volkmer,* Neue Formen der Verbraucherrechtsberatung, 1988.
116) *Lucke,* Die angemessene Erwerbstätigkeit im neuen Scheidungsrecht, 1982; *Caesar-Wolf/Eidmann,* Gleichberechtigungsmodelle im neuen Scheidungsfolgenrecht und deren Umsetzung in die familiengerichtliche Praxis, ZfRSoz 1985, 163ff.; *Willensbacher/Voegeli/Müller-Alten,* Auswirkungen des Ehegattenunterhalts in der Bundesrepublik Deutschland, ZfRSoz 1987, 98ff.; Zenz ua Vormundschaft und Pflegschaft für Volljährige, 1987.
117) 第*13*章第3節を見よ。

第Ⅱ部
法社会学の理論家たち

第4章　カール・マルクスとフリードリヒ・エンゲルス

Karl Marx und Friedrich Engels

第1節　年　　譜

　カール・マルクスは，1818年に弁護士の息子としてトリーアで生まれ，ボンとベルリンで法学と哲学を学び，そして1842年にケルンの「ライン新聞」の主筆となり，そのなかで彼は最初の社会批判的な記事を公表した。1843年に彼は反動的な雰囲気の強いドイツで，その新聞が禁止された後にパリへ赴き，1845年にはフランスからの国外追放の後にブリュッセルへと向かい，1848年に再びケルンへ，そして1850年に最後にロンドンに赴いた。そしてそこで彼は1883年に亡くなるまで暮らし，そして彼の重要な学術的な著作を執筆した。

　フリードリヒ・エンゲルスは，1820年に工場経営者の息子としてヴッパータールに生まれ，商業専門教育を修了し，そして1843, 44年にマンチェスターでの父の事業に携わり，その機会にイギリスの労働者が置かれた状況を知った。1844年に彼はパリでマルクスと親交を結び，それは一生続いた。1850年から1869年まで彼は再びマンチェスターに赴き，1870年以降，ロンドンでインターナショナル総評議会委員を務めた。それ以来，彼はもっぱら組織的活動，出版活動，そして学術活動に打ち込み，それらの諸活動を通じて彼は史的唯物論を世間に広め，それゆえその伝播に大きく寄与した。エンゲルスは1895年にロンドンで生涯を閉じた。

主要著作[1]

- カール・マルクス，フリードリヒ・エンゲルス著『ドイツ・イデオロギー Die deutsche Ideologie』（ルートヴィヒ・フォイエルバッハ Ludwig Feuerbach，ブルーノ・バウアー Bruno Bauer，そしてマックス・シュティルナー Max Stirner との哲学論争。この哲学論争がマルクス主義の根本思想を初めて発展させる，1845／46 年）
- カール・マルクス，フリードリヒ・エンゲルス著『共産党宣言 Manifest der kommunistischen Partei』1848 年
- カール・マルクス著『経済学批判 Zur Kritik der politischen Ökonomie』1859 年
- カール・マルクス著『資本論 Das Kapital』第1巻：1867 年，第2巻 遺作：1885 年，第3巻：1894 年
- カール・マルクス著『ゴータ綱領批判 Kritik des Gothaer Programms』1875 年
- フリードリヒ・エンゲルス著『空想から科学へ Die Entwicklung des Sozialismus von der Utopie zur Wissenschaft』1877 年
- フリードリヒ・エンゲルス著『家族・私有財産・国家の起源 Der Ursprung der Familie, des Privateigentums und des Staats』1884 年

第2節　マルクスとエンゲルスの法理論

　マルクスの歴史的意義についてはここでは叙述することはできない。彼に法社会学のなかで位置を認めることは自明のことではない。なぜならば彼の著作は，詳細な法社会学に関する名称も内容も含んでいないからであり，むしろ法についてはわずかな内容を論じているにすぎないからである[2]。それにもかかわらず彼の史的・弁証法的唯物論は，法の社会学的な考察方法を含意している。そしてそれが彼を法社会学の先祖のひとりにしている。同時にマルクスの著作は学術的な社会学的分析から社会批判や政治への移行を，実例を使った方法で

---

1) とりわけ初期の重要な著作を，マルクスとエンゲルスは共同で著述した。その際，エンゲルス自身はつねに，マルクスが2人のなかで指導的立場にあること，そしてまた決定的思想は彼に由来していることを強調した。マルクスとエンゲルスの著作はドイツ社会主義統一党（SED）中央委員会マルクス・レーニン主義研究所 Diez-Verlag-Berlin（zitiert MEW）によって刊行された。以下，大体のところは，同じ出版社から出版されたカール・マルクスとフリードリヒ・エンゲルス選集（MEAS）に従って引用する。イリング・フェッチャー Iring Fetscher によって編集された4巻本のマルクス・エンゲルス大学生用廉価版（Fischer-Bücherei Bde. 6059-6062）は自由に活用できる。

2) Perels, KJ 1971, 166 と，Paul, Rechtstheorie 1971, 175 による概括的叙述を参照。さらに，A. Maihofer, Das Recht bei Marx, 1992 による説得力のある研究論文を参照。

明らかにしている。次に述べる叙述は彼の学説の3つの点に集中する。その学説はそこから展開されうる法社会学の骨組みを形成し、そしてそれゆえここでは興味をひく点だけを述べる。1）史的唯物論と弁証法的唯物論の理論，2）支配階級の支配の道具としての法についてのマルクスの概念，そして3）プロレタリア革命と将来の階級のない社会についての彼の学説。

1 史的唯物論と弁証法的唯物論

マルクス自身は彼の史的唯物論と弁証法的唯物論を最も明快にまた的確に『経済学批判』の序文の中で叙述した[3]。

「私にとって明らかとなり、そしていったん身につけた後は、私の研究にとって案内として有益であった普遍的結論は、大要、次のように定式化することができる。人間は、彼らの生活の社会的生産において、特定で、必要不可欠な、彼らの意志から自立した諸関係へと、すなわち彼らの物質的生産諸力の特定の発展段階に対応する生産諸関係へと、入るのである。これらの生産諸関係の総体が、社会の経済的構造を形成する。これが実在的土台であり、その上に、一つの法律的で、政治的な上部構造が立ち現れ、そしてそれに特定の社会的諸意識形態が対応する。物質的生活の生産様式が、社会的、政治的および精神的な生活過程の全般を制約する。人間の意識が彼らの存在を規定するのではなく、彼らの社会的存在が、彼らの意識を規定するのである。社会の物質的生産諸力は、その発展のある特定の段階で、それらがそれまでその内部で運動してきた既存の生産諸関係と、あるいはそれの法律的表現にすぎないものである所有諸関係と矛盾するようになる。これらの諸関係は、生産諸力の発展諸形態から厳しく自由を束縛するものへと急変する。そのときに、社会的革命の時期が始まる。経済的基礎の変化とともに、巨大な上部構造全体が、場合によっては遅鈍に、あるいは、急速に、覆る。このような大変革の考察においては、経済的生産諸条件における物質的な、自然科学の視点から正確に確認できる大変革と、法律的、政治的、宗教的、芸術的、または哲学的な諸形態、端的に言えばイデオロギー的諸形態とを、つねに区別しなければならないのであり、そのようなイデオロギー的諸形態のなかで、人間はこの対立をはっきりと自覚するようになり、その対立に決着をつけるのである。ある個人が何であるかをその個人が自分自身を何と考えているかによって判断しないのと同様に、このような大変革の時期をその時期の意識から判断することはできないのであって、むしろこの意識を物質的生活の諸矛盾から、すなわち、社会的生産諸力と生産諸関係と

---

3) MEW 13, 8f.

の間に現存する対立から説明しなければならない。ひとつの社会構成は,それが生産諸力にとって十分の余地を持ち,全ての生産諸力が発展を遂げるまでは,決して没落するものではなく,新しい,さらに高度の生産諸関係は,その物質的存在諸条件が古い社会自体の胎内で孵化されてしまうまでは,決して古いものにとって代わることはない。それゆえ,人間はつねに,自分が解決しうる課題だけを自分に提起する。なぜならば,より厳密に考察してみると,課題それ自体は,その解決の物質的諸条件が既に存在しているか,または少なくとも出来上がりつつある場合にだけ発生することが,つねに見られるからである。概要を示せば,アジア的,古代的,封建的および近代ブルジョア的生産様式が,経済的社会構成の段階的な諸時期として説明することができる。ブルジョア的生産諸関係は,社会的生産過程の最後の敵対的形態である。敵対的というのは,個人的敵対という意味ではなく,諸個人の社会的生活諸条件から生じてくる敵対という意味である。しかし,ブルジョア社会の胎内で発展しつつある生産諸力は,同時にこの敵対の解決のための物質的諸条件をも作り出す。したがってこの社会構成とともに人間社会の前史は終わるのである。」

同じような状況をエンゲルスは後に次の広く世に知られた言葉のなかで繰り返した。[4)]

「ダーウィン Charles Darwin が生物界の発展法則を発見したように,マルクスは人間の歴史の発展法則を発見した。これまでイデオロギーの覆いの下に隠されていた次の簡単な事実がそれである。つまり,人間は何よりもまず食べ,飲み,住み,服を着なければならないのであり,その後に,政治や科学や芸術や宗教,等々に従事することができるということ。それゆえ,直接的な物質的生活手段の生産と,したがって一国民または一時代のそのときどきの経済的発展段階が基礎を形成し,これに関係する人たちの国家制度や法思想や芸術,さらには宗教観念さえもが,この基礎から発展してきたのであって,それゆえ,そういうものも,この基礎から説明されなければならないのであり——これまでのように,その逆であってはならないということ,である。」

この説明の意図と含意は明白であり広く知れわたっている。

人間は純粋に物質的な意味において生存するために,その生存に必要不可欠な手段と道具を自ら産出しなければならない。人間個々は独力ではこの状態にないので,彼らはこの目的のために社会関係を結ばなければならない。それをマル

---

4) Das Begräbnis von Karl Marx, MEW 19, 335f.

クスは**生産諸関係**と呼んでいる。経済上の富の生産に合わせた社会関係の総体が，**下部構造**，すなわち社会と人間の社会的な実在の根本的な現実を構成する。下部構造は人間の外部の生活状況だけを決定するのではなく，人間の意識，すなわちあらゆる政治，法律，宗教，哲学，芸術の表現形態をも決定する。そしてその表現形態のなかで人間は自らの存在を説明し，克服することを試みている。

これらは**上部構造**に属する。すなわち，これらは独立した社会的実在を備えておらず，そこには経済関係だけが反映している。生産諸関係が変われば，これらは必然的に変化する。それゆえマルクスによれば，これまでの歴史解釈は，意識形態のなかに歴史のなかの動力を見た場合に，特にヘーゲル哲学も，危険な，現実を覆い隠している幻想の影響下にあった。むしろ，政治，宗教，哲学，芸術は，もしそれらが生産諸関係の結果として把握されるならば，学術的にも適切に説明され得る。

法もそれゆえに社会の経済構造の反映を示しているにすぎない。特に所有諸関係は，その基礎をなしている経済的に制限された支配関係の表現以外の何ものでもない。法と国家は，民衆のなかに法と国家の必然性と所与性という「**虚偽意識**」を呼び覚ますことによって，この支配関係を維持することに用いられる。それにもかかわらず法と国家は，あらゆる抵抗に逆らって，生産要素と生産諸関係の変化の展開のなかで，不可避的に変化する。しかしこのプロセスは単独の因果関係で決定される単純な原因と結果の関係として理解されるのではなく，弁証法的な過程として理解される。そしてその過程のなかでは法も確かな影響力を発揮する。それゆえ後にエンゲルスはマルクスの死後，マルクスは経験に逆らって，下部構造への上部構造のあらゆる反作用を否定しているという反論に対して，彼は論争的な理由からのみ経済関係の優位を強調しすぎた，という指摘によって対応できた。[5]

「唯物論的歴史観によれば，歴史において，**最終的段階**で規定的な要因は，現実生活の生産と再生産である。それ以上のことをマルクスも私もこれまで主張したことはない。ところで，もし誰かがこれを歪曲して，経済的要因が**唯一**の規定的なものであるとするならば，さきの命題は中味のない，抽象的な，不合理な空文句に変わることに

---

5) Brief an Bloch vom 21/22. 9. 1890, MEW Bd. 37, 463, 465.

なるであろう。経済状態は土台である。しかし上部構造の様々な諸要因——階級闘争の政治的諸形態と，階級闘争の諸結果——戦いを勝ちとった後に勝利した階級によって確定された等々の諸制度—法形態，そしてこれら現実の諸闘争全ての，これに関与した者たちの頭脳への反映，すなわち政治的，法律的，哲学的諸理論，宗教的見解とその教義体系への発展が，歴史的な諸闘争の経過に作用を及ぼし，多くの場合に著しくその**形態**を規定する。それはこれら全ての要因の相互作用であり，そのなかで結局は全ての無数の偶然の出来事（すなわち，その相互の内的な関連があまりにも隔たっているか，あるいはあまりにも証明することが難しいために，われわれとしてはそのような内的関連が存在しないものとみなし，無視することができるような物事や事件のことである）を通じて，必然的なものとして経済的運動が貫徹するのである。そうでなければ，ある任意の歴史上の時代への理論の適用は，簡単な一次方程式を解くよりもやさしいことになるだろう。……後輩たちが時として過度に経済的側面に比重を置くことについては，マルクスと私自身で責任をとらなければならない点も一部にはある。私たちは反対者たちに対して，彼らが否定するこの主要な原理を強調しなければならず，そこで，相互作用に関与している他の諸要因をそれなりに評価するだけの時間と場所と機会が必ずしもないということになったのである。」

確かにこの文章は，本来の学説を後に弱め，批判への対応のような印象を与える。なぜならば，変えることのできない歴史的法則性として経済過程を理解するマルクスは，あらゆる他の勢力に対してその法則性を自己主張し，そのような相対化をほとんど認めていないからである。いずれにせよ，後のマルクス―レーニン主義の哲学と法理論も厳格な下部構造と上部構造の図式を，相互作用という順応性のある学説にとって有利な結果になるように，確かに経済関係の優位のもとではあるが，修正した。そのようにして例えばストゥーチカ Piotr Ivanovič Stučka は，法を，その階級としての性格にもかかわらず，同時にプロレタリア革命の貫徹のための手段として，そしてそれとともに「あらゆる移行段階のなかで歴史の原動力として」重要な役割を演じるひとつの要素として理解している。[6]

2 ブルジョアジーとプロレタリアートとの間の階級対立

マルクスの理論的な出発点を勘案すれば，マルクスが経済学，すなわち経済過程の歴史的機能的分析を，彼の学術的代表作の対象にしたことは首尾一貫し

---

6) *Stučka* 1969, 131.

ていた。彼は次のことを証明できると信じた。

> 「これまでの全ての歴史が，階級対立と階級闘争のなかを動いていること，支配する階級と支配される階級，搾取する階級と搾取される階級とが存在し，大多数の人間はいつも過酷な労働とほとんど楽しみのない暮しを宣告されていた。」[7]

　この状況に関する説明を，彼は，人類のあらゆる初期の発展段階に応じた経済生産の低い水準のなかに認める。この理由から，特権を与えられた少数の人々だけが「歴史的進歩」に打ち込むことができた一方で，大多数の大衆はつねにわずかな生計費を働いて手に入れることへと運命づけられた。資本主義もその時代の生産諸関係の秩序として，マルクスによれば，2つの階級の対立に基づいていた。すなわち，それは，生産手段とそれにともなう支配力を占有する**ブルジョアジー**と，彼らの優位によりブルジョアジーによって搾取される**プロレタリアート**の2つの階級である。(この言葉は二重の意味で理解されるが)ブルジョア法は，市場を経由する商品交換を整え，この階級分離の表現である。なぜならば，市場メカニズムによって買い手は手に入れた商品の価格を支払わなければならない。そしてその価格は，その製造に必要な人件費を上回っている。この超過収入を資本家は受け取る。[8] 資本家に「**剰余価値の取得**」を保証するためだけに，総じて法は必要である。その一方で，生産に必要な人的労働力の程度に応じて，あらゆる財産が報いられる分配システムは資本家を必要としない。

　そのことから，**法**が，資本主義経済システムの**階級特性**を内容的に補強するだけでなく，社会秩序の法形態が，階級分裂の結果でもあることが結論される。コルシュ Karl Korsch は，この考えを以下のように表現している。[9]

> 「これ（すなわち商品形態）と同様に，法は，その完全に発展した形態において，資本主義的商品生産の歴史的時期のみに属している。また，法は，目立たない後の発展を通じて，ようやくそのようなものとして明らかになってくる初期形態から商品生産とともに，歴史的に発展した。そしてまた法は，原初的な領域，すなわち等価商品の

---

7) *Engels* über *Karl Marx*, MEW Bd. 19, 103f.; Manifest der Kommunistischen Partei, Beginn des 1. Hauptteils, MEW Bd 4., 462ff. を参照。
8) Das Kapital Bd. I, MEW Bd. 23, 99ff., 531ff.
9) *Korsch*, Einleitung zu *Pašukanis*, Allgemeine Rechtslehre und Marxismus, 2.Aufl. 1969, VI.

交換を規律する,という今日のブルジョア的『法治国家』において,近代の資本主義社会とその国家のなかに存在する社会関係の総体を超えて,一部は事実上,一部は潜在的に広まった。そして法は,資本主義的商品生産,そのブルジョア国家,その階級と階級対立とともに,未来の共産主義社会において,その内容を完全に形を変えられるだけでなく,最終的に,形式としても,完全に死滅するのである。」

3 共産主義社会への移行

「現在の巨大に高められた生産力[10]」は,以前の歴史の時期と対照的にいまや階級分裂を不必要にするに違いなく,経済的社会的進歩にとっての障害になっている。資本主義は,マルクスとエンゲルスによれば,恒常的に増大する**資本の蓄積**の結果,自ら矛盾に陥る。そしてその矛盾が原因で資本主義は,新しく階級のない社会にその地位を譲るために,最終的に滅びることになる。この過程は,**社会革命**や「**プロレタリアート独裁**」の言葉に示されるような決定的に根本的な変化を導くであろう[11]。生産手段の私有は次いで廃止され,**社会的所有**へと移行する。それに対してブルジョア法は,その他の点ではまだ少しの時間,さらに有効である。というのも,法は経済上の型態やそれに条件づけられた社会の文化発展よりも「決して高くない」からである[12]。しかし,階級のない社会の最終状態において,社会的所有を支えている法の現存の支配秩序は不必要になる。そして人はだれでも,「その能力に応じて」働き,「必要に応じて」生活することができる[13]。

> 「共産主義社会のより高度の段階において,すなわち個人が分業に奴隷的に従属することがなくなり,それとともに精神労働と肉体労働との対立もなくなった後,労働が生活のための手段であるだけでなく,労働そのものが第1の生命欲求となった後,個人の全面的な発展にともなって,またその生産力も増大し,協同的富のあらゆる源泉がいっそう豊かに湧きでるようになった後,──そのとき初めてブルジョア的権利の狭い限界を完全に踏みこえることができ,社会はその旗の上にこう書くことができる──各人はその能力に応じて,各人にはその必要に応じて!」

---

10) *Engels*, MEW 19, 104.
11) この表現は Kritik des Gothaer Programms に由来する。MEW 19, 28.
12) Kritik des Gothaer Programms, MEW 19, 21.
13) MEW 19, 21.

国家はそれから死滅する。

「国家が真に全社会の代表者として現われる最初の行為——社会の名において生産手段を掌握すること——は，同時に，国家が国家として行う最後の自主的な行為である。社会関係への国家権力の干渉は，一分野から一分野へとつぎつぎによけいなものになり，やがてひとりでに眠りこんでしまう。人への支配に代わって，物の管理と生産過程の指揮とが現われる。国家は廃止されるのではない。それは**死滅するのである**[14]。」

ようやくそれから人間は，真の自由を得るであろう。すなわち，彼らは資本主義の生産様式によってむりに押し付けられた自己疎外から解放され，そして個々の人格を十分に発展させる機会を手に入れるであろう[15]。

4　政治的行動

マルクスとエンゲルスの思想の特色の中に，次のことがある。すなわち彼らは，批判的な社会分析から導き出した世界史の経過に関する確信から，政治的行動のためのアピールを導き出しているということである。それは，既に1845年に27歳のマルクスによって定式化されたテーゼの趣旨である[16]。

「哲学者は世界を様々に解釈してきた。しかし重要なのは，世界を変えることである。」

その状況に直面して，このアピールは，労働者階級の抑圧と搾取を可能にした経済形態としての資本主義と現存する国家的政治的秩序に対して，闘争を進めようという呼びかけにおいてのみ態度を表明することができた。それが，1848年の有名な『**共産党宣言**』，およびその後の数々の出版物の内容と目標である。この目標に向けられたマルクスとエンゲルスの政治的有効性の詳細については，ここでは叙述することはできない。

---

14) *Engels* in: Die Entwicklung des Sozialismus von der Utopie zur Wissenschaft, MEW 19, 224. *W. Maihofer* は，国家の死滅に関する理論がマルクス自身に起因していることについて，最近，納得のゆく理由で反論している。*W. Maihofer*, Demokratie im Sozialismus 18ff. を参照。これに関してはまた，*Müller* AöR 1970, 513ff.; *Ramm*, Marxismusstudien Bd. II, 77ff.
15) Manifest der Kommunistischen Partei, MEW 4, 482; Kritik des Gothaer Programms, MEW 19, 21ff. を参照。
16) Thesen über Feuerbach, MEW 3, 7.

第3節　マルクス主義に関する法社会学の評価について

1　法の経済関係への依存

　学問と歴史的発展に対するマルクスの社会理論の途方もない結果は白日のもとにさらされている。ここで原則的にそれに取り組むことは，適当でない。法と法学に関しても，マルクスは，彼が経済的現実への法の依存を強調するとき，重要な，そして彼以前には十分に注意を払われなかった関連を見抜いた。彼はそれとともに社会科学者や法学者のもとに，意識形成の過程をよびおこした。そしてそれは社会主義諸国の崩壊の後も決着がついていない。法社会学において，特にマックス・ヴェーバーのライフワークは，マルクスとの批判的論争として理解され得る。第一次世界大戦以来の労働法や経済法の発達も，マルクスの痕跡を示している。

　しかし他方で，経済関係が歴史を動かしているただひとつの原則であり，その原則が人的社会的生活や文化のあらゆる経済関係以外の現象を決定するとして，マルクス主義の唯物論が絶対化されるとき，批判的異論が唱えられる。マルクスとエンゲルス自身は，そのような一面化を主張しなかった。あるいは少なくとも固執しなかった。そしてマルクス主義―レーニン主義の法理論も，その後，下部構造と上部構造との間の**相互作用**を強く強調した。もちろんマルクス主義―レーニン主義の法理論は，経済の優位を断念しようと決心することは決してできなかった。その点において，マルクス主義外の社会系諸科学と法学は，マルクス主義―レーニン主義の法理論に従わなかった。法社会学においても，後の先駆者のだれ一人としてマルクスの学説を受け継がなかった。デュルケム，エールリッヒ，ヴェーバーおよびその他の人々の方法論の出発地点は，むしろ異なった性質のものである。今日，マルクス主義―レーニン主義の法理論は，その純粋な形態のなかで一般的に処理されてかまわないし，また，歴史

---

17)　それに対比してたとえば，社会主義諸国の崩壊の後も読む価値のある，入念に細分化された，そして明暗を相対して慎重に考量した評価は，ゴーロ・マンによる彼の19世紀と20世紀に関するドイツ史の第3章である。

的関心だけを要求してもかまわないであろう。

2　支配階級の支配の道具としての法

マルクスの階級理論と支配階級の支配の道具としての法に関する概念は，比較が可能な細かく分類された批判を必要とする。ブルジョアジーとプロレタリアートという2つの階級へと社会が分裂するという学説が，彼の生涯にはある正当性をもっていたということが，今日，認められている。しかしその学説は，社会が単純に2つの部分から成るという点において，現代の多元的な社会構造の分析に適していない。[18] 同様に，確かに共同態において妥当している法秩序が，共同態において発達してきた支配構造を反映し，強固にし，そして合法と認めるということは，もはや疑われない認識ではあるが，[19] 法は，権力に役立つということにつきるのではなく，昔から同時に権力の制限のため，個人の自由の保護のため，あるいは社会的弱者の状況の改善のための道具としても理解され，使われてきた。ヨーロッパの法制史は，法のマルクスの考えとは逆方向の傾向について，多くの実例を示している。ここでは，たとえば，17, 18世紀における人権の発達，あるいは労働者保護立法だけを指摘しておきたい。それに対して，プロレタリア革命と共産主義支配の独裁装置のための手段として，法を使用する，というマルクスの結論は惨憺たる結果をともなった。自由を守るという側面を小さくした法の概念は，法の現実の決定的な部分を失わせた。それゆえ，マルクス主義ではない法社会学は，具体的な規定におけるマルクスの法の概念も，決して採り上げなかった。[20]

3　階級なき社会に関する学説

当時の資本主義とブルジョア社会を徹底的に批判し，そしてまたその不正を公の場で非難していったマルクスの功績は，これらの上述の確認によって過小評価されてしまうことはない。しかし，国家的強制の支援を通じて貫徹された

18）　*Kühne*, Der marxistisch-sozialistische Rechtsbegriff, 90ff.
19）　第 *14* 章第 2 節を見よ。
20）　マルクス自身の人権の意味に関しては，*A. Maihofer*, Das Recht bei Marx, 90ff. を参照。

分業が停止され，生産手段という所有権が国有化され，「各人はその能力に応じて，各人にはその必要に応じて！」というスローガンが価値を有している，そのような階級なき共産主義社会という学説を，彼が自らの功績に対置するのならば，今日，やはりほとんど誰も，この公式によって歴史的法則性が発見されたとする彼の見解を分かちあうことはないであろう。資本主義の改変能力をマルクスは明らかに過小評価した。また，彼は彼によって表現された未来社会の具体的な形態を特徴的にほとんど映し出すことも練り上げることもなかった。そのために彼の学説は，全体主義的イデオロギーや独裁者による後の濫用にほとんど対抗することがなかった。それにもかかわらず彼の学説は，**公正な社会秩序という理念**とその実現のためのアピールを含んでいた。そしてそのことは，法思想と法形成の意思に急進的な方法で挑戦するものであった。そのなかにマルクスの永続的な功績がある。この主張に関する論争は，社会的不正へと意識を向けることを強制する。すなわち社会的不正については，新しい資本主義的経済秩序も，依然としてその可能性を残しており，持続させているのである。他方で歴史的経験は，土地に関する所有権と生産手段に関する所有権をひとつにまとめた国家が，個人の自由を可能な限り保障し，各人に完全な自己実現の可能性を提供することができる，という希望をそのあいだに否定してしまった。共産主義に支配された国々では，生産手段の国有化は，逆に，全体主義的支配の基盤のひとつであった。結局マルクスは，国家秩序がなく，私有財産がなく，そしてあらゆる法強制がない，いわば天国のような最終段階で，人間が共に暮らすことができる，ということを仮定してしまったときに，人間を理想化してしまったのであり，そのことは許容できない。しかし，彼の法学説におけるこの正当化の核心が考慮されないならば，その学説は自由主義的法治国家と社会的法治国家に対するより良い代案を何ら提供していないことになる。

文献（抜粋） *Cerroni, Umberto,* Marx und das moderne Recht, 1974; *Dahrendorf, Ralf,* Marx in Perspektive, Die Idee des Gerechten im Denken von Karl Marx, 1952; *Gephart, Werner,* Gesellschaftstheorie und Recht, 1993, 275ff.; *Klenner, Hermann,* Was bleibt von der marxistischen Rechtsphilosophie? ARSP Beiheft 50, 1992, 11; *Kühne, Dieter,* Der marxistisch-sozialistische Rechtsbegriff, 1985; *Lottig, Hans,* Marx und das Recht, 1961; *Maihofer, Andrea,*

第4章　カール・マルクスとフリードリヒ・エンゲルス　069

Das Recht bei Marx, 1992; *Maihofer, Werner,* Demokratie im Sozialismus. Recht und Staat im Denken des jungen Marx, 1968; *Negt, Oskar,* Thesen zur marxistischen Rechtstheorie, KJ 1973, 1; *Paul, Wolf,* Marxistische Rechtstheorie als Kritik des Rechts, 1974; *Perels, Joachim,* Zur politischen Verfassung des Sozialismus, KJ 1971, 166; *Petev, Valentin,* Kritische Punkte der marxistischen Rechtskonzeption, ARSP 1982, Supplementa Vol 1 part 2, 441ff.; *Ramm, Thilo,* Die künftige Gesellschaftsordnung nach der Theorie von Marx und Engels, in: *Fetscher* (Hrsg.), Marxismusstudien Bd.2, 1957, 77; *Reich, Norbert* (Hrsg.), Marxistische und sozialistische Rechtstheorie, 1972 (Quellensammlung); *ders,* Marxistische Rechtstheorie, 1973; *Rosenbaum, Wolf,* Zum Rechtsbegriff bei Stucka und Pašukanis, KJ 1971, 148; *Rottleuthner, Hubert* (Hrsg.), Probleme der marxistischen Rechtstheorie, 1975; *Schefold, Christoph,* Die Rechtsphilosophie des jungen Marx, 1970; *Stucka, Peter,* Die revolutionäre Rolle von Recht und Staat, dt. Ausgabe mit Einleitung von Norbert Reich, 1969; *Szabo, Imre,* Karl Marx und das Recht, 1981.

第5章　エミール・デュルケム

Emile Durkheim

第1節　年　譜

　エミール・デュルケムは，1858年にエピナル（ヴォージュ県）に生まれた。ドイツに滞在して研究を行う（1885／1886年）。ボルドー大学において，1887年には教育学の教授に，また1894年には社会学の教授に就任した。1902年に，パリのソルボンヌ大学で教育科学の講座を引き受け，1917年に亡くなるまで同大学で教鞭をとり，今日まで続くフランス社会学の偉大な学派を築いた。彼の学問的業績には，方法論，一般社会学，法社会学，宗教社会学に関する著作がある。

主要著作

- 『社会分業論 De la division du travail social』，1893年（ドイツ語訳：Über soziale Arbeitsteilung, 1992, 4. Aufl. 2004）
- 『社会学的方法の規準 Les régles de la méthode sociologique』1895年（ドイツ語訳：Die Regeln der soziologischen Methode, 1961, 5. Aufl. 2002）
- 『自殺論　社会学研究 Le suicide. Etude de sociologie』1897年（ドイツ語訳：Der Selbstmord, 1973, 9. Aufl. 2003）
- 『宗教生活の原初形態 Les formes élémentaires de la vie religieuse』1912年（ドイツ語訳：Die elementaren Formen des religiösen Lebens, 1981, 4. Aufl. 2005）
- 『社会学講義　習俗と法の物理学 Leçons de sociologie. Physique des mœurs et du droit』1950年（ドイツ語訳：Physik der Sitten und des Rechts, Vorlesungen zur Soziologie der Moral, 1991）

第2節　エミール・デュルケムの社会学

1　社会的事実の概念とその探究

　エミール・デュルケムは，カール・マルクス，オーギュスト・コント，ハーバート・スペンサー Herbert Spencer，ジョン・スチュアート・ミル John Stuart Mill の後，オイゲン・エールリッヒ，フェルディナント・テンニース，ゲオルク・ジンメル Georg Simmel，マックス・ヴェーバーとともに第二世代の研究者たちのひとりである。この研究者たちは，19世紀における自由化や技術的進歩による世俗化，自然科学の発展，経済的伸展の後に，人間社会の学としての社会学に新たに関心を向けた。デュルケムは，社会学の対象，課題，方法を，思弁的社会哲学や個人心理学とは異なってこれまでよりも明確に提示するという課題に直面していると考えた。これが彼の著書『社会学的方法の規準』の目標である。

　デュルケムによれば，社会学の認識対象となるのは**社会的事実**（faits sociaux，ドイツ語訳では「社会学的事実（soziologische Tatbestände）」とも呼ばれる）である。その例として彼が挙げているのは，慣習，習俗と法，宗教団体の教義，貨幣制度，有価証券，職業団体の倫理規則，格言，美学的嗜好のルール，社会の政治的構造，世論，さらには集会における熱狂や憤激や同情の突然の流出や爆発である。抽象的な定義で重要なのは，行為や思考や感情の種類である。これらは社会において広く行われており，次の2つのメルクマールによって特徴づけられる。すなわち，a）これらは個人の外部で起きることである。すなわち**社会の中に**，つまり**集合意識の中に**その中枢や根源がある。b）これらは個人に対して**強制的な影響**（contrainte 強制）を及ぼす。この場合それは，物理的な強制ではなく，社会的環境の圧力，ある特定の社会的価値観念という「威信」のことであり，個人はそれらから逃れることはできないのである。[1] 多くの社会的事実は世代を超えても変わることなく伝えられ，子どもの頃から学び覚える。その結果，もはや社会的強制と認識されることはないのである。

---

1) Die Regeln der soziologischen Methode 105ff.

このような社会的事実の概念は，それに対応する社会の理論を前提とする。デュルケムは，社会——国家全体の，あるいは国家のなかの部分集団——はその成員の総計より以上のものであり，質的にもそれとはいささか異なるということを飽くことなく力説する。集合意識のありさまは個人のそれとは性質が異なる。それはその固有の法則に従うのである。この場合デュルケムは次のような結論にいたる。すなわち，社会には集団としての観念や感情や欲望があるとする。これらは社会の成員のなかに表れるが，その中枢や原因はその集団が置かれている状況のなかにある。その一方で彼は個人に対して集合意識を切り離して捉えること（Verdinglichung 具象化）には反対する。これについてデュルケムは，個人の意識と集合意識とは互いに混ざり合い，浸透し合っていると言う。

　社会学の課題は，社会的事実を**物のように**（comme choses）探究することである。社会的事実は，それを観察することができるという点においては，形ある物と同じなのである。したがってここで重要なことは，この社会的事実を記述し，考察し，定義し，類型を確定し，最後にその類型を説明することである。それは，その因果関連や社会的機能を確定するという意味である。これに対してデュルケムは，あらゆる目的論的説明，目的や有用性に関係づけた説明を拒否する。彼は因果的な認識方法を細部にわたって入念に検討する。その場合，彼はそれを先入観や日常の経験から導き出すと同時に，しかもまた，それを，社会生活を理念の論理的展開と考える従来からの精神科学的思考法と対置するのである。[2]

　最後にデュルケムは，正常な社会的事実と**病的な（病理的な）社会的事実**を区別することはどれほど可能なのか，と問う。この疑問は彼にとって極めて重要である。なぜなら，彼は，科学の任務は単なる認識に限らないと考えている——そうでなければ彼にとって科学は存在意義を失ってしまう——，それどころか科学は，方途を示し，実践的な活動を行い，善なるものを見極め，社会的な弊害を除去しなければならないからである。[3] 彼にとって正常である事実とは，ある特定のタイプの社会においてふつうに現れ，集合生活の諸条件に起因する事実なのである。そこから彼は，犯罪（crime 一般化すれば，違法な行動，逸

---

2)　AaO, 87, 128ff.
3)　AaO, 141ff.

脱行動）はどの社会においても正常なことであるという，けっして逆説と考えてはならない社会学的言明に達するのである。犯罪はどこでも起きる。犯罪のない社会というのはありえない。なぜなら，そのような社会では社会的強制が強まらざるをえず，そのため集合意識の内容と矛盾する個人的感情は全て抑圧されることになり，そのようなことはけっしてうまくはいかないからである。それどころかある行動を犯罪として排除することは，ある社会において通用している共通の価値観念を明確にし，定着させる方法なのである。したがって犯罪は，社会科学的視点からみればむしろ有益な現象と考えられている。社会が病的なのは，犯罪が数多く発生しかつ蔓延し，その結果，社会の内部結束が失われてしまうような場合だけである。

2 社会的分業

デュルケムは，社会的分業に関する著書の中で，人間社会の機能連関や個人と社会との関係について追究している。近代の発展においていっそう独立不羈となった個人が，同時によりいっそう強く社会に組み込まれているように思われるということが，いかにして起こりうるのか，彼はこう問うのである。別の言い方をすれば，社会はどのようにして，分業にもかかわらず，すなわち全ての生活領域で内部の分化が進行しているにもかかわらず，崩壊することなく，その結束，つまり「**連帯** solidarité」を維持しているのか，ということが問題となるのである。このこともまた彼にとっては単なる学問的な疑問ではなく，道徳的かつ政治的な問題なのである。というのは，重要な社会的現象や社会的発展の評価はこのことにかかっているからである。デュルケムが特に取り上げている例としては，職業の専門化が進んでいるということがある。これについては，彼の存命中から既に様々な評価がなされていた。

デュルケムの中心テーゼによれば，**分業の進行はひとつの歴史法則**である。分業は，構造的には近代社会が存立するための条件であり，近代社会の連帯にとっての前提である。[4] 人間社会の結束には2つの種類がある。

a）機械的連帯あるいは類似性の連帯　　これは単純な構造の生活状況にお

---
4) Arbeitsteilung, 111ff.

いて見られ，集合的確信と行動範型の一致に基づく。この行動範型は，構成員を互いに結びつけ，逸脱観念に対しては厳格に対処する。その結果，極めて画一的で個人によってほとんど違いのない行動を強いられるのである。さらに，

b）分業に対応した**有機的連帯**　この有機的連帯によって結びつけられている社会では，集合的なメカニズムは影をひそめる。構成員は，生物体の器官のように様々な役割を果たし，したがってその個性を伸ばすために大きな自由を享受する。これは第1に経済において当てはまるが，デュルケムはこの概念をもっと広くとらえ，たとえば男性と女性との間の性差による分業についても問題にすることができるのである。個別化することによって同時に，個人は，互いに依存し合うようになり，また財の交換やコミュニケーションを可能にするような基準となる多くの一般的規則に従わざるを得なくなるのである。このような相互依存が結束の根拠となっている。社会は，もはやこの連帯を個人に対する直接的な強制によって担保するのではなく，分業のルールを定め，それを確実に遵守させる機関を置くことによって担保するのである。

いかなる社会においてもこの2種類の連帯を見出すことができる。しかし歴史とともに機械的連帯は有機的連帯のために引き下がる。その理由としては，都市の発展およびコミュニケーション手段や交通手段の発達ならびに技術的進歩によって人口が増加し，社会の密度が高くなったことがある。とりわけ19世紀末の自由経済社会には有機的連帯が特徴的なものとなっている。

3　分業の病的な現象

このような発展は，正常であり，しかも好ましいという評価を与えることができる。なぜなら，それによって個人の自由が拡大しているからである。しかしそこには病的な現象も現れているのである。デュルケムは次の3つの場合を区別する。

a）**アノミー的分業**　アノミーの概念はデュルケム社会学の中心概念である。それは特に自殺に関する彼の著作の中で繰り返し使われている。この概念は，連帯が失われ，そのために崩壊し，無秩序状態に陥っている社会を表している。デュルケムはその端緒を資本主義や科学の発展のなかに見出す。その原

因として彼が挙げているのは、他人や社会全体は眼中になく、ただ自分の利益だけを追求する個々人のエゴイズムである。しかも共同生活の新しい規則を時宜に即して定立することができないと、正常な社会変化でもアノミーの兆しが現れてくる。社会は、個人が十分に頻繁かつ継続的にコミュニケーションをとったり、協力したりするように、またそれによって継続的な社会の結びつきができるように配慮することによって、このアノミーの兆しに抵抗しなければならない。デュルケムは、このように述べて、特にその当時の偏った個人主義的社会理論や功利主義的社会理論に対しても異を唱えたのである。

b）**強制された分業**　ここでは社会構成員の一部が、どのような課題を実現しようとするのか、たとえばどのような職業を専門としようとするのかを自由に決めることができない。なぜならそれを達成するための外的な条件が同じではないからである。それは、伝統や法によって固定された貧者と富者の構造的な差別やカースト支配や階級支配などのことである。この種の強制は、社会秩序の自由化によってしか排除することができないが、ただそれによってこれまで以上の生存競争が起きることになる。デュルケムは次のように述べている。不平等はあらゆる社会において存在するが、全体としてみればそれは小さくなるであろう。けれども平等はひとりでに生まれるものではなく、それは上層社会が意識的に解決しなければならない課題なのである、と。

c）**分業の正常でない形態**　これは個々人の過大な要求、過度の組織化、あるいは行き過ぎた専門化によって生まれるものであり、とりわけ空転したり権限が錯綜したりすることによって認識することができる。これらを除去すると、機能に適した、そして人間にふさわしい秩序がもたらされる。

4　法の位置価値

法社会学にとって特に重要性をもつのはデュルケム理論における法の位置価値である。社会のなかで影響を与えている連帯は、じかに見ただけではわからない内部の現象である。しかしそれは、それが現れてくる外部の事実によって探究することができる。社会的連帯の目に見える最も重要な特徴は、やはり法である。なぜなら、

「社会生活は,それが持続していれば,つねに,一定の形式を受容し,組織を形成するように仕向ける。法は,より安定的で厳密なものであるという点において,まさにこのような組織に他ならないのである。社会の一般生活は,法生活が同時にまた同じ関係において広がらないと,少しも広がっていけないのである。したがって,われわれは,法のなかにはさまざまな形をとる社会的連帯の重要なもののすべてが反映されていると思われることを確信できるのである」。

習俗も同じような役割を果たしている。しかし,習俗の規則は法のそれに比べて規定の仕方や定着の程度が低い。そのためそれは,われわれの研究にとってはそれほど大きな重要性はもたないのである。

2つの種類の連帯は,それに対応した2つの種類の法によって認識することができる。デュルケムはそれらの法を抑止法および復元法と呼ぶ。**抑止法**は法違反者に対して苦痛や贖罪を科す。つまりその生命,名誉,自由,財産を奪うのである。これは刑法において見られる。社会学的には機械的連帯と言われるものである。これに対して**復元法**は,社会関係において生じた障害を除去することを目的とする。これは有機的連帯に属する。その現象形態は,民法・商法,訴訟法,憲法・行政法である。

デュルケムは,法と社会がパラレルであるから,法を社会学的研究の手段として利用する。機械的連帯についての叙述は,**刑法**や犯罪の概念や刑罰による制裁の作用のあり方についての分析に拠りながらなされたものである。刑罰の社会的な性格は,彼からみれば集合意識にその根源をもっているのである。刑法は集団構成員の共通した確信や社会の画一性を象徴している。それは古代社会においては重要な役割を果たす。

復元法を特徴とする,社会における統合過程は,かなり複雑である。それは,この過程が個人の自律的行為,すなわち個人の自由を社会の結合によって調整するからである。この過程がどのように進行するのか,このことをデュルケムは,**家族法,契約法,行政法,憲法**についての詳細な分析のなかで明らかにしていくのである。彼は言う。個人は,一見する限りではいつでも拘束されない自由を享受している,と。実際には法は,個人を超えた秩序力としてここでも

---

5) AaO, 112.

つねに存在している。なぜなら，法は，個人が互いに関係をもつことができるための条件や形式を定め，引き受けた義務の履行を保証し，権威的な決定によって争いを仲裁する機関を設置するのである。これにより復元法は，規定の体系を包含している。この規定は，集団構成員の固有のイニシアティブや競争や協調に対して，あたかもそれが高度に細分化された社会において必要不可欠であるかのように，アピールするのである。

5 デュルケムの契約理論

デュルケムは，契約理論についての例として，ある有名な一節において，自由の表象としての契約が，個人の生活形態や自由主義的な流通社会・経済社会に対してどのような作用を及ぼすかについて分析している。しかしデュルケムは，自由主義の生みの親たちとは異なり，契約を社会の機能全体に浸透させることを強調する。「**契約において全てが契約によって行われるわけではない**」[6]。つまり相互のコミュニケーションや商品交換や社会統合の手段としての契約の有効性は，契約当事者の意思や利害によって確保されるわけではないのである。この意思や利害は，その一部しかわからないし，またつねに変化する可能性がある。むしろ契約は，せいぜい個人による経済取引の道具としての効果しかないのである。なぜなら，数世紀にわたる発展過程のなかで生まれてきて，当事者間に権利と義務を公正に分配するという歴史的な経験に基づいている明確な形式を，社会が契約のために用意しているからである。したがって契約法は契約の根本規範であって，それは個人の意思表示を有益に補完するものにとどまらない。ひとつひとつの契約が通用する根拠はそれ自身にはない。それどころか契約が通用するには法規則を定めることが必要であり，機能や権利や義務を根拠づけるよりも，むしろあらかじめ定められている一般的な規則を調べ，それを利用しなければならない。

6 自　殺

自殺に関するデュルケムの著書の決定的な重要性は，まず第1に彼が作り上

---

6) AaO, 256ff., 267.

げた経験的・因果科学的方法を一般的な社会現象に対して初めて徹底的に適用したことであり，さらにこの方法が論証力をもった成果をもたらすことができることを証明したことである。内容的に見ると，この著作は，従来の見解とは異なり，自殺をひとつの**社会現象**と見る。デュルケムによれば，自殺の原因や頻度や表れ方は社会的事実に還元することができる。デュルケムの生きていた時代には自殺の発生が増えたと見られていたが，これは社会の危機的兆候であり，病的兆候である。

デュルケムは自殺を3つのタイプに分ける。

a）利己的自殺　これは，次のような人たちが行う。それは，自分のことしか考えず，社会のなかにもはやしっかりと入り込めず，自分が生きている社会や集団が，命は守る価値があると思わせるような力を十分発揮しないような人たち，である。

b）利他的自殺　これは，ヒロイズムに基づいてあるいは宗教上の理由によって他人のために行われるものである。特に兵士やテロリストによる自己犠牲の場合がそうである。

c）アノミー的自殺　これは，無秩序に陥った社会あるいは自殺者の社会環境の表れである。たとえば，経済危機であったり，離婚や破産の後などである。デュルケムは，自由主義的経済社会に特徴的なケースとしてこのアノミー的自殺に最も関心をもつ。彼は，これによってアノミーについての考えや自分が生きた社会の批判的な評価を深める機会を与えられる。

第3節　影響と評価

1　現代社会学の創始者としてのデュルケム

デュルケムは，経験的因果科学的方法を確立し，それを徹底的に適用することによって，一方では心理学に，他方では社会哲学に比肩する独立した学問分野としての**現代社会学の創始者**となった。フランスやアングロサクソン諸国——ここではとりわけタルコット・パーソンズとその弟子たちに対する[7]——に

---

[7]　パーソンズの基本的著作である „The Structure of Social Action" を参照。本書は，デュルケ

おける彼の学問的影響は，極めて大きく，これと肩を並べることができるのはマックス・ヴェーバーの影響だけである。彼自身も既に多くの法学者と親交があったので，フランス法学も今日まで彼の影響を強く受けている[8]。これに対して，ドイツにおける彼の影響は，当初はどちらかといえばあくまで限定的なものであったが，しだいに大きくなりつつある。ドイツ法学はまだ彼の存在を知らないに等しかった。

2　方法論的アプローチ

社会的事実は物のように探究することができるというデュルケムの考えは，すこぶる有益であることが明らかになった。彼の方法論的アプローチは，そのうちに多くの細かな部分について相対化されたり洗練されたりしたものの，彼にとって社会学は，やはりおおむね信頼できるものであった。外面的で，観察が可能で，統計による測定が可能な事実に根ざしている，彼の記述的・比較的手法は，そのまま維持され，また叙述の客観性を確保したいという彼の要求は，真摯な学問が営まれているところではどこにおいても，守られた[9]。社会的事実は，個人を超え，社会に根をおろし，各人にとって強制的な性質である，という彼の理解も，社会学理論の確固たる蓄積のひとつである。法社会学にとって強調すべきことは，彼の社会的事実という概念は，法事実という概念よりも広く[10]，この法事実の概念は，法そのものをさしているのではなく，特別な法的規制の対象や外的条件をさしている，ということである。これに対して，デュルケムによれば，倫理的規則や法的規則そのものも，つまり法律や裁判所の判決，社会の規範的構造それ自体も，社会学の対象となるのである。当為と存在とを区別すること，また道徳的服従や当為命題としての法規定について理解すること，このようなことには彼は関心がない。

ムについて詳細に論じている。
8)　*Arnaud*, Critique de la raison juridique, Bd. 1, 1981, 113ff. を参照。
9)　これについては，社会科学における客観的で価値自由な認識は，認識論的にみておよそ可能なのかという，いわゆる価値判断論争において決着がつけられた批判的な疑問によっても何も変わらないのである。これについては，「第 *7* 章マックス・ヴェーバー」の叙述を参照。
10)　これについては，第 *2* 章第 2 節を見よ。

社会的事実を物のように扱うという彼の要求に対して異論があるのは明らかであるが，これをことさら問題にする必要はない。デュルケムのアプローチは，何よりもまず方法論として理解しなければならない。それは，検証されていない，偏見に満ちた日常の理論や思弁的または形而上学的社会理論とは異なり，自然科学的研究の客観性と結びついているといえる。しかし，それは自然と人間社会との違いを見誤っているわけではない。いずれにせよ，次のことは認めざるをえない。すなわち，このようにして基礎づけられた**社会学的実証主義**においては，社会生活の解釈学的・精神科学的側面は，まったく問題にならない。これは，デュルケムが，あらゆる法領域に意欲的に取り組んだものの，法解釈学にはほとんど目を向けなかったのと軌を一にするのである。

3　社会理論

　デュルケムの社会理論は，社会からの個人の解放が進行することやその当時の個人主義的・功利主義的社会理論と集団主義的・社会主義的社会理論とが対立することを特に考慮しながら，個人と社会という2つの極をともに満足させる理論を明確にめざしていた。分業や社会分化にもかかわらず社会をひとつにまとめる統合メカニズムを証明したことは，今も残る彼の功績のひとつである。それは，何よりも彼が，今日と同様にその当時の哲学や法理論において広まっていた行き過ぎた個人主義を適切な状態に戻したからである。彼は，たとえば法人を擬制としてしか捉えることができないような全ての理論に対して，より現実的な対立見解を具体的に示した。

　もっともデュルケムは，個人が依存していて，順応しなければならないような社会における集合的要素に重きを置きすぎる傾向があった。固有の，個人を超越した法律に従う集合意識という彼の概念は，問題があり，現代社会学では細分化された説明モデルに場所を譲らざるをえない。人間にかかわる法社会学を主張する者からすれば，デュルケムは，普遍主義的社会理論を主張している

---

11) *König,* Einleitung zur deutschen Ausgabe von „Die Regeln der soziologischen Methode" 46ff.
12) *König* aaO; *Luhmann,* Einleitung zur 1. deutschen Ausgabe von „Über soziale Arbeitsteilung" 36ff.

という非難を甘受しなければならないことになるであろう。さらに彼の発想のなかでは，社会における権力関係や支配関係についての適切な分析が欠けている。彼にあっては，政治権力の担い手としての国家の役割は，オイゲン・エールリッヒ[13]と同様に，独特な形で陰に隠れてしまっている[14]。

4 法の機能

法社会学に重要な貢献をなしたものとして特に強調しなければならないのは，社会的**連帯**と**道徳**と**法**の**並存**というデュルケムのテーゼである。さらに彼は，抑止法と復元法とを区別し，それらの作用の仕方の違いを説明しているが，このことは今でも有益である。それは，歴史的発展の諸段階というより分析的カテゴリとしてではあるが。刑法や家族法や手続法や憲法や行政法についての彼による多数の論述は，ある部分は時代の見方を反映し，またある部分は基礎的な法社会学的背景を明らかにしているが，それはここでは留保せざるをえない。これに関連して今も最も重要であり，デュルケム自身も中心的だと考えていた叙述は，契約についての法律行為的ではない基礎を明らかにすることである。契約の拘束作用の根源となるのは，まず第1に当事者の意思表示やその相互的利害ではなく，客観的法のなかに根づいている社会的諸制度である，という考え方がある。この考え方は，現代の法的思考にはいまや知られていないわけではないが，相互的な拘束の根拠としての意思自由や合意のドグマに比べれば，まだけっして浸透してはいないし，それゆえさらに考慮しなければならない[15]。これに対して，社会学では，社会的表出や相互依存原則による拘束の分析において，ここでもデュルケムのアプローチをさらに進めたり改良したりする説明モデルが，前面に登場してきたのである[16]。

---

13) 第**6**章を見よ。
14) *Cotterrell*, Sociology of Law, 76ff., ferner die differenzierende Würdigung von *Müller/Schmid*, Nachwort 507ff.
15) すべてではないが，以下のものを参照。*Flume*, Rechtsgeschäft und Privatautonomie, in: Hundert Jahre deutsches Rechtsleben Bd.1, 1960, 135; *L. Raiser*, Vertragsfunktion und Vertragsfreiheit, ebenda 101; *Röhl*, Die außervertraglichen Voraussetzungen des Vertrages, FS Schelsky, 1978, 435ff.; *Köndgen*, Selbstbindung ohne Vertrag, 1981.
16) *Köndgen*, aaO, 156ff., 192ff., 233ff.; *Müller/Schmid*, aaO, 494ff.; *Luhmann*, aaO.

5 分業社会における連帯と正義

　社会的分化やそれにともなう個人主義という状況のもとで，いかにして社会を結びつけることに成功できるか，というデュルケムの中心的な問題は，彼の時代と同じく今日においても当面の問題である。これに対する彼の答えによれば，分業によって生まれた相互的依存関係は社会の結びつきを強めるものであり，この依存関係のなかに連帯の理由を探し出すことができる。この答えは，今なお印象深いものであり，しかもそれでいてあまりに単純であるといえる。デュルケムは，おそらく，有機的連帯はひとりでに生まれるであろうという希望，すなわち人びとは，そのための自由しか認められない場合に，この連帯に不可欠な制度や集合的価値観念を作り出すという希望をもっていた。彼は，その限りでは社会の自己統御を信じたのである。[17]しかし，今日の経験からすれば，まさにこのことは確実とはいえないのである。ともかくデュルケムは，アノミー的社会として描いた，逆方向の，病理的発展の危険を既に見ていたのである。しかし，アノミーはいかにして回避することができるのか，これについては，さらなる理論的な考察が必要である。おそらく次のことは言わざるをえないであろう。すなわち，社会の結束は，多数の要因がともに作用することによって生まれる。この要因としては，人びとの相互依存関係のほかに，言語，人種，歴史，宗教，文化を共通するという意識，社会的交流や財の交換の形式を確保する集権化した国家組織による統合，友好的な共同生活は有益であり，それによって威厳のある個人的存在が可能となるという経験，がある。

　デュルケム理論のこうした弱点は，社会正義についての彼の捉え方にも影響を及ぼしている。[18]社会的分業の広がり，連帯をもたらす価値観念や制度が維持されている健全な社会こそが，まさにそれゆえに彼にとっては正しいのである。したがって，アノミー的な，不自然な，さもなければ異常な社会的分業という状況は，正しくないのである。このような考え方からすれば，正義は社会の調和と同一視され，またそれ以上の根拠づけを必要としない，経験上観察できる事実として現れる。その場合，学問と政治の実践的使命は，社会的分化の

---

17)　*Müller/Schmid* aaO, 502f.
18)　*Müller*, Durkheims Vision einer „gerechten" Gesellschaft, ZfRSoz 1992, 16ff.

進展状況に応じた秩序を構築することに限られてくるのである。こうした観念は，19世紀の進歩楽観主義に根ざしている。今日の見方からすれば，この観念も緻密さに欠け，ほとんど通用しない。もっとも，そうであるからといって，純粋な認識のためではなく，実践的な目標をもって社会学研究を行おうとしたデュルケムの揺るぎない努力が評価されなくなるというわけではない。

文献一覧　　*Cotterrell, Roger,* Emile Durkheim. Law in a Moral Domain, 1999; *Fenton, S.,* Durkheim and Modern Sociology, 1984; *König, René,* Einleitung zur deutschen Ausgabe von: Die Regeln der soziologischen Methode, 5. Aufl. 2002; *Luhmann, Niklas,* Einleitung zur 1. deutschen Ausgabe von: Über die Teilung der sozialen Arbeit, 1977; *Münch, Richard,* Theorie des Handelns. Zur Rekonstruktion der Beiträge von Talcott Parsons, Emile Durkheim und Max Weber, 1988; *Müller, Hans-Peter/ Schmid, Michale,* Arbeitsteilung, Solidalität und Moral, Nachwort zu: Über soziale Arbeitsteilung, 4. Aufl. 2004; *Müller, Hans-Peter,* Emile Durkheim, in: *Kaesler* (Hrsg.), Klassiker der Soziologie Bd. 1, 1999, 150ff.; *Tyrell, Hartmann,* Emile Durkheim – Das Dilemma der organischen Solidalität, in: *Luhmann* (Hrsg.), Soziale Differenzierung, 1986, 181.

第6章　オイゲン・エールリッヒ

Eugen Ehrlich

第1節　年　譜

　オイゲン・エールリッヒ Eugen Ehrlich は，1862年にブコヴィナのチェルノヴィッツで生まれた。ブコヴィナは，その当時オーストリア帝国の辺境領で，1919年にルーマニア領となり，現在はウクライナに属している。1896年，チェルノヴィッツ大学でローマ法の教授となり，1922年に亡くなるまでここで教鞭をとった。1910年，生きた法のゼミナールを立ち上げたが，この活動は資金不足のために大きな成果を得られないままに終わった。1912年，第31回ドイツ法曹大会に際して「（大学教育終了前後の）職業教育において，心理学的・経済的・社会学的問題に対する法律家の理解をおおいに促進するためには何ができるか」という問題について鑑定を行った。第一次世界大戦後，オーストリア代表として国際会議に出席した。その後故郷がルーマニア領になると，彼は長い間敵意にさらされ，またルーマニア語で講義を行うことを余儀なくされた。エールリッヒの極めて豊かな学問的活動は，ローマ私法および現行私法の問題，とりわけ法律学の基礎づけにかかわるものであった。法社会学とともに処女地に足を踏み入れるという意識は，自らの証言のなかに次のように表現されている。「私はほとんどいつも処女地で仕事をしていて，いつも斧を使ってでも茂みを分け入りながら進まざるをえなかった。研究素材を概観するだけのために，ほぼ全てのヨーロッパの言語を学ばなければならず，広く旅をしなければならなかった」[1]。エールリッヒは，当時の大学における法律学では特にい

---

1) *Ehrlich*, Gesetz und lebendes Recht, 192.

わゆる自由法学派の精神的指導者として知られていた。しかし利益法学が登場してくるとともに，法学に対する彼の批判は，まさに実践的な影響力をもつことになった。彼の法社会学は，特にアメリカ合衆国においてもこの学問の発展に対してその後も影響を与えることになったのである。[2]

主要著作
- 『法における欠缺 Über Lücken im Rechte』1888 年
- 『黙示の意思表示 Die stillschweigende Willenserklärung』1893 年
- 『自由な法発見と自由法学 Freie Rechtsfindung und freie Rechtswissenschaft』1903 年
- 『法社会学の基礎づけ Grundlegung der Soziologie des Rechts』1913 年（第 4 版, 1989 年）
- 『法命題に基づく裁判官の法発見 Die richterliche Rechtsfindung aufgrund des Rechtssatzes』1917 年（これは，未完の著作 „Theorie der richterlichen Rechtsfindung"『裁判官の法発見の理論』からの 4 つの断片を含む）
- 『法の論理 Die juristische Logik』1918 年（第 3 版, 1966 年）
- 『法と生活　法事実探究と自由法論著作集 Recht und Leben. Gesammelte Schriften zur Rechtstatsachenforschung und zur Freirechtslehre』1967 年（これは，その他の最も重要な著作を含む。その中には，『法における欠缺』，『自由な法発見と自由法学』，『生きた法の研究 Die Erforschung des Lebenden Rechts』，『法命題に基づく裁判官の法発見』がある）
- 『法律と生きた法　小論集 Gesetz und lebendes Recht. Vermischte kleinere Schriften』1986 年（これは，それ以外の多くの論文を含む）[3]

第 2 節　エールリッヒの法社会学

1　制定法と社会の法

　エールリッヒは，既に最初の論文において次のような考察を行っている。すなわち，制定法と，人びとが実際の生活で従っている諸規則とはしばしば一致しない，と。法律は，不完全に，また欠缺をもってしか把握できない。法律は，

---

2) *Ehrlich,* aaO, 195ff. を参照。さらに，*Pound,* An Appreciation of Eugen Ehrlich, Harvard Law Review Vol 36-2 (1922), 129; *Nelken,* Pound and Ehrlich on the Living Law, Rechtstheorie Beiheft 9 (1986), 175; *Moll,* Fundamental Principles on the Sociology of Law, 1936 (Übersetzung der Grundlegung); *Cotterrell,* The Sociology of Law, 25ff., *Ziegert* aaO (Schriftumsverz.), 233ff.
3) 1991 年にエールリッヒの „Die Gesellschaft, der Staat und ihre Ordnung" という遺稿が発見され，ZfRSoz 1992, 3ff. に掲載された。

重要なところ,たとえば任意法あるいは民法第242条および商法第346条において,自ら公然と法律以外の規範を指示している。一義的な法命令であっても,別の行動規則の方が人びとに定着していて,それゆえ人びとが立法者の命令を受け入れないような場合には,それは死んでしまった文字にとどまることもあり得る。このような場合には,裁判所でさえも,密かにではあるがそうとは認めずに法律から逸脱して,実際に妥当している規範に合わせるのである。過去においては法のかなり多くの部分がこのような不文の社会規範から成っていた。エールリッヒによれば,国家による立法は明らかに増大しているにもかかわらず,そのような法が現在も存在することに変わりはない。家族の秩序,契約によって規制される私法上の取引,取引慣行や商慣習,相続の推移,私的・公的な団体・組織の内部規律,さらに行政実務でさえも法律の規定に従わないことが極めて頻繁に行われる。様々な法伝統や法慣習をもった多様な民族からなる人々が住み,ウィーンの立法者と国家の中央権力が遠く離れていたブコヴィナのような辺境地域においては,民衆法と国家法とのこのような齟齬は特に際立っていたにちがいない。

2 法学としての法社会学

このような考察に基づいて,もっぱら国家法ばかりに目を向けていたその当時の実証主義法学に対するエールリッヒの批判が出てきたのである。制定法を概念や論理に矛盾のないと考えられる体系にすることのみが自らの任務であるとみるような法学は,エールリッヒによれば,法の本質や現実を適切に把握してはいない。このような法学は,厳密に言えばけっして科学ではなく,法を用いなければならない法律家のための一種の技術や手工業的技巧論であり,それ自体は「本来法律を流布させるための特に強力な形式にすぎない[4]」。このような役割であるにしても法学は決して軽んじられているわけではない。むしろエールリッヒの学問的な仕事全体は,法実務を改良するということにその目標を置いているのである。しかし法学の科学としての任務はあらゆる法適用理論の前提であり,それは社会現象としての法や法の成立および発展の過程を探究

---

4) Grundlegung der Soziologie des Rechts, 28.

するものである。こうした任務を果たすことができるのは**法社会学**だけであり、そのためそれは**法学の中核**となるのである。このような意味でエールリッヒは次のように書いている。

> 「法律学は、これまでつねに法に関する理論的な学でありまた実践的な学であると考えられてきており、広く行われているこのような言い表し方はこれからも変わることはないであろう。しかし、法の真の理論、つまり法学と、実践的な法律学——誤解のおそれがなければただ単に法律学——とを別のものとしなければならないことにもなるであろう。法は社会現象なのであるから、いかなる形にせよ法律学は全て社会科学である。しかし、真の法学は、理論的社会科学、すなわち社会学の一部である。法の社会学は法に関する科学的な学問なのである。[5]」

3 生きた法の概念

というようにエールリッヒにとっては社会に実際に行われている法を探究することが大事なのである。エールリッヒは、自らこのような法について、法命題と対比的に**生きた法**[6]という概念——これは後には彼の理論を表す名称として広く知られるようになった——を用いる。同じような対比としては、英米の用語法に、「書物における法 law in the books」と「現に行われている法 law in action」との対置が今日でも行われている。エールリッヒは法学者としては初めて、帰納的な方法を追究し、そのために経験的な社会研究の手法を用い、アンケート用紙を利用し、契約書式を収集し、面接調査を実施する。このような研究をより大規模に行うための補助手段がエールリッヒにはなかったので、彼は他に歴史的な素材にも依拠している。それは、デュルケムやヴェーバーと同じく、広い範囲にわたって、膨大な知見をもとにして彼がまとめあげたものである。

4 3種類の法

エールリッヒの研究プログラムは、それまで法学で広く用いられていた、制定法に目を向けるだけの法概念では間に合わなくなった。エールリッヒは法を3つの種類に分ける。それは、**社会の法**、**法曹法**、**国家法**である。

---

5) AaO, 33.
6) AaO, 409ff. さらに、Recht und Leben, 11ff., 28ff., 43ff.

a）社会の法とは，人間の諸集団のなかに妥当している規則であり，集団の「内部秩序」[7]のことである。人間社会全体は，エールリッヒによれば，数多くの集団が集まったものであり，集団の組織は，規範，すなわち個々の構成員を拘束する行為指示に基づいている。法の大部分もこの目的に寄与している。つまりそれは**組織法**[8]である。エールリッヒはこの場合に集団の概念を広く捉えているので，その中には，区分が可能な全ての生活諸関係，たとえば家族や家共同体，一民族の経済や世界経済も含まれる。日常の交換契約や信用契約でさえもエールリッヒは組織法と考える。というのは，これらの契約は，経済取引を規制しており，その意義は個々人の法的関係を基礎づけるだけにとどまるものではなく，契約の相手方を含む上位の経済集団において富の分配を規律するからである[9]。したがって，根本において重要なのは，日常生活の組織であり，また人々が互いの交際によって築き上げた社会関係網のなかで人々をどのように位置づけるかということであると，いみじくも述べられている[10]。

　人間集団の，すなわち社会生活の内部秩序は，エールリッヒによれば，法の原初的な形態であるばかりでなく，現在においてもなお法の基本的形態であり，第一次的な現象形態である。この端緒の射程距離をまるごと認識することが重要である。この端緒が正しいと理解できるのは，紛争にかかわったり，争いを仲裁したりする法の機能——これは法律家にしてみればいつも前面に出てくるものであるが——が二次的な役割にすぎないことがわかるときに限られる。社会集団は，そこで妥当する規範をおおむね自らの手で作り出し，それを自分の構造や活動に合わせるのである。したがって，社会や経済が変化しても，組織規範はそれに応じた変化をとげる。この組織規範はさらに，歴史時代に限らず，しばしば成文化されることなく，伝統によって，また継続的に用いられることによって，集団構成員の意識のなかで機能する。したがって，人々が社会規範に従うようにするのは，強制手段をもった国家権力ではないこともまた通例である。国家による制裁としての刑事訴追や強制執行は，全体から見れば，

---

[7]　以下については，Grundlegung der Soziologie des Rechts, 34-62 を参照。
[8]　AaO, 45ff., 61.
[9]　AaO, 51ff. これに対する批判として *Cotterrell*, Sociology of Law, 30 を参照。
[10]　*Ziegert*, International Journal of the Sociology of Law, 241 を参照。

むしろわずかしか役割を果たしていない。これらの制裁は，ふつう個々の法違反者に対してのみ行われなければならないが，この者たちは既に集団から離れて生きていかざるをえなくなっているのである。その一方で，人間は自らの内なる動機に駆られることによってのみ規範に従うとするならば，それもまた誤りである。そうではなく，法規定は，いつも公序良俗，宗教，慣習，名誉，礼儀作法，さらにはエチケット，流行といった法以外の規範に支えられており，それらによって法規定の遵守が確保されている[11]。

最後に集団において，また集団構成員の共同生活においては，国家によるあらゆる制裁よりも強く働く**社会的・経済的強制**が生まれる[12]。人が法に則って行動する。それは社会関係によってそのように強制されるからである[13]。エールリッヒはこのことについて例を挙げながら説明している。労働者，勤労者，公務員，兵士が契約上の義務や職務上の義務を果たす。それはこの人たちが強制執行を恐れるからではなく，自分の地位を失いたくないからであり，おそらくもっと昇進したいからである。医者，弁護士，商人などの場合にも，国家による制裁は，義務を果たすうえでは実際には何ら役に立っていない。経済生活においては，カルテル協定の効力は，通例，(既にその当時から) しばしば意識的に放棄されている法的拘束力に基づくのではなく，経済的または社会的圧力手段 (いわゆる紳士協定) に基づいている。この「社会的規範強制」は，通常の場合には子どものときから習得し，それゆえ感情生活や欲求生活のなかに入り込んでしまう。その結果，この規範強制はその後はもはや意識する必要はなくなる。

ある集団で妥当している規範が全て法的性格をもっているわけではない。もちろん一般的なことばの使い方からしても，法や公序良俗や宗教や慣習などのそれぞれの規則は区別されている。しかし法以外の規範も法規範と同じ役割，つまり社会生活を整序するという役割を果たしている。それゆえこれらの規範には原理的な差異はなく，それどころかそれらは互いに極めて類似し，互いに重なり合い，互いに影響を及ぼし合っている。その一方でエールリッヒは，法

---

11) AaO, 58ff.
12) AaO, 63ff., Gesetz und lebendes Recht 186.
13) AaO, 65.

規範と法以外の社会規範との特有な差異を決して否定しているわけではない。エールリッヒにしてみれば，既に述べたとおり，国家による制裁の独占や権力の独占はこれらの規範を区別する基準としては問題にならないから，彼は，決定的な違いは規範違反に対する集団構成員の反応にあると見ている。エールリッヒは次のように書いている。

「学問的に法規範と他の種類の規範との間に境界線を引くことはむずかしいが，実際にはこのようなむずかしさはめったにあるものではない。ある規範について，それが法規範であるのか，それとも宗教，習俗，倫理，礼儀，行儀作法，流行，節度のいずれかの領域に属するものであるのか，それに躊躇なくすぐに答えることはだいたいにおいてできる。このような事実が考察の出発点とならなければならない。法規範と法以外の規範との対立如何という問題は，社会科学の問題ではなく，社会心理学の問題なのである。異なる種類の規範は異なる感情を呼び起こし，またわれわれは，異なる規範の違背に対してはその規範の種類に応じて異なる感覚で反応する。法違背からくる怒りの感情を，習俗命令に対する違反への憤激や礼儀に反する行為に基づく不快感や行儀作法違反への非難や節度に反したときの嘲笑やさらに流行の先端を行く人たちが自分たちの水準に達していない人たちに対して抱く嫌悪感などと比べてみればそのとおりである。法規範に特有なのは，既に普通法学者が必然性の意識 opinio necessitatis という名で呼んだ感情である。これによって法規範を認識しなければならない。[14]」

つまりエールリッヒによれば，法を特徴づけるものは，規範は，人間が平和的な共同生活を営み，社会過程が機能に適合して進行するためには**必要不可欠**なものであり，「極めて重要なものであり，基本的な意味をもっている」という，誰もが抱いている意識なのである[15]。このような，いわゆる強制説に対して**承認説**と呼ばれるエールリッヒの理論は，彼の最も有名かつ重要な学問的認識のひとつである[17]。

あらゆる社会規範とまったく同様に，法規範もその**根源を社会自体のなか**にもっており，立法者や裁判官の法定立行為のなかにはもっていない。法規範

---

14) AaO, 146.
15) AaO, 149.
16) マックス・ヴェーバー（第7章）の学説を参照。
17) 第*10*章第3節を見よ。

は，**法発生的事実**[18]，すなわち，所与の，言うなれば人間の本性にある社会生活の構成要素のなかから生まれてくるのである。この種の法事実としてエールリッヒが挙げるのは，**社会的行動の同質性**と**社会的慣習**であり，さらには**支配関係，占有関係，意思表示**である。エールリッヒは書いている。あらゆる民族の法的関係は，見通しがつかないほど多種多様ではあるが，それらはすべて，この４つの法事実のうちのひとつまたは複数の事実から成っており，またそれらはひとつまたは複数の事実に余すところなく分解することができる，と[19]。つまり，行動定型，上下秩序，経済的財の摑取，意思自由は，法形成を規定する人類学的定数のうちとする人間像からエールリッヒは出発するのである。これらの人類学的定数は，それ自体はまだ法ではないが，それが団体の社会的ないし経済的組織に組み込まれ，団体がこれらの事実によってもたらされた状況を尊重するように要求した瞬間に，規範的性格をおびることになる[20]。いかなる社会規範が個別的に法規範にまで強化されるほど根本的に重要になるのか，またこのことはいかなる社会的事象に基づいて行われるのか，という理論的な質問に対して，エールリッヒは，後のテオドール・ガイガーと同様に，あらゆる場合にあてはまる答えを出すことがほとんどできなかった。それは，このできごとが団体によって異なり，また歴史とともに変化するからである。

したがって，本来的には法も団体の内部秩序の形でしか現れることはない。これに対して，法を，普遍妥当性を必要とする**法命題**として，ことば――口頭または文書――で表すことは，歴史的にははるか後の現象なのであり，いずれの社会においても，法命題よりも法規範のほうがずっと多く存在するのである。なぜなら，妥当している規範の全てが一般化されるわけではないし，ことばで表されるわけではないからである[21]。

　b）組織規範と**裁判規範**とは区別しなければならない[22]。エールリッヒは，この裁判規範を，裁判所がもめごとを解決するための法命題と考えている。いか

---

18) Grundlegung, 81ff.; Gesetz und Lebendes Recht, 182.
19) Grundlegung, 81ff.; Gesetz und Lebendes Recht, 182.
20) Gesetz und lebendes Recht, 182.
21) Grundlegung, 42ff.; Gesetz und lebendes Recht, 183.
22) 以下については，Grundlegung, 97ff. を参照。

なる社会においても，団体構成員間の利害対立を解消し，あるいは新たな状況を克服するためには，組織規範では間に合わないということがそのおもな原因となるような紛争が，発生する。複数の団体間においては，それらに共通した組織法がないために，紛争が生じるということもある。いずれの社会も，同じ理由から裁判所を形成する。しかもそれはまずもって国家の使命としてということではなく，社会の使命としてなのである[23]。これに応じて，社会学的意味においては，国家の裁判所とともに今日でも存在している名誉裁判所，懲戒裁判所，仲裁裁判所，社団裁判所などは，裁判所とみなされている。これらの裁判所は，全て，恣意や裁量によって判断することは許されないので，より強い効力を付与された一般原則に基づいて判決を下さなければならない。つまり，裁判規範は，あらゆる社会規範と同じく行為の規則なのである。しかし，それは，裁判所を名宛人としており，全ての人間を名宛人にしているのではない[24]。

いかなる裁判規範も，究極的には，社会の内部秩序および社会で行われている慣習や支配構造や占有関係や契約を基礎にしているのである[25]。しかしながら，この裁判規範は組織規範とは性格を異にする。なぜなら，組織規範は，平和秩序を構築しているにすぎず，法的紛争のためのものではないからである[26]。裁判規範として使えるようにするには，既に存在してはいるものの，しばしばあいまいであり，まさに紛争事例のことを考えれば完璧とはいえない組織規範を，厳密なものにし，また足りないものを補わなければならない。たとえば瑕疵担保責任や損害ならびに不当利得の補償のような重要な法律問題は，紛争が発生した後に初めて起きるのである。そのような問題の解決は，法律家なかんずく裁判官の任務である。それゆえ，裁判規範は法曹法なのである。法律家は，この規範に不可欠な統一化や一般化や連続についても気を配る。エールリッヒは，これに関連してまさに「裁判規範の不変性の法則」ということを言っており[27]，さらにそこから既に考え方を発展させている。この考え方は，のちにルー

---

23) AaO, 111.
24) AaO, 112.
25) AaO, 112f.
26) AaO, 115.
27) AaO, 120ff.

マンが規範概念を定義するにあたっての基礎とした。それによれば、裁判規範は、法実務を通じて、長年にわたり多くの人や多くの類似した事例に等しく適用されるという意味において、時間的、人的、さらには事実的に一般化されるのである。

　このような不変性によって初めて、ようやく裁判規範は法命題として確定し、文書に書き記すことができるようになる。抽象的な規範を特徴とする現代の制定法は、このようにして生まれたのである。それゆえ、法命題の形成は、社会が素材を与え、法律家が形式を与える社会的プロセスの成果なのである。

　c) 第3のグループ、すなわち**国家法**の中に、エールリッヒは全ての法規定をまとめる。それは、国家によってのみ生み出され、国家なくしては存在しえないのである。この国家法の概念は制定法の概念とは一致しない。なぜなら、多くの制定法には、その内容に応じて立法者が受け入れた民衆法ないしは法曹法しか含まれていないからである。このような狭い意味での国家法としては、特に軍隊の**組織規定**や警察法や租税法がある。さらにこれにもうひとつのカテゴリーが加わる。それはエールリッヒが**干渉規範**と名づけたものであり、現代の用語法によるならば、形成的給付行政の法と同じものとして扱われることになるであろう。ここで重要なのは、社会形成の手段や社会構造の意図的な改革の手段としての法の出動である。

　エールリッヒは、近代において国家法がすこぶる増加していることはわかっていた。にもかかわらず、全体としてみれば、国家法は、社会に妥当している法のなかの、取るに足りない、さほど重要ではない部分でしかない、と考えた。また、時代を特徴づける社会と国家との対立が払拭され、より均質化した社会秩序——これは国家法をかなりの程度まで必要のないものにする——が生まれるようになるや、この国家法の重要性は小さくなる、とも考えた。しかし、自らが制定した規則を浸透させる国家の権力をとりわけ過少評価した。

28) 第*8*章第2節2を見よ。
29) AaO, 152-187, 特に186.
30) AaO, 124.
31) AaO, 134, 311ff.
32) AaO, 74, 330 などを参照。

エールリッヒは，法発展の観点から国家の役割と業績について詳細に述べている。それは以下のように要約できる。

「それゆえ，法形成に対する国家の関与はかなり低いと言わざるをえないであろう。基礎的な社会制度，様々な法団体，とりわけ婚姻，家族，ジッペ，市町村，ギルド，支配関係と占有関係，相続，法律行為は，その全てまたは大部分が国家にはかかわりなく生まれる。法発展の重心は，つとに，国家作用にあるのではなく，社会自体にあり，現代においてもそこに見出されるのである。これは，ただ法的制度についてだけではなく，裁判規範についても言えることである。裁判規範の大部分は，つねに，学問や司法によって社会制度から抽出されるか，あるいは社会制度とはかかわりなく見出されるかのいずれかである。国家による立法も，多くの場合は，社会制度をよりどころにしたり，学問的方法や裁判官的方法をまねたりするだけで，裁判規範を見出すことができるのである。[33]」

　エールリッヒは，国家を，社会が自身から生まれた法に強力な支援を与えるために駆使する機関とするまでに至っている。[34]

5　法律家の役割

　ところで，エールリッヒは，国家を過小評価するのに対して，法律家，特に裁判官や法学，さらには弁護士や予防法学者たちのずば抜けた役割を強調する。[35] 彼らは先に挙げた3種類の法の間の仲介者であり，この3種類の法を互いにしっかりと結びつけ，さらにそれらの法を作り変えるのである。彼らは，多くの場合に，何か考えを付け加えたりせずに，社会規範を一般化し，法命題のなかでそれを仕上げるためだけに，それを受け入れる。とはいえ，このようないわゆる法技術的事象はけっして軽んじることはできない。なぜなら，法の合理性はこのような事象に基づいているのであり，近代文明は，この法の合理性がなければ存続することはできないのである。裁判官は，先に述べたような概念の意味での国家法を定立することもできる。たとえば，それは裁判官が，社会構造を変革するための手段としての国家目的を追求する法命題を文言にする

33）　AaO, 330.
34）　AaO, 137f.
35）　以下については，AaO, 169ff. を参照。

ような場合である。

　しかしながら，多くの場合に，社会規範も国家法もいずれも判決をあらかじめ定めているわけではない。そうであるから，裁判官は，「**社会正義の機関として**」，独立して法を定立しなければならない[36]。エールリッヒによれば民事法に特徴的であるこのような事例に，裁判官は最も時間を割くのであり，また裁判官は，制定法を信奉する大陸法とは違うローマ法や英米法において見出されるような，自立した「国王のごとき裁判官」が好きであることをけっして隠したりしない[37]。裁判官が拠りどころとする正義の尺度は，究極的には感情の問題であり，ゴシック様式の大聖堂の美しさあるいはベートーヴェンの交響曲の美しさを，それらの美しさを感じない人に対してほとんど証明することができないのと同じように，それはほとんど証明することはできない，と裁判官は考える[38]。それゆえ，決定的に重要となるのは，裁判官の人間性なのである。

「正義は，社会的潮流に拠るものではあるが，それが有効となるには，ひとりひとりの個人的な行為が必要である。正義は，この点においていちばんよく芸術と比較することができる。今日われわれが知っているように，芸術家は，自らのうちなるものから芸術作品を作り出すのではない。芸術家は，社会が自分に与えたものしか作ることができない。しかし，芸術作品は，たとえそれが社会的諸力の成果だとしても，やはり芸術家の手によって初めて肉付けがなされるものであるが，それと同じく，正義も，それを伝える予言者を必要とするのである。また，芸術作品は，社会的な素材から作られ，芸術家からその全人格の刻印をもらうのであるが，この芸術作品と同じく，正義が社会に負っているのはたんに生の内容にすぎず，それに対してその個々の形態は正義を形作った正義の芸術家に負っているのである。われわれには，ただひとつの正義というものもなければ，ただひとつの美というものもないが，あらゆる真の芸術作品に基づいて美が人類に語りかけるのと同様に，あらゆる正義の作品のなかに正義は存在する。正義は，制定法，判決，文献において個別に形成されているように，これまで作られたあらゆる傑作と同様に，対立物の天才的な総合の成果として，その最高の形のなかに表われているのである。」[39]

---

36)　AaO, 174.
37)　AaO, 212ff., 233ff.
38)　AaO, 177.
39)　AaO, 182.

エールリッヒは，このように法律家を礼賛してはいるが，社会において働く諸力が結局のところ法形成の決定的な要素であると主張してやまない。これが，彼の法社会学の有名な序言の主旨である。

「書物というものは，ただひとつの文でその主旨をまとめることができるようなものでなければならない，とよく言われている。本書についてそのような試みを行おうとすれば，その文はおよそ次のようになるであろう。すなわち，法発展の重心は，あらゆる時代におけると同様に今日においても，立法や法律学や司法にではなく，社会それ自体のなかにある，と。おそらくこの文のなかに，法の社会学を基礎づけることの意味が含まれているのである。[40]」

第3節 エールリッヒの法学方法論

エールリッヒの法社会学的考察に関連するのが，その当時支配的であった法適用方法である。ただこれについては，ここでは示唆的に取り上げることしかできない[41]。エールリッヒは，いわゆる**自由法学派**の創始者であり，またその精神的指導者のひとりである。この自由法学派という呼び名は，„Freie Rechtsfindung und freie Rechtswissenschaft"（「自由な法発見と自由法学」）という彼の著書に由来する。エールリッヒの批判が向けられたのは，ひとつは，法体系の無欠缺性のドグマであり，さらにそこから導かれる主張，すなわち，あらゆる紛争に対しては解決が用意されており，それゆえ裁判官の仕事は，紛争事実を該当する法規範にただあてはめるだけにとどまる，という主張である。

エールリッヒが無欠缺性のドグマを論駁する際に取るスタンスは，先に述べたことから明らかである。すなわち，あらゆる制定法規定の基礎となっているのは，ある特定の事例についての判決である。したがって，たとえ制定法規定が抽象的・一般的な規定の形で表されていても，それを別の事例に適用することができるかどうかは，つねにあらためてひとつひとつ検証しなければならない。それゆえ，裁判官は，「法ということばを発する口 la bouche qui prononce

---

40) Grundlegung der Soziologie des Rechts の序言。
41) これについては，*Larenz*, Methodenlehre der Rechtswissenschaft, 6. Aufl 1991, 63ff. を参照。

la parole de la loi」にすぎないのではなく，法形成に自ら責任を負う機関なのである。しかし，このことから，自由法学派は，法律に縛られない恣意的な判決を要求したのだった，ということにはならない。それは不当にも自由法学派に責任があるとされているのだが。エールリッヒは，方法にかなった解釈という途をたどりながら，ある事例の判決に対する規準を法律から導き出すことができる限り，むしろ裁判官の法律への忠実さを断固として求めるのである。解釈がうまくできなかったり，実際に法律に欠缺があるとわかった場合には，もはや，裁判官は法律しか適用しないという，方法的に誤ったことを強いる虚構に固執することなく，裁判官は，自分自身の判断に従って自由に判決を下すことができるとされる。しかし，このように自由な法発見が求められるとしても，それはけっして無前提なものではなく，法律の条文にしばられるかわりに，法伝統のなかで力をもつようになった正義の観念にしばられるということになるのである。エールリッヒは，このように卓越した，創造力豊かな裁判官の個性を願っており，それはかつてローマ人が知っていて，いまはイギリス人やアメリカ人が知っているが，しかしエールリッヒは，同時に次のような文章も書いている。「自由な法発見は，あらゆる自由と同じく保守的である。なぜなら，自由とは自己責任のことであり，束縛は他人に責任を転嫁するのである」[42]。

第4節　影響と評価

1　法社会学の創始者としてのエールリッヒ

　エールリッヒは法社会学の創始者である。それは，彼より二十年前にデュルケム——ちなみにエールリッヒは彼を知らなかった——が，方法論的に完成した社会学を創始したことと似ている[43]。エールリッヒは，紛れもなく先駆者であり，とりわけサヴィニーや歴史法学派の民族精神論の衣鉢を継ぐことができた[44]のではあるが，彼は，断固としてまた方法的にも一貫して，法を，経験的社会

---

42)　Freie Rechtsfindung und freie Rechtswissenschaft, in: Recht und Lehren 193.
43)　以下については，特に *Rehbinder*, Die Begründung der Rechtssoziologie, 101ff. を参照。
44)　第*3*章第1節2を見よ。

学の手法を用いて探究することができる社会的現実と捉えた最初の人物であった。ここで特に重要なのは，彼は法学者であり，また生涯を通じて法学者であり続けたということである。法学方法論に関する彼の著作は，その数が法社会学を上回っており，学問的レベルも法社会学と肩を並べるほどである。それというのも，彼は，法史学や現行私法についても深い知識をもっていたので，法社会学と法解釈学とを結ぶ線をどこにでも引くことができたからなのである。それでもエールリッヒは，法社会学こそが法に関する唯一の真の科学であると考え，法解釈学を職人芸の域に追いやる場合には，社会科学的実証主義を主張する。これは，それ以外にも法社会学を広く特徴づけるが，法解釈学もそのひとつである精神科学の特性は正しく評価していない。今日，一般に用いられている社会科学の概念は，これらふたつの次元を包含している。

　エールリッヒは，内容的には，法社会学の大きなテーマのほとんど全てを，既に取り上げている。概念や社会学理論や経験的研究方法は，彼の著作が出版されて以来，改良されてきて，その結果，学問的成果もより細分化されたものになったが，彼の理論的言明の大部分は，妥当性を失わなかった。このことは，何よりも次のような彼の認識について言える。すなわち，あらゆる社会規範，ということは法もまた，社会慣習，支配関係，占有関係，意思表示というあらかじめ与えられた4つの法事実から生まれること，これらの法事実の根源は人間諸集団の内部秩序にあること，集団が事実によって作られた状況を尊重するように要求することによって，事実から規範への移行が行われること，という認識である。また，言葉で表され，一般的な効力を有する規範としての法規は，歴史的にはかなり遅い時期に起きた現象である，ということも，今日では広く知られていることである。エールリッヒは，法を，組織規範（社会の法）と裁判規範（法曹法）と干渉規範（国家法）に分けたが，この分類は極めて有効であることが明らかになり，またそれが法の社会学的分析にとってもっている理論的着想としての重要性は，今日においてもなお失われていない。さらには，平和秩序として法が果たしている原初的な役割について，またサンクションの限定的な効果についてエールリッヒが述べたことは，依然として根本的なことである。

　倫理や習俗習慣や節度や挨拶や流行と並ぶ社会規範の一種としての法の性質

について，既にエールリッヒは的確に認識していた。さらに，国家によるサンクションに対する恐れは，しばしば法を遵守する動機とはならず，規範を自発的に承認すること，あるいは社会的または経済的圧力がその動機となる，という彼の考察も正鵠を得ている。現実には，これら3つの要因の全てがともに作用し，重要性を異にしながら相互に補完し合っている。法以外の規則と法規則は，日常生活においては，大多数の人々にとっては一体のものに思えるか，あるいは相互に移行し合うものなのである。

それにもかかわらず，法を他の社会規範と概念的に画することは当然のことだと考える限り，エールリッヒが情緒や必然性の意識 opinio necessitatis を顧慮することが，どうしても理解しがたいことに変わりはない。さらに，このふたつのメルクマールは，法概念についての通常の理解からは，はるかにかけ離れている。このような理由から，彼の理論は，この点については受け入れられなかったのは当然である。[45]

2　3種の法と生きた法

修正するよりも補充する必要があるのが，エールリッヒの生きた法についての理論である。社会を多数の団体に分けることは，システム理論の前段階として把握することができるが，エールリッヒにあっては，それは輪郭が描かれていないままである。今日の社会学では，これに代えて，より細分化された見方が出てきている。それは，集団，団体，組織，制度，階級，階層などのような概念が，同時並行的に用いられる見方である。広く行われているのは，多数の社会集団が重なり合う，多元的，あるいはむしろ形の定まらない社会という像である。さらにエールリッヒは，法事実としての支配関係や占有関係について触れてはいるが，国家と市民との関係のなかで生きた法を分析する場合を除いては，ほとんどそれらを考慮していないのである。[46] このようなあまりに単純な社会像について，エールリッヒの基本的な論述は疑問視しないのである。この論述によれば，法は，まず人々の不文の生活秩序として，法律家や国家からは

---

45)　第*10*章第3節を参照。
46)　こうした批判については，*Cotterrell*, Sociology of Law, 31ff. を参照。

独立して形成され，現在においてもなおそれらに対立して表われている。

　エールリッヒが，社会の法や法曹法に比べて，国家法に従属的な地位しか与えず，その有効性をわずかしか認めず，また国家法は既に頂点を超えて，さらに後退するであろうという確信を述べたとき，20世紀の体験は別のことを教えている。確かに19世紀の特徴である社会と国家の分離は，これら相互の浸透に耐え切れなかった。しかし，この現実は，国家とは限られた役割を果たすための社会の機関に他ならないという考え方によっては，もはや説明することができない。そうではなく，統御機関としての国家の重要性はつねに増大し，国家は，本来自らが作り出した法を，社会形成のための最も重要な手段のひとつとして用いる。それゆえ，エールリッヒは，法形成力としての国家の軽視について，これは19世紀の自由主義と歴史法学派の後継者であることを明らかにした。

　他方，超国家間の契約や多国籍組織・企業や国際仲裁手続の領域では，経済関係のグローバル化の流れのなかで，今日再び非国家法が増加している[47]。それゆえ，三種の法の間に序列はなく，それらの法は原則的に同じ序列であることを認めること，さらにそれらの相対的な比重は歴史とともに変化することから出発すること，これらのことは，理論的な観点から見れば，正しいと思われる。

3　エールリッヒの法学方法論

　エールリッヒは，その当時の法学方法論に対して，かなり辛辣で，時として論争の域を超えたような批判を行ったが，そうした批判は，学校法学において当初は広く拒絶や反論に遭遇した[48]。しかしながら，社会学的考察方法や自由法論は，人知れず，時が経つにつれてしだいに強い影響を与えていた。今日広く認知され，実践されている利益法学，そしておもにエッサー Josef Esser やフィ

---

[47]　*Stein, Ursula,* lex mercatoria. Realität und Theorie, 1995; *Teubner* (Hrsg.), Global Law without a State, 1996.

[48]　例として，エールリッヒとケルゼンの有名な論争を挙げることができよう。*Kelsen,* Archiv für Rechts- und Sozialpolitik 1915, 839; *Ehrlich,* ebenda 1916, 844; *Kelsen* の反論 ebenda 850, *Ehrlich* の再反論 ebenda 1916/17, 609; *Kelsen* の最後のことば 611. これについては，*Rottleuthner,* Einführung, 31 を，それぞれ参照。

ケンチャー[49] Wolfgang Fikentscher による最近の方法論は，エールリッヒの考え方を伝統として受け継いでいる。しかし何よりも，司法の発展によって制定法の欠缺のドグマはとっくに論破されており，裁判官による法形成は，ごくありふれたことになっている。その実践は，今日では以前よりもはっきりと，エールリッヒが描いた自由法理論の特徴を示している[50]。

文献一覧　　Cotterrell, Roger, The Sociology of Law, 2. Aufl 1992; Rehbinder, Manfred, Die Begründung der Rechtssoziologie durch Eugen Ehrlich, 2. Aufl 1986; ders., Einleitung zu: Ehrlich, Recht und Leben, Gesammelte Schriften zur Rechtstatsachenforschung und zur Freirechtslehre, 1967; ders., Neues über Leben und Werk von Eugen Ehrlich, FS Schelsky 1978, 403; Ziegert, Klaus, The Sociology behind Eugen Ehrlich's Sociology of Law, International Journal of the Sociology of Law, Vol. 7 (1979), 225; Vogl, Stefan, Soziale Gesetzgebungspolitik, freie Rechtsfindung und soziologische Rechtswissenschaft bei Eugen Ehrlich, 2003.

---

49)　Esser, Grundsatz und Norm in der richterlichen Fortbildung des Privatrechts, 5. Aufl. 1990; Fikentscher, Methoden des Rechts Bd.4, 1977, 129ff.; 269ff.
50)　Raiser, Richterrecht huete, ZRP 1985, 111.

第7章　マックス・ヴェーバー

Max Weber

第1節　年　譜

　マックス・ヴェーバーは，1864年エアフルトに生まれ，法学を専攻し1892年ベルリン大学でローマ法と商法で教授資格を取得した。1894年フライブルク大学において国民経済学教授となり，1897年以降ハイデルベルク大学で教鞭をとり，1918年から1920年に死去するまではミュンヘン大学で教鞭をとっていた。ヴェーバーは1919年には，ヴェルサイユ講和条約での交渉のために顧問として招聘され，戦争責任の通達に対する回答に携わった。また，ヴェーバーはワイマール憲法にさえも影響を与えており，特に帝国大統領を国民に選出させるという考え方は彼に由来する。ヴェーバーは，活動的には政治に決定的な影響を与えることなく，帝国議会に選出されるという試みは，失敗した。ヴェーバーは人並みはずれた影響力をもつ人物であった。[1]そのことは，とりわけ有名になった同人の2編の講演である『職業としての学問』および『職業としての政治』を読めば，今日でもなお，明確にわかるだろう。
　マックス・ヴェーバーの著作には，法学的内容および国民経済学的内容をもつ早期の研究に続いて，とりわけ社会科学の理論と宗教社会学や経済社会学についての数多くの論文，ならびに当時の現代史の問題に取り組んでいる政治に関する多くの講演と論考が含まれている。ヴェーバーは，それらの著作において，文化史的知識についての膨大な蓄積を築いている。その蓄積には，たとえ

---

1) 論集である *König/Winckelmann* (Hrsg.), Max Weber zum Gedächtnis, 1963における多くの回顧と追悼の辞を参照せよ。

ばヒンズー教，儒教あるいはイスラム教についての宗教史が，ユダヤ教とキリスト教の歴史と同じように独立した形で備わっている。今日の社会学にとって，ヴェーバーは，全世界において中心的な人物である。ヴェーバーの思想，理論的構想および研究成果は，至るところで見ることができ，引用され，また言及されている。

主要著作[2]
- 『プロテスタンティズムの倫理と資本主義の精神 Die protestantische Ethik und der Geist des Kapitalismus』1904年／05年
- 『世界宗教の経済倫理 Die Wirtschaftsethik der Weltreligionen』1915-1919年
- 『社会科学と社会政策にかかわる認識の「客観性」Die „Objektivität" sozialwissenschaftlicher und sozialpolitischer Erkenntnis』1904年
- 『社会学および経済学の「価値自由」の意味 Der Sinn der „Wertfreiheit" der soziologischen und ökonomischen Wissenschaften』1917／18年
- 『経済と社会 Wirtschaft und Gesellschaft』1921年（第5版，1972年）[3]
- 『職業としての学問 Wissenschaft als Beruf』1919年
- 『職業としての政治 Politik als Beruf』1919年

第2節　マックス・ヴェーバーの法社会学

ヴェーバーの法社会学は，1911年から13年にかけて執筆されたが，1921年になって初めて遺作として公刊された。形式としては『経済と社会』の独立したひとつの章である。しかし，その部分は，内容としては，ヴェーバーの法社会学全体を包括するものではない。むしろ，彼の叙述の重要な概念上の前提は，

---

2) マックス・ヴェーバーの著作は，第二次世界大戦後にヨハネス・ヴィンケルマン Joh. Winckelman が，チュービンゲンのモール・ズィーベック社において，数巻の論集に再編集した。
3) この著作は，2巻にわたる未完のものであるが，ヴェーバーの死後になって初めて公刊された主著である。その第1部では社会学的範疇論が立てられ，第2部では社会的秩序と経済的秩序間の関連が包括的に追究されている。この著作は経済社会学，宗教社会学，政治社会学および国家社会学の根本的な特徴を内容として収録しており，ヴェーバーの法社会学も，この著作の一部をなしている。ヴェーバーの法社会学は，本章ではこの著作の第5版に従って引用する。

社会学的範疇論に関連しており，また経済と社会的秩序との間の普遍的関係についての章にもあらわれている[4]。法社会学と実質的に密接に関連している支配の形式の類型学は，『経済と社会』の第1部第3章で，そしてもう一度もっと詳細に第2部第9章で叙述されている。法と経済との間の関係についての原則論は，第2部第1章の対象である。全体として見れば，法社会学が——決して経済的な問題や政治的な問題の叙述ではないし，宗教社会学でもない——，ヴェーバーの実質的な社会学の核心部分であると言われてきたことは不当ではない[5]。

ヴェーバーの豊富な洞察と思想をある程度十全に叙述することは，本章では不可能である。むしろ，課題となり得ることは，ヴェーバーの著作を理解するために極めて重要な点および現在の法社会学の研究にとって極めて重要な点を際立たせることくらいである。それでなくとも，ヴェーバーの法社会学が法学において根本的に受け入れられたのは，ようやく近時になってからであり，今なお終ってはいないのである[6]。当該著作の卓抜した意義に対して適切な観念を得ようとするなら，読者は原典を——容易ではないが——講読するしかない。

1　ヴェーバーの社会学的法概念

ヴェーバーは，社会学を**有意味な社会的行為**の理論およびそこから生じる**社会的拘束**の理論として理解する。社会的行為といえるものは次の特徴をもつ。

1) **目的合理的である**。つまり，独自の目的を実現するために調整される。あるいは，
2) **価値合理的である**。すなわち「ある特定の行態の——倫理的な，美的な，宗教的な，またはそうでなければ世の中でよく行われているように解釈されるべきである——絶対的固有価値の存在を意識的に信じること」によって「純粋にそれ自体が」定められ，また「結果から独立している」。さらに，
3) **激情的である**。感情および激情によって定められる。最後に，

---

[4] WuG 1. Teil, 1. Kap. und 2. Teil, 1. Kap.
[5] *Talcott Parsons* in : *Stammer* (Hrsg.), Max Weber und die Soziologie heute, 1965, 54.
[6] *Raiser*, JZ 2008, 853 および *FS K. Schmidt* 1307 を参照。

4) **伝統的**である。浸透した慣習から導かれる。[7]

　さらにヴェーバーが出立点としているのは，社会的行動がさしあたり純粋に事実として，実際の習慣に基づく慣習と規則性を呈することである。ヴェーバーはそれらを**しきたり**と呼び，長く慣れ親しまれている場合には，**習俗**と呼んでいる。[8] これらの概念は，ヴェーバーにとっては未だ何ら規範的な意味を有していない。それに対して，社会的行為は，それが正当なものとみなされる秩序，つまり拘束力があるとみなされる**秩序**によって予め決められているならば，**規範的**に規定される。通常，行為者はこの秩序に従うのであるが，それは，その者がその秩序に**正当性**があると信じ，それがためにこの秩序に自由意思で順応するからである。正当性への信頼は，完全には一致していないものの，似かよったように分節されるならば，以下4つの異なった原因に由来する可能性がある。正当性への信頼は，

1) 行為者が伝統を不可侵なものであると信じ，変わらずに以前から存在するものの拘束力を信じる場合，**伝統的**に定めることができる。
2) 神託あるいは宗教的啓示への信仰の意味で，**激情的**な性格を帯びることがある。
3) **価値合理的**に方向づけられる。すなわち，絶対と見なした倫理的，美的あるいは宗教的価値に関係することがある。
4) 正当と見なされた支配の要請ないし利害関係者間の合意のどちらかを拠所とする秩序に**正当性があると信じ**ていることに見出され得る。[9] この事例は，目的―合理的な行為とパラレルなものである。

　この場合，問題なのは**理念型**であり，それは現実を観察するときに単独で確定されることはほとんどなく，むしろ組合せられて現われる。[10]

　しかし，そのような方法で社会秩序の妥当性が純粋に内的に保障されているだけでは充分でなく，むしろ行為者にその秩序の遵守を強要する外部の要素によって，その妥当性は補充されねばならない。その限りで，ヴェーバーは以下

---

7) WuG 12.
8) WuG 14f., 187ff.
9) WuG 19.
10) WuG 16ff. 理念型の概念については，下記第2節3b）と第4節1を見よ。

2つの場合を区別する。

「秩序は,
a) 範囲を区切ることのできる一定の人間集団の内部で秩序逸脱が生じるとき,（相対的に）一般的に**非難が起こる可能性**, また**非難が起こる**と実際に感じる可能性によって, 秩序の妥当性が外部から保障されている場合には, **習律**を意味するものとしよう。
b) 秩序維持の強制ないし秩序侵害に対する懲罰を目的とした行為を, そのために用意された**専属**の人間の**スタッフ**が行うことを介した（物理的ないし心理的な）**強制の可能性**によって, 秩序が外部から保障されている場合には, **法**を意味するものとしよう。」[11]

したがって, ヴェーバーは, 社会学的法概念を2つのメルクマールで特徴づけている。すなわち, a) 法のスタッフ——現代では, おそらくサンクション装置と言うことができるだろう——つまり, 社会全体のなかで差異分化して組織された人的集団の存在によって, そしてその集団が, b) 秩序の定着を強制し, またそれに対する違反を訴追することによって特徴づけている。社会学的法概念は, 主として国家法に関わるが, しかしまた, たとえば大規模な教会や政党, 労働組合, 独自の社団裁判権を有する社団等, 独自のサンクション機関を有する団体法を含む。それに対して, この概念は単に社会的圧力や世論によって保障されただけの行動準則を含んでおらず, またオイゲン・エールリッヒの意味における反抗と不同意という特に激しい感情によって確保されたに過ぎない規範では, まったく不十分である。[12] それによって, エールリッヒの承認理論とは反対に, ヴェーバーはいわゆる法の**強制理論**の創唱者であり, この理論は今日, 法社会学において優勢であり, またその重要性と射程については, 他の箇所で説明しなければならない。[13]

2 支配の諸類型

既にこれまで述べてきたことから, マックス・ヴェーバーにおいては法社会学と支配の社会学が, 直接的に結びついていることが読み取れる。一方におい

---

11) WuG 17.
12) 第**6**章第2節4を見よ。
13) 第**10**章第3節を見よ。

て，法は，支配権力を備えた法のスタッフによって保障された社会秩序である。他方において，少なくとも合法的な支配においては，法そのものが，この秩序の正当性を根拠づけているのである。これらの理由から，ヴェーバーの法社会学をどのように説明する場合でも，ヴェーバーの支配の社会学を考慮しなければならない。[14]

　ヴェーバーは，第1に，概念として**権力**と**支配**つまり**権威**とを区別する。権力は上位概念であり，それはある他の者の意思に対立して自己の意思を，事情によっては物理的強制力によってさえ，認めさせるあらゆる可能性の目印となっている。それに対して，命令された者が命令に服従する場合，すなわち，その命令に——どのような動機からであれ——自由意思で従う場合，ひとつの支配関係が存する。[15] 支配の秩序というのは，人間がある社会において現に存する諸々の支配関係を全般的に承認し，その支配関係に則ることに基づいている。

　諸々の支配関係は，たとえ支配のない関係が重要だとしても，社会的秩序の極めて重要な要素のひとつである。特に，あらゆる社会的団体は，独自の行政スタッフを形成するならば，支配団体になる。さて，その観察が示すことは，統制の及ばない被命令者の承認に依存し続けることに甘んじる支配など存在しせず，支配はむしろ一つの**正当性を要求**する。すなわち，正当化の根拠を挙示し，それによってその命令が拘束力を有する旨を信頼させようとする，ということである。その正当性の要求には，被支配者の**正当性への信頼**が相対立しており，それが意味するのは，被支配者が支配する者に服従するという規定根拠である。

　ところで，要求された正当性の態様に応じて，支配は自らの特性を変えるので，それを基準にして支配形態を区別することが可能である。ある特定の秩序の正当化とその秩序の拘束力に対する信頼を包括する正当性の概念は，ヴェーバーにおいて支配の類型論の要をなす。その際に注意されるべきは，またもや理念型，つまり，次のような思考形態である。それは，経験的に確認できる特徴的な一定のメルクマールを絶対化することにより得られるが，それ自体は現

---

14)　それについては，*Trubek* (Schrifttumsverz.), 169ff.
15)　WuG 28, 122ff., 541ff.

実において通常純粋な形式で現われない。

　a）**合法的支配**は，ヴェーバーによれば，**抽象的に妥当する法秩序**によって正当化され，この秩序は定立された規則に基づいている。その特徴は，下役のみならず，また支配者自身をも拘束する点にある[16]。支配するのは，いわゆる上役ではなく，法である。この法秩序は，原則として任意の内容を持ち得る。この法は，（行政や司法の）**政府機関**によって現実化され，これら機関は，特定の権限，詳細に言えば，明確に規定され，かつ区分けされた権限を備えている。当該機関は，相互に階層秩序として整序されている。その機関で従事するのは，**国家官吏**であり，彼らは専門的に教育を受けており，当該専門的知識を理由に任用され，また自己の職務に対して説明をしなければならない。彼らは，行政に必要不可欠な事務的手段を体得しているわけではない。また利潤を得るために働くのではなく，固定給を受け取る。ましてや，その職務は，財産的価値として理解されるものではなく，営利化されるものでもない。諸々の決定が下されるのに個人が顧慮されることはなく，**形式的な法の平等性**が全ての権力服従者を支配している。法制度が基礎としているのは，一般的に表現され，概念的かつ体系的に厳密に整序された法律であり，その法律は自動機械によるのと同様に裁判官により適用される。

　合法的支配の最も純粋な類型は**官僚制的支配**であり，そこでは，委員会や集団における合議制の原理に従って諸々の決定が下されるのではなく，支配者は，個々の官吏によって構成され，かつ階層秩序および単一支配として厳密に整序された行政スタッフを利用するのである[17]。ヴェーバーは，単一支配的─官僚制的行政を，精密性，持続性，信頼性および実効性の観点において，最も機能性に優れた支配秩序と見ている。近代の組織体においては，この秩序がヴェーバーの生きていた時代の中心をなし，そしてさらに普及し続けた。国家行政のみならず，私的な経済企業，病院，慈善施設，政党もこの秩序の類型に照らして，官僚制的に秩序づけられていたのであり，その種のものは今日では多様に認められる。

---

16)　WuG 125ff., 551ff.
17)　WuG 125ff., 551ff.

b）それに対して**伝統的支配**は，従来妥当とみなされている**秩序を不可侵**と信じていることに基づいている[18]。この支配においては，誰が支配者になるか，その者はどのような権力権限を有しているか，またこうした権力権限はどのように制限されているかを規定するのは伝統である。多くの場合，支配者には，放埓な擅断ないし個人的な意向に従って行動することが許されていて，それは形式的な規則には拘束されていない。臣民の服従がかかわるのは，支配者の人格であり，彼に付与される法的地位ではない。より小規模な組織体においては，支配者は，行政スタッフがいなくても，統治ができる。ある行政機関が設けられる場合，その構成員となるのは典型的には官吏でなく，支配者の家族やジッペに属する者，友人，臣下あるいは支配者が気に入った者であり，当該行政機関は完全に支配者の人格に合うように組み立てられている。この行政機関は官僚制的原理を基準として活動するものでもない。とりわけ，固定給，専門的教育，管轄領域の厳密な区画，階層秩序として厳格に整序された行政構造が欠けている。その職務は，個人的特権となり，またその職についている者が同時に自己の生計を得る役得になる。妥当する秩序は，ゆっくりと変化するものであり，またなかなか変化し難い。変化が生じるのは，公式な法の定立や改正によるのではなく，実際に革新が行われることによるのであり，それはそのつど継受されてきた法の観点から正当化されるに違いない。そこでの判決は，1つ1つの場合にだけ妥当する価値判断を指針とする**カーディー裁判**，つまり本質的には経験的な態度をとる**先例裁判**ないし機密の**官房裁判**としての性格を帯びる。典型的に伝統的な支配の形式に対する例となるのは，たいていの古代国家に加えて，中世の君主制さえもそうであり，そして現代では多くの発展途上国である。

　c）**カリスマ的支配**は次のことによって他の2つの支配形式から区別される。すなわち，それがある**予言者や民衆指導者の非凡な資質**と能力に対する根本的に**非合理的な信仰**に基づいていて，かつそれが実証されることに依存しているということである[19]。この支配は，著しく権威主義的である。また行政スタッ

---

18) WuG 130ff., 580ff.
19) WuG 140ff., 654ff.

フを生み出しはするが,その構成員はカリスマ的支配においてカリスマ的に選び出された部下や家臣であり,支配者の個人的な使者として行動する。法は,抽象的な規則として制定されるのではなく,**神の裁き**,**神託**および支配者の**意思の告知**として現われる。カリスマ的支配は,歴史における,特に伝統に拘束された時期における大きな革命的力である。ヴェーバーは,例としてイエスJesus,ペリクレスPeriklesおよびナポレオンNapoleonを挙げているが,煽動政治家であるアテネのクレオンKleonさえも挙げている。それはヴェーバーが,概念を価値中立的に捉えていることを,何より強調しようとしたことによる。それ以後,その類型に照らせば,ヒトラーHitlerもカリスマ的指導者であったか否か,疑問が投げかけられているが,それはヴェーバーの言う意味では,おそらく肯定されるに違いない。カリスマ的支配は,その本性に従えば,不安定でかつ一時的である。それ故,指導者の死後は,通常「**カリスマの日常化**」の過程が始まり,その経過において後継者のカリスマ的正当性が引き続き妥当することが,伝統的あるいは合法的なメカニズムによって,保障され,最終的に真に伝統的あるいは合法的な支配形式に発展する。[20]

3 理解社会学の方法

a) ヴェーバーは,デュルケムおよびエールリッヒと同じように,社会学者として法的現象の実在性に取り組み,解釈学的な法学の対象である問題について論じることは,意図して放棄している。方法の観点から見れば,ヴェーバーは,社会学的―経験的な考察方法と法学的―解釈学的な考察方法との対立を,非常に極端なところにまで高めている。ヴェーバーは,当時の新カント派の哲学と一致して,「存在」と「当為」の間に範疇的,論理的および認識論的な相違を見出しているが,その相違は思考上調整できないのではなく,結合されずに相互に並存するような思惟的操作を必要とするのである。彼は,以下のように述べている。

「『法』,『法秩序』,『法命題』を取り上げる場合,法学的な考察方法と社会学的な考察方法との区別に,特に厳密に注意しなければならない。法学的考察方法が問うのは,

---
20) WuG 142ff., 661ff.

何が法として理念上妥当するのか，である。それが言わんとするところは，どのような意味を，これをもう一度換言すれば，どのような**規範的意義**を，法規範として現われている言語上の構築物に，論理的に**正当な方法**で属させようとするか，である。それに対して，社会学的考察方法が問うのは，ある共同社会内部において，その共同社会の行為に関与している者が，その中には特にこの行為に対して社会的に重要な程度の事実上の影響力をほしいままにする者も交えているが，特定の秩序を妥当するものと**主観的**にみなし，また実際にそのように扱う，つまりそうした秩序を指針として彼ら自身の行為を決定するという**可能性**が存することを原因として，何が**実際上生じる**のか，ということである。……明白であるのは次のことである。すなわち，両方の考察方法がまったく異質な問題に対応し，それぞれの『客体』が直接的に相互に接触することはまったくありえないという点，および法理論における理念的な『**法秩序**』が，事実における経済的行為の秩序世界とは，直接にはまったく関わりがないという点である。これは，両者は異なった次元にあるためである。すなわち，一方は理念的な当為的妥当の次元に，他方は現実的出来事の次元にあるためである。さて，それにもかかわらず，経済秩序と法秩序が相互に極めて緊密な関係にある場合，ほかならぬこの法秩序は，その点では，法学的な意味においてではなく，むしろ社会学的な意味において，**経験的な**妥当として理解されている。そうすると，『法秩序』という語の意味は完全に変化することになる。この場合，法秩序が意味するのは，論理的に『正しい』と推論することができる規範の秩序世界ではなく，現実の人間による行為を事実上規定している根拠の複合体である。[21]」

b）ヴェーバーは，このようにして社会学から法学への架橋を撤去する一方で，社会学的には，精神科学によって特徴づけられた非常に幅広い方法論的アプローチを用いる。彼は，社会的行為の意味を「解釈をしつつ理解」し，またその行為を「以上のように理解することによって，その経過および作用の点で因果的に説明」しようとする。[22] これについての思考上の補助手段は，主として，ヴェーバーが**理念型**という概念において特に先鋭化している類型の形象である。その理念型というのは，「極めて完全な**意味**適合性をそれ自体において矛盾なく統一したもの」を，観察した行為に対して示しはするが，正にそれ故に，それが「絶対的に理念的な純粋型」として，通常，現実に現われることはな

---

21) WuG 181.
22) WuG 1.

い[23]。したがって，それは，社会現象に内在する意味を考慮した思考上の抽象概念なのである。それに対して，ヴェーバーは，自然法則を類推して構想された社会法則という観念を放棄する。社会学において法則として定式化された命題は，彼にとっては「一定の事実が存在する場合に**期待されるべき**社会的行為の経過の類型的な**可能性**が観察によって確定され，その可能性は行為者の類型的な動機および行為者が類型的に思考した意味に基づいて**理解できる**」ものに他ならない[24]。

　社会事象において類型的なものおよび有意味的なものを目的としたこの方法論により，ヴェーバーは，非常に幅広く多彩な観察を採り上げ，またその精神的背景をそれぞれの観察を行うたびに科学的解釈に取り入れることができた。それ故に，ヴェーバーは，法社会学において，外部から理解することができる事実，たとえば様々な法律家の職業集団や裁判官の地位であるが，それを探究するだけでなく，宗教的法理念や哲学的な法理念ならびに法学上の形象や法学上の体系構成要素，たとえば主観的な法（権利）と客観的な法（法）の区別，公法と私法の区別，法創造と法発見との区別であるが，それをも社会学的に解釈する[25]。結局，いかなる法概念も，それがどれだけ解釈学的にあるいは法技術的に理解されていようとも，ヴェーバーの社会学的な捉取からは逃れられないのである。

　第2に，ヴェーバーは，あらゆる法を経済的関係に還元するマルクス主義のように一元的因果関係による説明を避けている[26]。彼は，社会生活に影響を与える精神的要素，倫理的および宗教的要素，社会学的要素，経済的要素，政治的要素，歴史的要素など豊富な要素を考察し，それらを交互に作用させ，また相互に浸透させつつ記述する。また法も，これら全ての要素を反映し，その観点において理解されるべきなのである。とはいえ，同時に法はその論理的特性および法技術的特性や法律家の思考習慣に従って展開する。その限りで，法は，

---

23) WuG 10, および詳しくは Die Objektivität sozialwissenschaftlicher Erkenntnis. Gesammelte Aufsätze Zur wissenschaftslehre, 6. Aufl. 1985, 146ff., 190ff.
24) WuG 9.
25) WuG 387ff.
26) 第4章第2節を見よ。

外部からの影響によって決定されることはないし，それによって説明もできない[27]。むしろ，独立した要因として，法はその立場において社会的過程に影響を及ぼす。ヴェーバーが，法社会学についての記述の多くの箇所で立言しているのは，法ないし法生活の特定の現象形態は，それが具体的な形を成す場合には，決して宗教，経済ないし政治との関連からではなく，法特有の関連性からしか説明されないという点である[28]。

　c）ヴェーバーの大著『経済と社会』が特別な関心を抱いている**法と経済との相互作用**に対して，彼は上述の認識を理論的にも練磨している。然る後に，これに関するヴェーバーの命題は一般化され，また他の諸領域，たとえば法と宗教との関係ないし法と政治との関係に転用されている。同時に，それらの命題には，そこに含まれたマルクス主義への批判および資本主義と市場経済の解釈を考慮すれば，模範的地位が与えられて然るべきである。したがって，彼の命題における最も重要な部分をそのままの言葉でここに付け加えよう。

「1. 法（それはつねに社会学的な意味での法であるが）が保障するのは，決して経済的な利益だけではなく，極めて多様な利益であるが，それは通常は最も基本的な利益，すなわち純粋に個人の安全の保護から，たとえば自身の『名誉』や神がかった存在の『名誉』のような，純粋に理念的な財産に至るまでの利益である。とりわけ法は，政治，教会，家族の権威的地位ないしそれ以外の権威的地位さえも保障し，また一般にあらゆる種類の社会的な優位性を保障する。これは，確かに極めて多様な関係においては経済的に前提とされるものであり，かつ重要なものではあるが，それ自体は経済的なものではないし，また経済的な理由から不可欠のものとして希求されるものでもないし，主として経済的な理由から希求されるものでもない。
2. ある『法秩序』は，経済的な関係が根本的に変化するにもかかわらず，事情によっては終始変わらずに存続することがあり得る。……
3. ある事実についての法的秩序は，法学的な思考範疇の立場から考察して，土台から異なっていることがあるが，それによって経済的関係が著しく左右されることない。つまり，右のようになるのは，規則に照らして経済的に重要な点において，実際の効果が，利害関係者にとって同じ効果でしかない場合である。……

---

27) WuG 441ff.
28) とりわけ印象深いのは，たとえば資本主義的な経済の営み方は，中世以来のヨーロッパ大陸法の特殊な発展に特に影響を与えてはいるわけではないとの立言である。WuG 509-511.

4. 当然のことながら，法による保障は，極めて広範囲にわたって直接的に経済的利益に貢献している。そして，このことが外観上そうである場合ないし現実において直接的にはそうでない限り，経済的利益は法形成に影響を及ぼす最も強力な要素のひとつである。何となれば，法秩序を保障しているいかなる権力も，何らかの方法で，当該社会集団の了解行為によって，かつその集団が存在することで支えられており，それとともに社会的な集団形成は，物質的利害の局面によって，非常に制約されてもいるからである。

5. 法秩序の背後には強制が控えているが，これが行われる可能性があることによって，どの程度の成果が達成されるかは，特に経済的行為の領域では，経済的行為以外の事情によって限界づけられていることに加えて，この行為の特性によっても限界づけられている。……むしろ，経済の領域において法強制による実際の効力が制限されるのは，部分的には当事者の経済的能力が制限されていることから生じる。すなわち，財産の蓄積そのものがその時その時に制限されているのみならず，その時その時に可能な蓄積された財産の利用方法も，経済間相互の流通方法と利用方法が定着していることによって，限界づけられている。それら経済は他律的な秩序に逆らえないかもしれないが，そうであるとしても，それは，あらゆる経済的処理を困難を伴いつつ方向づけ直すことでしかなしえず，またそれにはたいていの場合は損失がともなう。つまり，少なくとも何らかの摩擦が生じる。……それ以外には，経済の領域における法強制の実際の効力の制限は，私的な経済上の利害と法規定の遵守に関わる利害との間の相対的な強弱の関係の領域に見られる。合法的に行為するためだけに経済的な好機を放棄する傾向は，非常に影響力のある習律が形式的な法を掻い潜る行為を断固として受け入れないところでは，当然のことながら弱い。また，そのことは，法律の革新によって不利に扱われる利害が著しく蔓延している場合には，容易にそうはならないであろう。法律を掻い潜る行為は，ちょうど経済の領域では容易に隠蔽できることが多い。……

6. 『国家による』法の保障は，純理論的に考察すれば，基礎的な経済現象にとって，決して欠かせないものではない。……しかしながら，特に，近代的な性格をもつ経済秩序は，実際に『国家的』秩序としてしか存在し得ないような非常に特別な性質を備えた法秩序がなければ，実現することができないことは疑いない。…**市場**の利益社会化が普遍的に支配するには，一方では，合理的な規則に則って法が**想定できる**ような形で機能することが必要となる。また他方で，市場の利益社会化の特徴的な傾向として知られようになっている市場拡大は，そこに内在する諸々の帰結に基づき，局部的な強制体，つまりたいていは経済的な独占を土台とする身分的な強制主体やそれ以外の強制主体をあまねく解体することにより，ひとつの普遍主義的な強制機関によるあ

らゆる『正当な』強制権力の独占化と規則化を促進している。」

4　法の合理化の過程

　ヴェーバーの『経済と社会』における法社会学と名づけられた章では，法学の基礎研究に基づいて知られているテーマやその社会学的な解釈の多くが取り扱われている。そこでは，たとえば，公法と私法の区分，刑法と民事法の区分，統治と行政の区分，権力制限と権力分割との区分ならびに客観的な法（法）の成立諸条件，主観的な法（権利）の形式と成立，契約自由と結社の自由，様々な法律家の活動，法学方法論の類型と法教育の類型が取り扱われている。一貫して主題をなしているのは，実体法と訴訟法の形成形式および法のスタッフと法学的思考の形成形式に関する歴史的および社会学的に方向づけられた普遍的な描写である。ヴェーバーは，その描写にインドや中国，イスラム，ペルシアおよびユダヤの法も含め，ドイツ法およびアングロ・サクソンの法に対しては現在に至るまで描写している。その描写が立脚している指導的な考え方は，法は歴史の経過において，たとえ段階や時期が様々であるにしても，あらゆる文化において証明できる**合理化の過程**を経るというものである。

　ヴェーバーが理解する合理化とは，最終的には彼の偉大な講演である『職業としての学問』において以下のように定式化されている。

「それ故，主知化と合理化が進むことが意味するのは，我々が依拠する生活条件についての一般的知識が増えることでは**ない**。むしろそれが意味するのは別のことである。すなわち，欲しさえすれば，それをいつでも経験することが**できるだろう**ということ，つまりそこに入り込んでくるような原理的に神秘的で予測できない力は決して存在しないということ，むしろあらゆる事象は——原則として——**予測**によって支配することが**できる**ということを意味する。しかし，そのことは世界を呪術から解放することを意味している。」

　ヴェーバーに従えば，法が合理的であるのは，それが抽象的な規則を発達さ

---

29)　WuG 196ff.
30)　以下の記述については，*Raiser* JZ 2008, 853ff.
31)　Gesammelte Aufsätze zur Wissenschaftslehre, 6. Aufl. 594.

せ，かつ法適用がそれに則る場合である。詳細にいえば，合理化とは，次の3つのステップで行われる。①合理化は**一般化**により行われる。すなわち，「個々の事例の判断にとって基準となる根拠をひとつのあるいは複数の原則に還元すること」により行われる。②合理化は**法関係**と**法制度**を法学的に構成することにより行われる。つまり，「ある共同体行為ないし了解行為が典型的に経過していくなかで，何が**法的**に重要であるのかを確定すること，およびこれらの重要な構成部分が，どのような——それ自体において論理的に矛盾のない——方法で，**法的**に秩序づけられたものとして，つまりひとつの『法関係』として考えられるべきなのか」を確定することにより行われる。最後に③合理化は**体系化**により行われる。すなわち，「分析によって得られた法命題全てを，それら法命題が相互に論理的に明確であり，それ自体において矛盾を内包せず，とりわけ原理的に欠欠のない規則の体系を形成するように，関連させることである。つまり，この体系が要求するのは，考え得る全ての事態をその体系の諸規範のひとつに論理的に包摂することが可能でなければならないことである[32]」。法は，抽象的な規則が存在しない場合には，非合理的なものになる。

　さらにヴェーバーは，抽象的規則の合理性の段階に関して，4つの類型的な現象形態に区分している[33]。法が**形式非合理的**であるのは，立法者と裁判官が非合理的な認識手段を用いる場合，たとえば神託を請う場合であり，法が**実質非合理的**であるのは，決定が内容において一般的な規範に還元されるのではなく，倫理的，感情的あるいは政治的な類の価値群，それも単に個々の事例としか関係しない価値群に基づく場合である。法が**形式合理的**であるのは，法がもっぱら普遍的に表現された構成要件メルクマールに関連する場合，より詳しく言えば，比較的古い社会においては特定の言語形式の使用や署名の交付などの外面的メルクマールに関連する場合，または近代法においては論理的な意味解釈が可能な抽象的な法概念に関連する場合のどちらかである。それに対して，**実質合理的**な法適用は，普遍化された内容をもつ行為格率に則っている。実質合理的な法適用が意味するのは，「抽象的な意味解釈を論理的に普遍化すること

---

32)　全ての引用句は WuG 395f. による。
33)　WuG 396.

とは異なる性質の権威を有する規範が，法律問題の判断に影響を及ぼして然るべきであるということである。すなわち，倫理的命令，功利主義的合目的性規則ないしそれ以外の合目的性規則，または政治的な格率が，外面的メルクマールの形式主義も論理的抽象概念の形式主義も打破するものとして，影響を及ぼして然るべきであるということである」。形式的合理性と実質的合理性の区別は，法社会学においては，その区別とは別にヴェーバーが用いた目的合理性と価値合理性の区別に代替するものである。

さて，ヴェーバーは，そのような分析的な概念手段に基づいて，法の歴史の経過を**形式的合理性への発展**として記述している。ヴェーバーは，このことがヨーロッパ大陸での法典編纂と19世紀の概念法学において最も純粋に実現していたと見ている。概念法学は，司法を予測できるものにするが故に，近代における技術的および経済的な条件に適した法の形式である。その担い手は，学問的に訓練された専門法律家であり，彼らは法発展の後期段階になってようやく現われるのである。すなわち，

「法と訴訟の一般的発展は，それを理論的な『発展段階』に分節するならば，『法**予言者**』によるカリスマ的な法の啓示の段階から，法**名望家**による経験的な法創造と法発見の段階（予防法学と先例による法創造の段階）を経て，さらに世俗的な統治権 imperium や神権政治的権力による法の指令の段階を辿り，最終的に法**教育を受けた者**（専門法律家）による体系的な法の制定の段階および学術的な訓練や形式論理的な訓練に基づいて実行される専門的な『司法』の段階へと至る。その場合，法の形式的な性質は，次のように発展する。すなわち，原始的な訴訟において呪術によって制約された形式主義と啓示に従って制約された非合理性とが結合していた段階から，場合によっては神権制ないし家産制によって制約された実質的で非形式的な目的合理性の段階へと迂回して，法学専門的に，つまり論理的にもっと合理的で体系的になる段階を経て，それによって——さしあたり純粋に外面だけ考察すると——法が一段と論理的に昇華され一段と演繹的に厳格になる段階および訴訟が一段と合理的な技術になる段階に至る。」

---

34) WuG 397; 解釈のために Schluchter (Schrifttumsverz.), 130ff を参照せよ；*Quensel* ZfRSoz 1997, 146ff. *Raiser* JZ 2008, 853ff.
35) こうした法の世界史全体を包摂する叙述には，「法社会学」という主題目が求められる（§§ 4-8, WuG 456-513）.
36) WuG 504.

他方でヴェーバー自ら強調していることは，法発展の重要な現象はこうした範型には合致せず，どちらかといえば**非合理的**な特性，または少なくともやはり**実質合理的**な特性を帯びるという点である。それについてヴェーバーが参照を指示しているのは，民法に規定されている信義誠実および良俗の概念であり，それは法実務における心情倫理的な合理化の足場としての概念である。こうした概念は，ヴェーバーによれば，同じように近代的な経済取引の需要を満たすものである。さらにヴェーバーは，労働者階級がいっそう社会的正義を要求していることに理解を示し，またそこでは原則として形式的な法が疑問視されていると見ている。同様なことがあてはまるのは，「仰々しい倫理的な要請（「正義」，「人間の尊厳」）に基づいて社会法を要求する」新たな「法イデオロギー」である。自由法論の学派が創造的な裁判官を要求していることにおいても，刑事司法で陪審員として素人裁判官が活動する場合にそうであるように，ヴェーバーはその要求に非合理的な法発見への傾向を看取している。かくして，最後にヴェーバーは，法の形式的な性質の発展は「独特な対立的特徴」を示していると記述している。なにしろ，「内容上まったく不可侵ではなく」，「いつでも目的合理的に改変し得る」技術的な装置としての法の専門性，つまり法の実定性，そしてその結果生じる法の素人に対する無理解およびこの意味での法の合理性が膨らみ続けることは，技術的および経済的発展の帰結として「不可避の運命」であるというのである。

5　新しい法の成立

　ヴェーバーは，エールリッヒとは異なり，概念的に整序された法源論を何ら残していない。しかし，新たな法規則の成立方法を問うことは，ヴェーバーにあっても法社会学の中心をなしている。第1にヴェーバーが確定したのは，制

---

37)　WuG 505f.
38)　WuG 507.
39)　Ebenda.
40)　WuG 507ff.
41)　WuG 512f.
42)　以下については，WuG 441ff. を参照せよ。

定法と慣習法との法解釈学的な区別は，社会学的な区別にとっては使い物にならないことである。法律は，法形成の本来の形式ではなく，後の歴史の産物なのである。むしろ，はじめにあるのは，習慣的に習得された行動規則である。それから私人の合意があるが，その合意は，彼らがそれまで従ってきた習慣から外れる。それは，たとえば外的条件の変化により，その習慣がもはや彼らの利益に適わなくなるからである。つまり，第1の法源は**契約**なのである。その後，経済的状況や社会的状況が複雑化すると，専門に特化した法通暁者，すなわち**法律家**が契約の仕上げに参加する。それによって，予防法学という創造物が第2の法源となる。独立した第3の法源としてこれらに付け加わるのが**判決**である。これは法的強制力を備えており，そのことによって契約の遵守を保障している。もし判決が法的強制力を備えていなければ，契約は不安定で不確定である。それに対して，新たな法が第4の法源として成立するが，それはとりわけ**神託**や**予言**によるカリスマ的な啓示に基づいてさえいる。最後に第5の法源として，特定の目的に向けられた新たな法の**定立**が現れるが，最初は**部族の首長とジッペの首長との合意**という形態をとっていた。それは，近代的な**立法**という形態をとるまで，長い歴史を辿る。

　法源のこうした5つの分類は，決して歴史的なものとしてのみ理解されるべきでなく，現代における法の形成過程の社会学的分析にとっても，用いられる。即座に目を引くのは，この分類がエールリッヒの認識と親和性があること，否，デュルケムの認識とさえ親和性があることである。ヴェーバーがエールリッヒやデュルケムの認識よりさらに細かく認識を分化させているにもかかわらず，である。法律を唯一の真正で本質的な法源だとみなす硬直した法学上の法源論とは反対に，ヴェーバーは法の成立が極めて複雑な姿をしていることを描き出している。かくしてヴェーバーは，とりわけ法創造と法適用との関係，立法者と裁判官との関係についての法学上の通常の観方さえも相対化する。[43] 非合理的な司法のあらゆる段階において，否，英米法におけるように，判例法が実践されるあらゆる場合にさえも，法定立と法適用とは重なるものであるため，理論的にも区別できない。法定立と法適用の分化は，権力分割の現出としてのみ意

43）　WuG 394f.

味があるが，その場合それは，立法者のあらゆる活動は法定立と，そして裁判官のあらゆる機能は法適用と呼ばれるべきであるということ以上の意味はない。

6 契約自由

第1の法源としての契約に関する理論および国家の強制によって保障された客観的な法（法）に契約を組み込むことに関する理論は，ヴェーバーが**契約自由**の発展段階，契約自由の経済的機能と社会的機能および契約自由の限界を追究する契機となっている。極めて詳細にヴェーバーが際立たせているのは，どのくらい契約が自由であるかということおよび債務法の制度が次第に結晶化してきたこと（交換，売買，訴訟契約，物権契約と債権契約との区別，代理，譲渡，第三者のための契約）は，ローマ法の歴史が展開するなかで既に定着していた社会的要求およびとりわけ経済的な要求の直接的な結果である，ということである。同様の方法でヴェーバーが追究しているのは，方式規定，法定の禁止，善良の風俗による契約自由の限界づけ，もっと言えば，とりわけ実効力を有する政治的利害と経済的利害に基づく契約自由の限界づけである。その叙述は，社会主義的な法において契約の機能が変化したこと，および資本主義的な市場経済において市場で有力な企業を出立点とすることが契約自由にとって危険であることについての考究に集約されている。もっとも，それは依然として基礎的な研究である。

理論的にみれば，ヴェーバーによる叙述は，イギリスの法史家であるヘンリー・サムナー・メイン卿から受継いだ**身分**status と**契約**contractとの区別によって，基礎が固められている。昔の文化水準においてさえ契約は既に重要な役割を果たしていたが，それは財の交換を目的とした**目的契約**としてではなく，**身分契約**として重要な役割を果たしていたのである。身分契約は，婚姻締結，養子縁組，姻戚編入，世帯共同体，レーエン制的支配権等を契機としてある人を

---

44) WuG 398ff.
45) WuG 439f.
46) *Maine*, Ancient Law, 1861. フェルディナンド・テンニースの翻訳版における当該箇所のドイツ語文は，上述した第*3*章第1節2d)で引用している。これについては第*14*章第2節3も参照。

ある社会的団体へ受け入れること,またはその団体からある人を離脱させることを対象としている[47]。身分契約が,その意味に照らして,関係していたのは,契約締結により「特定の方法で有意味に性質決定された新たな行動の何もかも」を行うことを請け合い,然る後にそれによって自己の身分を変更する,つまり「質的に別のものになる」人格全体であった[48]。それに対して,交換契約つまり目的契約は,古代の家政が市場経済,特に貨幣経済に転換する時期から,ようやく重要になってくる。かくしてヴェーバーをして,私法上の契約の興隆は「**市場経済の法的側面**」である,と率直に言わしめることができるのである[49]。他方でヴェーバーは,これと関連して,法発展の経済的な規定根拠に加えて,その倫理的および政治的な規定根拠をも強調している。法の形式は,経済的要求の単なる発露や機能ではなく,法秩序と法的思考によるまったく独立した所産なのである[50]。

第3節　影響と評価

1　ヴェーバーの社会学的方法

社会学と社会科学の学問的考察に対するマックス・ヴェーバーの100年にも及ぶ重要性を詳しく論じることは,本書ではできず[51],その代わりとして若干の要点に限らざるを得ない。理念型という形態をもって研究するヴェーバーの「**理解**」社会学は,社会的行為の精神的な規定根拠を学問的考察に取り入れることを可能にし,かつそうしなければ社会学において到達することのできない

---

47) WuG 401.
48) WuG 401.
49) Ebenda.
50) WuG 412.
51) ヴェーバーの生誕100年を契機に公刊された以下の2つの論文集はとても感銘を覚えるものである。Max Weber zum Gedächtnis; 1963 および Max Weber, Gedächtnisschrift der Ludwig Mximilians-Universität München 1966,ならびに „Max Weber und die Soziologie heute" と題して公刊された *Ernst Topitsch, Talcott Parsons, Raymond Aron* および *Herbert Marcuse* の研究報告を収めた Verhandlungen des 15. Deutschen Soziologentages 1964. さらに,以下も参照せよ。*Karl Jaspers, Max Weber*, Politiker, Forscher, Philosoph, 1921; 加えて,*Bendix,* 1960; *Kronman,* 1983; *Hennis,* 1987; *J. Weiss,* 1992; *Radkau,* 2005; *Müller,* 2007.

広大な展望を開くことを可能にしている。その際，経験的観察と意味解釈に即した方向づけとのバランス[52]，および個人に関連する考察方法と共同体に関連する考察方法とのバランスを保つことにもヴェーバーは成功している[53]。その開かれた視座においては，一面的で単一原因的な説明が回避され，社会的生活や経済的生活において働いている多様な精神的力と社会的力が，予め序列が形成されることなく結びつけられているが，同時にヴェーバーの方法論はマルクスとマルクス主義に対して，決定的に反対する立場を明確に表明している。

ヴェーバーの法社会学は，彼の他の著作に比べて，意外にもあまり反響を呼んでいない。いや，それどころか，彼の法社会学は社会学者と法律家によって，近時になってようやく現実に受容されるようになった，と言わねばならないだろう[54]。社会学者に関しては，その点で著しく法に疎遠であるとの証が認められるかもしれないが，そのことは，ようやく緩和されつつある。法学の側からの継受が欠如していることに対しては，存在と当為および経験的な考察方法と規範的な考察方法をそれぞれヴェーバーが過度に分離したこと，またそのことに基づいて彼が法解釈学的な問題を論じることを厳格に放棄したことによって，彼自ら原因を作っている。ヴェーバーが，そのような態度決定を原理的に拒否しているのではなく，むしろ単に学問的研究の関連においてのみ拒否していることは，彼の政治論文が証明している。もっとも，それらの論文でヴェーバーが狭義の法律問題を論じることはほとんどない。

価値自由な認識を得ることが社会科学において原理的に可能なのか，ということについてヴェーバーによって喚起された学問理論的な**価値判断論争**は，最終的には明確に解明されることなく，依然として今日まで続いている[55]。それに

---

52) *Breuer/Treiber* 1984, 1ff.
53) *Cotterrell,* Soziology of Law, 148.
54) *Loos* 1970; *Eder* 1981; *Freund, Rossi, Febbrajo, Tieck, Bobbio, Rehbinder, Schiera* および *Laos* の論文を収めた *Rehbinder/Tieck* 1987; *Treiber, Breuer, Trubek, Caesar-Wolf* および *Roos* の論文を収めた *Breuer/Treiber* 1984; *Uecker* 2005; *Quensel* 1997; *Ludwig* 1999; *Müller* 2007.
55) *Theodor W. Adorno* ua, Der Positivisumusstreit in der deutschen Soziologie, 1969; *Albert, Hans/ Topisch, Ernst* (Hrsg.), Werturteilsstreit, 2. Aufl. 1979; *Schelsky,* die Arbeit tun die anderen, その特に IV. Teil: Anti-Soziologie, 1977, *Friedrich H. Tenbruck,* Die unbewältigten Sozialwissenschaften oder Die Abschaffung des Menschen, 1984 を参照。

もかかわらず，法解釈学にとって確定的なことは，法解釈学は自らに課せられた責務を果たすために，法律の諸規定および現行法の基礎となっている内容的な指導観念を無視することはできないということ，つまり価値自由の要請はこの領域においては，所与の前提を明瞭にする必要性および，解釈者や特定の利害関係者の領域から生じる主観的な価値群——それは誰にも気づかれないわけではないが——を解釈にさし挟ませない必要性に還元させるということである。[56]

2 強制秩序としての法

　マックス・ヴェーバーの**社会学的法概念**は，特別なサンクション装置によって保障された強制を本質的なメルクマールに高めているが，その概念が近代の法社会学においてすこぶる目的適合的であること，特にエールリッヒの承認理論以上に有効であることは明らかである。[57] それだけにいっそう重要なことは，この概念の限界を際立たせることである。[58] ヴェーバーは，次のような明白な事実をその法概念から除外している。すなわち，法のスタッフの側から期待されている強制ないし執行された強制が，どんな場合でも法規則の遵守に対する真の動機を形成するわけではないという事実，そしてサンクションのメカニズムは実際のところ非常に様々な経過を辿るという事実である。このように，その法概念は，ヴェーバー自身が徹底して考察し，かつ強調した有益性の考慮の内にある密接な関係，つまり自発的な法順応と国家による法強制との間の密接な関係を，表現するには不十分である。[59] ヴェーバーは，前国家的規範や脱国家的規範およびサンクション形式と実定的な国家法との間の相互作用および流動的な境界を採り上げておらず，それと同様に実際に妥当している法秩序の内部にある秩序保障も取り上げていない。またヴェーバーは，近代的な組織体に存在している内的分化，任務分担および強制装置そのものの不等質性さえ考慮して

---

56) そのようなものとして，既にヴェーバー自身が，たとえば Wissenschaft als Beruf, in: Gesammelte Aufsätze zur Wissenschaftslehre 584 において述べている。Loos 1970., 36ff, 106ff. を参照。
57) 以下の叙述については，第**10**章第3節を見よ。
58) *Rheinstein* 1954, 63ff, *Ryffel* Rechtssoziologie, 1974, 68ff., *Trubeck* 1984, 159.
59) *Uecker*, 2005, 21ff.

いない。何らサンクションを受けない憲法および国家の組織法の大部分に対して，もっと言えば，とりわけ国際法および国家を超えた経済法に対しても，ヴェーバーは十分に考慮していない。最後に，これが極めて重要な観点を提示していると見てよいだろうが，ヴェーバーの経験的法概念は内容の規定にまったく関連づけられていないので，任意の規律に利用することができるのである。この概念それ自体が助長しているのは，あらゆる純実証主義的な法概念がそうであるように，人間の尊厳と個人の自由の保護を顧慮することなく，国家権力者による指令に法的性質を認めるという危険な傾向である。ちなみにこれはヴェーバーの死後に判明したものである。

3 法の合理性

　ヴェーバーは，社会的秩序，特に法がいっそう合理的になることおよび歴史の流れのなかで形式的法が広まることに関する自身の学説を，多くの個別分析そのもののなかで相対化している。ヴェーバーのカリスマ的支配についての概念さえも，どちらかといえば非合理的な要素を示している。とりわけ，英米の判例法 case law の発展をヴェーバーの図式に組み入れることが難しいのは周知のところである[60]。今日の社会学において，その理論はその正当性が限定的に認められているものの，同時に，特に深層心理学の発見および20世紀の経験の結果，批判的に評価されている[61]。

　その場合，概念の不鮮明さが看取されることが少なくないが，そのことがその概念を正確に理解することを相当困難にしている[62]。法に関して言えば，最終的に不明瞭なままとなっていることは，ヴェーバーは法の形式的合理性を優先することによって，パンデクテン学の形式―論理的方法論，つまり法規定の学問的普遍化と体系化を考えていたのか，それとも法的な概念形成の独立性およ

---

60) WuG 450, 509ff. これについては *Trubek* 1984, 187ff.
61) *Stammer* (Hrsg.) 1965 における諸々の報告と寄稿，さらに *Trubek* 1984, 163ff.; *Schluchter* 1979, 130ff.; *Roos* 1984, 233ff., *Treiber* 1984, 33ff., *Habermas* 1981, Bd. 1, 225ff.; *Stangl* ZfRSoz 1992, 44ff を，ヴェーバーの合理性概念に対して批判的なものとして *Eder* 1981, 247ff. *Raiser* JZ 2008, 853 を参照せよ。
62) *Habermas*, Theorie des kommunikativen Handelns Bd. 1, 1981，ならびに *Peters*, Rationalität, Recht und Gesellschaft, 1991 の合理性概念に関する非常に詳細な分析を参照。

び法学に内在する価値観念についての論証方法ではなく，外的な経済的影響，宗教的影響，政治的影響についての論証方法の独立性を考えていたのかということである[63]。いずれにせよ，ヴェーバーのいう合理性という複雑な概念は，もちろん問題を孕んだものではあるが，同時に極めて有益なものであることも明らかである。最近，形式的合理性と実質的合理性に，第3のカテゴリーとして**手続的合理性**が，付け加えられている[64]。さらに，進歩し続ける合理性へと社会的秩序が発展するのか否か，するとしてその発展はどれほどのものなのかという問題は，社会学および社会哲学の中心的テーマのひとつである[65]。

　価値に関係づけられた新たな法学的な思考方法の徴候をヴェーバーがどのように認識し，把握しているのかを考察するとき，何とも驚くべきことであるが，彼がパンデクテンの概念法学を評価するにあたって依然として時代に制約されていたのは明らかである[66]。もちろん，たとえばナショナリズムといった特定の内容をもつ理念が無遠慮に使用され始めたという法文化に迫る危険を考慮して，日常的な出来事から乖離した概念法学を否定的にしか評価しないことは，誰にも許されない[67]。しかし，他方において今日確定していることは，概念法学それ自体のみでは，ある時代に提示された法律問題を克服できないということである。それ故に，概念法学は，基本法にも規定されている価値に関係づけられた法律学のために傍に退いている。現代の法社会学における根本的な議論では，法の形式的合理性と実質的合理性との対置をめぐる取組みが相変わらず続いている[68]。

4　支配の社会学にむけて

　ヴェーバーの支配の類型論，特にカリスマ的支配についての記述は，彼のあらゆる思考物の中でおそらく最も人々を魅了している。問われているのは，

---

63)　*Schluchter, Roos, Treiber, Trubek* (vorige Fn.)；さらに *Rehbinder* 1963, 481f.; *Rheinstein* 1954, 55ff における様々な解釈を参照。
64)　第 *11* 章第 5 節を参照。
65)　第 *20* 章第 4 節を見よ。
66)　*Rehbinder* 1963, 481f., *Rheinstein* 1954, 55ff.
67)　これについては *Wieacker*, Privatrechtsgeschichte der Neuzeit, 2. Aufl. 1967, 439ff.
68)　第 *20* 章第 4 節第 1，さらに *Roos* 1984, 223ff を見よ。

ヴェーバーの類型論がそれ以後の時代の政治的な思考や行為に影響を与えているか否か，つまり，どのような方法で影響を与えているのかである。ヴェーバーの類型論は学問的な分類範型として，批判がないわけではないものの，社会科学の確固たる財産となった。その際，正当性概念における固有の分化が明瞭となっているが，その正当性概念は一方で受命者が命令の正当化を信頼することを，つまり一種の承認を出立点とし，他方で支配執行の構造と正当化を出立点とする。さらに判明していることは，社会的団体の構造において民主的な要素，たとえば平等に整序された団体の構成員らの間での選択ないし協働過程または共同決定という問題といった要素を受け入れるための論拠を，ヴェーバーの構想がほとんど提示していないことである。実質的にみれば，社会学と政治的な科学は，現代を特徴づける支配形式としての合法的─官僚制的な支配に主として取り組んでいる。それによって，ヴェーバーは，今日では様々に分化しかつ洗練された組織理論と官僚制理論の創始者となった。法律家は，近代的な国家組織や産業組織を適切に規制することを課題とするならば，官僚制的な秩序構造の知見を欠くことができない。しかし，法律家も，社会学者と同様に，ヴェーバーが到達した認識状態にとどまり続けていることはできないだろう。

文献一覧 *Bendix, Reinhard,* Max Weber. An Intellectual Portrait, 1960; *Breuer, Stefan,* Max Webers Herrschaftssoziologie, 1991; *Breuer, Stefan/Treiber, Hubert* (Hrsg.), Zur Rechtssoziologie Max Webers. Interpretation, Kritik, Weiterentwicklung, 1984; *Eder, Klaus,* Zur Rationalisierungsproblematik des modernen Rechts, in: *Spondel/Seyfarth* (Hrsg.) Max Weber und die Rationalisierung sozialen Handelns, 1981, 157; *Freund, Julien,* Die Rationalisierung des Rechts nach Max Weber, in: *Rehbinder/Tieck* (s. unten), 9; *Gephart, Werner,* Gesellschaftstheorie und Recht, 1993, 419ff., *Habermas, Jürgen,* Theorie des kommunikativen Handelns, 1981, Bd. 1, 225ff., Bd. 2, 447ff.; *ders.,* Faktizität und Geltung, 1992, 90ff., 541ff.; *Kronman, Anthony,* Max Weber, 1983; *Loos, Fritz,* Zur Wert- und Rechtslehre Max Webers, 1970; *ders.,* Max Webers Wissenschafslehre und die Rechtswissenschaft, in: *Rehbinder/Tieck* (s. unten) 169; *Ludwig, Markus,* Sein und Sollen, Eine Untersuchung zur Abgrenzung der Rechtsnormen von den sozialen Normen bei Max Weber und Eugen Ehrlich, 1999; *Lübbe, Weyma,* Legitimität kraft Legalität. Sinnverstehen und Institutionenanalyse bei Max Weber und seinen Kritikern, 1991; *Müller, Hans Peter,* Max Weber, 2007; *Peters, Bernhard,* Rationalität, Recht und Gesellschaft, 1991; *Quensel, Bernhard*

---

69) 全ての文献を挙げる代わりに，*Hirsch,* Macht und Recht, JZ 1961, 1ff., *Breuer* 1991 を参照。

第7章 マックス・ヴェーバー 127

K., Logik und Methode in der Rechtssoziologie Max Webers, ZfRSoz 1997, 133; *Radkau, Joachim,* Max Weber. Die Leidenschaft des Denkens, 2005; *Raiser, Thomas,* Max Weber und die Rationalität des Rechts, Juristenzeitung 2008, 853; *ders.,* Handelsgesellschaften und politische Verbände in der Rechtssoziologie Max Webers, FS K. Schmidt, 2009, 1307; *Rehbinder, Manfred,* Max Webers Rechtssoziologie, Eine Bestandsaufnahme, in: *R. König/J, Winckelmann* (Hrsg.), Max Weber zum Gedächtnis, 1963, 470; *Rehbinder, M./Tieck, K.-P.* (Hrsg.), Max Weber als Reschtssoziologe, 1987; *Rheinstein, Max,* Max Weber on Law and Society, Einführung zur amerikanischen Ausgabe der Rechtssoziologie, 1954; *Schluchter, Wolfgang,* Die Entstehung des modernen Rationalismus, 1998; *Trubek, David,* Max Weber über das Recht und die Entstehung des Kapitalismus, in: *Breuer/Treiber* aaO, 152; *Uecker, Steran,* Die Rationalisierung des Rechts. Max Webers Rechtssoziologie, 2005; *Weiβ, Johannes,* Max Webers Grundlegung der Soziologie, 2. Aufl. 1992; *Winckelmann, Johannes,* Einleitung zur Luchterhand-Ausgabe der Rechtssoziologie, 1967, 15ff.

第8章 ニクラス・ルーマン

Niklas Luhmann

第1節 年　譜

　ニクラス・ルーマンは，1927年に生まれ，法学と社会学を専攻し，1967年から1969年の間ハノーバーで数年間文部省に勤務したのちミュンスターで教鞭をとった。その後1998年に生涯を終えるまでビーレフェルトにおいて社会学の教授職にあった。彼はユルゲン・ハーバーマスと並び，1970年代来，指導的で最も豊かな業績を残したドイツ社会学の理論家であった。その学問的関心は主としてシステム理論として展開した一般社会学理論であり，また，その論説の理論的端緒は社会学全ての分野にわたる。彼の著作のうちでは1970年から法社会学がひとつの中心的な役割を果たしている。

主要著作[1]
a) 一般社会学に関するもの
- 『公的組織の機能とその派生的諸問題 Funktionen und Folgen formaler Organisation』1964年
- 『目的概念とシステム合理性 Zweckbegriff und Systemrationalität』1968年
- 『社会学的啓蒙　社会システムのための論文集 Soziologische Aufklärung. Aufsätze zur Theorie sozialer Systeme』第1巻 1970年，第2巻 1975年，第3巻 1985年，第4巻 1987年，第5巻 1990年
- 『社会構造と意味論 Gesellschaftsstruktur und Semantik』全4巻，1980-1995年
- 『社会システム──一般理論概説 Soziale Systeme: Grundriß einer allgemeinen Theorie』1984年

1) ルーマンの著作は多くの版で改訂されずに復刊されている。それのため以下では，最初の出版発行年のみを挙げる。

- 『社会の経済 Die Wirtschaft der Gesellschaft』1988 年
- 『社会の科学 Die Wissenschaft der Gesellschaft』1990 年
- 『社会の芸術 Die Kunst der Gesellschaft』1995 年
- 『社会の社会 Die Gesellschaft der Gesellschaft』全2巻，1997 年

b）法社会学に関するもの
- 『制度としての基本権 Grundrechte als Institution』1967 年（第4版，1999 年）
- 『手続を通しての正当化 Legitimation durch Verfahren』1969 年（第6版，2001 年）
- 『法社会学 Rechtssoziologie』1972 年（第2版 1983 年，第3版（改訂なし）1987 年）
- 『法システムと法解釈学 Rechtssystem und Rechtsdogmatik』1974 年
- 『法の差異分化　法社会学と法理論のために Ausdifferenzierung des Rechts. Beiträge zur Rechtssoziologie und Rechtstheorie』1981 年
- 『社会の法 Das Recht der Gesellschaft』1993 年
- 「社会システムとしての法 Recht als soziales System」ZfRSoz 1999, 1
- 「第12頭目のらくだの返還　法の社会学的分析のために Die Rückgabe des zwölften Kamels. Zum Sinn einer soziologischen Analyse des Rechts」ZfRSoz 2000, 3

第2節　ルーマンの法社会学

1　社会システムの理論

　a）ルーマンの学問上の主要な目的は，当初，社会科学研究の理論的基礎として貢献できる社会システムの一般理論を構築すること，学としての社会学の統一性を構成することであった。その際，彼の理論的端緒は，2つの段階を区別することができる。彼の最初の出発点は，すなわち，タルコット・パーソンズによって展開された社会的行為システムの理論であり，彼はそこで到達された水準を超えて「環境に開かれた社会システムの『機能─構造』理論」を継続発展させた。[2] これに対して彼の後期の業績では，大著『社会システム───一般理論概説』にまとめられ，そこではコンピュータ理論，情報理論およびサイバネティクス並びに生物学的細胞理論，遺伝子学に由来する諸要素を取り上げ，「自己準拠的」，「オートポイエシスシステム」[3] の理論を発展させた。高度に分

2）ルーマンの自身の特徴は，Soziologie als Theorie sozialer Systeme, in Soziologische Aufklärung Bd.1, 113.
3）Soziale Systeme, 15-29; Das Recht der Gesellschaft, 7f., 30.

化し，高度に抽象的なこの理論の思考構造を幾分かでもここで完全に再提示することはおよそ不可能である。再提示する代わりにルーマンの法社会学の理解のための重要な要素を示すのみで十分としなければならない。

b) まず，ルーマンは，社会システムを「**相互に指示し，それに属しない行為である環境から区別される社会的行為の意味連関**[4]」として理解する。後になって，社会的行為という概念に代えて，より一般的な概念である**社会的コミュニケーション**[5]という概念が登場する。これらは，友情，婚姻，取引相手関係のような二者関係におけるコミュニケーションと相互行為，また，組織，すなわち団体，学校，企業におけるコミュニケーションと相互行為，さらに，より差異分化した機能領域とコミュニケーション領域，すなわち，政治システム，経済，科学，教育制度におけるコミュニケーションと相互行為，そして，最後に政治的選挙，立法，裁判手続といった合理的に秩序づけられた手続におけるコミュニケーションと相互行為である。ルーマンは，法をもまた分化した機能システムとして記述する。段階の両端に，一方では有機体的，心理的，そしてまた同時に社会的システムとして個人が位置づけられるが，これは，個人が決定し企てる無数の行為をその人格において有意な統一体として統合する限りにおいてである。他方には，全体性としての社会，国家，諸国民の共同体が位置づけられる[6]。抽象的なシステム理論をこれらあらゆる構成体に適用することの普遍的可能性は，それが内部と外部の，つまり，システムと環境の全ての境界を定義するということに基づく。あらゆるシステムは，類似的機能，つまり「**複雑性の縮減**」を充足し，そのことによって人間に対して，特定の経験の確実性と行動の確実性とを可能にする。世界が複雑であるということは，実現するよりも極めて多くの体験と行為の可能性がつねに存在するということである。それゆえ複雑性をそのつど使用可能な限定された数の選択肢に帰する社会的メカニズ

---

4) Soziologische Aufklärung Bd.1, 115.
5) 『社会システム』において，ルーマンは本質的なシステム要素は，コミュニケーションか行為か，という問いを詳細に取り組んでいる。彼は，社会システムは，「コミュニケーションと行為としてのその帰責」から構成されるという結論に達した。いかなるモメントもそれなくしては，進化能力はないであろう（240）。そうして „Das Recht der Gesellschaft" (35, 51 ua) ではコミュニケーションのみが問題とされる。
6) Soziale Systeme, 16, 346ff., 551ff.

ムが必要である。それらの選択肢においては、人は過剰に要求されずに了解できる。その選択肢によって他の人間とのコミュニケーションも可能となる。いかにしてかかるシステムが形成されるかは、人間の意思の自由にかかっており、それゆえこれは、偶然（コンティンジェント）であり、つまり、予見不可能である。

したがってシステムは**複雑性**と**偶然性**という二重の問題を克服する機能を充足する。それは一定の間主観的に、そしてそれゆえ、──相関的に──期待を裏切られることに抗するように行為範型を確立し、安定化させる。このようにして他者の将来の行為に関連する予期と社会的な事象の経過とを確実なものとすることができ、他者との共同生活における方向づけ行為と自らの行動の計画を許容する**有意な構造**が出現する。この意味でルーマンは、以下のように定式化する。すなわち、社会システムが、「人々の指針とすべき客観的で有効な予期を安定化させる」。[7]進行的発展につれて社会システムは、個々の行為連関の次第に強まるなかで事態を解放し、一定の意味言説または規則に集約され縮約され得るひとつの客観的、匿名的、内容的に抽象的な形態を獲得する。システムと環境というこうした視角の利点は、システムが、コミュニケーションと行為の他の可能性を弱めるが、しかし、決定的にそれを排除するわけではないということである。必要な場合には、それどころか、無制約の複雑性が引き合いに出され、この目的のためにシステムは修正され、または放棄されそしてそれによって新しいシステムに置き換えられることが可能である。

c）社会学的システム理論の対象は、社会システムの特徴と機能様式を分析することである。それが問うことは、たとえば以下のことである。すなわち、複雑性の縮減に使用される選択メカニズムや、そのシステムの構造、拡張、サブシステムにおける内部的分化、内部と外部の境界を定義する方法、その実現プロセスの特性と内部の統一性と統合を確実なものとする諸要素、社会におけるその機能と構成要素と他のシステムつまり環境に対する作用などへの問いである。社会学的システム理論は、とりわけ、その変容能力と変化した事態に対する適応能力を探究する。全体としてみれば、個々の具体的システムを適切に記述し、相互に比較することを可能とするだけではなく、ひとつの普遍的な社

---

7) Rechtssoziologie, 38.

会学理論を含意する分析モデルを提示することを要求する[8]。そのようなものとして社会的システム理論はひとつの中心に付加するというのではなく，また，それによって収束されるというのではなく，原理的に終わりのない，そして継続的に変化する多数のシステムによって多中心的に構成される世界と社会のという構想を反映する[9]。

　d）ルーマンは彼自身，環境に開かれたシステム構想から自己準拠的でオートポイエシス的なシステムへの移行を学問的パラダイムの転換として呼んでいる[10]。**自己準拠的**とは，それ自体にそれが関係づけられていることを意味する。社会システムは，「その要素および本質的な作動の構成においてそれ自体に（たとえそれが同じシステムの要素であれ，また，それが同じシステムの作動であれ，同じシステムの単一性であれ），関係している」限りで自己準拠的である[11]。このことが可能であるためには，それ自体の記述を生み出し個々のシステム，「システムと環境の差異をシステム内部において志向づけとして，そして情報産出の原理として利用できなければならない」[12]。

　ルーマンが生物学理論から借用した，ギリシア語に由来する**オートポイエシス**とは，それ自体の生成または（再）生産を意味する。それはまた，ルーマンによって自律的であり，作動的に閉じているという意味にも使用されている[13]。この概念の背景には，有機的生命体と生命をもつ細胞の自己再生産が存在する。それは，社会システムがそれに応じて学問的に解釈すること，すなわち，それ自体としてそれ自体から，その内部プロセスから恒常的に再生産し，また継続的に生み出す統一体であるということを求める。

　両概念は，システムがその環境に対する関係が考えられる方法に関係する。システムの構造，そのなかで進行するプロセス，その統合，内部の分化と時間における変化は，もはや直接的な，つまりは因果的に媒介された，環境からのシス

---

8) Soziale Systeme, 7ff.
9) AaO, 14.
10) AaO, 15ff.
11) AaO, 25, 58ff.
12) AaO, 25.
13) AaO, 60ff. また，その他は，以下；Die soziologische Beobachtung des Rechts, 12f.; Das Recht der Gesellschaft, 30f., 45ff., 552ff. とその他で度々述べられる。

テムがさらされている影響の作用としては理解されない。外部からの直接的な統御は不可能である。たとえば，軍隊はその固有の構造と固有の自己了解に応じてのみつねに軍事的命令を実行することができる。法は政治的もしくは経済的な刺激作用をそれらが法特有に適応させられる限りでの法規則に変換する。政治システムによる社会の統御と社会形成はつねに実施の欠陥，望まれざる副作用とその他の結果をともなう。それらは構造と規範の名宛人の固有の規則性から説明される。それゆえ社会の統御に代わり自己統御と社会それ自体が差異分化したサブシステムの内部進化に対する衝撃について語ることがより適切である。

他方で社会システムは，環境からの刺激を受容できそうもないという意味で，閉じられてはいない。逆にそれは，システムのダイナミクスが環境の影響なしでは，その機能を停止するということが示唆される。それは作動的には閉じているだけではなく，認知的には開かれている。むしろ，従来のシステム理論の意味での「インプット」ではなく「**持続的な刺激状態と撹乱状態**」[14]，システムがその固有の方法によって反応する「**雑音**」が問題なのである。ルーマンは，オートポイエシス概念の援用について特に次のように表現しようとしている[15]。自己準拠は，当該システムのその環境に対する関係の中で実現するばかりではなく，システム内部において，相互に影響するあらゆる要素のもとで反復する。システム要素とシステムの諸プロセスは，システムの内部で進行するひとつの循環的過程の中で自己再生産と内部の一層の発展（進化）に向けて刺激し促進しあう。

2　ルーマンの社会学的法概念

a）社会システムは，ルーマンの**規範システム**の本来の社会学的出発点である。すなわちそれは予期を一般化し安定させる。より正確には**予期の予期**である。二者間のコミュニケーションと相互作用を統御するためには，ある者が彼に対して他者がどのように行為するかを予期できるだけではなく，その者が他者はどのような予期をその者に対してもっているのか，を予期することができ

---

14) Die soziologische Beobachtung des Rechts, 14.
15) Soziale Systeme, 67f.

なければならず，それに範をとらなければならない。予期には**認知的予期**と**規範的予期**がある。前者は予期が裏切られた場合には放棄されるか，もしくは変化した状況に適応する。予期する者は，逸脱的行動にもかかわらず規範的予期を維持する。ルーマンによれば，予期は**抗事実的に安定化された行動予期**である。日常生活においては，また，単純な社会においては認知的予期と規範的予期とは，しばしば，混じり合って分かちがたく現れ，そうして予期する者がいかに反応するかは，当初は不明でありうる。けれども，まさに，日常の社交形態は十分に規範的に堅持される。

規範違背にもかかわらず規範が維持されることが，規範違背者に様々な方法で示されることができる。そして，違背が様々な方法で補償されることができる。この点でよく用いられる戦略は，予期を当然に放棄することなく，違背を単純に無視することである。それが不可能であるか得策ではない場合には，規範違背について侵害者と見解を一致させることができる。そうして事情が処理される。つまり，サンクションは，つねに決して行われるわけではなく，もしくは，規範の維持のために必要なわけでない。また，第1に利益の補償が問題であるのではない。むしろ決定的に重要であるのは，規範それ自体が，「予期を表出し違背事象を処理するというシンボリックなプロセス」によって回復することである。こうしてルーマンは，規範概念をサンクションが用意されていることを顧慮せずに定義する。つまり，予期の維持が，貫徹よりも重要なのである。

b）規範化において現れる時間的一般化と並び予期の**社会的一般化**が現れ，これをルーマンは，**制度化**と呼ぶ。こうして彼は二者関係から多数者間への移行を，そして，以下のような事実を意味するものとする。すなわち，あらゆる複雑な関係における予期は，同意もしくは基礎にされ，前提とされた任意の第

---

16) Rechtssoziologie, 33ff.; Das Recht der Gesellschaft, 76ff., 131ff., 144, u.a.
17) Rechtssoziologie, 43, Das Recht der Gesellschaft, 61,80ff., 134.
18) Rechtssoziologie, 53.
19) Rechtssoziologie, 61, Das Recht der Gesellschaft, 134f.
20) Rechtssoziologie, 64ff.; これに対して Das Recht der Gesellschaft においては，時間的一般化は，基準を与えるものとみなされ，意味としての一般化は，その結果とみなされている（124ff. 参照）。

三者間の合意によって支持されることができ，また支持されなければならない。つまり，予期は，一般的な，社会的に保障された妥当性を得る。最後に，第3の次元として**間主観的に了解可能な意味連関における内容的一般化**が，これらに加わり意味連関はシンボルによって表現可能である。[21] 予期構造の意味の同定は，4つの抽象水準，つまり，**人**，**役割**，**プログラム**および，**価値**で実現される。具体的な**人間**に対しての行動予期が関係づけられると，それは一人の個別的の人間によって期待されうるものを限定されたままである。配偶者もしくは友人との交際では，その能力と性格に応じた行動予期のみが一般化される。これに対して予期が一定の**役割**に向けられるとそのつどの役割の担い手の人格的特性は度外視され，もしくは，人は入れ替わりうる。ルーマンはこのことを，以下のような例で説明している。[22] お互いに個人的に知り合いである山村住民は，知り合いであるということによって山岳遭難の場合の相互の助力を予期する。人は，山岳ガイドに対しては，たとえ彼をあまり詳しく知らなくてもまた，その役割によってこのような助力を予期する。さらにより高度の抽象的な段階では予期連関は，一般的に定式化された，社会的に一般化される，つまり，制度化される規則と**プログラム**で支持される。最も重要な例は法律である。結局，「**価値**」に対する関係が問題となる。つまり，自由，人間の尊厳，環境保護，公衆衛生というその実現のために予期される行為に対するいかなる特別な言明をも含まない，望ましさの一般的な視点である。ルーマンによれば，4つの異なる意味地平は相互に孤立して存在するのではなく，相互に条件づけ，影響を与える。それらは，変化し発展し，否むしろ，相対的に独立しているのである。[23] このような差異分化は，現代社会の進化的な成果である。

　c） 行動予期の時間的，社会的，そして内容的な一般化は，本来的に，整合的ではなく，相当程度な不一致を示す。アウトバーンの工事中の区間での，毎時60キロメートルの速度制限は，確かに，法規範として時間的に一般化されるが，ほとんど誰もそれを遵守しないのであるから，社会的には一般化されて

---

21) Rechtssoziologie, 80ff.; Das Recht der Gesellschaft, 127ff.
22) Rechtssoziologie, 87.
23) AaO, 89ff.

いない。役割期待とプログラム，ましてや価値観念は，他者と共有されること
を決して必要としない。しかし，歴史の経過において形成される，相互に一致
可能で整合的な一般化は存在する。

　ルーマンは，そのような整合的に一般化された規範的行動予期を，ある社会
システムにおいて妥当する**法**と呼ぶ[24]。そのためにルーマンは構造概念を導入す
ることで法は，彼の定義において，「**規範的行動予期の整合的一般化に基づい
た，社会システムの構造**」であるとされる[25]。後に彼は，法社会学は「社会の法
に専念し，社会の部分システムにおける法形成の研究を他の専門社会学，すな
わち家族社会学もしくは組織社会学に委ねれば」法社会学は「多くを失うこと
はない」という理由でこの概念を個々の社会システムに関係づけないで，全体
社会に限定している。そうすると法の機能は「**社会システムの境界と選択様式
とを**」定義することになる[26]。

　d）見たところ，この定義づけとその転換と基礎づけの方法とは，客観的法
概念を目的としているようである。従来の，また個人に関係づけられた**主観的
法**の概念は，システム理論として構想された社会理論および法理論の中では，
いかなる位置も持たない。ルーマンは，その意味に従って，主観的法を私的自
治の源泉と保護として，また，個人に対して保障された法の力として，もしく
は法的に保護された利益とする古典的理解では不十分であると説明する[27]。その
代りにこの概念は，彼にとっては，技術的な機能を充足するにすぎない。彼は
機能と逆機能の直接的な結びつきを克服すること，社会的な信用関係を安定化
させること，そしてそれによって法が社会の分化に寄与できるようになること
を認める。このことが意味するのは，たとえば，ルーマンの以下に説明する基
本権の新たな解釈に示される[28]。そのように理解された客観的法は，また，個人

24）　AaO, 99ff.
25）　AaO, 105, 131.
26）　AaO, 134.
27）　Vgl. *Luhmann*, Zur Funktion der „subjektiven Rechte", in: Jahrbuch für Rechtssoziologie und Rechtstheorie Bd, 1. 1970, 321,. 以下に再録　in:　Ausdifferenzierung des Rechts 360ff,; さらに, der.,Subjektive Rechte. Zum Umbau des Rechtsbewusstseins für moderne Gesellschaft, in :Gesellschaftsstruktur und Semantik Bd,2. 45ff.
28）　後述5を見よ。

の自由を基礎づけ，保護する。なぜならば，それは，たとえば所有権の形象，契約の形象，法人格形象，または行政行為の形象を形成することによって，法なくしてはおよそ実現できないであろう行動様式を可能とするからである[29]。

　e）オートポイエシスシステムとしての法の理論では，これまでの説明とは異なり，法の具体的な定義をまったく与えていない。法の規範としての資格にとって重要であるのは，合法／不法というコードプログラムへのその配当である。しかし，この配当は法システムがそれ自体としてオートポイエシス的に再生産することを可能とするだけである[30]。学問にとっては，ただ，「自体の作動によってシステムとして差異分化する，産出諸関係を観察すること」のみが残されている[31]。こうして法とは，「法が法であると規定するもの」であることになる[32]。

3　法の実定性

　a）実定法の理論は，ルーマンの法社会学の内容的な主要部分を構成する。これは歴史の経過のなかで増大する内部的複雑性と機能的分化を展開する**社会と法の進化**の理論を拠り所とする。かかる発展の徴表は，法形成の可能性の多様化，現在の可能性間での選択と決定のための特殊な手続が形成されること，規律が抽象的になることである。ルーマンは，3つの発展段階を区別する。古代の法は，分節化された社会形態[33]，時間に対する無関心，具体的であること，事例に即していること，選択肢が貧弱なこと，復讐と互酬性の原理，によって特徴づけられる[34]。次の発展段階として，いくつかの前近代の高文化においては，複雑な法，そして，より強度に，しかし，いまだ完全に機能的に（すなわち，分業的に）区分されてはいない法が形成された。これらは中国，インド，イスラム，ギリシア－ローマ，ヨーロッパ大陸，アングロサクソン，それぞれの法

---

29)　Rechtssoziologie,74 契約に関しては，Das Recht der Gesellschaft, 136.
30)　AaO, 131ff.
31)　AoO, 137.
32)　AaO, 143.
33)　同種の，そして，相互に並び立つ部分（家族，部族，空間的に境界づけられた集合体）を差異分化する社会が，分節化されていると特徴づけられる。
34)　AaO, 145ff.; Das Recht der Gesellshcaft, 226ff.

圏である。最後に，近代になって初めて完全な**法の実定化**の段階に到達した。ルーマンによれば，こうして法の全体の質を変更する新たな歩みが完成される。

こうして実定法の理論は，現代法の社会学理論である。この発展の背景は，社会の複雑性の巨大な進展と法の機能の能力の増大をも必要なものとする完全な機能分化への移行である。ルーマンの出発点となる命題は，以下のようなものである。高度に分化した現代社会においては，伝統によって，もしくは，自然法によって法を基礎づけることは，もはや不可能である。なぜならば，これらは変更不能の永遠の妥当という観念を前提としており，それは社会の変化に法が持続的に適応することの必要性を，また，新たに現出する紛争の法的調整の必要性を満足させることができないからである。実定化された法のみが，一方で，社会システムを構造化し安定化させ，また，他方で変化する環境の要求に適応力を維持するという点について必要な二重の課題，一言でいえば，法の「構造的変化可能性」の必要を可能とすることを成し遂げることができる。

b）実定法は，それが**定立されてある**ということによって特徴づけられる。実定法は，より高位の規範と一致するがゆえに妥当するのではなく，他の可能性の決定によって選択され，また，拘束されるがゆえに妥当する。内容として，それは偶発的，つまりは，任意である。それを変更することはいつでも可能であり，制度化された手続において，当初より予定されている。ルーマンは，この転換の激しさを以下のように明確に強調している。

「今日でもなお，法律家にとっては，法の純粋な実定性を認めること，そしてイデオローグにとっては，自らが信ずる価値の評価が変わりうることを認めることは難しい。不変の基礎の残された部分とか，少なくとも若干の絶対的価値とか，最小限度の倫理的，自然法的規範とかを援用することによって，純粋の任意性から生じると憶測される結果を免れるために最大の努力が繰り返し試みられている。……

そのような前再帰的秩序観念へ立ち戻ることは，（それでも）疑問である。それにより約束される確実性はますます現実のものではなくなる。……今日の社会においても一定の道徳原理を抽象化して，不変で不可侵なものとして制度化することはできるか

---

35) AaO, 166ff.
36) AaO, 190ff.; Das Recht der Gesellschaft, 38ff.
37) AaO, 203, 207.

もしれない。けれども，そのようにして確立された原則は，もはや十分に秩序を保障するのではない。それは不断の構造変動のプロセスを実際に統御するほどには，指示力に富んではいない。それはほとんど何ものをも排除せず，そのつど役立つ解決の手掛かりをも有することはない。それらの原則は，まさに不変のものとされているということによって過度に薄められ，実際上は重要ではなくなる。このことによって動きの限度と確実性とをさらに不動性のなかに求めることができるかどうかは疑問となる。[38]」

実定法の長所は，社会の差異分化と同調可能な，その偶発性と複雑性が並はずれて増大していることである。このことは，時間的，内容的そして同じく社会的にあてはまる。開放的な変化の可能性は，新たな状況に対応して法を変更可能なものとする。内容的には，様々な事情を同時に調整することができるようになる。法システム全体の内部的な矛盾がないことの必要は，適用領域の多様性によってより減少する。社会的次元では，法はより強く「技術化されなければならず」，つまり，個々人の知識や感情から独立化されなければならず，そして，そうであっても受容されなければならない。法の機能は，もはや，所与の相互行為範型の維持と紛争調整に尽きるのではない。むしろ，法は，抵抗できない社会発展の担い手，それどころか，計画に従った社会形成の道具となるのである。[39]

c) 実定法の構造と発現形態は，従前の形態に対してひとつの根本的な再構成を被る。これは多くの詳細な点で見ることができる。まず，第1にいわゆる**再帰的メカニズム**の形成，つまり，それ自体に対する法的手続の適用である。たとえば規範定立の規範化である。このことによって，法の遂行能力は，さらに高まる。もうひとつの特徴は法の**内部の差異分化**と**機能的な特化**である。法の定立と法の適用が区別される。物理的実力は，法の貫徹のための手段として一般に使用可能である。法がいつでも貫徹可能であるという威嚇の可能性が，他の正当化根拠がなくなることで法妥当の本質的な保障となる。[40]

同様にして，**法と道徳，法と真理**は，**分離**することになり，法の教育的機能と

---

38) AaO, 215f.
39) AaO, 211f. Das Recht der Gesellschaft では，これに対して，「予期の安定化」機能が全体として前面に現れる。(124ff.)
40) AaO, 217 ならびに前出 106ff. と 267ff.; Das Recht der Gesellschaft, 297ff.

教化機能は放棄される。実定法の典型的な発現形態は,「AならばBである」命題での**条件プログラム化**である。このことは,いくつかの機能を果たす。すなわち,条件プログラム化は,基準の極めて高度な複雑性と偶発性にもかかわらず規範とサンクションの結合に関連する確実性を生み出す。しかし,同時に規範の側面からも,また,サンクションの側面からも相互に独立した変化の可能性を切り拓く。同時にまたそれは,法技術の単純化のためのひとつの手段である。条件プログラム化はさらに,決定の結果に対する注意と責任を軽減する。たとえば,破産裁判官は,債務者の子が,学業を断念しなければならないとか,その妻が離婚を余儀なくされるとかいうことを,吟味する必要はない。結局,決定プログラムにおいて裁判所と当事者が使えない法規範が確定されるので,条件プログラム化は,裁判所の独立と訴訟手続における当事者遂行を可能とする。

d） ルーマンは,ことさら,**立法**と**裁判官**による**紛争裁定**との分離について詳細に取り組んでいる。この分離は,確かに既に法発展のより早い段階において存在してはいたが,法の実定性によってその十全な重要性を獲得するのである。この差異分化に対する通常の法律学的説明を彼は不十分であるとする。この対置状態は,一般的規定または具体的な決定の管轄権でも,また,法形成と法適用の対向状態にあるのでもない。ルーマンは両者の関係を,他では,その他の点では多くの法律家と一致して,機能的なものであり,それゆえある意味では,より単純なものと考える。すなわち,

> 「立法は,…裁判官による決定作用の一部を差異分化し,技術的に集中したものにすぎず,要約的な取り扱いと法命題的定式化とに特に適しているいくつかの決定前提に関する一括した決定にすぎない。」

もちろんこのことをもって全てが述べられたわけではなく,むしろ機能条件のいっそう重要な相違が存在する。裁判所は,同じように決定されなければな

---

41) AaO, 222-226. 法と道徳の分離について,また,Das Recht der Gesellschaft, 78ff. u.a. 参照。
42) AoO, 227ff.; Das Recht der Gesellschaft, 195ff.
43) AoO, 234ff.; Das Recht der Gesellschaft, 297ff.
44) たとえば,*Esser,* Grundsatz und Norm in der richterlichen Fortbildung des Privatsrecht,1956.
45) AaO, 235.

らない別の事例を考慮しなければならないので，決定とその基礎にある指導原則に少なくとも事実上結びつけられている。裁判官法の制度化された変更は存在しない。裁判官の決定状況においては，逸脱行動もしくは相争う利益に対する規範の貫徹と定立，または変更は通常，過重負担である。オートポイエシスシステムとしての法の理論においては，裁判官の決定が法の中心に位置し，他方，立法ならびに私的な法律行為は周辺部を構成する。裁判官の行為の固有性は，とりわけ，「決定のための強制」ということである。立法と法律行為は，そのようなものを欠くので裁判官の決定は，経済，家族，政治その他に対する「接触領域」として適しているのである（後述6を参照）。

また適当な「配分量の」物理的実力の使用は，立法者と裁判官との役割の分離においてのみ，可能である。役割分離は，特に条件的な決定プログラムによって裁判官の結果責任を免除することを可能とする。立法者は，その決定の結果を考慮し，またそれに責任を持たなければならず，結果が許容できないことが明らかになる限りで法律を改正しなければならない。裁判官は，これを行うことはできず，ないし，行ってはならない[46]。

立法者と裁判官との間の法的決定の差異分化は，さらなる帰結を有することになる。これは，妥当する法の変更限界を引き下げることを可能とし，そのことによって変化した環境への適応を容易にすることができる。とりわけそれは，立法を政治システムとそこで作用している諸力とメカニズムに委ね，そのことによって法特有の基準に対する拘束が同時に解き放たれる。立法者は，首尾一貫した，そして矛盾のない法形成のシステム内部的な基準に結びつけられているのではなく，まったく他を，つまり外部からの範型を志向し，そして特にまた，新たな法の必要に比較的容易に対応することができる[47]。

e）法変更の求められた任意性の否定的な結果は，社会の**不安定性**という危

---

46) 立法者と裁判官の間の今日の関係の判断では，ルーマンは，これに対して，以前のように極めて抑制的になっている。彼は，重点は移動し，それどころか脱差異分化への発展が形成されること，つまり，裁判官の側での法の継続的な形成と社会形成をまったく可能であると捉える。彼はその限りでひとつの見方に責任を負うことはできないと捉える。もちろん，彼はそのような発展の結果を示す，つまり，司法に対して増大する政治的圧力である（AaO, 241f. 参照）。

47) AaO, 243ff.

険とそのつど妥当する規則について知識が十分ではないこと，特にまた，個人の自由と利益が，まさに実定法によって脅かされることに由来する市民一人ひとりの高いリスクである。これらを克服可能な状態にしておくことは，法治国家の概念に備えられた安全装置の責務である[48]。これに加えて同じ目的に貢献する以下のような多くのメカニズムが現れる。困難な状況で変更されえないか困難な状況において変更されることが可能な高次の法の創造は，存在する法的地位を守る主観的法のシステム，法的行為の自由と契約の自由の制限などである。また，民主主義システムの内部において，そして十分に自律的な経済システムの内部において付加された対応物は，同様の方向に展開する。なるほど，何重にも分化したサブシステムをともなう社会の複雑な形成体はそれ自体で均衡を保っている。

　法形成と法変更がそれとしては法的に規制された手続，すなわち，政治的選挙，立法手続，裁判手続，行政手続に結びつけられているという事実は，それでも重要な安定化装置を形成する。なぜならばその意味するところは，諸決定を実現するということに尽きるのではなくて，手続が諸決定を正当化するということにもあるのである[49]。ルーマンは，この考えを次に述べる以下の彼の著作である『手続を通しての正当化』で詳しく論じている。

4　手続を通しての正当化

　a）通常の，そして，ルーマン[50]によっても引き継がれた正当性の概念は，法に従う者のその妥当への事実上の確信に関係する[51]。すなわち，彼は，法規定を一定の境界の中でその内容を顧慮することなく承認し，また，自らの行動と行為期待をそれに向けることの観察可能な用意を特徴として挙げる。ルーマンは，規範の制度化に関する彼の論考に応じて[52]，確かに正当性の概念を拡げるが，

---

48) AaO, 251ff.
49) AaO, 259ff. ルーマンは，法社会学において，ここでは説明することはできない法実行の問題と法的決定プロセスの制御の問題を扱っている。
50) Rechtssoziologie, 259ff.; Legitimation durch Verfahren, 27ff.
51) 既出第7章（マックス・ヴェーバー）第2節2参照。
52) 前述第2節2b）を見よ。

想定可能な合意のみを求める。他では，いかなるメカニズムが正当性をもたらすのかという問題が重要である。ルーマンの解答は，命題として以下のように前もって述べられている。すなわち，**手続への参加**と**実力のシンボリックに一般化された有効性**である[53]。政治的選挙，立法，裁判手続，わずかな範囲ながらも行政手続，これらに参加することは，彼らの当初の抵抗にもかかわらずその手続の後でなされる決定を受容することを可能とする社会的学習プロセスを発動する。いずれにせよ受容することは社会的に期待され，そして想定される。受容することに用意がないのではなく，引き続き抵抗し，社会的サンクションを免れない者は，孤立させられ，そして，その者が拒否することをもはや貫き通すチャンスを見出すことできない。まれな場合においてのみ物理的実力が使用されなければならないとしても，同じく，法に忠実な行為のきっかけとなる物理的実力の使用可能性は後景に退く。というのは，サンクションの威嚇と期待が作用を展開させるからである。

b）ルーマンは，上に挙げたそのような4つの正当性の効果を展開する諸条件とこれによって生じるメカニズムを詳細に追究する。彼が最も詳細に扱っている**裁判手続**に関しては，われわれは，後述の「紛争と紛争処理」の章で述べられた解説の範囲で参照されたい。正当化プロセスは**政治的選挙**においても行われる。候補者の指名，選択肢を文言で表現することの必要性，選挙に関連するテーマをその社会的背景から切り離すこと，これらもまたそこで，複雑性を縮減する。選挙人が積極的に参加すること，投票の秘密，不確実な結果に対しての高度な感情的関与は，異議の取り込みと，その最後には，選挙結果を受け入れる期待のある学習プロセスを生じさせる[54]。同様のことが**立法手続**において行われる。立法手続においては，選択肢が公衆に可視化され，取り除かれ，異議は取り込まれ，また，それぞれの票がものを言い，関係するあらゆる利益が重要さを与えられるという印象が伝えられる[55]。行政処分のわずかな部分が関係者の干渉の立場の対象になり，そうして正当の化問題が投げかけられる，少な

---

53) Rechtssoziologie, 262; また，Das Recht der Gesellschaft, 261, 332f. 参照。
54) Legitimation durch Verfahren, 155 ff.
55) AaO, 174ff.

くともここに述べたことは**行政**にいえることである[56]。

　政治的選挙，立法，判決，そして行政は，実定法の正当性の視点では相互に結びつきがないのではなく，重なり合っており，相互に補完している。手続の協働において，決定によって期待を裏切られた者がその異議を放棄し，適応を行うという一般的な予期が生ずる。そのことは，「**決定の対象になった者は全て，拘束力ある決定によって規範化されたものに対して認知的な，すなわち学習の用意のある態度をとるべきだということが，第三者によって規範的に予期されていることを，誰もが反論の余地なく予期できるようになる**」[57]。ルーマンによれば，この複雑な定式化に応じて，実定法の正当化が，完遂される。国家ならびに手続が，また物理的実力の使用が保障されうるべく用意され，そして実現されるので国家は，それによって定立された法の視点自体でのみ正当化される[58]。

5　制度としての基本権

　ルーマンは既に法思想に対するシステム論的なアプローチの成果を，彼の初期の著作である『制度としての基本権』において提示している。この著作の基本的な考え方は，以下である。基本権に関する法律学における通説的解釈は，それが基本権を国家法に対して優位にまた上位に位置づけ，最終的に自然法によって基礎づけられた，国家に対する個々の市民の主観的法として把握する限りで誤りであるか，いずれにせよ不十分である。実際，基本権は社会的なるものの分化を特徴づけ，例証する極めて包括的な機能を充足する。われわれが国家として呼ぶ，社会の秩序に必要な政治的決定を拘束力あるように行う責務がある社会の政治的サブシステムは，その固有の境界を越えて他のサブシステムに嵌入し，そうして社会的分化が問題となる傾向がある。かかる危険に対抗することが，基本権の意味である。ルーマンは，基本権によって保障された社会のコミュニケーションの3つの部分システムを区別する。

　a）尊厳と**自由**を保障することは，一人ひとりの人間が，その社会的行為を

---

56)　AaO, 203ff.
57)　Rechtssoziologie, 265.
58)　AoO, 266.

「人格的行動統合のなかで，調整するため[59]」に必要とする領域を獲得する。なぜなら，彼が生活する環境は，彼に多く釣り合いの取れない要求を突きつけるからである。それゆえ基本法第1条と第2条は，個人の人格としての人間の社会的自己表出を保障する。ルーマンの用語においては，ひとつの人格的行動システムの**形成**と**安定化**ということもできるであろう。しかし，ここで極めて重要なことは，ルーマンは通説的な法律学の憲法解釈とは逆に，人間の生得的価値の実現にではなく，人間の生存のための諸条件とまた同時に社会の維持存続のための諸前提に目を向けているということである。彼が述べる限りでは，尊厳と自由の権利は，特別な社会的領域に関連するということである[60]。

b) 同様のことは，**信仰の自由，意見表明の自由，集会の自由・結社の自由**という個別基本権についてもあてはまる。これらは，まず，同じように社会的自己表出の機能を充足し，しかし，さらにそれを超えて，**社会的コミュニケーション**と**相互行為**を**調整する**，より広い機能をも果たす。つまり，予期構造を調整し，相対的に自律的な社会のサブシステムとしてのあらゆる種類の団体の結成を可能とし，「画一化」しがちな政治システムの優越に対してこれらを擁護することにある。さらに，この保護もまた個人が前提とされた自己の価値の保護を目的とするのではなく，その中で分節化した社会システムの存続維持を目的とするのである。それはこの点では，サブシステムによってもたらされた作用が，一定の釣り合いを保っていることと相互に補完していることが必要であるからである[61]。

c) ルーマンは，彼が**職業の自由**と**所有権の保障**という基本権を割り当てる，現代の共同態において相対的に自律した第三の領域として経済システムを挙げる。貨幣経済が機能することは，各個人が貨幣を所有する状態にあり，それによってその者の必要を充足する財物にアクセスできるチャンスに基づく。したがって「貨幣と貨幣価値のある財産をその貨幣価値で個々の処分権と，それによって国家の干渉に対して貨幣システムの信用基盤」を維持することが問題と

---

59) Grundrechte als Institution, 53.
60) AaO, 82.
61) AaO, 84ff.

なる。そのことが基本法第14条の意味するところである。これはルーマンの表現では，以下のようになる。

> 「……個人の人格や特定の物質的必要を保護するのではなく，個人のコミュニケーションシステムへの参加役割を保障する。この保障なくしては，コミュニケーションシステムは一般化されることはできないからである。[62]」

こうして，所有権保護は，所有権者のもとにある具体的な対象の存立に関係することはできず，貨幣価値に関するのみである。そのことは公用徴収の理論に対するより広い結果を招くに違いない。労働の自由と職業の自由は，社会的自己実現の保障の要素をなるほど含むが，このこと以上に，とりわけ，これらはまた，管理され市場メカニズムによる全体経済の事象としての労働生活の統御を可能とする。そうでなければ国家によって市場メカニズムが管理されるであろう[63]。

ルーマンは，彼のシステム論的基本権解釈において，市民と国家の間の具体的な紛争の決定において一方的に志向された，法律家の干渉的思考と遮断的思考を相対化しようとする[64]。このことは，特に，一方で基本権問題の分化の視点で，他方で通常の基本権解釈の法教義学的前提との評価条件の視点で，その地平と批判能力を拡げることになろう。彼はその見解の結果として，重要な決定が裁判所から社会形成のための第1に権限ある機関とみる立法者へと移行することを予測する。このことは彼の見方からすれば，同時に決定と法的安定性の明瞭性を促進することになろう。

6 オートポイエシスシステムとしての法

a） ルーマンのオートポイエシスシステムとしての法理論への転換の中心的考察は，法は作動的に閉じている，つまり，それ自体でそのものを定義し，生産するコミュニケーションシステムとして記述されるという点にある[65]。作動的

---

62) AaO, 120.
63) AaO, 131ff.
64) AaO, 201ff.
65) Das Recht der Gesellschaft, 30, 38ff., 76ff.; 行為ではなく，予期とコミュニケーションに関連して，55, 66ff.

な閉鎖性とは，環境に対して因果的に完結し，隔絶しているということを意味するではなく，法が，「自己の作動を他の，自己の作動への回顧と先取りを通じて産出する。そしてこの方法によってシステムに属するものと環境に属するものを規定することができる[66]」ということを意味するだけである。それは規範的には閉じており，認知的にはむしろ開いている[67]。それは固有のシステムであると同時にまた，それがその構造を決定する社会のサブシステムであり，その限りで社会のシステムと「構造的に接合」する[68]。

　以上のような観察方法では，一般には，それ以上は，内容的定義を行えない。法としての規範の資格を与えることに重要なのは，むしろ，その"法／不法"というコードプログラムへの位置づけである。しかし，この配置は，法システムをそれ自体で継続的に生み出すシステムとして規定するだけである。これに対して学問にとっては，「システムとしてその作動自体で差異分化するその産出関係の観察」しか残されていない[69]。「法とは，法が法であると規定するところのものである[70]」。法システムの特殊性は，ひとつには，それが充足する**機能**，つまり，時間を超えて，そして将来を見通して，予期の組み合わせを安定化させることによって，また他方では，それに従って予期を区分する**コード**，つまり法と不法の分化によって特徴づけられる[71]。法のみが，どの予期がこの区別に接近可能かを決めることができる[72]。正義，自然法，道徳，政治などの他の決定基準は，このために考慮されない。法の**実定性**とは，こうして法が実定法としてしか存在しえないのであるから，法がそれ自体からのみ生成する法以外の何物でもないことを意味する。ルーマン自身の文言では，以下のように言う。

　「……今日，なおも実定法は妥当している。その背後では，法のパラドクス性が，法のトートロジーによって置き換えられ，また，実定性は，ただ，法が定める諸規定によっ

---

66) AaO, 44.
67) AaO, 76ff.
68) AaO, 33ff., 54ff., 440ff.
69) AaO, 137f.
70) AaO, 143f.
71) AaO.124ff. ルーマンは，以前とは逆に，（前述第2節2b）を見よ）時間的一般化を法の基本的機能と見るにすぎない。
72) AaO, 60ff., 165ff.

て法として妥当するところのものが法として妥当するということ以外の何ものでもないことを意味する。一般的な法律家は，具体的な事例において，一定の法的主張に際し，ただ，それがどこにあるのか，と問いを立て，それに答えるのみである。……法の実定化を，法システムの差異分化の相関的なものとして，そして，その法システムのオートポイエシス的な自律として理解するならば，まったく別の理論的結果が見出される。機能的な差異分化が行われる条件のもとでは，法の妥当は，『実定的である』以外の何ものでもない。つまり，法によって法自体が定立されるのである。法は，法自体をいかに再生産するのか，つまり，いかに法によって法から法へ至るのか，を統御することができる。そして法のみがこれを統御できるのである。法を法の中にインプットすることができるか，という外部のいかなる審級もしくは権威も存在しない。法は循環的に構成され，また法を統一体として記述しようとする観察者は，それゆえ，トートロジカルな定式化によって理解しなければならない。あらゆる限定は，自己限定であり，環界に対する志向もシステム内部でシステムによって処理されなければならない。[73]」

b） 上記のような新たなアプローチは，ルーマンの法社会学の言説をも部分的には修正するという重大な結果をもたらすことになる。それはまず社会学理論は，法を外部からのみ観察し，記述するのであり，法律実務や，法律家に課せられた決定を行うことに貢献することはできないということを一段と鋭く強調する。外部からの社会学的記述は内部的視点への道を導くものではない。[74] さらに，重要なことは，法社会学と法解釈学のよく知られた概念の形態転換である。**法妥当**の概念は，法／不法という基準となる社会学的観察に対して意味を成さないヒエラルキーを指示するのではなく，法システムの統一性のシンボルにすぎない。[75]「あらゆる法は，妥当する法である。妥当しない法は，法ではない」[76]。法システムがその作動の閉鎖性を示す第 2 の可能性は，**同等性原理**である。というのは，いかなる場合が同等とみなされ，いかなる場合が同等ではないとみなされるか，というシステム内部の生み出される基準の基礎においてのみ決定

---

73) Die soziologische Beobachtung des Rechts, 1986, 25f.
74) Das Recht der Gesellschaft, 24; Die soziologische Beobachtung des Rechts, 19.
75) Das Recht der Gesellschaft, 98ff.
76) AoO, 102.

されうるからである。[77] 法システムは，何が法であるかをそれ自体でオートポイエシス的にのみ決定できるのであるから，外部からもたらされる区別メルクマールによる**法概念のいかなる内容的な定義**ももはや存在しえない。「システムの準拠，つまり法システム[78]」が，その代わりとなる。正義の概念もまた，いかなる内容的な意味ももつことはできない。否むしろ，それによって法システムが自体で自己観察し，制御し，一貫性を自体で表現する「**コンティンジェンシー定式**」が，重要な意味をもつ。[79] このことは，法が理念としての，もしくは価値としてのシステム内在的な正当性を同定することを排除するものではない。その限りで形式的なメルクマールも挙げることができる。それらは基準の規定可能性，適切な複雑性，同等性，環境の事象に対する十分な感応性，相互性，決定の一貫性である。[80] しかし，これらいずれにおいても法内部の基準が意味をもつのであって，倫理もしくは道徳への退行的結びつきが問題であるのではない。

　c) ルーマンは，法システムの作動的閉鎖性に当面して法の**進化**はいかにして可能か，という問題に，詳細に取り組んでいる。[81] 彼はこの点について，変異，選択，安定化というそのキーワードでダーウインの進化論に依拠することを認める。[82] 社会的環境からの新たな種類の予期の圧力によって法システムにおいて，現在の解釈（の「**変更**」）と制度化された変更手続において選択される（「**選択**」）新たな法的思考と問題解決の提言がオートポイエシス的に現われる。近代においては**安定化**の手段として，とりわけ，成文化，体系化されること，法教義学化が寄与する。オートポイエシス的な進化は，高度に複雑なシステム構造の形成も，たとえばルーマンが，これまで近代法の重要な進化の獲得物であると称揚する主観的法の形象を可能とする。[83] オートポイエシス的な進化の結果では，さらに，法の普遍化がある。すなわち，法的な規制を免れるという事態

---

77) AoO, 110ff.
78) AoO, 131.
79) AoO, 214ff.
80) AaO, 218ff.
81) AaO, 239ff.; また，以下も参照。*Teubner,* Recht als autopoietisches System 61ff.
82) AaO, 240ff.
83) AaO, 291ff.

はもはや存在しないのである[84]。

　d）法は社会のサブシステムとして，ルーマンが独自のオートポイエシスシステムとして理解する**政治**からも区別される。彼は，この差異化を法と政治の統一性を前提とする，自然法と法治国家のあらゆる法観念に対して，継続的に擁護する[85]。政治システムは，集合的に拘束する決定の創出を志向する。そのメルクマールは，国家の公務員組織と権力のコード化による政府と野党の区別である。そうであるとはいえ，2つのシステムの間に幾重もの因果関係が存在する。政治的決定は法規定の形になり，その間に政治が他の問題を志向したとしても，妥当する法としてそのことによって政治的決定は，実現されることが可能となる。しかし，政治的決定はそれらがこれまで既に妥当している法を充足する限りでのみ，法となることができる。他方，法は，政治的平和が確保され，統制されない暴力の行使が阻止される場合に限り進化することができる。こうして法と政治とは，相互に指示し合い，「相互の共生関係」で対向して存在する[86]。言い換えれば，それらはそのオートポイエシス的な作動において一定の固有性を継続的に前提とし，信頼するという限りで「**構造的に接合**」されているのである[87]。この接合は，全てシステムはその固有性によって反応する，恒常的，相互的な**刺激状態**を生じさせる。

第3節　批判的評価のために

1　ルーマンの社会学的基礎と法社会学的基礎

　ルーマンの社会システム理論は，現代の巨大な社会学理論のひとつであって，普遍的モデルとしての貢献能力と説明価値は，社会学的にいまだに到底汲みつくされていない。その思考の豊かさ，柔軟性，そして射程は，並はずれたものがある。それゆえその影響力は，大きい。このことはまた，多くの独創的な新しい洞察と視角を開く自己準拠的なオートポイエシスシステムという新た

84）　AaO, 296.
85）　AaO, 407ff.
86）　AaO, 420ff., 426.
87）　AaO, 440f., 468ff.

なパラダイムへの転換についてもいえることである。一般的社会学理論の視点でこのことを説明することは，当然ながら本書の範囲を超えることになるであろう。[88]

ルーマンが法を社会学に取り込んだことも彼の法社会学の基礎づけも，並はずれた功績とされなければならない。彼の社会の規範構造の分析，行動予期の基本概念のアプローチ，そして，後には，行為に代わって，予期されたコミュニケーション，認知的予期と規範的予期の区別の吟味，規範の社会的及び内容的一般化の分析，規範関係の意味構造の解明，また，とりわけ時間的，社会的，内容的に一致して一般化された行動予期としての，そして社会の構造としての社会学的法概念の解明は，理論法社会学がこれまでに到達した水準をはるかに超越するものである。ルーマンによる法の機能的観察は，方法論的に多くの法社会学と法理論の著作を生み出してきた。ルーマン自身，主観的法，契約，所有権，基本権といった重要な法形象の解釈のその豊かさを示してきた。[89]また，制定法と裁判官法の関係についての並はずれて論争的な議論は，彼の説明によって新たな重要な論点を獲得することになる。[90]ここでさらに触れなければならないのは，彼の著作，『**法システムと法解釈学**』である。これは，法解釈学の機能を社会学的に解釈し，法廷での判決における結果考慮の問題を論じ，そして，法学のための「社会適合的法概念」を作り出すことの要請を提示する。[91]

他面，ルーマンの理論構築は，一部ではその前提と端緒の位置に関して，また，一部では個々の言説に関して**根本的な異議**にさらされている。その際，つまり「機能—構造」システムから「オートポイエシス」システムへのパラダイム転換から生じる変遷に対する批判もまた，考慮されなければならない。これは一般に，有効な批判を困難とする。社会システムのオートポイエシス理論に

---

88) この点で社会学的文献は，無視することはできない。法学領域からの説明は，文献一覧に引用した文献を参照。
89) この点につき *Luhmann,* Rechtssystem und Rechtsdogmatik, 60ff. を見よ。
90) この点につき *Raiser,* Richterrecht heute, ZRP 1985, 111ff. を見よ。
91) この点につき以下を参照。*Teubner,* Folgenkontrolle und responsive Dogmatik, Rechtstheorie 1975 179ff.; *Rottleuthner,* Zur Methode einer folgenorientierten Rechtsanwendung, ARSP Beiheft 13 (1980), 97; *Deckert,* Folgenorientierung in der Rechtsanwendung, 1995. このテーマは，再び取り上げられ，部分的に修正される。in:Das Recht der Gesellschaft, 377ff.

対しては，その鋭い意味と壮大な思想的一貫性と完結性にもかかわらず，批判的見解が優勢であろう。法律家はこれについてほとんどかかわることはできない。このことは，とりわけ，彼の理論の中にある内部的視点と外部的視点の峻別，法システムの自己統御，そして社会学的な外部観察による。ルーマンは，関与しない観察者の役割に引きこもることにより，そしてそれによって，個人の行為と決定に対する規範としての法の実際の領域は弱まる。したがって，彼はそれ自体として実務を志向する法律家にとっての有意性を放棄することになる。[92] このことで彼は当然，まったくもって法社会学の伝統の中にあるのである。[93]

2 普遍主義的社会理論

　ここでルーマンのシステム理論と法社会学のいくつかの特徴的なメルクマールをとりわけ指摘されなければならない。これらに対する最も重要な異論のひとつは，それが高度な抽象性によって定式化された普遍的な社会理論の説明を示しているものであるということに向けられる。ルーマンの関心は，社会システムの形成と機能様式であって，その一方，個人，つまり行為する主体は，——周知の，注目すべき観念の逆転であるのだが——，環境に属する。確かに，彼は，個人をまた，有機体的，心理的，そして社会的な「人格性システム」として理解することができるのであるが，むしろそれらは，彼の理論のひとつの限界例にとどまっている。そのアプローチは，なるほど，人間社会はいかにして可能か，そして，個人の自由意思の点からその統合はいかにして可能か，という社会学の中心問題を直接目的とする。こうして彼もまた，よき法社会学の伝統，すなわち，デュルケムによる機械的連帯と有機的連帯の分析およびエールリッヒによる社会を構成する諸団体における法の基礎づけという伝統の中にある。しかし，これに対してシェルスキーは正当にも，人間はその生の意味づけにおいてまた，その世界志向性において社会システムの単なる環境とは把握

---

92) *Raiser*, ZfRSoz 1994 1, 7ff. 参照。この批判は，新しい著作である，Das Recht der Gesellschaft（zB 法規則の概念について 98ff.「急な法の変更」について 243f. 合法性の規範概念について 221ff. 結果の考慮について 377f.）における法学の内部視点への「譲歩」でも対象外ではない。
93) エールリッヒについて第 *6* 章とヴェーバーについて第 *7* 章を見よ。

されないこと，そしてまた，そのように理解すれば，人間のアイデンティティと尊厳と自由を求める自己決定を喪失するとする。法は，単に社会的手続，政治的手続の決定によってのみ妥当するのではなく，個々の行為する人間の生の意味決定によっても妥当するのである[94]。それゆえシステム理論は，ルーマン流のシステム理論においても行為論的学説，制度論的学説による補完を必要とする[95]。

同様の異議は，ルーマンの主観的法という構想と特に基本権の構想に対しても向けられる。その社会学的解釈は，もちろん制度保障としての基本権，客観的価値秩序同様，基本権の法律学的理解において表現される印象的で，重要な新たな視点に始まるが，それで完全に尽くされるというものではない。否むしろ，システム理論的な解釈は，人間の個々の権利の力と自由領域としての基本権の理解を簡単に排除してはならない[96]。

3 ルーマンの法概念

ひとつの社会システムにおいて，つまり社会において一貫して一般化された，国家との個々の関係もしくは他の強制手段を備えたサンクション装置との関係を放棄し，また，実行の代わりに予期の維持に焦点を置いた規範的行為予期の総体としての法というルーマンの法の機能的定義は，極めて広い社会学的法概念となる。つまり，たとえば，法律問題についての素人の議論も，これに関連する意見が，ただ十分に多数の人々のみに共有される限りで，法システムの構成部分として位置づけられる。法律，裁判所の判決，契約締結，法律問題に関する学問的論争と拘束力のない意見表明の間の質的な区別は，このようにして失われ，法の拘束性と義務づける力の要素は弱められ，法源へのあらゆる遡及は，余計なものとなる[97]。法妥当の概念は，法／不法という選択肢のコミュ

---

94) *Schelsky,* Die Soziologen und das Recht, 92.
95) カーグルの人格に関係づけたオートポイエシスモデルを展開しようとする試論。ZfRSoz 1991, 120ff.; さらに *Nahamowitz* ZfRSoz 1992, 271. 参照。
96) このことについては，ルーマンが，「法状態の人格化」と権利の形象を「近代の法革命のまったく最も重要な達成物」として記述することは，十分ではい。Das Recht der Gesellschaft, 291 参照。
97) *Habermas,* Faktizität und Geltung 70, 573f.; *Nahamowitz,* ZfRSoz 1992, 288.

ニケーションに位置づけられることができるという点に関するシンボルにまで切り下げられる。また，法律学にとってはその基礎にある，法源ヒエラルキーの観念は，法と不法という単純な二元図式を前にして意味を失う。

　以上からさらに次のように言って矛盾はない。すなわち，ルーマンは法規範と他の法的規範とを不明確に区別しているにすぎず，エールリッヒとヴェーバーにおいては中心的役割を担っていた，習慣，習俗，慣習，それに類するものの概念は，一度として真摯に分析しないこと，また，行為の内的および外的な規定根拠という対立のみを手掛かりにする彼の法と道徳の分離は，ことさら精彩を欠いたものにとどまっている。さらにまた，人格に関連する規範と役割に関連する規範，価値，行動予期の様な段階の抽象性としての理念は，これらの概念をめぐる幾重もの哲学的努力を弱めることとなる。ルーマンが，オートポイエシスシステム理論への転換の後に，社会学的法概念の内容的定義はもはやまったく存在し得ない，つまり，法は法が法であると規定するものであると説くときに視野は究極的に制約される。

　このようなやり方に，社会の「機能化」を分析し，法的決定を下すことまたはそのための判断基準を構築するという課題を免除する適合的理論によって記述することのみが意味を有する，ルーマンの社会学的観察方法が反映される。このようにして構想された社会理論は，実際，決定がよいものか悪いものか，正か不正であるかを問う必要はなく，それらを偶発的なものとして扱うことができる。つまり社会は，まさに，人間が予期に従ってもしくは反して，どのみち決定するものということを受け入れ，それで終わりとしなければならない。これに対していかに決定がなされるかということは手中にはない。個々人が問題なのであり，その意思自由内の問題なのである。社会は，任意の状態にある行為の選択肢の数を制限することができるのみ，すなわち，ルーマンの用語では，複雑性を縮減し，その結果，偶発性のリスクが限定される。システム理論は，人間を単に社会的コミュニケーションシステムと行為システムの環境としてのみ理解するのだから個人の決定プロセスは，システム理論にとって不十分で，それゆえ偶然なものにとどまるがゆえに，ほかならぬ人間行動は予想できないとして扱うことができる。

しかしながら，行為科学，決定科学として理解された法律学は，そのことで甘んずることはできない。むしろそのよう法律学は，立法組織体の構成員，裁判官，行政職公務員，弁護士などとしての行為する人間，もしくはまた，市民，社会の構成員として行為しその行為に責任を課せられ，そしてそれゆえ，彼らの決定において自ら方向づける規則と基準を問う人間をありありと浮かび上がらせるのである。

4 法の実定性

ルーマンの法の実定性の学説は，オートポイエシス的閉鎖的システムの理論モデルへの移行の過程で一定の変化を被る。その最初の形では，法の内容的な任意性が強調される。[98] これは，その閉鎖性と首尾一貫性によって印象づける。法律家は，評価を行う前に，留保なしに法が内容的に交換可能であると考える用意を実際，まず行わなければならない。[99] 政治的決定に基づいた，そして，社会形成のために組み入れられた現代法の理論として，とりわけ，行政法，経済法，労働法，社会法の理論としては，その説明能力はほとんど疑うべくもない。それは理論的には，超越的価値観念や信条観念は，今日もはや制度化されること，つまり，社会的に拘束力があるか拘束力があるとされない，という確信の帰結である。一貫してその学説は，規範の正当性は，ただ，当事者の抵抗が，規範の承認と適用へと導く手続において絶たれ，もしくは，それに成功しない場合には，その反抗を暴力で打ち破られるということだけに立脚する理論へと収斂する。これらの経緯がシステム理論的にどのようなことを意味するかをルーマンは，彼の著作である『手続を通しての正当化』において印象深く詳述した。

以上のようであるとしてもまた，この立場は，結局は説得的であるとは言えない。[100] ルーマンの学説は，人間，特に法律家自身が，抵抗権の承認に至るまで

---

98) 上記第 2 節 3 b) を見よ。
99) *Naucke*, KritV 1986, 189ff.; *Raiser*, ZfRSoz 1994, 6ff. 参照。
100) この批判については，既に以下があるので参照。*Esser,* Vorverständnis und Methodenwahl in der Rechtsfindung, 1970, 205ff.; *Rottleuthner* KJ 1971, 69; *Weiß,* Polit. Vierteljahresschrift 1977, 74; *Machura,* ZfRSoz 1993, 97; *Raiser* ZfRSoz 1994，さらに，以下の第 *11* 章第 5 節および第 *20* 章第 3 節を参照。

法を上位基準と比較することを求めるという経験的な知見と矛盾する。立法者に対しては，政治的に実現可能な任意な法律を制定せよ，ということが求められるのではなく，社会的正義の実現が要求されるのである。基本法は内容的に豊かな正義の理解から始まる。それは，たとえば，人間の尊厳という至高の価値と不可侵で不可譲の人権（基本法第1条）によるあらゆる国家権力の制約において，そして，基本法第20条第3項での法律「と法」への関係づけにおいて表現されている。単なる法定立の手続的正当性は，社会的生活関係の受容可能な秩序という課題を解決することには十分ではなく，ルーマンのように人間の内面の決定プロセスに注意を向けない，外部にある観察者の位置に引きこもる場合には，再び主張されるにすぎない。

　ルーマンは，ひとつのオートポイエシスシステムとしての法の理論において，彼はその定式化を変更する。ここでは法の実定性は，もはや内容の任意性を意味するのではなく，作動的に自体を継続的に自体で生み出すシステムの**自存性**を意味する。これはもちろん，まずは，トートロジーにすぎない。なぜなら，社会学的観察者にとっては，まさに，それゆえに任意であるにとどまるからである。ルーマンは，それで，次のようにも主張する。「誰でも法では決して任意に決定されうるものではないことを知っている」[101]。彼は専断的な決断主義という非難に対する擁護のために，あらゆる法が一度に変更されることはできないであろうと述べる[102]。法の発展は，むしろ歴史的進化の緩やかな経過のなかで行われるのであり，革命的活動のなかで行われるのではないとする[103]。立法者が，新たな，社会形成的な法律を制定する場合でも，それらは，従前妥当する法の要請を満足させる範囲でのみ法律は法である[104]。また，ルーマンは，いまや**正義の理念**を法システムの内部的な自己コントロールのメディアとして承認すること，規定可能性，平等性，適切な複雑性，その他の諸要素において**正義理念**のその「自己特殊性」を彫琢することにもはやしり込みすることはないの

---

101)　Das Recht der Gesellschaft, 39.
102)　Die soziologische Beobachtung des Rechts, 27.
103)　Das Recht der Gesellschaft, 239ff.
104)　AaO, 407ff., 434ff.

である[105][106]。ルーマンは，この叙述で実定法の概念を変更する。というのは，この概念が，もはや，任意な変更可能性ではなく，法外部からの基礎づけ，そして形而上学的な基礎づけからの独立性を意味するにすぎないからである。これに対して，政治的に定立された法という意味での実定法は，歴史的に発展してきた法観念とまた同様に，正義の要請および法概念体系の無矛盾性の要請を維持しなければならない。しかしだが，これらをオートポイエシス的に自体を生み出す法システムの要素として理解することは，本質的な認識の進歩をもはやもたらさないといってよいであろう。

5 社会システム，法システムおよびその他の社会のサブシステム

ルーマンによる社会とその機能領域である，オートポイエシスシステムとしての法，経済，科学，芸術，政治，教育などの記述は，諸システムの自律的な並立を含意する。それらのシステムは，全て作動的に閉鎖して振る舞う，相互に「刺激し」，「撹乱する」，詳しく言えば他のシステムによって引き起こされる「雑音」に反応することができる[107]。政治システムは，それによって立法手続によって法を作り出すのではなく，それらを法の中に転形する限りで法的性格を獲得する集合的決定を作り出す。他方，法は，社会的，経済的および文化的事実状況を直接的に規律し，形成できず，それらに影響を与えるのみであり，そうすることによって法は，それらを新たな法的環境に向き合わせ，そのことによってオートポイエシスを活性化する。かかる基本的観念構成の観点で，諸システム間の相互作用と社会の総体の結合は，理論的問題であると同様に経験的問題となる。

経験とこれまでのあらゆる諸観念に矛盾する視点をもっともらしくするため，また，理論的に基礎づけるためにルーマンは，重大な思考的労を費やすことを必要とした。オートポイエシスシステムは，作動的に閉じているが，認知

---

105) AaO, 217.
106) AaO, 220ff.
107) ロットロイトナーは，この定式化を前にして「Auto-Poesiealbum」と揶揄している。全体については，以下のトイブナーの論文集を参照。*Teubner* (Hrsg.), Autopoietic Law, A New Approach to Law and Society, 1988.

的には開かれていること，作動的な閉鎖性は，因果的影響を相互には決して排除しないということ，[108]さらには，法システムの社会システムに対する関係は，社会が一方で法システムの環境であり，他方で法システムは，社会のサブシステムを形成する限りで多義的であろうという考え方がこれである。[109]これに加えて，諸システムの構造接合という複雑な理論が登場する。[110]ルーマン自身もこの理論は，特に法と政治の関係においてどの程度問題性があるとみているかは注目に値するメタファーである「相互寄生的」関係ということに特に現れる。[111]投げかけられたこの問題をルーマンよりも鋭く考えるトイブナーは，以下のような補完的考え方を持ち込む。すなわち，2つのシステムにおける**コミュニケーションと構造の二重帰属**（すなわち，「他のシステムの作動をシステム自らの作動として利用し，他のシステムの構造をシステム自らの構造として再構成するシステムの能力である」）[112]さらに，以下のような観念を挙げる。**システムとプロセスの干渉**，[113]**ハイパーサイクル**，[114]同じく構造接合に加わるシステムの**結合性**と「**応答性**」である。[115]トイブナーは，最終的にオートポイエシスを超越する可能性の基礎としての「**一般的社会コミュニケーションのメディア**」という仮説に逢着する。[116]

　そもそもこれらのことは，概念の選択において幾分技術的なことのように思われる。かかる理論の拡張は，その理論一貫性を奪うことになりはしないか，ということを問うべきである。[117]いずれにせよ経験的な法社会学は，法律の実効性と作用の研究を「『オートポイエシスという考え方』を不必要に使用」しなくとも遂行することができるというルーマン自身のことばを裏切るようなこと

---

108) AaO, 421.
109) AaO, 34.
110) Das Recht der Gesellschaft, 440ff.
111) AaO, 426.
112) *Teubner,* „L'ouvert s'appuye sur le ferme": Offene Fragen zur Offenheit geschlossener Systeme, Journal für Sozialforschung 1991, 287, 289.
113) *Teubner,* Recht als autopoietisches System 106ff.
114) AaO, 36ff.
115) L'ouvert s'appuye sur le ferme 290.
116) Rechts als autopoietisches System, 107f.
117) Vgl. *Habermas,* Faktizität und Geltung 74, 579; さらに *Nahamowitz,* ZfRSoz 1990, 137; *ders.,* ZfRSoz 1992, 271ff.
118) *Luhmann,* ZfRSoz 1991, 144.

ばに引きこもることができるであろう。もっともそのことばは語るに落ちることになるが。オートポイエシスシステムとしての法という構想は，もちろん社会を統御する国家の限界づけられた能力の理論的基礎づけを提供するがゆえ，射程の広い政治科学的な成果を有している。トイブナーは，「規制のトリレンマ」の理論において，一貫性を定式化する。それによれば，政治システムにおいて決定されたプログロラムは，まず，衝撃が，対応した，法システムに固有の規制を媒介できる。その次に，それはその側で，社会システムを刺激するインパルスを放射するのである。法という手段によって国家を統御する可能性と限界は，最も重要な，しかし，また問題性に満ち満ちた，学問と政治的の現実的議論のテーマである。ルーマンのシステム理論は，この点で，そこから国家は，その統御の努力を後退させるべきであろうという要請を導きだす。あらゆる力に対して規制に関する悲観論的な彼の立脚点を述べる刺激を与え，そこから国家はその統御の努力を後退させるべきであろうという要請を導き出す。これに対して反対の立場は，国家を通じての社会と経済の方向づけという明確な理論を主張する。

　システム理論的な端緒は，あらゆる法は国家が限定的な作用のみを展開できる，社会進化の産物であるという法社会学の伝統のなかに社会理論的に位置づけられる。ルーマン自身においてもまた，国家はあきらかにわずかな役割しか果たさない。彼は，国家をさらに進んで，多くの他のシステムのなかの社会のひとつのシステムとしてのその課題は拘束力ある決定を行うことである政治システムに切り下げる。他のシステムには，通例，上位にあるのはない。

文献一覧　　*Beyme, Klaus v.,* Ein Paradigmawechsel aus dem Geist der Naturwissenschaften. Die Theorie der Selbststeurung von Systemen (Autopoiesis), Journal für Sozialforschung 31, 1991, 3; *Gephart, Werner,* Gesellshaftstheorie und Recht, 1993, 97; *Habermas Jürgen*; Faktizität und Geltung, 1992; *Karl,Walter,* Kritik der rechtssoziologischen Autopoiesekritik ZfRSoz 1991, 120; *Machura, Stefan,* Niklas Luhmanns „Legitimation durch Verfahren" im Spiegel der Kritik, ZfRSoz 1993, 97; *Mayntz, Renate,* Politische Steuerung und gesellschaftliche Steuerungsprobleme-Anmerkungen zu einem theoretischen Paradigma, Jahrbuch zur Staats- und Verwaltungswissenschaft Bd. 1, 1987, 91; *Nahamowitz, Peter,* Autopoietische Rechtstheorie: mit dem baldigen Ableben ist zu rechnen, ZfRSoz 1990, 137; *ders.,* Steuerung durch Recht und Steuerung des Rechts, ZfRSoz, 1992, 271; *ders.,*

Staatsinterventionismus und Recht, Steuerungsprobleme in organisierten Kapitalismus, 1998, 25ff., 161ff.; *Nocke, Joachim,* Autopoiesis –Rechtssoziologie in seltsamen Schleifen, KJ 1986, 363; *Raiser Thomas,* Aufgaben der Rechtssoziologie als Zweig der Rechtswissenschaft, ZfRSoz 1994, 1, 6f.; *Rottleuthner, Hubert,* Grenzen rechtlicher Steuerung und Grenzen von Theorien darüber, ARSP Beiheft 54 1992, 123; *Scharpf, Fritz W.* (Hrsg.), Gesellschaftliche Selbstregulierung und polotische Steuerung, ; *Schelsky, Helmut,* Zur soziologischen Theorie der Intstitutionen, in *Schelsky* (Hrsg.), Zur soziologischen Theorie der Intstitution, 1970; *ders.,* Die Soziologen und das Recht, 1980, 90ff., *Scholz, Frithart,* Freiheit als Indifferenz, 1982; *Smid, Stefan,* Soziale Evolution und Rationalität, Rechtstheorie 16, 1985, 429, *ders.,* Zur Einführung: *Niklas Luhmanns* systemtheoretische Konzeption des Rechts, Jus 1986, 513; *Teubner Gunter,* Recht als autopoietisches System, 1989; *ders.* (Hrsg.), Autopoietic Law: A New Approach to Law and Society, 1988; ders. (Hrsg.), Paradoxien des Rechts. Eine Debatte zu Niklas Luhmanns Rechtssoziologie, ZfRSoz 2000, 1 (mit Beiträgen von *Luhmann, Folkers, Clam, Baecker, Ladeur, Teubner, Zumbansen, Guibentif, Mahlmann, Rogowsi und Callies).*

第9章 ヘルムート・シェルスキー

Helmut Schelsky

第1節　年　譜

　ヘルムート・シェルスキー Helmut Schelsky（1912-1984）は，哲学と社会学を学び，さらに第二次世界大戦に従軍した後，1948年にハンブルク大学で社会学の教授となる。1960年にはミュンスター大学に移って，そこでドルトムント社会研究所の主管に任ぜられた。1965年，ビーレフェルト大学の立案と創設の任務を引き受けた。この大学の設立については，シェルスキーのアイデアによるところが大である。1970年からは，ビーレフェルト大学の教授となったが，自らが設立したこの大学の社会学部との対立が生じ，その後再びミュンスター大学に戻った。もっともそれは法学の専門領域の一員としてであった。シェルスキーの業績は，哲学や人類学に基づいた制度論に基礎を置きながら，近代社会，それも特にドイツの近代社会について，たとえば家族や若者や大学などにおけるその構造の変化を扱っている。シェルスキーが法社会学に重点的に取り組むようになったのは，おおよそ1970年以降である。それは，自ら書いているように，自由主義的な主体の自己決定と制度として定められた社会的な強制との間の緊張関係のなかでは，法の現実的な秩序原則が，シェルスキーにとっては支持しなければならない最終的な知的立場となっていたからである。[1]

---

1)　*Schelsky*, Die Soziologen und das Recht, 26.

主要著作

- 『現代ドイツの家族の変化 Wandlungen der deutschen Familie in der Gegenwart』1953 年
- 『性の社会学　性と道徳と社会の関係 Soziologie der Sexualität. Über die Beziehung zwischen Geschlecht, Moral und Gesellschaft』1955 年
- 『懐疑的な世代 Die skeptische Generation』1957 年
- 『孤独と自由　ドイツの大学とその改革の理念と形態 Einsamkeit und Freiheit. Idee und Gestalt der deutschen Universität und ihrer Reformen』1960 年
- 『現実の探究 Auf der Suche nach Wirklichkeit, Gesammelte Aufsätze』（論文集）1965 年
- 『大学政策からの決別あるいは機能不全の大学 Abschied von der Hochschulpolitik oder: Die Universität im Fadenkreuz des Versagens』1969 年
- 『仕事をするのは他の人たち　知識人の階級闘争と位階制度 Die Arbeit tun die anderen. Klassenkampf und Priesterherrschaft der Intellektuellen』1975 年（第 2 版，1977 年）

以下の叙述の基礎となったシェルスキーの法社会学に関する論稿は，論文集 „Die Soziologen und das Recht", 1980（SR と引用する）に収録されている。その中から特に挙げておきたいのは，次のものである。

- Systemfunktionaler, anthropologischer und personfunktionaler Ansatz in der Rechtssoziologie, zuerst in: Jahrbuch für Rechtssoziologie und Rechtstheorie Bd.1, 1970, 37ff. (Jahrb. と引用する)
- Zur soziologischen Teorie der Institution, 初出は，Theorie der Institution. Interdisziplinäre Studien Bd. 1, 1970, 9ff. (TdI と引用する)
- Die Soziologen und das Recht, 初出は，Zeitschrift für Rechtstheorie, 1978, 1
- Das Jhering-Modell des sozialen Wandels durch Recht, Jahrbuch für Rechtssoziologie und Rechtstheorie Bd. 3, 1972, 47ff.

第 2 節　シェルスキーの法社会学的アプローチ

1　普遍主義的な社会理論と個別主義的な社会理論

ヘルムート・シェルスキーは，社会学者として極めて生産的かつ効果的な理論的経験的な作品を世に送り出した。これに対して，シェルスキーの法社会学は，完全な，また体系的な形で仕上げられたものではなく，そのほとんどが，法社会学における支配的な理論的アプローチ，特にシステム理論に対抗する，哲学や人類学に基づいた見解の構想にとどまるのである。シェルスキーの見るところによれば，今日の社会科学理論は，その問題設定の出発点や基準点とす

るのが，個人としての人間であるのか，それとも社会の総体，つまり社会システムであるのかによって，区別することができる。この2つのアプローチは，それが社会生活の現実を違った側面から照らし出す限りにおいては，いずれも正しく，実り多きものである。しかしながら，それらが相異なる結果と対立する理論に行き着くのは必至であり，こうした結果や理論は共通点を見出すことはできないのである。シェルスキーは，ルーマンとは違って，この2つの要素をいずれも同じように重視する統一的な理論といったものはありえないと考えている。そこでシェルスキーは，一方的な見方にならないように，手続を分けながら並行してこの2つの方法に磨きをかけることを勧める[2]。

「システム」という一般化されたカテゴリーを基礎にした普遍主義的な理論のアプローチと，「人間」という一般化された概念を基礎にした個別主義的な理論のアプローチとがこのように**補完し合うこと**によって，二通りの現象が生まれるのである。

　a) この2つのアプローチはどちらも，一面においては，上述のような社会的現実の現象を問題にするにあたり，それぞれ独自ではあるが，その一方で互いに相反する，いや排除し合うことさえある見方を展開する。このように**視点が相反している**ために，理論のアプローチを一貫した考え方のもとで追求していくと，問題システムやカテゴリーシステムまでもが相反するものになってしまうのである。この場合，普遍主義的な社会理論は，秩序や統合や制度を問題にしがちであり，また個別主義的な社会理論は，自由や紛争や意識を問題にしがちである。こうして異なる理論アプローチから基本的カテゴリーをずっと問題にし続け，それらのカテゴリーが，方法論的なことまでは考えていない意識のなかで，たとえば自由と秩序，紛争と統合，個人と共同体のように，二元的なものとしてぶつかり合えば，いつまでも議論することは可能ではあるが，解決することはできない社会科学の問題が生まれるのである。系統立てて考えつつひとつのアプローチを支持する者は，たとえば社会全体を「客観的精神」や「集合的主観」とするように，もうひとつの側のカテゴリーを自分のシステムの中に取り込んで定義するか，あるいは逆に個人を社会システムに左右される要素と捉えたり，個人それ自体を形の上で「サブシステム」と捉えたりすることによって，このような問題点を解消するのである。ただこうすることによって，そのような考えをもつ者がシステムを充足することにはなるが，もうひとつのアプローチから想定された問題点を解消することにはならない。社会科学によるこうした見せかけの解決に対して，ここでは相反する社会学的な理論アプローチがもっている利点に注目してみよう。社会科学は，2つの（あるいはそれ以上の）基本

---

2) Jahrb. 40ff., SR 96ff.

的な理論アプローチを用いて研究を行うことができるし，またそうしなければならないのである（もっともそれは分業という形をとることになるであろう）。なぜなら，この2つのアプローチは違った認識機能と実践機能を具えているからである。[3]

　こうした見方からすれば，**システム論**や**組織論**は**普遍主義的**な**社会理論**の**現代的**な**形式**であることがわかる。このシステム論や組織論が，集合的主観（民族，共同体，社会）を基礎にした従来の理論と比べてすぐれている点は，抽象度と技術性が極めて高いということ，また他の学問領域の理論アプローチと一致しているということである。それゆえ，これらの理論は重要な認識を明らかにしているのである。[4] しかし，それはシェルスキーから見れば，一面的であり，個人主義的な理論によって補う必要があるという批判と同じ批判を受けることになる。

　法のシステム機能的な分析は，社会システムが全体として機能するについて法はどのようなことを成し遂げることができるのかという研究へとつながっていく。この分析においては，個人は2つの姿で登場する。それは，**規範の名宛人**と**紛争の担い手**である。これはすなわち，個人は，一方で法によって生み出されまた認められている規範システム（正当化，解釈，判決，サンクションなど）をその行為の動機として消極的に受け入れ，個人の社会的行為はシステムに導かれたものとなり，そのため個人は自分に課された規範システムのいわば傀儡でしかない。しかしその一方で，個人の性格や利害により（それについてはこれ以上立ち入らない），まさに個人の行為を通じて紛争が生じるのである。この紛争は，この場合には法の制度的過程の作動要因として，すなわち規範的なシステム決定に至るのである。この決定は，行為の動機としてもう一度個人に課される。システム機能的な分析においては，**法は個人に対立する**。個人の法ではなく，システムの法なのである。個人が行うことができるのは，システムができるだけ紛争を起こすことなく調和的に機能するようにすることであり，個人が間接的に「システムの一部」として関与する生産的な協同作業を行うことである。このことを通じて，同じように間接的に法に対する個人の関心が維持されるのである。[5]

2　人類学的なアプローチと人的機能的なアプローチ

　シェルスキーの意図は，システム理論的なアプローチに対する理論的な対抗

---

3) Jahrb. 42, SR 98.
4) Jahrb. 40, SR 96; SR 90 以下におけるルーマンとの論争も参照。
5) Jahrb. 56, SR 112f.

的立場として「人的機能的な」法社会学を構想することである。シェルスキーはその基礎になるものとして，フロイト Sigmund Freud，マリノフスキー Bronisław Malinowski，ゲーレン Arnold Gehlen，ポルトマン Adolf Portmann，ローレンツ Konrad Lorenz などの近代人類学を取り上げる。その中心的な言説によれば，人間は動物とは違って生物学的には「**不完全な存在**」（ゲーレン）なのであり，その行動は本能によって制御されたり保全されたりすることはまったくないか，あるいはせいぜいおおまかで不完全にしかされないのである。したがって人間は，固有の生物学的な行動の不確実さを表す。この不確実さは，人間の体質，特有ではないリビドー，長い成長期間，社会の仲間としての養成の必要，世間の人々との距離などを，それぞれ生み出すときに現れる[6]。人間はこうした欠缺を知性の助けによって補うのである。つまり人間は，知性によって，意識的な行為や目的をもった行為を行うことができ，またそれによって自分の置かれた状況を制御し，安定させることができるようになるのである。したがって，人間が自分の生命を維持する手段としての特徴は，人間が意識をもっているということである。すなわちそれは，将来を頭の中で見通しながら確かな目標を定め，またたとえ期待が裏切られてもこの目標を持ち続け，さらにまったく別のやり方でこの目標を実現しようと努力するという基本的な能力である。この能力は，機能的に見れば，動物が生まれながらにもっている硬直した本能の表れに相当するものであり，それゆえそれは人間の本性に属する，生きていくために必要不可欠なものである。この能力の生物学的な根源は，主にコンラート・ローレンツによって分析が行われた「**欲求行動**」にある[7]。また同時にこの能力は，個々の人間の誰もがもっている人としての個性でもある。さらに，人間が具体的ですぐに実現できる目標を追求するのか，それとも人間が長年にわたって持ち続け，人間の行動全体を特徴づけることができる抽象的な中心観念や理念を発展させるのか，ということも，生物学的・人類学的に見ればまったく違いはない。この２つのことは，どちらも最終的には，生物学的な行動の不確実性を補うのに役立ち，それゆえ必然的な欲求を満たすのである。ただしその内

---

6) TdI 18ff. を参照。Jahrb. 57ff., SR 113ff., 223ff.
7) Jahrb. 63ff., SR 119ff. を参照。

容は，欲求の種類によって決まるのではなく，文化的発展の所産によって決まるのである。

　時や歴史が経過するうちに，このようにして固定した行動範型や相互作用範型は，いまや個人を超えた社会的な性格をもつようになり，さらにはたとえばマリノフスキーやゲーレンの人類学では，**制度**と呼ばれている。これは，シェルスキーが受け継いで社会学的に定式化した概念なのである。それによれば，制度を形成するということにこそ，まさに共同体のなかで他の人と生活している人間がその生物学的な形質に対して出した独自の回答を見出すことができるのである。制度が維持されている限り，それは人間の行為に一定の輪郭やある程度の確実性をもたらす。そのうえさらに制度は，欲求が変化した場合にはまた壊され，別の姿に作り変えられることもある。生物学的に見ても同様に，制度は，人間の基本的な衝動や欲求に由来するものではあるが，それに規定されるわけではない。それどころか，その具体的な姿から言えば，制度は長きにわたる発展過程の結果であり，そのような発展過程のなかで，制度は様々な形で社会的文化的な影響を受けてきており，その影響によって形が整えられたり，形が変えられたりしたのである。[8]

3　制度と法

　シェルスキーが注目した人類学的人的機能的な法社会学の核心は，上述のことからすれば，個人と制度と法との間の関係について分析することであるといえる。シェルスキーによれば，法は３つの機能をもっている。第１に，シェルスキーはごく一般的な意味で法を社会的メカニズムと呼ぶ。つまり個々の人間は，このメカニズムによって相互的な社会的行為について互いに相手のことを考えて決定するのである。[9] さらに，法は，今度は個人の視点から見ると，行為によって得られたものを維持する機会だけでなく，社会との関連において将来にわたる行為の効果を追い求める機会をも，社会的な行為を行う人間に与える。その限りでは，法は，できあがったものや得られたものを安定させ，また

---

8)　Jahrb. 57ff., TdI 14ff., SR 113ff., 219ff. を参照。
9)　Die Soziologen und das Recht, SR 77.

同時にそれらと，意識的な，つまり計画された社会変化の機会や方法を結びつけるのである[10]。第3の，副次的な機能としてシェルスキーが取り上げているのは，紛争を予防したり解決したする法の特性である[11]。

　法の機能を規定することは，デュルケムやエールリッヒやルーマンのような他の論者とは基本的に違いはないが，それよりもっと重要なのは，シェルスキーが法を自分の制度理論に組み入れている方法である。彼は，あらゆる社会的な事象を，主観的な動機や観念や欲求や目的に従って行為する**諸個人**と，その諸個人の行動を制御し，限界づける**諸制度との間の相互作用**として描き出す[12]。彼は，社会的な行為領域と行動領域を，相互に作用し合う動機要素と制度要素との間の循環過程と考える。それに応じて彼は，法も，社会的な事象や過程として理解する。この事象や過程では，人々の主観的な意思構造や動機構造と制度的社会的な制御衝動とがたえず遭遇し，また相互に浸透し合っている。これらのことから法の両義性ということも出てくる。すなわち法は，一方では制度によって保護された，当事者たちの動機システムや意思システム，つまり主観的な法として，また他方では客観的で規範に満ちた秩序，つまり客観的な法，制度として理解することができるのである。シェルスキーは，次のような文章でこの相互作用についてまとめている。

　「法秩序の言うなれば個人を超えた制度なるものが存在しうるのは，それが，法に則った行為をなし，法を探し求め，法を擁護する人間の意思や動機やさらには感情（法感情）によってつねにもたらされ，維持される一方で，逆に客観化された制度的な法秩序，つまり憲法や法律や命令，そしてそれらの執行装置や管理装置が，人間のいわゆる意識状態，その目的観念や評価，決心や断念を，自らの力で決定し，影響を与えるからである[13]。」

　このような考え方が，人にかかわる法社会学の土台となる。法社会学は，制度を「昇華した欲求の上部構造」として説明するにとどまらず，人間の思考，つまりその主観性を「社会生活の自律的な現実要因」として認めることができ

---

10)　SR 77.
11)　SR 77.
12)　SR 77ff.
13)　SR 78f.

るのである[14]。この場合,法とは,「自由で意識的な目的行為を通じて,社会関係をたえず意識的に調整し,形成していくこと」なのである[15]。法は制度の中に意識的な目的行為の領域を作り出すのである。それは,すなわち,法の中に満たされた本能による欲求あるいは本能にはない欲求とはかかわりなく,人間の諸制度を,絶えず更新され現実化されている意識的な目的行為の対象や目標にするというきっかけなのである[16]。法は,「制度の内部における新たな(二次的な)人間の欲求にとっては,目的を目指し,秩序を形成する意識的な行為の水準であり」,「制度のもつ合理性の次元や将来的な次元である」。これに対して,「制度的なもの」とは,すなわち個人の行為に与えられた規範的な秩序や制御のことであり,それは人間の行為の人類学的な本能の代償であり,いわゆる制度の「動物的な」側面を,これからも続く現在の状況を機能させるのである[17]。

4 法の一般的指導理念

このような構想をもつ法社会学の課題は,法の指導理念を個人と関わらせながら,あるいは人間の「絶対的な動機」を法と関係づけながら納得がいく形で定式化することであり,また法の意味付けの法史的分析によって,この指導理念が法の発展や機能を規定したことを明らかにするということである[18]。シェルスキーは,個人の欲求に関わる3つの法の一般的指導理念を挙げることができると考える。それらは,シェルスキーが,a)「永続的な相互性」,b)「差異のなかの平等」,c)「組織に対する人間の統合と自律」として採り入れているものである[19]。

a) 有体財や無体財の交換についての,また相互的な請求権や義務の根拠づけについての行為形式としての**相互性**あるいは**互酬性**の原則は,民族学(トゥルンヴァルト Richard Thurnwald,マリノフスキー)や現代のアメリカ社会学(グール

---

14) TdI 16.
15) Jahrb. 66, SR 122.
16) Jahrb. 67, SR 123.
17) Jahrb. 67, SR 123f.
18) Jahrb. 69, SR 125.
19) Jahrb. 70, SR 126.

ドナー Alwin Gouldner, ホーマンズ George Homans, ブロー Peter Blau)の知見によれば，社会的接触の基本形態のひとつである[20]。この原則は，等しい権利をもつ当事者間の人間関係の現象形態を表していて，あらゆる者はこのような人間関係に基づいてそれぞれ自分の目的を追求するのであり，その限りで，この原則は，**社会的強制からはかけ離れた意識的な行為の可能性**であり，主観的権利や契約といった法形態の根本である，ということを明らかにすることは，シェルスキーにすれば難しいことではない[21]。もっとも，この原則それ自体は，社会的諸関係の安定性や将来についての計画立案の基礎をもたらすものではない。それゆえ，相互性は**持続**しなければならない。この持続性は，当事者の関心がたえず変化することにより，また第三者が関わってくることによって危険にさらされる。そのためそれは，外部からの，つまり家族成員，ジッペ，社会単位としてのゲゼルシャフト，国家による保障を必要とする。そのときそれは制度となる。保障する権力が全面に現れることによって，支配的な法関係が成立するのである。このような関係においては，国家に対する個人の自由を保障することが重要になるので，根本的に異なる法の指導理念が優先される[22]。

b) シェルスキーが「**差異のなかの平等**」と名づけた，法理念のこの新しい段階においては，人と社会，個人と国家との差異やそれらの利害の相違が意識され，中心的な法の問題となっている[23]。国家による支配を制限するものとして主観的権利という形が現れる。それはそれぞれの個人に付与された対抗権力である。法は，人に対してそれぞれの発展の不可侵の領域を保障する。西欧国家の近代憲法に採り入れられた法治国家，基本権，民主主義などの法原則が形成されたのは，主として啓蒙主義と自由主義の功績である[24]。

c) これに対して現代においては，個人を国家に対して保護するだけでなく，社会的組織（これはしばしば中間権力と呼ばれる）に対しても保護する必要が新たに生じてきた。この社会的組織は，「個人を社会的役割，組織化されたサブシ

---

20) Jahrb. 70ff., SR 127ff.
21) Jahrb. 72, SR 129.
22) Jahrb. 75ff., SR 131ff.
23) Jahrb. 76ff., SR 133ff.
24) Jahrb. 79, SR 136.

ステム，多様な組織や制度の中に解消する（分解する）こと[25]」を行い，このようにして個人の道徳的心理的な全体性や連続性を脅かすのである。シェルスキーは，ただこのような状況を他との関連において断言できるにすぎない。シェルスキーは，このような状況に対しては，まだ出来上がっていない新しい法の指導理念を求める。この理念は，シェルスキーが，組織に対する，すなわち**社会的強制に対する「人間の統合と自律」**という語句で採り入れているものである。ここには，社会学におけるシステム論的なアプローチに対するシェルスキーの明確な反論が現れている。このシステム論的なアプローチは，まさに人間を中間権力に従属させることを明確にし，強調するのにひきかえ，シェルスキーは，そのような挑発に対しても個人の人格を守ることが，法社会学の課題であると考える。

5 権利のための闘争

最後に縷々説明した考え方について，シェルスキーは，これを学問的な方針としてだけでなく，法政策的な方針としても取り上げて説明している。このときシェルスキーは，注目すべき表現を用いながら，ルドルフ・フォン・イェーリングによる**権利のための闘争**への呼びかけに立ち戻っている。この呼びかけは全ての人に対して課されているものである。

> 「目下喫緊の人についての法の指導理念とは，人間の統合と自律を成し遂げることであり，それは，あらゆる人の政治参加を必要とする，何よりも政治的な課題となっている。この指導理念のもとでの法政策とは，社会的なシステム強制に対抗する進歩的な社会政策なのである。人間の喫緊の法は，国家による上からの法秩序の管理として期待することはできず，あらゆる具体的な政治社会状況における持続的な政策的な形成課題と実現課題として把握しなければならない。法の人的な指導理念の法定立と法実現は，喫緊の政治的な**権利のための闘争**として把握しなければならない。政治的組織によって定立された法を「客観的秩序」としか捉えないないならば，それは既に法を近代世界の組織性，つまりそのシステム強制に委ねてしまっているのである。個人を機能化するためにシステム強制を克服することや人が自己を維持することは，この自己維持それ自体を道徳的政治的課題と捉える場合にだけ，行うことができるので

---

25) Jahrb. 81, SR 138.

ある。また，このような持続的な活動は，それが権利の創設や実現や維持としてあらわれる場合にだけ，堅固なものとなるのである。[26]」

第3節　批判的評価について

1　1960年代のドイツ社会学の批判者としてのシェルスキー

「社会学者および政治思想家[27]」としてシェルスキーのもつ重要性は，彼が法社会学に転ずる以前の1950年代や1960年代に書かれ，大きな影響と成果を生み出した時代批判的な著作に表れており，本書では触れない。シェルスキーによる法社会学的な評価についてまず強調しなければならないことは，彼が法社会学として練り上げたものを提示しなかったことである。シェルスキーは，自分の仕事が分析的・理論的な研究あるいはあまつさえ経験的な研究としてではなく，たださらなる展開と批判的な検討が必要な，法社会学的法政策学的な見地をめざして企図したものとして理解されることをわきまえようとする[28]。その仕事の理論的な中心は，制度理論を修正し，それを社会学的に定式化することである。シェルスキーの「人的機能的な」理論アプローチの圧力が向かったのは，普遍主義的な社会理論による絶対性の要求に対してであり，また個人の人的側面や法の観念的な側面を除去するという傾向に対してであり，さらに，ニクラス・ルーマンが主張するような形態におけるシステム論に対しては特にそうである。

他方において，シェルスキーが当初から追求していた，このような科学政策的社会政策的傾向は，シェルスキーの業績の限界も示している。シェルスキーには，一方では民族学的人類学的に，他方では社会哲学的に基礎づけられた制度論を法社会学のために用意したという功績があるが，法の位置を制度のなか

---

26)　Jahrb. 87, SR 143f. これについては，„Das Jhering-Modell des sozialen Wandels durch Recht. Ein wissenschaftsgeschichtlicher Beitrag" におけるシェルスキーによるイェーリングとの詳細な議論も参照。SR 147ff.

27)　ヴァインベルガーとクラヴィエツの編集によるグラーツでのシェルスキー追悼論文集（1985年）の表題。

28)　Jahrb. 84, SR 141.

で決定するという，結局はあまり明確ではない試みが，この功績に向かい合っている。この試みは，主観的な衝動や動機と客観的で社会によって制御された行動様式との相互作用という，両極端な捉え方がなされている考察方法が，あまりにも強くその特徴となっている[29]。シェルスキーが示す理論には，結論が完全に出ているものがない。特に，動物的あるいは原初人間的な「欲求行動」と高度に抽象的な人間関係的な法理念との関連，さらに個人の純粋に主観的な指導観念から制度の「指導的理念」（オーリュー）の客観性への移行，これらは，法に関する社会科学的な制度理論の基礎として批判に耐えるためには，さらに正確な説明がなされなければならないであろう。ともかく，この制度理論は，同じく個人主義的なアプローチから出発する新しい制度経済学と同じ方向性を示している。

　最後に，シェルスキーが強調した法の3つの指導理念は，さらに詳細に検討すると，極めて異なる性質をもっていることが明らかとなる。人類学や社会学理論における相互性の原則が，古代社会においても行われている原初的な相互作用形式として認められるのに対して[30]，国家の支配に対する個人の自由の保障については，近代の哲学的政治的な成果が重要となり，また組織化された社会による社会的強制からの個人の保護については，現今の法政策的な問題が重要となる[31]。このように，シェルスキーによる法社会学の人類学的人的機能的なアプローチは，まったく異質の諸要素から成り立っている。この諸要素は，法社会学の内的な完結性や一貫性よりもシェルスキーの政治的目標によって結びついている。

2　法学との関係

　シェルスキーは，社会学における一定の傾向に対しては反対の姿勢をとっている。その一方で，現代のドイツ法思想とは近い関係にある。制度論は，法解釈学においては，一部にはシェルスキーとは別の源泉から発する重要な伝統

---

29)　シェルスキーの制度論の評価については，*Krawietz*, 114ff., *Werner* 1995, 46ff., 65ff. を参照。
30)　第*11*章第3節を参照。
31)　後の2つの「法の指導理念」をひとつめの原則と同じく基本的な原則と認めることができるかどうかについては，さらに厳密に考察する必要があろう。

を有しており，また現在においても重要な役割を果たしている[32]。法主体として，また法規定を結びつける接点としての個人から出発する考察方法および主観的な法という形象は，今なお法解釈学の中心にあり，それらは，少なくとも民法の中では，また基本権については，効果が弱い社会的混合物によって相対化されるにすぎない[33]。相互性の原則は，双務的な契約という形で法律によって規定されており，つねにそのようになっている。憲法思想が，強力な国家に対して個人を保護することの必要性という問題ばかりにいかにとらわれているかは，証明するまでもない。しかし，強力な社会組織に対して保護することの必要性についても，つとによく知られしばしば議論されたテーマとなっており，それは法実務において影響を与えているテーマである[34]。シェルスキーの法社会学的な企図は，このように法社会学と法解釈学との重要な架橋を具体化するものである。

文献一覧 *Krawietz, Werner,* Helmut Schelsky – Ein Weg zur Soziologie des Rechts, in FS Schelsky, 1978, XIII ff.; *ders.,* Begründung des Rechts – anthropologisch betrachtet. Zur Institutionentheorie von Weinberger und Schelsky, in FS Weinberger, 1984, 541ff.; *ders.,* Über die Fachgrenzen der Soziologie hinaus: Helmut Schelskys „transzendentale" Theorie von Recht und Gesellschaft, in: *Weinberger/Krawietz* (Hrsg.), Helmut Schelsky als Soziologie und politischer Denker, 1985, 12ff.; *ders.,* Die Normentheorie Helmut Schelskys als Form eines neuen Institutionalismus im Rechtsdenken der Gegenwart, in: *Baier* (Hrsg.), Helmut Schelsky – Ein Soziologie in der Bundesrepublik, 1986, 114ff.; *Lumann, Niklas,* Helmut Schelsky zum Gedächtnis, ZfRSoz 1984, 1ff.; *Rottner, Frank,* Der personfunktionale Ansatz in der Rechtssoziologie. Eine Auseinandersetzung mit dem Ansatz von Helmut Schelskys, in FS Schelsky, 1978, 481; *Weinberger, Ota,* Institutionentheorie und institutionalistischer Rechtspositivismus, in: *Weinberger/Krawietz* (Hrsg.), Helmut Schelsky als Soziologe und politischer Denker, 1985, 134; *Werner, Petra,* Die Normentheorie H. Schelskys, 1995.

---

32) *Schur* (Hrsg.), Institution und Recht, 1968; *Luhmann,* Grundrechte als Institution, 3. Aufl. 1986; *H. Dombois* (Hrsg.), Recht als Institution, 1969; *Rüthers,* Institutionelles Rechtsdenken im Wandel der Verfassungsepochen, 1970; *Ludwig, Raiser,* Rechtsschutz und Institutionenschutz im Privatrecht, in: Summum ius – summa iniuria, 1963, 145ff.; *Schelsky* (Hrsg.), Zur Theorie der Institution, 1970; *Krawietz,* Rechtssystem als Institution?, in: Rechtstheorie Beiheft 6, 1984, 209ff.; *Koller/Krawietz/ Strasser* (Hrsg.), Institution und Recht, Rechtstheorie Beiheft 14, 1994 を参照。

33) 例として，*Flume,* Rechtsgeschäft und Privatautonomie およびこれに対立する *Ludwig Raiser,* Vertragsfunktion und Vertragsfreiheit（in: Hundert Jahre deutsches Rechtsleben, Festschrift zum Dt. Juristentag, 1960, Bd. 1, 135ff. und 101ff.）を参照。

34) 例として，労働法の主要部分および消費者保護法を参照。

第Ⅲ部
法と社会（法社会学総説）

第10章　社会学的法概念

Der soziologische Rechtsbegriff

第1節　社会の規範的構造

1　社会的行動範型としての規範

　社会的コミュニケーションおよび社会的行為の構造や社会の機能様式を観察する者は，次のことにすぐ気づくであろう。すなわち，人々はあらかじめ決められた**範型**——それは**個人を超え**，しかも**時間とともに確実になる通用力**をもっている——に従うのがほとんどである，と。この言明は，初期の法社会学的研究による成果であり，第Ⅱ部で述べた偉大な理論家たちの説の共通の基盤である。人々は，このような行動範型を遵守する場合にのみ，互いにコミュニケーションをとり合ったり，相互に理解し合ったり，相互に志向したり，行為を相手に合わせたり，目標に向かって協力して働いたりすることができるのであり，またそれに応じて，自分の身近な社会と接触を保ちながら自身の将来を作りあげていくこともできるのである。私が自分の車で無事に時間どおりに着くと期待することができるのは，私が交通規則を守り，そして同時に，他の人がみな同じことをするとあてにできる場合だけである。大学で何かを学ぼうとする者は，そこに設置された授業に出席し，聴講し，参加しなければならないが，それとともに，教授が講義に現れ，十分に準備をして，わかるように話をすること，また級友が授業のじゃまをしないことに信頼をおくことができるのである。しかし状況はこれにとどまらない。教室で服を脱いだり，水着になることはできない。逆に燕尾服を着た者は，不快に目立ってしまう。食べること，飲むこと，新聞を読むことは，許されない。例外的に飲むことが許されたとし

ても，居酒屋のように飲むことはできない。たばこを吸うこともつねにしっかりと禁止される。紙の音を立てることもできず，近くの人と話をすることもできず，声高に笑うこともできず，教授が話したことが気に入ったりいらなかったりしてもそれをことばやしぐさで表すことはできない。そのようなことをすれば，みな勉強のじゃまになるのである。会話の中では決まった挨拶ことばを守らなければいけないが，それは，教授に対しては仲間，ガールフレンド，ボーイフレンドに対するときとは内容が違っている。それ相応に一般化された言葉使い，マナー，服のきまりごと，飲食の慣習，規格化された協働作業の形式などは，あらゆる社会関係において見られる。集団ゲームでもルールを守らないとうまくいかない。

　このような行為範型の意義を過大に評価することはほとんどできない。個人がその行為を範型に合わせることによって，まず表現や行為の方法をつねに新しく作らなければならないとか，裁量に任されている多くの選択肢の中からどれかを選ばなければならないという苦労からさえも解放されるのである。さらに個人は，他人が自分の行為に対してどのような反応を示すのか，またこのことが他人および自分自身にどのような結果を呼び起こすのか，について何も知らないという不確かなことを避けるのである。この行為範型は，個人の行為に一定の望ましい安定性，持続性，計算可能性をもたらす。行為の予測可能性は，行為者と社会的なコンタクトをとっている全ての人にとっても同じように重要である。なぜなら，その人たちは，行為者が自身の行為をそれに合わせるためにどのような行為をするのかを，この予測可能性を頼りに見積もることができて当然である。このようにして行為範型は同時に人間相互の意義深い広がりにとっての前提条件をもたらすのである。

　社会科学は，一般に行われている用語法に合わせてこのような行為範型を規則または規範と呼ぶ。社会科学はこれを**行為規範**または**社会規範**として言語的・美学的・技術的規範とは区別する。社会規範の研究は社会学に特有な対象のひとつである。

　ラテン語に由来する規範という概念は，本来は墨縄または曲尺，つまり垂直な壁や直角を精確に測定するための建築職人の道具を表している。この概念は

既に早くから今日用いられている平均値や規則や規定という転用された意味で使われている。

2 二者間の関係

確かに2人の間の関係に偶然で1回限りの出会いを超えた関係がいつも生まれるのは，それぞれが，もうひとりの行う行為，あるいは少なくとも問題となる行為の選択肢を予測することができ，自分の行為をそれに合わせることができる場合に限られる。したがって，夫婦，友人，共同経営者は，互いのつきあいのために確固とした範型を作り上げるのである。契約は，その効力を持続させるために契約の相手方の行為に合わせることに意味がある。非常に親密な接触，恋愛遊戯でさえも多くはいまどきメディアによって広く知られているステレオタイプのやり方で行われている。医師のところに行く者は，注意深い，そして何より専門的な知識に基づく治療を期待する。したがってこの2つを提供できる者だけが医師を開業することができるのである。医師の指示を自ら進んで受け入れる者だけが治療をあてにすることが許される。治療がうまくいくとするならば，両者は，医師としてあるいは患者としてどのようにふるまうかについての期待を裏切らないということを信頼するはずである。両者が，その役割と結びついた行動範型と行動ステレオタイプを守る用意がある場合に限って，関係が成立し，特定の目的に向かうことができるのである。

3 逸脱行動

社会規範に原則として拘束されるからといって，逸脱が排除されるわけではない。あらゆる人間関係は，一定の，それぞれ大きさの異なる許容範囲の中で，予期しない，また一様でない行動を認める。この行為は，確かにルーティンを破り，予期せぬできごとや不安定なこと，おそらくさらには緊張関係や紛争さえも引き起こすが，しかしそれは抑えることができ，また関係それ自体を危うくすることはない。人間の個性ということからすれば，このような逸脱は避けられない。人間はこのような事例に対応しまた処理できるほど経験をつみ，柔軟性をもっている。人間は，この事態を，繰り返されることもなく，規則をな

いがしろにすることもない例外的な事例として理解することができ，あるいはかなえられなかった期待は断念し，相手がもたらした新たな状況に順応する，つまり新たな範型を作りあげることができるのである。期待に反する行為が予測できないものになり，そのため相手がもはやまったくそのような行為に対応できない場合，つまりデュルケムの用語でいえば**アノミー**の状態が生じている場合に，初めてその期待に反する行為によって関係の継続が危ういものとなる。[1]

　逸脱行動そのものには多くの原因がありえる。それはたとえば妥当している規範や自分に寄せられた期待について行為者が知らないことの表れか，あるいは思い違いの表れかもしれない。この場合には，次に守られている慣習に戻ることは容易である。その他の場合には，逸脱は，行為者の特別な関心または要求あるいは新たに生じた外的事情が原因である。もっとお値打ちの住居を見つけた人は，最初の賃貸人との契約締結についての約束の期限をもはや守らないであろう。しかもこの住居はその人のわがままや自立を求める努力の産物にすぎないかもしれない。人間の意思自由や個性のせいで，その人を融通のきかない行動範型に完全に押し込めることなどできなくなる。むしろそれらは，行動範型が通用していても日常のつき合いでは一定の形成領域や十分な可動性を維持することを強いるのである。

　その点では逸脱行動は，デュルケム[2]以来知られているように，**正常なもの**であり，関係が硬直化しないように守る**動的な要素**なのである。それどころかこの逸脱行動は関係を安定させるためにおおいに役立つ。なぜなら，通常の進行が思いがけず妨げられることによって，両当事者は，将来いままでの範型にもどるべきかそれとも新たな範型を採り入れるべきかについてはっきりさせざるをえなくなり，またいずれにしろ両当事者はどちらの場合でも関係を継続する意思を確認するからである。このように社会生活においては範型どおりの──「範型的な」──行動と逸脱行動とが交互に行われる。つまり，あらゆる関係は，確実であると同時に順応可能であるという二重の課題を克服しなければならないのである。とりわけこのように2つの行為が表れたり消えたりすること

---

1) 第5章第2節3を見よ。
2) 第5章第2節1を見よ。

は，社会関係が範型をもとに方向づけられるという見解を否定するわけではない。なぜなら，当事者間に妥当している行動範型が全て同時に放棄されることはけっしてありえないからである。まったく変化したにもかかわらず最小限の信頼できる行為形式がたえず残存していないと，関係そのものがばらばらになってしまう。規範的な枠組みがまったくないと関係は持続できないのである。

逸脱行動，その現象形態や原因，その抑圧や克服の方法に関する理論は，**犯罪社会学**の重要な要素である。犯罪社会学は，それを遵守することが社会の存続にとって重要だと考えられており，またそれからの逸脱がそれゆえ通常許されず，逆にできるだけその発生を防止し，それに対して刑罰を科すような規定，特に刑法の違背に関心が集中している[3]。

4 特殊規範，全体規範，個別規範

ある関係がより親密かつ濃密になるにつれて，またその当事者たちが外界から隔絶されるにつれて，当事者たち自らが慣習に従いあるいは協定に基づき，それだけが互いの交流をよく表している特殊な行動範型を形成するようになる。仲よく共同生活をしている夫婦や非婚者として共同生活をしている人たちは，結婚観を特徴づける一般的な社会規範や婚姻法の規定からは遠く離れ，自分たち自身の考え方で生きている。緊密で長年続いている取引関係においても，一般に行われている商慣習から逸脱した特別な取引慣習が形成されるのは珍しいことではない。紛争が生じたときは，むしろこの慣習のほうが法的に重要のものとなるのである[4]。個別に締結された契約は契約当事者間の特別な関係を規律するためのものである。したがってこのような行為範型は**特殊規範**と呼ぶことができる。しかし夫婦や取引当事者も一般の，社会で認められている行動範型を引き合いに出さずにすませることはできない。この行動範型は，彼ら

---

3) *Wisdwede*, Soziologie abweichenden Verhaltens, 2.Aufl. 1979; *Cohen*, Abweichung und Kontrolle, 4.Aufl. 1975; *Opp*, Abweichendes Verhalten und Gesellschaftsstruktur, 1974; *Lamnek*, Theorien abweichenden Verhaltens, 2.Aufl. 1979; *Amelung*, Sozial abweichendes Verhalten, 1986; *Lüderssen/Sack* (Hrsg.), Seminar abweichendes Verhalten, 4 Bände, 1975-1980; *v Trotha*, Recht und Kriminalität, 1982.

4) *Müller-Graff*, Rechtliche Auswirkungen der laufenden Geschäftsverbindungen im amerikanischen und deutschen Recht, 1974.

が自分たち自身の関係にとってできあがった手本として取り上げ，そのまま使うだけでよいのである。同性の生活共同体の当事者たちは，周知のようにしばしばそのような関係を国家の婚姻法のもとでの結婚として承認するよう求めている。他方において，婚姻法の規定を非婚の共同体にどこまで適用できるかは，その共同体が解消する場合あるいは子どもの幸せがかかっている場合のいずれにせよ，まだ最終的に解決されていない問題である。契約交渉の当事者は，重要な点を全て規定することはあえてしないのがふつうであり，そのかわりにあらかじめ作られた規定範型に依拠するのである。多くの実務において用いられる契約要式，普通契約約款，基本契約，団体契約，特に労働協約，さらにとりわけ任意の契約法の目的は，まさにあらかじめ組み込まれていた点についての特別な合意を不要にすることである。

　ほとんど大部分の社会関係は緊密でなく，人間味のないままであるので，それらは固有のコミュニケーション範型や相互作用範型を発展させることができない。それらは全てあるいはほとんど一般的な基準の範囲内で生まれるのであり，その基準に依拠しているのである。道路使用者，学生，教授，医師，患者に適用される規範は，個人を超える社会構造物として用意されている。それぞれの人たちはこの規範を用いるほかはないのである。なぜなら，もしそうでないと道路交通は麻痺してしまい，学生と教授，医師と患者との間に期待どおりのコンタクトは成立しなくなるからである。このとき，全ての共同体構成員に向けられている規範，すなわち**全体**規範と，特定のカテゴリーの人間にのみ妥当する規範，すなわち**個別**規範とを区別することができる。最初の形態の例には，刑法の規定や道路交通の規定がある。個別規範は様々な区別と結びついている。たとえば，男性と女性，親と子の違い，あるいは特定の，社会的分業によって固定された，特に職業上の地位である。

　機能的に分節化された社会においては，個別的行動範型はたいてい互いに関連し，特定の地位にかかわる規範の束として現れる。社会学はこの規範を劇場のできごとになぞらえて**社会的な役割**と呼ぶ。社会学は次のような考えから出発する。人間関係はその大部分が社会的役割を用いて生まれるのであり，一人ひとりの個人はそれに合わせて多くの役割を「演じる」のである。それはたと

えば，夫婦，父または母，ドイツ人，裁判官，党員，体育協会の役員などとして。社会学はこれに基づいて極めて細分化された**役割理論**を構築したのであるが，それについてはここではこれ以上追求する必要はないであろう。[5]

5 社会集団と社会組織

上記において2通りの関係として述べた規範構造は，複数の人間が共同で働いている社会**集団**の特徴でもある。ただしここではより複雑でより細分化された行為範型も考えに入れなければならない。[6] 参加者たちが互いに知り合いではない団体旅行に参加する人は，集団規範が徐々に形成され，それが集団に受け入れられ，拘束力をもつようになり，それに抵抗する旅行参加者にも適用されるようになるという過程を容易に見てとることができる。その人は，集団の結束や旅行参加者の無事や旅行の成功が成就されるかどうかはひとえにこの集団規範を遵守するかどうかにかかっているということもわかるのである。

シュピットラー Gerd Spittler は，2つの興味深い経験的研究において，レストランの厨房で料理人とその徒弟との間に，また精神療法のグループで医師と看護師と患者との間に，どのような行為範型が形成されているのか，観察した。[7] シュピットラーは，たとえば弟子の行為について「仕事への熱意」というキーワードで括られる次のような7つの要求を見出した。[8] 徒弟は何かを取ってこなければならないときに，歩かないで走る。徒弟はつねに働いている。徒弟は他の人と大声で話をしてはいけないし，笑ってもいけないし，冗談をいってもいけない。それにひきかえ料理人は冗談を声高らかに笑う。徒弟は仕事中は何も食べないし，ほとんど何も飲まない。それにひきかえ料理人はしばしば

---

5) とりあえず以下を参照。*Dahrendorf,* Homo sociologicus, 1957, 以下に再録 *ders.,* Pfade und Utopia, 1968, 128ff.; *Popitz,* Der Begriff der sozialen Rolle als Element der soziologischen Theorie, 4.Aufl. 1975; *Claesssens,* Rolle und Macht, 3.Aufl. 1974; *Wiswede,* Rollentheorie, 1977; *Eisermann,* Rolle und Maske, 1991; *Rehbinder,* Rechtssoziologie, 96ff., 137ff.; *Röhl,* Rechtssoziologie, 37ff.

6) 集団という概念は社会学の基本カテゴリーのひとつである。それは，とりわけ相互に緊密な関係にある少数の構成員を有する小集団における複数の者の組織を表している。法律学においては，人的会社の概念がこれにある程度は相応している。とりあえず以下を参照。*Homans,* Theorie der sozialen Gruppe, 7.Aufl. 1978; Neidhardt(Hrsg.), Gruppensoziologie, 1983; *Schäfers* (Hrsg.), Einführung in die Gruppensoziologie, 3.Auflage 1999; *Wiite,* Lehrbuch der Sozialpsychologie, 2.Aufl. 1994.

7) *Spittler,* Norm und Sanktion, 2.Aufl. 1970.

8) Aao, 48ff.

自分が作る料理を食べる。それもただの試食ではない。徒弟は喜んで仕事をする。徒弟は何かを学ぶために料理人がすることを聞いてよく観察する。徒弟は命令はすぐに実行しなければならない。たとえそれが仕事のなかで必要のないことであっても。

当然のことではあるが，集団生活を規制する規範には，このような非公式な規則だけでなく，たとえば適用可能な労働協約や就業規則を含む関連の労働法の規定も含まれるのである。

規範的な枠組みがさらに重要となるのは社会**組織**である[9]。すなわちそれは，大規模社団，企業，経済団体，労働組合，政党であり，さらには学校，裁判所，官庁，施設などの国営および半国営の組織である。これらの組織は全て，その統一や行為能力を保障する内部規則群を形成する。これらの規則のうち最も重要なものは通常は定款や定式化された秩序のなかに規定されているが，多くの場合それと並んで多数の非公式な行為範型が存在する。固有の「組織文化」や「組織同一性 corporate identity」の形成は，組織の結束や成果を支援する重要な手段と考えられている。

学問的な分析にとって重要なのは，集団や組織が逸脱行動に対して限定的にしか持ちこたえられないということである。集団や組織がその同一性を根拠づけているのは，その目標によってだけでなく，それらが内部と外部，つまりそれらの一員であるか否かの境界を明確にしていることにもよるのである。それゆえ，構成員が，自分たちを結びつけ，コミュニケーションや相互活動を支えている規範を守らないと，それらは崩壊してしまうのである[10]。関連を持ち，集団または組織の目標に合わされ，互いに調整された行動範型が集団や組織の中で妥当するネットワークになると，それによってその統一や内部の安定性が構築される。それは，集団や組織にかかわる，構成員の多くの行為を互いに結びつけて，ひとつの総体，機能統一体，意味統一体にする媒体である。それはそ

---

9) 組織という概念も社会学の基本概念のひとつである。この概念について知るには次のものを参照せよ。*Kieser/Kubicek*, Organisationstheorie, 2 Bände, 1978; *Scott*, Grundlagen der Organisationstheorie, 1986; *Türk*, Soziologie der Organisation, 1977. 法理論では，社団や営造物あるいは法人の構成がほぼこの概念に相当する。これについては，*Raiser*, Der Begriff der juristischen Person, AcP 199 (1999), 104 を見よ。
10) このような境界の決定が重要であることについては，特にルーマンが明らかにしている。第 *8* 章第 2 節 1 を参照。

の限りでは，自立的な，個々の人間やその行為からは離れた社会的な実在性をもっている。それは，たとえば労働組合や政党が，それらの目標をもはや支持しない，あるいはそれらが必要と考える「ルール」をもはや守らない構成員を排除する理由なのである。

6　社会の規範的秩序

　集団と組織という2通りの関係の規範的な構造については，**全体としての社会も規範的秩序をもっていて，そのなかにおいて成立する**ということだけがまだわかったにすぎないのである。このときわれわれが社会と考えるのは，多数の人や集団や組織によって構成される大きな統一体のことであるが，正確な限定や概念規定をこれに代えてそのままにしておくことはしない。つまりここでは民族あるいは民族の言語共同体や文化共同体または歴史によって制約された国民あるいは国家統一によってまとめられた社会が問題となるのである。**国家それ自身はまさに規範的構造をもつ社会の総体と考えることができる**。社会と国家が相互に対立しているときは，社会においては多くの非国家的規範も効力をもっているということ，他方において国家は社会の独立した——主権をもった——社会的構築物として登場し，それ自体固有の規範をも形成するということが言えるであろう。

　既に一見してわかるように，社会に存在する規範のネットワークは極めて複雑かつ多様である。それでも規範について概念的にいくつか区別することができる[11]。あらゆる社会において**全体規範，全ての人に妥当する規範**が存在する。たとえば，十戒，刑法の規定，社交上や社会的儀礼上の初歩的ルールである。この種の規範は，性別，年齢，能力，地位に違いがあっても全ての構成員を同等に扱う。それは非構成員とは区別して全ての構成員を**同等に扱う**ことやその**同権**を宣言する。これに加えてあらゆる社会には**個別規範**も存在する。この規範は，個々のメルクマールによって分けられた一定の構成員カテゴリーに人々を分類する。たとえば，女性と男性，子どもと大人，労働能力者・兵役能力者

---

11)　以下のことについては，特に *Popitz*, Die normative Konstruktion von Gesellschaft 69ff. を参照。さらに，前述の第5章デュルケム第2節1以下を参照。

とその他の者，階級，身分，職業団体などである。この規範は，ある場合には生物学的な差異に，またある場合には社会的に与えられた状況に由来する，人間の不平等に基づいており，またそれを超えている。しかしこの規範が生み出した社会の構成は，多くはあらかじめ決められているのではなく，その固有の発展や歴史の産物なのである。特別な，まれな関係にしか妥当しない規範も多くのところで見出される。

社会のなかに存在する集団や組織，そしてその集団や組織のなかで妥当する個別秩序や特別秩序は，排他的にかかわりをもたずに並存しているのではなく，様々な仕方で互いに**重なり交じり合っている**のである。社会の構成員はいずれも同時にまたいくつかの下部組織に属しており，この下部組織を人格において互いに関係づけることができる。構成員は，同等に置かれた全体の構成員としての地位を特別な地位にひきつけられた様々な**役割**と結びつけている。下部単位自体は，同様に規範的な構造をもつ**交換関係**や**給付関係**によって互いにつなぎ合わされている。このようにして，まさに全体規範と個別規範と特別規範の束のなかに，関連している，相互に調整された規範的構造をもつ組織が生まれ，それはひとつの個人を超えるまとまりを形成するのである。この規範的秩序は，同様にあらゆる社会に見られる**サンクション**の力によりまた**サンクション機関**によって保証される[12]。世代交代においては児童教育や社会における社会化過程がさらなる影響を及ぼす伝統をもたらすのである[13]。

第2節　社会規範

1　行為の同型性，行動の要求，行動の評価

規範は一般化された行為範型であり，社会関係の安定はこのような範型の遵守にかかっている，という認識では，この概念を学問的に用いるのにまだ十分

---

12) 第*12*章第1節2を見よ。
13) 社会規範の学習や習得（内面化）は，社会心理学の重要なテーマである。これについては，*Gerth/Mills*, Person und Gesellschaft, 1953, deutsch 1970; *Piaget*, Das moralische Urteil beim Kinde, 1932, deutsch 1983; *Kohlberg*, Zur kognitiven Entwicklung des Kindes, deutsch 1974 を参照。さらに第*20*章第1節も見よ。

とはいえない。なぜなら，さらに子細に見ると，このような特徴づけにはさらにいくつかの意味があるかもしれないからである。それらの意味は区別する必要があり，それらの相互の関係から社会過程の性質についてのさらに重要な情報がもたらされるのである。[14]

　a） まず規範は，**行為の反復性あるいは画一性**を表すことができる。その限りでは行為は「規範的」なものとして現れる。このような捉え方からすればこの概念はまったくの記述的なものである。この概念は，人々によって習得され日常的に用いられるコミュニケーション形式や行為形式や社会のルーティンに関係している。生活経験に従ってそれらを継続したり反復したことが，将来に対しても出発点となる。しかし，このことは，確実なこととみなされることはないか，あるいは何らかの形式で要求されることもないであろう。ある人が突然慣習に従わなくなり，その結果他の人たちの期待を裏切ることになっても，このことはたやすく受け入れられるか，少なくとも甘受される。他の人たちは自らの期待を修正し，それを新たな状況に合わせるのである。ある人が，それまでの習慣に反してある日自らを非喫煙者や非飲酒者と認めると，みんなは機会あるごとにたばこを勧めたり，バーに誘ったりというようなことはしなくなるが，その人がそうしなければ，このことからそのようなことは推論できない。マックス・ヴェーバーやテオドール・ガイガーは，慣習に基づいてはいるが確固たるものではないこのような行動様式を**しきたり**[15]と呼ぶ。ニクラス・ルーマンは，違背した場合には固持しない行動予期のことを**認知的行動予期**[16]と呼ぶ。なぜしきたりや慣習が生まれ，またなぜ認知的行動予期が行われるのか。その理由としては，ただやみくもに模倣したり順応したりすること，つまりは人間の怠惰性や非合理性が考えられるし，あるいは伝統にしばられる態度の表れということもできる。しかしそれはまた意識的で目的関係的な決定の結果だともいえる。なぜなら，新たな外部事情が生じたり，取引相手が行動を変えたりしたときに，それに順応せざるをえなくなるまでは，それまで遵守してきた行動

---

14)　以下については，特に *Lautmann*, Wert und Norm 54ff. を見よ。
15)　第 *7* 章第 2 節 1 を参照。
16)　第 *8* 章第 2 節 2 a) を見よ。

範型を固持すれば，それは不要な出費を避けることになり，またその限りでは効率的なのである。

　b）これに対して，規範は，それを**遵守**することが求められ，またそれに違反すると**罰が与えられる**という意味において，**拘束力をもっている**ともいえる。その予期に反しているにもかかわらず，集団の構成員たちは規範に従う。彼らは進んで学習しようという態度をとらずに，規範違反者に自分たちの非難をわからせ，罰を与え，規範の違反によって破壊された以前の状態を回復させるか，少なくともこれからは規範に忠実になるように強制し，さらにそのようなサンクションが役に立たない場合には，その者との関係を絶つのである。ある決まった日時にガールフレンドと会う約束をしていた人は，もし彼女が来なかったときは腹を立て，最悪の場合には恋人関係が終わることもあるという結論を出すのである。車の売り手は支払いを予期しており，売り手が支払わず，また支払う能力がないと言っているからといって請求をあきらめたりはしない。学問上の用語では，拘束的な行動の要求は習律とされる。ルーマンは，認知的な**規範的行動予期**[17]とは異なる，予期者がその予期を裏切られた場合でもそれに固執する行動予期について言及している。**法もこの行動予期のひとつである**。ある集団または社会において拘束的なものとして受け入れられ，またサンクションを備えた行動規則の総体は，その集団や社会において支配的な**規範的秩序**を成している。

　c）最後に規範の概念は，**社会的行為を評価するための基準**の意味でも用いられる。われわれは盗みをする人を泥棒と呼び，それゆえその人には悪い人というレッテルを貼る。裁判官は，請求が適法であるのか違法であるのかを判断するために法律の規定を適用する。ここでは用語の問題として行動要求と**評価規範**との区別を取り上げることができる[18]。もっとも厳密に見ればこの場合それは独立したカテゴリーということではではない。というのは行動要求と評価規範とはたいてい重なり合うからである。われわれは，妥当する規範に適っている行動はちゃんとしたとか適法であると評価し，逆に逸脱した行動はいかがわ

---

17) 前述注を参照。
18) *Spittler*, Norm und Sanktion, 14 は評価基準について論じている。

しいとか違法であると評価して、それによってサンクションを補強するのである。

基準となる規範が上位の規範や価値観念そのものに照らして悪いとか正しくないとされるときには、この区別は重要となる。そのとき問題になるのは、一定の社会環境においては必要とされるものの、否定的にしか評価されない悪習や不法なのである。あるいはわれわれは社会において相反する規範や価値観念とかかわっており、そのためある特定の行動様式について、ある人は肯定的に、別の人は否定的に評価する。ここでわれわれが考察を進めていく過程からすれば、こうした特別なことがらにかかわる問題については等閑に付すことにして、ここでは慣習と習律との対比、認知的行動予期と規範的行動予期との対比に限定することにしよう。

2 規範の概念

社会慣習と拘束的規則との二者択一ということを考慮に入れながら社会規範の概念をどのような意味で用いたらよいのかというのは、概念の明確性という問題であり、学問的な合目的性という問題である。この点に関して社会科学には決定を下すにふさわしい権威というものは存在しないので、最終的にはそれぞれの研究者が自分自身で答えを出さざるをえないのである。概念をどのように理解し、どのように用いるかは、多くの点においてその当該の論者の認識論的出発点を反映しているのである。

特にマックス・ヴェーバーやテオドール・ガイガーのように、新カント主義の伝統として存在と当為との間の思想的に架橋できない対立を認める者は、この対立を相対化するかあるいは解消しようとさえする社会学とは別の観念をこの概念に結びつけざるをえない。[19] さらにこの概念を目的にかなった形で把握しようとすると、それはその目的に応じた認識関心にも左右されることになる。このことからとりわけ法解釈学と法理論と法社会学の概念規定に違いがあることが明らかとなる。法解釈学は、ある法規定が規範の名宛人や法を適用する裁判官をどのような前提のもとで拘束するのか、ということを問題にする。このとき法解釈学が問題とするのは規範的な規範概念しかありえない。法理論は、規範および規範システムの論理的構造を考察対象としており、それゆえ観念的な内容だけを考えていればよいのであって、認知的な概念と規範的な概念を区別する必要はないのである。これに対して法社会学は、現実の社会的行為や行為範型ならびにそれらの規範的な規定根拠をも取り込み、また経験的な検証を行うことができるような規範概

---

19) これについては、もう一度ヴェーバーとルーマンについての叙述（第7章第2節3と第8章第2節）を参照。さらに、*Rehbinder*, Rechtssoziologie 31.

念を必要とする。原則的には記述的な規範概念もこの概念に適っている。もっとも法社会学とて，社会慣習と拘束力をもつ規則との相違，またそれに対応した記述的な規範概念と規範的な規範概念との相違を蔑ろにしたり，曖昧にしたりしてはならない。

　拘束力をもつ規則や行動要求ないしは規範的な行動予期の場合に限って社会規範ということを言う，つまり**規範的な規範概念**を基礎に置く，このことが法社会学ではおおむね目的に適っているとわかった。法社会学は，これとは違って単なる画一的な行動の名称についてはしきたりや習俗や社会慣習という概念を使い続ける[20]。われわれはこれに従う。したがってわれわれが社会規範と呼ぶのは，**逸脱的行動に対しても堅持される社会的行動の規則**のことである。

　規範概念を拘束的な行動要求に限定した場合でも，一般に認められた最終的な形でこの概念を表現するということは，法社会学ではまだ行われていない[21]。たとえばポピッツ Heinrich Popitz は，規範を，「逸脱的行動が生じた場合に負のサンクションによって保証される社会的行動の合法則性」と定義する[22]。ルーマンによれば，規範とは「抗事実的に安定化された行動予期のことであり，これは逸脱的行動がなされた場合にもその妥当性が維持されるものである[23]」。しかしながらわれわれの目的からすれば，このような概念的なことの違いに見られる微妙なニュアンスを問題にする必要はない。どこにでも出てくる概念の核心，つまり先ほどの定義に表れているはずのものを明確に表現するだけで十分である。

　前述の概念規定は，規範違反行動に対して罰を与えるサンクションを規範概念に含めることを放棄する。この概念規定は，その点でルーマンとは同じであるが，ポピッツや他の多くの論者とは違っている。これらの人たちは，サンクションを規範概念の欠かすことのできない構成要素と考えているのである[24]。この点についてどのように考えるかは，それはそれでまた学問的な合目的性という問題となる。認識の関心が規範の成立や内容だけに向けられている限り，サンクションがどのようなものかは見えてこない。逆にサンクションを規範の要

---

20) 第7章第2節1のヴェーバーと第8章第2節2のルーマンを参照。さらに，*Röhl*, Rechtssoziologie 201f.; *Rehbinder*, aaO; *Ryffel*, Rechtssoziologie 122.
21) これについては，*Lautmann*, Wert und Norm, 98 を参照。これは，社会学の文献では同書82頁と同様に規範の定義となっている。
22) *Popitz*, Die normative Konstruktion von Gesellschaft, 21.
23) *Luhmann* 1972, 43.
24) *Röhl*, Rechtssoziologie, 201f. を参照。

素とすることができるかどうかが問題となるやいなや，事情は違ってくる。結局のところルーマンの論証の根拠となっているのは，規範概念をサンクションされた規範にあらかじめ限定しないということである。というのは，サンクションをあきらめる一方で，現実の社会ではただ逸脱行動およびそれが惹起した違背に対して行動予期を固持するかどうかということだけがしばしば問題となるからである。[25] しかしそうであるからといって，サンクションが法社会学の重要な研究対象ではないなどといっているわけではもちろんないのである。[26]

3　社会慣習と規範の間の移行

　社会慣習と規範を概念上明確に区別しても，この両者は現実には絶対的な対立をなしているわけではなく，まさに概念上互いに対置している2つの極端な場合なのであり，その間には移行や段階的な変化が存在している，ということから目をそらしてはならないのである。[27] このことは規範違反に対する反応態様について考えれば最もよくわかる。すなわち，その当該者は規範違反に対しては，驚いたり，理解しなかったり，感情的になったり，非難したり，脅したりして，また最悪の場合には強制手段を使ったり，あるいは関係を断絶したりして，反応する。この段階のどこで認知的行動予期が規範的行動予期に変わるのかについて決定するのは難しい。関係する者が何人もいる場合には，ある者は認知的に，また別の者は規範的に反応することもありえる。

　社会学的分析にとってさらに重要となるのは，次の事実を確認することである。すなわち，予期を行う者が自分が予期した相手の行動に特別な関心をもつやいなや，いかなる予期も要求という性格を帯びることになる。とりわけ予期を行う者が，自分が予期した他人の行動を考慮に入れながら，ぐずぐずしていると無駄になってしまうような特別な手段や行動も惜しまずにつぎ込む場合にそのようになる。[28] 取引相手を自分のオフィスで待ち，時間を無駄にせずに仕事を続けることができる者は，もし相手が来なくても，約束を果たさなければな

---

25) Luhmann, Rechtssoziologie, 61.
26) 第 *12* 章を参照。
27) 以下については，とりわけ Popitz aaO, 24ff.; *Röhl* aaO, 202ff. を参照。
28) *Popitz* aaO, 26.

らないことを簡単にあきらめるし，また，相手が来ない場合に，自分が相手に会うために飛行機でニューヨークに行かなければならず，その飛行機代を支払った場合ほどはつれない反応を示したりしない。さらにポピッツが次のようなケースに注意を喚起したのは当然である。それは，社会慣習と社会規範が現実の行為群のなかでは互いに結びついており，また慣習と結びついている規範が慣習に対して同調するように圧力をかけてきて，そのために行為者は，慣習から逸脱した場合に規範に対して自分が忠実であることからしても信用を失うことになるのではないかと心配する，というそれだけの理由で慣習が遵守されていることがよくある，というケースである[29]。新米として自分の知らない社会に入った者は，その社会の古参の構成員が，その社会で広く行われている慣習から逸脱する自由をいともたやすく認められている場合であっても，そのような慣習に従うことになるのである。それゆえこの理論で出発点となっているのは，社会慣習の規範への変化は，しばしば短期間にまたその場の状況に左右されながら行われるということなのである。

4 潜在的規範

慣習と拘束力をもつ規範とが相互的に移行するということは，さらに，ある特定の行動範型が拘束力をもっているのか，あるいはそれは逸脱することが可能な慣習にすぎないのかがはっきりしないということにも当然つながってくるのである。ある集まりあるいはある高級レストランに，普通とは違った服を着て現れた人は，自分が受け入れられるのかあるいは追い返されるのかはわからない。どのような行動様式が信義に反するのかは，民法第242条の一般条項的射程を勘案すれば，連邦通常裁判所がそれについての判断を下して初めて確実に言えるということがよくある。ガイガー[30]やポピッツ[31]に従えば，このような場合には**仮説的規範**または**潜在的規範**という言い方をするのが普通である。このとき当事者は予測——ガイガーの言う**拘束力の予測**[32]——を立てなければならな

---

29) Aao, 27.
30) Vorstudien, 58ff.
31) Die normative Konstruktion von Gesellschaft, 30ff.
32) AaO, 167ff.

い。それは，自分の行動についてそれが拒否されたり制裁を受けたりすることを覚悟しなければならないのか，そうだとすればどれほどの公算でそうしなければならないのか，という予測である。権限を有する機関によって判断が下されるまでは，はっきり決まらずに不確定な状態が生まれるのである。この状態は当事者間のあつれきや紛争の火種になることもある。このような不確定な状態は，まだ決定が下されていない裁判手続の場合がその典型である。

5 機能の相違

　このような段階的な変化や移行があるものの，社会慣習と規範的行動範型は社会においてまた個人を社会において方向づけるために様々な機能を果たす傾向にある。拘束力をもつ規範をまったく知らない社会関係あるいは社会集団あるいは社会組織は，極めて**不安定**であり，いずれ再び崩壊するであろう。そのようなものは，当事者が互いに信頼しあったり，その信頼に基づいて相手が将来行う行為に自分の行動を合わせるようなことをさせないのである。逆にそれは，各人に無理やり自分の利益のみを短期間に得ようとさせるのである。経済取引にあっては，このような条件の下ではただ現金取引しかありえない。国家は内乱に埋没する。それゆえ規範的行動範型が十分にある骨格は，社会関係が生活に不可欠な継続性と安定性を得ることができ，また人間が集団や組織や国家において平和に共同生活を営み，協力していくことができるためにはどうしても必要なものである。

　その一方で規範的構造には，宿命として特有の**硬直性**がつきまとう。この硬直性がもたらす安定性や確実性は，現存するものに固執したり，所与の規則がそのまま続いたり，新たな事態に適応する能力が欠けていることによって得られる。重要な変化もまた，その変化に逆らう人々の抵抗に打ち勝つことに成功した場合にだけ可能となる。これに対して社会慣習は継続的で気づかないこともある変化に順応できる。社会慣習は，あらゆる新しい要求に対して開かれている状態を形に表したものであり，また柔軟性があり，融通性があり，動的なものである。社会慣習はそのようなものとして社会発展の足場となっている。

　ところであらゆる社会は2つの要求に応えなければならない。それは，時の

流れのなかで自らを保ち，また同一性と安定性を維持することができること，そして変化し，また新たな状況に適応することができること，である。したがって認知的構造と規範的構造がたえず互いに絡み合っていることがわかるであろう。社会慣習は硬化して拘束力をもつ規範となり，他方これまで拘束力をもっていた規定は，時間の経過とともに，また要求や価値観観念が新しくなるとともに，その規範的性格を失い，そして拘束力をもたない慣習の地位に逆戻りする。この慣習は，おそらくこの後すぐにでも完全に見捨てられてしまうであろう。最後に挙げた事情を示す劇的な実例となるのは，伝統的な性道徳についての数多くの規範とそれに基づいて作られた，たとえば堕胎，同性愛，淫行勧誘，売春斡旋，ポルノグラフィーの可罰性に関する規定である。この規定は1960年代初頭以降廃止されるか軽減された。このように社会過程は，慣習と規範化との，行動範型を受容した変革と拒絶した変革との混交形態と永続的交替であることがわかる。

第3節　社会規範の現象形態としての法

1　社会規範と法規範

われわれは，これまでの議論において法規範と他の社会規範を区別せず，それゆえわれわれの言明がこの両者について等しくあてはまることを暗示的に主張してきた。法は実際に**社会規範の特殊事例**なのである。デュルケム，エールリッヒ，ヴェーバー，ガイガーといった法社会学の生みの親たちによって既に作り上げられているこのような基本的認識は[33]，今日では広く認められており，経験的研究の基礎となっている。法社会学は社会規範の現象諸形態としての習律，法規範，道徳規範，宗教規範を区別する。その際，法社会学は一般的な用語法に，またこの区別は人々の意識のなかにもしっかりと根づいているという確言に依拠している。法社会学は，方法論的にはこのような手法によって，法を社会諸関係と社会の規範的構造についてのあらゆる分析的経験的認識と関連づけるのである。さらに法社会学は，宗教や習俗や習律によって動機づけられ

---

33) 第5章第2節4，第6章第2節4，第7章第2節1を見よ。

た人間の原初的な行動形態の見地から法の社会科学的な研究に接近する道を開くのである[34]。

とはいうものの，法を社会規範の下部カテゴリーと解すると，法規範を法以外の規範と区別するメルクマールはどうなのかという問いが投げかけられることになる。この問いはさらに詳しく見てみればむずかしいことがわかってくる。それゆえこれに関する法社会学の文献では様々な答えが数多く出されている。マックス・ヴェーバーによれば法は，人間のなかからそのために特に選ばれたスタッフが，物理的または心理的強制という手段を用いてその遵守を保障していることがその特徴となっている[35]。テオドール・ガイガーは，法を，中央権力によって独占され，逸脱行動に対してはサンクションによって保障される秩序メカニズムと定義する[36]。アメリカ人のドナルド・ブラック Donald Black は，「法とは政府による社会統御のことである law is governmental social control」という定義を展開する[37]。レール Klaus Röhl は，「領土的限界の内部では権限決定の権限——それは，基本的にまたは事実上実現することができる——を要求する特殊な法スタッフによって適用されるような規範」を法と呼ぶ[38]。コットレル Roger Cotterrell は書いている。「法規則は，これを制定し，解釈し，適用するために特別に用いられる一定の制度や手続の存在に依存する[39] Legal rules depend upon the existence of definite institutions or procedures employed specially for their creation, interpretation or enforcement 」と。こうした定義は全て，法を，その核心において国家，その機関，その制度化された手続，国家によって執行される法強制と結びつける。あるいは国民国家に局限しないのであれば，国家に類似した組織をもち，政治的な権力と正当性を具備した大規模団体と結びつけるのである。これらの定義の違いは，いずれの要素を強調するのかにある。したがってこれらは通常，**強制理論**という集合概念で括られている。

---

34) したがって，非公式の集団における規範形成過程やサンクションについてのシュピットラーの研究も，法社会学のひとつに数えられる（前述注7）を参照）。
35) 前述第7章第2節1を見よ。
36) *Geiger,* Vorstudien, 86ff., 93ff.
37) *Black,* The Behavier of Law, 1976, 2.
38) *Röhl,* Rechtssoziologie, 222.
39) *Cotterrell,* Sociology of Law, 42.

この強制理論と対立しているのがいわゆる**合意理論**あるいは**承認理論**である。この理論では規範は社会的に受容されることによってその帰属が決まる。この意味においては，エールリッヒによれば法規範にとって「必然性への信頼 opinio necessitatis」が認識のメルクマールとなる。つまり法規範の妥当の必然性に対する社会構成員の信頼である。ルーマンによれば法の特徴としては規範を時間的，内容的，社会的に一致させながら一般化することで十分である。これと同列にあるのが，人類学者のブロニスワフ・マリノフスキーが相互性の原理のなかに法の本質を看取する場合（ある集団成員が別の成員に何かを贈ったとき，その別の成員がお返しの贈り物をすることが法なのである），あるいはポーランドの法社会学者のアダム・ポドゴレツキが「法とは，社会心理的な現象であり，債務と債権との間の社会的に緊密な関係であって，内面化によって植えつけられたものである Law is a psyco-social phenomenon, a socially coherent relationship between obligation and claim, inculcated by internalization」と書いている場合である。

　一方，他の論者たちは，法規範と法ではない社会規範とを区別することを完全に放棄している。なぜならこの人たちは，区別することは不可能であるか，あるいは自分たちの目的のためには問題にならないとする見解をとっているからである。法を，「時間的，人的，内容的に規範的行動予期を合致させた一般化」と捉えるルーマンの考え方も，あらゆる種類の社会規範にあてはまる。その後ルーマンがオートポエティックな社会システムという構想から，法を社会学的な観点から学問的に定義することはまったく不可能であり，法そのものだけが何が法であるかを決定することができる，という結論を導き出すとき，彼は，現代法の実定性を考えれば，いかなる規範が法的妥当性を得るのかを決定する

---

40) *Ehrlich,* Grundlegung, 132; 第 *6* 章第 2 節 4 を参照。
41) 第 *8* 章第 2 節 2 を参照。
42) *Malinowski,* Crime and Custom in Savage Society, 1926; deutsch: Sitte und Verbrechen bei den Naturvölkern, 1949, 53ff. 相互性の原則については，第 *11* 章第 3 節。
43) *Podgórecki,* Law and Society, 197.
44) *Friedman,* Das Rechtssystem im Blickfeld der Sozialwissenschaften, 21 を参照。
45) 第 *8* 章第 2 節 2。
46) 第 *8* 章第 2 節 6 を参照。

のは，実際には法形成に携わる機関としての立法者や裁判官であることを指摘する。

2 決定のための方法論的諸前提

このように様々な見解がある理由を理解するには，規範を区別するという問題の性格をより厳密に捉えることが必要である。強制理論も承認理論も社会学的法概念を決定するについては，規範の拘束性を求める機関に，さらにこの機関が拘束性を貫徹する手段に注目するのである。承認理論によれば，それはそこに生きる人々の総体としての社会それ自体である。社会は規範への忠誠を要求し，自らが全ての個人に対して及ぼす社会的圧力を用いてこれを確保する。強制理論によれば，それは特別な機関である。社会は上記の目的のために機関を設置し，これに強制権力を付与する。この機関は第一義的には裁判所である。これに対して宗教規範は，聖書のなかに収録されている神の啓示からその拘束力を引き出し，聖書のなかに約束されている聖なる物のひとつを得ようとする信者の願望によって遵守されることを確保する。倫理的な要求は道徳的に自律した人間の個々の良心の声から生まれてくるものである。これらのメルクマールに従えば，一方では宗教規範と道徳規範との違い，また他方では法規範との違いは，概念上は容易に捉えることができる。宗教規範と道徳規範は多くの場合に同時に法的妥当をも要求する。つまりこれらの規範が法となるのは，社会あるいは裁判所がそれらを受け入れ，それを遵守することを求め，社会的圧力または裁判所による法的強制を通じて逸脱行動に対してそれらを妥当させる場合なのである。古代社会においてはしばしばこれらの規範はほとんど未分離の状態であった。

これに対して，法と法ではない習律，つまり礼儀作法，取引慣習，商慣習，取引約款，その他の「経済が自ら作り出した法」の規定との間の概念上の区別については，今なお問題が多い。法教義学では，裁判所がある規範に基づいて判決を下す限りにおいても，強制理論の意味でのその法的性格を認めるだけで満足している。

しかしながら法社会学においては，このような概念規定では十分なものとは

いえない。なぜなら一方において現行法は，とりわけ民法第138条，第157条，第242条，第817条，第826条や商法第346条や刑法第189条が証明しているように，行為の合法性を判断したり，紛争を解決したりするために，よき習俗，取引慣習，商慣習そのものを考慮するのである。これに対応したことが言えるのは，刑法が第185条，第189条においてそれを断念し，死者の形見の侮辱と誹謗の概念を定義したりさらに明確に規定したりせず，さらにこのような形で，人々が互いのつきあいにおいてどのような発言を侮辱や誹謗と感じるのかが問題であるということを教えてくれる場合である。また他方において法規範が妥当するのも，それが裁判所や裁判所の強制執行を通じて適用されることに基づいているというだけでなく，根本的には社会の側でそれを受容することが必要なのである。裁判所に訴えが出されない限りは，守られなかった取引慣習の法的性格もわからないままである。いかなる司法も，明らかに法的な性格をもつ規定を全て市民の抵抗に対してあくまでも適用できるようにするために十分な手段を講じたりはしない。確かに社会によって加えられる圧力も通常は規範から逸脱しない行動を保障するには十分ではない。なぜならその圧力を免れ，裁判所の法的強制なしではすまされない多数の人間をつねに考慮しなければならないからである。つまりこれら2つのサンクションは互いに補い合っている。承認と強制は法の本質的な2つのメルクマールを表してはいるが，それらはいまだ一面的であり，不完全であり，したがって法を単なる習俗と区別するだけでは十分ではない。

　このような理由から，社会学者たちが，法を法以外の規範から区別する社会学的法概念を定義するのをあきらめるのは決してまれなことではないことが理解できる。社会学が一般に社会規範の機能や作用様式を追究する限り，それは様々な規範の現象形態を区別するには及ばない。社会の規範的秩序はたえず法規範と法以外の規範との協働作用に基づいている。それゆえ多くの社会学的問題設定や経験的研究にとってはこれらの規範を区別することは実際には問題にならないのである。[47]

---

47) 典型的な例は，前述注7) で挙げた，レストランの厨房や精神療法のグループではどのような規範が形成され，実現されるのかという問題についてのシュピットラーの研究である。

3 制度によって保証された強制規範としての法

　しかし他方においてこれらの規範の種類の区別をまったくしないとするならば，それはやはり現実離れしているであろう。なぜならこの区別は人々の意識のなかに根づいており，それゆえ学問にとっては所与のものとされているからである。法規定は，社会の現実や人々の観念のなかでは礼儀作法や取引慣行や商慣習というルールとは違った特質や重要性をもっている。契約，約款，遺言，一般取引約款のような私的自治による規則は，それらが裁判所によって拘束力をもつと認められる場合に限り，規則として通用できる。このような理解に従うならば，法社会学でも重要となる区別のメルクマールは次のようなことと考えざるをえない。それは，規範に対する違反が裁判所で認められるかどうか，あるいは規範の遵守が社会的な圧力によってのみ保証されるのかどうか，ということである。ある人間集団またはある社会が，特定の規則の遵守が社会的な圧力という手段によってのみ保証され，構成員間の紛争が非公式な形で解決されることで満足するのかどうか，あるいは集団や社会がそのために特別な裁判所を設置し，最終的にはこれに判決の言い渡しや法の実現の独占を委ねるかどうかは，重要な質的飛躍を意味する。それは，まさにそこにこそ法の特徴が見出せることを物語っている。したがって社会学的な意味でも法規範と呼ぶことができるのは，強制理論の意味において**全ての社会規範**である。それは，**裁判所で法として認められ，その判決の根拠となっている**[48]。この定義は，裁判所の判決は強制執行権という手段を用いて強制的に執行することができることを意味している。

　このような社会学的法概念は，法解釈学的概念と類似していること，さらには次のような実情からしても，支持されている。この実情とは，承認理論は，法規範と法以外の規範とを区別する明確なメルクマールを提示していない。なぜなら，規範違反に対して世間が反応するその強さの程度は，はっきりとした，また経験的な研究にふさわしい基準とはならないからである，ということである。

　しかしながらこれまで述べたことからすれば明らかであるように，このような法概念は法社会学については説得力がまったくない。それは，とりわけ**国家**

---

48) 基本的に *Röhl,* Rechtssoziologie, 222 も同じ。*Rehbinder,* Rechtssoziologie, 43ff., 52f. も同様。

の裁判所による紛争解決や**国家の強制執行が基本的なものである**とするような考察には適している。しかしヴェーバーやガイガー[49]にならってその概念の射程を広げたり，国家ではなく「政治団体」あるいは抽象的に「大規模な社会機構」と結びつけたりすることは，理論的には妨げられない。それでもそのように一歩踏み込んだことによる学問的なメリットはせいぜい，教会法や国家を超えた組織の法を，それらが強制権力を行使する限りにおいてそれに加えることができること，さらに，（まだ）国家を形成していない民族において法を問題にすることができることだけであろう。しかしこのように概念を広げても，国家間の契約関係や多国籍の企業や経済組織において生まれたレークス・メルカトーリア lex mercatoria を把握することはできない。なぜならその法が妥当しているのは，国家権力が備わった制度にその根拠をもつからではなく，当事者や国際的な法共同体の側からの承認に依拠しているからである。[50]2つ目の概念の拡大は歴史的な視野をもつあらゆる考察にとって不可欠のものである。この考察は過去に妥当した法も法と考えているに違いない。これに対して，たとえば政党や労働組合やスポーツ団体のような大きな団体による内部的な調整にまで法概念を拡大することは，望ましいとは思えない。なぜなら国家は，その決定が国家法と一致しうるかどうかを顧慮しながらそれについての検討を行うからである。

4 法の補充的要素としての強制と承認

しかしながら国家による法強制に関連づけた法概念の最も重要な欠点は，エールリッヒ[51]が社会の法や生きた法と名づけたあらゆる現象，つまり人間はその共同生活において国家からは完全に独立して，社会において承認された規範——それはこのようして社会およびその構成の規範的構造の本質的な部分を構成する——に従うという状況を見失っていることである。それゆえこの領域を視野に入れている法社会学的研究は，既に述べたようにより開かれた，つまり

---

49) 前述注37)を見よ。

50) *Stein,* Lex mercatoria. Realität und Theorie, 1995; *Teubner,* Globale Bukowina. Zur Emergenz eines transnationalen Rechtspluralismus, Historisches Journal 15 (1996), 255 を参照。

51) 第 *6* 章第2節3,4を参照。

多元主義的な法概念を用いなければならない。この法概念は，国家法のみならず非国家法をも知っており，あるいは法以前の社会規範と法規範を区別するようなことはまったくしないのである。

　このような考察を行うことによって，やはりあらゆる理論の**基本的な限界**がいまいちど明らかになる。そのあらゆる理論とは，人々のなかで規範が承認されることと裁判所によって規範を強制的な形で貫徹させることとを対比させ，法の本質は裁判所による執行の強制にあると考えるものである。この理論に基づく法概念が，国家法規定の実効性や逸脱行動や国家法が貫徹される諸条件についての多くの研究にとって欠くべからざるものである場合であっても，やはりそれは次のような知見を考慮に入れないのである。その知見というのは，自由意思に基づく規範の承認と強制による規範への服従は，互いに相容れない二者択一ではなく，現実には互いに絡み合い，互いに移行し合い，場合に応じて相対的に強さが異なる形でともに作用する法妥当の2つの補完的要素である，ということである。いかに強権的・独裁的国家であろうとも，それが人民の積極的あるいは消極的な抵抗を受けるならば，全ての法規定を貫徹する手段を講じることはできないし，またそれはいずれの場合においてもサンクション機関の側からの承認に依拠せざるをえないのである。

　さらに言うならば，承認と強制はそれ自体単純な概念ではなく，場合によっては極めて複雑な様相を呈している。ある規範が**承認を受ける**ことができるのは，規範の名宛人自身，規範の受益者，その両者のいる社会集団，その機関または集団のなかで指導的な立場にいる人間，さらに裁判所やその他の社会機関やサンクション機関，最終的には社会全体によるのである。承認は，集団，機関，社会のあらゆる構成員のもとで行うこともあれば，その多少なりとも大きな部分でしか行われないこともある。その表れ方は顕著でも微弱でもありうるし，そのなかに矛盾をはらむこともある。そこでたとえば，ある法規定について，その効力は一般に是認されるにしても，個別の事例にその規定を適用できることについては否定されるということがしばしば起きるのである。この承認は多くの人たちにとっては，批判や無視ができる特定の個々の規定に対してではなく，通常の行動秩序か法システムそのものかあるいは法形成の責任を負う制度

に対して，一般的であいまいな形で向けられている。これについてよく知られた例が道路交通の規定である。この規定を全面的に受け入れたとしても，速度制限を守るかどうかは自分で決める権利があるということができる。とりわけ，犯罪者の場合には，自らが逸脱した行動をとったにもかかわらず，違反した規定が拘束力をもつことを決して認めないということが，しばしば見うけられる。

　強制の場合も区分する必要がある。規範違反に制裁を加えるサンクションの種類や作用方法は非常に様々であり，その強さも一定ではない。国家による弱い強制手段では，反規範的行動が社会によって「紳士の犯罪」として許される場合には，それが作用しないことがある。国家による強制手段は，被害者自身がイニシアチブをとって処罰を求めた場合に初めて発動されることがよくある。そのほかの場合には，国家の強制装置は必要とされず，それゆえそれは危急的な最終機関としてのみ機能するのに対して，被害者または集団はある規定を貫徹させるための手段をとるにすぎない。さらに集団や社会によって生じる圧力，たとえばマスメディアによる脅迫的な暴露は，規範違反者にとっては同様に避けることができず，決定的なものになるか，あるいは国家によるサンクションよりもっとひどい状況になることがある。[52]

5　法形成の諸段階

　ある規範が妥当するということが，合意や承認あるいは強制だけにその根拠をもつのではないとすれば，この2つの要素のひとつに縛られる全ての社会学的法概念も，結局はあまりにも短絡的なものとなる。法規範とそれ以外の社会規範とを概念上区別するといういかなる試みも，特定の学問的目的のためには相対的に利用することしかできない。しかしこのような定義の曖昧さには同時に柔軟性というメリットもある。なぜならこの曖昧さは，社会慣習から社会規範への移行の場合とまったく同様に，[53] 学問的分析を行うためには極めて鋭い道具となる，法形成の**中間諸形態や諸段階**で機能することができるからである。それによって社会秩序に対して**法の分化の段階や類型**を際立たせることができ

---

[52]　詳細については，第 *12* 章第1節，第2節を参照。
[53]　前述第2節3を見よ。

第10章 社会学的法概念　203

るようになる。この段階や類型は，法の歴史的発展段階を叙述したり，多様な法文化を社会学的に比較するのに適しているのである[54]。**スライド・スケール**についても考えてみよう。その例をポピッツが示している。彼は社会規範と法規範との区別を**制度化の段階**，すなわち規範の定立や貫徹が組織的に固定されたり確保されたりするその程度に関連づけるのである[55]。ポピッツは法化の段階を特徴づけるためにいくつかのメルクマールを挙げている。このメルクマールには，特別な法的機関の設置やこの機関がサンクション権力を独占しているその程度のほかに，正式な法的手続きの整備やサンクションの諸条件の調整がある。

　このようなしるしをつけたスケールによって社会規範から法への移行の閾値をそうすればいろいろに決めることができる。法の**前段階**や**初期形態**や**発展形態**，**成熟した法**や**原初的法**[56]，**胎児的法**[57]，法に類似した規範や法の代わりとなる規範[58]についても取り上げることができ，あるいは別の補助概念を導入することができる。

6　その他の区分

　最後に，法規範と社会規範との区別ではない別の区分について紹介することにしよう。おもに英米の法社会学では，特にピティリム・ソローキンに範をとって，**公式な規範**と**非公式な規範**の区別が広く定着している。ソローキンによれば，公式な規範とは，「全ての集団構成員を拘束し，また集団自体によって支持され，貫徹されるあらゆる法規範の総体」のことであり，非公式な規範とは，個々の集団構成員に限定され，かつ（または）中央権力によっては貫徹されない規範のことである[59]。普遍的規範と部分的規範という区別に類似したこの評価は，さほど精緻なものとはいえない。これは，文献のなかでは極めて広い幅を

---

54) これについては，*Wesel*, Frühformen des Rechts, 1985, 52ff. ならびに後述第 *18* 章第3節を見よ。
55) *Popitz*, Die normative Konstruktion der Gesellschaft, 31ff. さらに，*Blankenburg*, aaO (schrifttumsverz. zu. III), 227ff.; *König*, aaO (schrifttumsverz. zu. III), 36; *v. Trotha*, ZfRSoz 2000, 327 を参照。
56) *Blankenburg*, aaO, 232; *Wesel*, aaO, 34ff., 334ff.
57) この表現は，*Geiger*, Vorstudien, 85 が用いている。
58) *Röhl*, Rechtssoziologie, § 26.
59) *Sorokin*, Organisierte Gruppe (Institution) und Rechtsnormen, in: *Hirsch/Rehbinder* (Hrsg.), Studien und Materialen zur Rechtssoziologie, 1967, 87ff.

もった語義という使われ方をしている。ここでは細かい点については等閑に付さなければならない。われわれにかかわることで重要なのは，ここでは社会規範と法規範との区別の場合とは違う区別のメルクマールが前面に出てきているということである。

　レオン・ペトラジツキの伝統を受け継ぎながら，さらにアダム・ポドゴレツキは，**直観的法** intuitive law という概念を「**実定 positive**」法または「**公式な official**」法との対比として用いる。最近は公式な規範の対比として「**土着の規範 indigenous norms**」という概念も使われている。マーク・ガランター Marc Galanter によればこの概念は行動規則を意味している。「それはサンクションシステムだけでなく非公式な法や公式な法からも文化的な要素を取り入れていて，またそれは統制された日常活動への（社会システムの）参加者たちにはよく知られていて，その者たちによって適用されるのである」。つまりそれは，法や法的装置からかけ離れている人たちに，その環境で妥当する行動範型に基づいて委ねられていて，その人たちが日常の業務関係や集団関係のなかで実践している規則のことである。これは明らかにエールリッヒの社会の法という概念に近いものである。しかも「土着の indigenous」という概念の意味は，ラテン語の indigena ＝土着民，原住民に起源がある。その限りではこの概念は，第三世界の国々における，土着の法と移入されたあるいは押しつけられた西洋法との間の相互作用や緊張関係についての研究に適している。この目的のためにその概念を用いたのが日本の千葉正士である。千葉は，土着の法 indigenous law と継受した法 received law を区別し，前者を「人々の土着の文化に根ざした法 law originated in the native culture of a people」と解するのである。

　またもうひとつの方向性を示す概念がある。それは法を「制度化された教義 institutionalized doctrin」と捉え，それゆえ一定の法原則を考慮しながら形成さ

---

60)　*Podgórecki*, Law and Society, 219ff.; *ders.*, Intuitive Law versus Folk Law, ZfRSoz 1982, 74; *ders.*, A Sociological Theory of Law, 1991, 11, 65ff.
61)　*Galanter*, Justice in Many Rooms, Journal of Legal Pluralism 19, 1981, 1ff.
62)　第 *6* 章第 2 節 1，4 を見よ。
63)　千葉については，*ders.*, (Hrsg.), Asian Indigenious Law, 1986, 1ff., 389ff.; *ders.*, Legal Pluralism: Toward a General Theory through Japanese Legal Culture, 1989, 106, 178.

れ，解釈され，執行される，価値関係的な規則の総体のことをいう[64]。

これらの前置きは全てまさにそれゆえに，生産的な構想として価値がある。なぜなら，それは，特にドイツの理論に見られる社会学的法概念にだけ目を向けることに甘んじないようにするからである。

第4節　法の諸機能

1　社会統合

統一的であり一般的に使用できる社会学的法概念を定義することが不可能であることが明らかになった以上，法の本質を，社会的諸機能を通じて規定する[65]ことは，もっともなことである。社会のための諸機能とその社会で生活している人間のための諸機能に関する問題が，全ての個々の法制度（たとえば，所有権，職業の自由，売買契約）に対して，また，全ての法の形象（主観的法[66]，法人[67]，行政行為）に対して，個別に問うことができる。その問題は，その後，多様な法律学的・法社会学的な専門研究への理解の可能性を開く。それに対して，われわれの関連においては，法がそれ自体，どのような機能を果たすのか，という抽象的な問題が重要とされる。この問題に対する通例の非常に一般的な回答は，この章でこれまで社会の規範構造について際立たせた全てのこととしてまとめられる。すなわちそれは次のような内容である。法は，社会のなかで人間が共同生活することのできる可能性を作り出し，そしてまた法は，社会と社会の諸分節を組織し，社会の統合と安定を守るのである。その限りでは，法は，秩序機能を果たしている。レービンダー[68]は，次のように定式化している。「**法は社会的な支配の道具である。それは，対立する利害の調停を通じて社会の結合を**

---

64) *Cotterrell,* Sociology of Law, 42; *Selznick,* Law, Society and Industrial Justice, 1969.
65) 曖昧で多様な意味で使われる機能に関する概念は，ここでは，Aufgabe や Leistung の意味で使われる。特徴的なことだが，ルウェリン（*Llewellyn* aaO, 1939/1940, 1355）は，社会における法が永続的に果たさなければならない「法の働き law-jobs」について，それゆえ Aufgaben について言及している。
66) *Luhmann,* Zur Funktion der subjektiven Rechte 321ff. を参照。
67) *Raiser,* Der Begriff der juristischen Person, AcP 199 (1999), S 104.
68) *Rehbinder,* Rechtssoziologie, 3.Aufl., 141.

維持し促進しなければならない」。英米の語法は，その状況について，「社会制御 Social control」[69]という概念を使う。

2　行動統御

さらに分析を進めていくと，行動統御（方向づけの機能）と紛争解決（応答の機能）と呼ぶことのできる2つの下位機能は，区別される傾向がある[70]。まず第1に，法は，個人を超える行動の型を形成することによって，社会的役割を定義することによって，希少な財の分配を定めることによって，集団と組織に必要で標準となる足場を与えることによって，法概念と法制度を形成することによって，そして，論理と価値論において可能な限り反論することが許されるシステムを組み立てることによって，人間の**行動**と**期待**を**規律し調整**している。法は，その際に，行動の同調に関して十分な基準を用意しなければならない。しかし同時に，個人の生活様式のための遊域をも空けておかなければならず，そして，国家や権力のある諸個人や諸組織による不当な干渉に対してこの遊域を守らなければならない。秩序機能は，それゆえ，個人と集団との間の緊張領域において生じる。法システムと法文化は，個人の領域か，あるいは集団の領域か，それらがどちらかの領域をより強く強調するかによって異なる。全ての場合において，法の確実性を保障することが重要であり，そして確かに二重の意味において，すなわち，法に何を求めているかはっきりさせること（**明瞭性** certitudo），そして，法に一致した行動があらゆる場合にも貫徹されるという信頼性（**信頼性** securitas），という二重の意味において重要である[71]。法は，人間が自らの活動により生み出した財産を占有し使用することを保障する，ということによっても，将来の確かさを保障している。紛争の発生を予防するための規制を設定すること，という予防的な課題も，特に重要である。法は規則的にこの課題を果たしている。契約の成立の際に，助言を与える法律家の最も重要な「技能」は，法律家が「水ももらさぬように」すること，すなわち，将来，あり得

---

69) 「control」という英語の概念は，「Kontrolle」というドイツ語の概念と同じ意味ではなく，むしろ支配の意味として理解されなければならない。
70) *Rehbinder*, aaO, 162.
71) *Geiger*, Vorstudien 64; *Rehbinder*, aaO, 151.

るあらゆる紛争を，適切な決定を通じてあらかじめ配慮しておくことにある。

3　紛争の解決

法の第2の一般的な課題は，**発生した紛争の解決**である。紛争の解決は，判決を通じてのみ実現されるわけではなく，選挙，採決，行政裁判，法律相談，そして，和解の成立を通じても実現される。新しい法律の公布も，紛争の解決に役立つ。それについて，個別には，第*16*章で扱う。

4　社会的支配の正当性

法の次の課題として，**社会的支配の正当性と組織**の問題について検討しなければならない[72]。この観点が，既に先に言及した2つの機能に，どの程度まで含まれるのか，問うことができる。しかしそれにもかかわらず，そのことは，その特性を強調することに役に立つ。法は，行動統御と紛争処理の課題を，支配のない完全に平等をめざした社会（そうした社会は理論的にのみあり得ることであるが）においても果たされなければならない。あらゆる現実の社会では，支配構造が形成されている。そして法はその支配構造を，一部で安定させ，一部で限定している。この課題は特別な機能として強調することができる[73]。

5　自由の保障

社会的支配に関する法的領域は，次のような課題をも含んでいる。すなわち，

---

72)　同様に，*Rehbinder,* aaO, 156ff.　アメリカの法理論家との関連で，*Karl Llewellyn,* Jurisprudence, 1962, 357ff.; *ders.,* Yale Law Journal 49 (1939/40) 1355ff.　ルウェリンは，彼の有名な論文のなかで，5つの法の義務を区分している。すなわち，①困難な事例に対する法的措置，②行為や予期される状態に対する予防的手続と予防的順応，③権威的行動を正当化する手続の手配と権力の分配，④全体として結合と指導を提供し，そして動機を呼び起こすような集団や社会のネット型組織，⑤法律上の方法，すなわち，法のなかで使われる技術，技能，特殊表現，慣例そして伝統。法律学の方法は，テキストで説明された法の機能のなかでは，現れていない。しかし，それは，社会に課された問題の解決のための法の自立的貢献である，と指摘することができる。これについては，ルウェリンの方法論に関する Fikentscher と Twining と Borucka-Arctowa の論文を参照せよ。*Drobnig/Rehbinder* (Hrsg.), Rechtsrealismus, multikulturelle Gesellschaft und Handelsrecht, 1994, 45ff., 71ff. und 113ff.

73)　個々の事例については，第*14*章を見よ。

個々の人間に対して，自らの生活を引き受け，個性を発揮し，イニシアチブを役に立てることのできる行動領域を作り，保障すること，そしてまた経済的財を生産すること，さらにはこのようにして人間の未来を保障すること，である[74]。次のような刺激策を創出することも，その一部である。すなわちそれは，たとえば，価格，税制上の優遇措置，あるいは補助金であり，これらは，望ましい社会目標を私的なイニシアチブを通じて促進することをめざしている。西欧型の政治的，経済的に開かれた社会において，人間が自ら活動的になることのできる法的枠組み条件を形づくることは，法の中心的課題のひとつである。そしてその課題の処理が，その安定と成功にとって本質的である。それを，本書の関連において，自立した機能として挙げることは重要である。なぜならば，法的な行動統御が問題なのではなく，その断念が問題であるからである。

6 生活条件の形成

社会と社会形成――社会工学――を制御するための道具として法を用いなければならないということは，今日，全ての人に信頼を寄せられている。国家と社会は，現在のために共同体の生活を整えること，またその他の点では，個人の生活形成のために自由行動の余地を保障すること，ということにもはや甘んじることはできず，未来のためにもあらかじめ配慮することが求められている。たとえば，外敵に対する防衛のため，あるいは防波堤の建設のため，といった，共同体の課題のための協力を申し出ること，という義務の規定は，昔から法の基本的機能のひとつであった。現在では，生活の備えをあらかじめ配慮するための数多くの課題，また，経済のコントロールと現代の社会国家のための数多くの課題がさらに加わっている。法は貨幣とならんで，経済と社会を政治的に統御するための最も重要な道具である。

7 教　育

最後に，特別な機能として，法の教育という任務について言及することがで

---

[74] このことが，ルウェリンの場合に，主要な観点である。そしてそこで，「生活条件の形成」（動機を呼び起こすようなネット型組織）という点が扱われている。

きる。もっとも全ての法律は，法律に定められた価値観念と目標の普及に努めるが，その程度において，法の教育という任務は他の機能に含まれているのではあるが[75]。たとえば，刑法の性に関する規定や，妊娠中絶のような，よく知られた刑罰規定の教育上の意図と，作用も明白である[76]。その規定は，全ての医薬品に，その使用と想定される副作用についての注意が添えられなければならないとされる。そしてそのことにより，患者に責任のある医薬品の使用法を守らせ，また，たばこ広告に喫煙の健康被害についての注意を付言させることで，禁煙を教育することになる，とされる。以前のドイツ民主共和国の多くの法律は，その目標として，社会主義的人間形成を宣伝することに余念がなかった。

　許される行動と許されない行動との間を区別することは，若者の社会化の場合や，社会的に適切に振る舞う人格へと彼らが成長していく場合に，特に重要である。その場合の諸過程は，心理学的法研究の生産的な研究領域になる[77]。

第5節　法と道徳

1　道徳の概念

　伝統規範，法規範，倫理規範，そして宗教規範の間の区別は既述のとおりである。そして，法規範の特色は，（通常，国家の）裁判所や執行機関によって，外観上，その効力が保障されていることにある。そのような分節化が自明ではないということは，特にこの関連でしばしば使われている道徳の概念に現れている。広い意味では，道徳は，ひとつの社会に有効なあらゆる社会規範を含んでいる。それは，非常に明瞭に理解されているのだが，支配的な行動範型に従った行動をとること，そして「分を失わ」ないことを要求している。道徳的な行動とは，規範の妥当根拠を顧慮せず，規範に忠実な行動である。

---

75)　*Schott*, aaO (Schrifttumsverz.) 108, 156; *Cotterrell*, Sociology of Law, 53ff. を参照。
76)　BVerfGE 39, 1, 59 を参照せよ。そこでは妊娠中絶について次のように言われている。「法律は社会問題を統御するための道具としての役割だけではない。社会学的な知見と予想によれば，法律は，人間の行為の社会倫理的評価と——法律に従った——法的評価の永続的な表現でもある。個々人にとって何をもって正とし，何をもって不正とするか，ということを法律は述べているといえるのである。」
77)　第 *20* 章第 1 節を参照せよ。

この広い道徳の概念は，次の状況を反映している。すなわち人間は，日常生活において大部分が，むしろ曖昧で，社会環境のなかで遵守されており，また教えこまれてきた道徳の意識に方向づけられており，伝統規範，法規範，倫理規範，あるいは宗教規範に従うかどうか，ということで頭を悩ます機会がない。背後には，「健全な」秩序のなかで，いずれにせよ，あらゆる種類の規範が崩れるという観念がある。古代ギリシャの「秩序 nomos」という概念も，ラテン語の「習慣 mos」という概念も，このように使われた。ローマ市民の善良の風俗 boni mores は，良き，古き，宗教と伝統に定められた習俗である。現行法においては，「良俗」という概念に，その観念が現れている。そしてその概念が，伝統規範，倫理規範，あるいは宗教規範のどれを意味しているのか，ということについては，曖昧なままであり，そしてその概念が，裁判においては，場合によって，いろいろに解釈されている。[78]

　それに対して，様々な規範領域の分離は，近代の成し遂げたことである。宗教規範の分別は，世俗化に由来する。すなわち，国家と教会の分離である。伝統規範と法規範の区別は，実定法の増大と，近代初頭に始まった国家法による意図的な社会統御の増大を反映している。例外的にのみ，法律が存在し，生活の多くの領域が法律によって把捉されなかった限りは，それは副次的な役割を演じただけであった。倫理規範と法規範の区別は，結局は，近代の個人主義の産物である。そしてその個人主義は，他律的な行動要求と，理性を備えた倫理的な人格が社会的行動を自ら自律的に規定するという不可欠の前提とを対立させることに固執している。倫理規範は，それゆえ法規範と一致する。それはしかし，人間が自らにだけ課すより厳しい要求をも含み得る。しかし，他者には法的義務を課すことはできない。たとえば，「嘘をついてはならない」あるいは「困った人を助けるべきだ」といった要求は，法規範ではない。[79] 確かに法哲学はこの言明では決して満足せず，法もそれに添わなければならない普遍的に妥当する倫理的基準を設定することを試みてきた。

---

78)　全ての文献を挙げる代りに，Münchener Kommentar zum BGB/*Mayer-Maly* §138 Rdn. 11ff. を参照。
79)　特別な状況という例外については，たとえば，訴訟での真実を述べる義務や，刑法第323c 条の前提による救助を怠ったことに対する処罰である。

カントの『人倫の形而上学』における倫理と法との間の区別は，さらに今日，最も影響力の大きい頂点へと到達した。このことは，理性的で自由な，すなわち倫理的に自律的な存在としての人間像に基づいている。その形而上学的に基礎づけられた倫理的義務が，普遍的法則としても通用する格率に従って行動すること，という理性の定言的命令である。カントにとって，法はそれに対して，他律性によって特徴を示されている。すなわち法規範は，人間の外的行動に関係している。それはその選択意志を制限し，法規範が貫徹されるような強制力によって特徴を示される。そのようにしてカントは，法を「一方の選択意志が，自由に関する普遍的法則によって他方の選択意志と一つに統合され得る，そのような諸条件の総体」と定義している。いま現在，ユルゲン・ハーバーマスは，この哲学をさらに発展させた。彼は道徳を直接の価値要求のない「シンボルシステム」や「文化的知識の形」として理解し，他方で法を「システムの基礎づけと拘束力のある解釈と遂行への要求」として特徴づけ，そしてその限りで知識システムと行為調整的システムを示している。[82]

2 伝統規範，法規範，倫理規範そして宗教規範の対比

規範領域を区分することが，有益な意味を獲得するのは，規範領域が様々な要求を提出し，そしてそれによって相互に対立する場合である。法社会学の課題は，この場合に，様々な行動範型とそれぞれの行動範型に追随する人間集団とを，経験的手法の助けを用いて際立たせ，その重要性を理解し，その社会的背景を解明し，社会的出来事への想定し得る影響を評価することである。法社会学は，規範に方向づけられた行動について，学問的な観点から観察する。しかし，道徳と法と宗教に関する形而上学的な根拠づけについての観察は断念される。法社会学が，価値自由な学問的知識に自らを限定する記述的で経験的な学問分野として理解される限りは，それは，様々な規範の間の対立のなかで決定されなければならないような哲学的問いも法的問いも避けてしまい，そしてその記述と分析に制限されてしまう。**実際的**な学問として，法社会学は，しかしながら結局は，これについての立場の決定から逃れることはできない。

---

80) *Kant*, Metaphysik der Sitten, Einleitung und Einleitung in die Rechtslehre. これに関する論争については，*Habermas*, Faktizität und Geltung 135ff. を参照。
81) Faktizität und Geltung 106ff., 146.
82) AaO, 106. 法と道徳の関係に関する詳細な説明は，豊富な文献リストのある *Kaufmann*, Grundprobleme der Rechtsphilosophie 191ff. を参照せよ。

社会理論が規範領域を区別することによって，それは社会的現実のなかで，規範領域が相互に対立することも予定しなければならない。社会理論は，人間や集団が様々な価値観や行動範型で，互いにやり繰りしなければならない多元的社会を前提としている。この理由で，社会理論は，そこから生じる緊張関係を扱い，寛容を保障し，争いに対して平和をもたらし，十分な統合を保障するような有益なメカニズムを発展させなければならない。このことが**法の課題**である。あらゆる他の規範領域が，特定の個人や集団に対してのみ価値を要求するのに対し，法は社会を全体としてひとつにまとめる包括的な秩序を形成する。そのなかに，他の規範領域との関係をも決定しなければならない特別な地位がある。

a）良い関係や**伝統**という法以外の規則に対して，法は優位性を必要とする。裁判所は，確かに，特定の場合において取引慣行や商慣習および良俗を考慮しなければならないが，しかし，これらが法と一致し得るか，そして他の場合には無視され得るか，という点については自ら決定する。社会的現実において，それは，確かにしばしば異なって見える。現行法と実際に行われている規範との乖離は，オイゲン・エールリッヒにとって，まさに法社会学に取り組み，生きた法の概念をその中心課題としたきっかけであった。[83]個々の社会規範だけが法と対立するのではなく，法秩序と矛盾する行動範型の複合物を作り出す下位文化が発生している。孤立した社会集団——たとえば，国家のなかのマイノリティ，外国人，犯罪者集団——は，固有のルールに従って生活している。どの程度，「公式」の法が，彼らに対して効力をもつことができるかは，様々な要素に依存しており，決して確定していない。公式の法から外れているが，広く認められている取引慣行は，法の妥当を長期間にわたって徐々に弱めていく。[84]

自由主義的社会と市場経済秩序の法は，特に国家の干渉から私有財産を守り，契約の自由を十分に考慮することを通じた個々の規律に向けた必要を顧慮することを求めている。しかし国家はいま現在，そのときどきの社会的勝者を優遇するような不公平な規律を拒否するために，「自ら造り出した経済の法」

---

83) 第**6**章第2節を見よ。
84) これに関しては，さらに第**13**章第3節と第4節を参照せよ。

についての規制を，以前から，相当，拡大してきている。それに関する最も重要な事例は，労働法や消費者保護法や環境法に関する強行的規定である。司法からは，印象深い事例として，医師責任制度や銀行法に関する司法上の調整，ならびに普通取引約款に対する厳格な法の適用を指摘することができる。それは，裁判所による規律に従って顧客との関係を調整することを経済領域全体に強制している。これに関して生じた社会的プロセスは，個別的法社会学の重要な研究領域である。

　b）**宗教規範**は，古い伝統に従えば，法よりも上位に置かれる。古代や中世やさらには今日のイスラムの神政的社会において，法は，その正当性を宗教から導き出さなければならなかった。それについての名残は，基本法の前文が，神に対するその責任を引き合いに出している点においても見出される。現在の世俗の国家においては，その代わりに，宗教と法の分離が通用している。宗教上の信仰告白は，各自の事柄と見なされ，プライベートな領域に属し，憲法上は国家による干渉から守られている（基本法第4条）。宗教社会は，自らの責任において内面生活を規律する（ワイマール憲法第137条と関連する基本法第140条）。しかし，この2つの領域の分離には完全には成功していない。なぜならば，宗教的信仰告白は，市民生活と公的生活における信者の態度に影響を及ぼし，そしてそれゆえ国家の法秩序に対する公然の対立が始まる可能性があるからである。

　これに関する事例は，自らの子を就学義務から免れさせるという，ある特定の宗教集団の請求権であり[85]，さらに正統派イスラム教徒が，女子生徒が学校でスカーフを身につけるということを要求することである。そのような場合に，裁判所は，憲法上の保障にもかかわらず，宗教の自由に対して，公の秩序のために，強制的にある法的な境界を引き，それゆえ法の優位を主張した[86]。確かに，1995年5月16日の連邦憲法裁判所の判決は，激しく議論が行われている。たとえば，それによって，バイエルン州が公立学校の教室にキリスト十字架像を取り付けることを定めたことは，基本法によって示された宗教と法の分離に違反することとなった。法社会学の課題は，法規範と宗教規範が衝突する際に生じる事態とその社会的背景を調査することである[87]。

---

85)　安息日に子どもを学校に通わせないユダヤ人の家族の法律についてはBVerwGE 42, 128を，また，体育に参加しないイスラム教の女生徒の法律についてはBVerwGE 94, 82を参照。
86)　BVerfGE 93, 1。
87)　特にこの理由から，非常にたくさんの法社会学的調査の対象である，妊娠中絶に反対す

c）倫理規範は宗教規範と法に対して似たような関係にある。倫理規範は法よりも高い序列を要求している[88]。しかしこの場合にも法は，それを原則として私的な事柄と説明することで，対立を避けることを試みている。基本法はその第4条において，信教の自由だけでなく，良心の自由も保障している。その規定は，基本法の根底にある人間像の現れであり，それは倫理的に自律的な人格としての人間の尊厳をあらゆる国家権力の上位に置いている。

　法と倫理の区分は，近代社会において，2つの事情により軽減されている。すなわち第1に，**国家の統治権力の担い手に対する服従や現行法に対する服従**が，それ自体，通常は**倫理的義務**とみなされることによって，さらに言えば，ある規定が不利益をもたらす場合，あるいは，その規定が個人的に正当でない，あるいは不正であると意識される場合にさえもあてはまることである[89]。実定法の承認に関する倫理的義務は，実定法の受容が世間一般に認められた伝統的道徳を根拠にすることがもはやできなくなっていることによって，実定法が貫徹されるための重要な手段となっている。第2に，全ての人が，自ら独自に倫理律を作る者として行動している近代の倫理的主観主義が，一般意識における一定の**倫理規範の平準化と希釈化**を導いていることである。それによって，一般的にあまり考えないで**法に順応**することにより大きな余地が与えられている[90]。

　この全てのことは，確かに，法と自律的な道徳的確信との間に対立が発生するということを排除するものではない。このような対立というのは，法規範と宗教規範との間の対立と同じように，あらゆる事情を考慮して，プラグマティックにのみ，解決することができる。その場合，一方で，個人的な良心の決定を優先することが重要であり，他方で，法が人間の平和な共同生活の秩序を保障

るカトリック教会の闘争もそれに属する。
88）　基本法第2条第1項を参照。**倫理律**に反しない限り，全ての人は人格の自由な発展を求める権利をもつ。
89）　それに関する経験的証明は，次の社会心理学的調査に示されている。すなわち，シカゴ（*Tyler, Tom R.*, Why, People Obey the Law, 1990 を参照）と，その上さらにオーストリアで調査が実施された。*Pichler/Giese*, Rechtsakzeptanz, 1993. 道徳的義務として理解された法への忠誠は，法が耐えがたい方法で道徳的規範に抵触する場合の境界が存在するということを，排除しない。*Kaufmann*, aaO, 186ff., 200ff. を参照。さらに第***20***章第4節を見よ。
90）　*Geiger*, Vorstudien, 251ff.; *ders*., Über Moral und Recht, 55ff. を参照。

しなければならず，そしてそれゆえ極端な場合には，法がそれを優先しなければならないということが重要である。

　極端な事例について，基本法は，武器を携行した戦時の軍務を誰も強制されてはならない（基本法第4条第3項）ということを，はっきり規定することで自ら決定した。最も深い倫理的対立を招いたのは，旧連邦共和国における第二次世界大戦後の再軍備，緊急事態法と核兵器配備の経過における連邦軍の権限拡大，ならびに原子力エネルギーの民間利用であった。法にかなった政治的決定に基づく行為をむりやり阻止することが試みられた場合，それに対して法秩序には，公の秩序を守るだけでなく，議会によって決議された法律を貫徹するという課題が割り当てられなければならなかった。未解決の倫理的問いを投げかけているのは，たとえば，現行法が厳格に抑制している安楽死の問題である。立法の計画段階において，倫理的抗議がたびたび示されている。それは，たとえば妊娠中絶，遺伝子工学，動物保護などの場合である。それらは，政治過程において解決されなければならない。立法機関がそれについて法的規律を決議するならば，それに対して倫理的抗議が起こる。

3　伝統規範，法規範，倫理規範そして宗教規範の共通内容

　様々な規範領域とそれらの間で生じる可能性のある対立にもかかわらず，あらゆる規範の性質に同様で類似の内容を示す特定の規範が存在するかどうか，という逆の問いもある。その問いは，法哲学において，自然法に関する問題の対象である。[91]法社会学においては，その問いはこれまでほとんど扱われなかった。法社会学は，現在の生活形態と文化の多様性に直面して，その問いを否定する傾向がある。その問いを経験的に研究するためには，非常に学際的な努力が必要となるであろう。あらゆる社会科学――社会学，社会生物学，社会心理学，人類学，民族学，歴史学，法学――が，共同で作業をしなければならないであろう。とはいえ，やはりその問いを肯定することは，人権の普遍的な妥当と，人権の普遍的な実現に向けたあらゆる政治的要求を主張すること，という思想的な基礎である。

　包括的な研究成果が不足しているために，法社会学はこの点では仮説に頼らざるを得ない。差し当たり，**殺人の禁忌**について考えなければならない。あたかも，「殺してはならない」という基本法則があらゆる人間社会において認め

---

91)　以下については，*Raiser*, Recht und Moral, soziologisch betrachtet, JZ 2004, 261 を参照。

られているように見える。そしてそれは，至る所で，宗教的・倫理的・伝統的な道徳観念の構成要素，ならびに法的規定の構成要素であるように思われる。確かに，殺人の禁止には，重要な例外がある。すなわち，宗教的に動機づけられた人身御供，重大犯罪に対する死刑，正当防衛による殺害，そして敵との戦闘行為における殺人。しかしその場合はやはり，根本規範を問題とする必要のない極端な事例にかかわる問題である。

原則的に普遍的に承認されている類似の仮説は，人間の共同生活のいくつかの他の根本的な規定を，やはり顧慮して作られている。それは特に，**他者を故意に傷つけないこと，彼らの自由を奪わないこと**，あるいは，**彼らの名誉を傷つけないこと**，などの，掟である。おそらく，「他者に向かって虚偽の証言をするべきでない」あるいは「相手方の言い分も聞くべきだ audiatur et altera pars」また，公正な裁判官，という要求は，**行動の公正さ**[92]のさらなる基本原則に属する。構成員によって**共同体の課題**が解決され得る共同体は，戦時の兵役や，堤防や運河の建設の際に，能力に応じて貢献することを，至る所で要求する，ということが考えられなければならない。

文献一覧

第1節 *Ehrlich*, Grundlegung, 20ff., 31ff.; *Weber*, Wirtschaft und Gesellschaft, §§ 1ff.; *Geiger*, Vorstudien, 5ff.; *Luhmann*, Rechtssoziologie, Abschn. II; *Röhl*, Rechtssoziologie, §§ 25f.; *Popitz, Heinrich*, Die normative Konstruktion von Gesellschaft, 1980; *Hof, Hagen*, Rechtsethologie, 1996.

第2節 *Eichner, Klaus*, Die Entstehung sozialer Normen, 1981; *Lautmann, Rüdiger*, Wert und Norm, 1969; *Opp, Karl Dieter*, Die Entstehung sozialer Normen, 1983; *Popitz, Heinrich*, Die normative Konstruktion von Gesellschaft, 1980; *Rommetveit, Ragnar*, Social Norms and Roles, 2. Aufl. 1968; *Spittler, Gerd*, Norm und Sanktion, 2. Aufl. 1970; *Sumner, William Graham*, Folkways, 1906; *Ziegler, Rolf*, Norm, Sanktion, Rolle, KZfSS 1984, 433ff.; ferner *Ehrlich*, Grundlegung, 34ff.; *Weber*, Wirtschaft und Gesellschaft, 1.Teil Kap1 § 4; *Geiger*, Vorstudien, 5ff.; *Luhmann*, Rechtssoziologie, 127ff.; *Röhl*, Rechtssoziologie, 199ff.

第3節 *Bechtler, Thomas*, Der soziologische Rechtsbegriff, 1977; *Blankenburg, Erhard*, Das Recht als Kategorie sozialer Verhaltensregelmäßigkeiten, in; *Lautmann/Maihofer/Schelsky* (Hrsg.), Der Funktion des Rechts in der modernen Gesellschaft, 1970, 227; *Cotterrell, Roger*, The Sociological Concept of Law, 10 Journal of Law and Society, 1983, 241; *ders.*, Sociology

---

92) 第*11*章第5節を見よ。

of Law, 38ff.; *Friedman, Lawrence,* Das Recht im Blickfeld der Sozialwissenschaften, 16ff.; *König, René,* Das Recht im Zusammenhang der sozialen Normensysteme, in: *Hirsch/Rehbinder* (Hrsg.), Sudien und Materialien zur Rechtssoziologie, 1967, 38; *Podgórecki, Adam,* Law and Society, 1974, 189ff.; *Popitz, Heinrich,* Die normative Konstruktion von Gesellschaft, 1980; *v. Trotha, Trutz,* Was ist Recht? Von der gewalttägigen Selbsthilfe zur staatlichen Rechtsordnung, ZfRSoz 2000, 327; *Ehrlich,* Grundlegung, 21ff.; *Weber,* Wirtschaft und Geselslcahft, Teil 1 § 6; *Geiger,* Vorstudien, 85ff.; *Luhmann,* Rechtssoziologie, 94ff.; *Rehbinder,* Rechtssoziologie 48ff.; *Röhl,* Rechtssoziologie, 212ff.

第4節　　*Llewellyn, Karl N.,* Jurisprudence, 1962, 357ff.; *ders.,* The Normative, the Legal and the Law-Jobs; The Problem of Juristic Method, 49 Yale Law Journal, 1939/40, 1355ff.; *Luhmann, Niklas,* Zur Funktion der subjektiven Rechte, in: Jahrbuch für Rechtssoziologie und Rechtstheorie Bd. 1, 1970, 321ff.; *Maihofer, Werner,* Die gesellschaftliche Funktion des Rechts, in: Jahrbuch aaO 11ff.; *Schelsky, Helmut,* Systemfunktionaler, anthropologischer und personfunktionaler Ansatz der Rechtssoziologie, in: Jahrbuch aaO 37ff.; *Schott, Rüdiger,* Die Funktionen des Rechts in primitiven Gesellschaften, in: Jahrbuch aaO 107ff.; *Friedman,* Das Rechts im Blickfeld der Sozialwissenschaften, 28ff.; *Rehbinder,* Rechtssoziologie, 127ff.; *Röhl,* Rechtssoziologie, 217f.

第5節（抜粋）　*Kant, Immanuel,* Metaphysik der Sitten, 1797; *Dreier, Ralf,* Recht, Moral, Ideologie, 1981; *Fuller, Lon L.,* The Morality of Law 2. Aufl. 1969; *Geiger, Theodor* Über Moral und Recht, 1946, deutsch 1979; *Habermas, Jürgen,* Faktizität und Geltung, 135ff., 541ff.; *Kaufmann, Arthur,* Grundprobleme der Rechtsphilosophie, 1994, 192ff.; *Radbruch, Gustav,* Rechtsphilosophie, § 5; *Raiser, Thomas,* Recht und Moral, soziologisch betrachtet, JZ 2004, 261; ferner *Cotterrell,* Sociology of Law, 45ff.; *Geiger,* Vorstudien, 251ff.; *Luhmann,* Rechtssoziologie, 222ff.

第11章　一般的法原理

Allgemeine Rechtsprinzipien

第1節　法哲学的問題設定と法社会学的問題設定

　人が法とみなし，また裁判所がその判決の根拠とする規則は数多くあり，また様々な形態をもっているために，次のような疑問が生まれる。すなわち，**全ての人に拘束力をもつ**と考え，またその時々に適用できる実定法と比べることができなければならないような**一般的に妥当する法規範**は存在するのか，という疑問である。この疑問は，前章の終わりに取り上げた，全ての種類の社会規範に従って一致して妥当する規則についての疑問よりも局限されてはいるが，方向性としては同じである。**法哲学**や**道徳哲学**はこの疑問に最初から取り組んでおり，多くの解答が出されている。しかしここで哲学の歴史や現在の状況をテーマとしようとすれば，あまりに広がりすぎることになるであろう。

　ソクラテスやプラトン以来の観念論的哲学が，善きことや正しきことという観念は人に植え付けられ，哲学的認識に受け入れられていると考えているのに対して，科学的実証主義は自然法的規範のアプリオリな妥当性を否定する。**カント**の哲学は一般的道徳律として形式的な定言命令を認めるが，具体的な事例についての特定の内容をもつ秩序原則や行為指令は認めないのである。ハーバーマスは，実体的な法原理は広く行われる理性的な議論においてまたそれに基礎づけられた民主主義的決定過程において生まれるとする。その他の者は，特定の一般的な正義の観念を近代の文明過程の成果と考える。

---

1) 第10章第5節を見よ。
2) *Habermas*, Faktizität und Geltung 151ff.
3) 特に感銘を与えるものであり，また異論の余地があるのは，アメリカの法哲学者 *Michael Walzer* の „Spheres of Justice", 1983, deutsch „Sphären der Gerechtigkeit", 1992 である。ドイツの法哲学では，*Kaufmann*, Grundprobleme der Rechtsphilosophie, 11, 32f., 222 を参照。

基本法は，実定法の上位にある拘束力をもつ法原理の領域を前提としている。この法原理に関連するものとしては，人間の尊厳の保護，基本権の承認，基本法第2条第1項の良俗条項の指示，基本法第79条第3項の改正不可能な憲法原理の承認がある。ドイツ連邦共和国の**裁判所**も実定法の上位にある秩序をつねに堅持した。ただこの秩序は，歴史的発展の産物として，したがって時代に拘束されたものと捉えられている。

たとえば，連邦憲法裁判所は次のように述べている。「国民がその精神的・文化的発展のある特定の時点で到達し，その憲法に定着させた価値観念の総体から出発しなければならない」[4]。また別のところでは，今日の文化国民がもっている一定の一致した基本的倫理観を引き合いに出している[5]。たとえば，刑事裁判所は，ドイツ民主共和国で逃亡者に対して発砲したり，ドイツ民主共和国からの逃亡を企てたことを理由に人々を罰したりした者を刑事訴追する場合に，ある行為が，たとえそれがドイツ民主共和国の法では合法であったとしても，**明白に人権に対する重大な侵害**であり，恣意的行為であることが明らかである限り，上位の法原則を援用するのである[6]。

法社会学は，形而上学的要素を放棄するというその方法論的要請のために，一般的法原理についての問題に腐心した。この問題は，**法社会学理論**においては，極めて多様に論じられている。かたくなにこの問題を避けたのは，**テオドール・ガイガー**の理論的かつ実践的価値ニヒリズムである。**マックス・ヴェーバー**の場合には，この問題は，合法性の概念において，また人々の合法性に対する信頼や社会的支配の正当化要求について彼が作り上げた諸類型において，依然として現代的な問題である[7]。これは，デュルケムの場合も，分業の健全な形態と病理的な形態についての彼の理論において，同様である[8]。ルーマンは，まず実定法がどのような内容もありうることを擁護し，法的決定の正当化をただ一定の手続が遵守されることによって根拠づけた。これに対して，人権や正義のような価値は，行動予期の抽象性の最高段階としてのみ生まれる[9]。他方，彼の

---

4) BVerfGE 7, 198, 206.
5) BverfGE 12, 1, 4; 24, 236, 246.
6) JZ 1994, 796, 800 に掲載されている連邦通常裁判所の文言参照。
7) 第7章第2節1および2を見よ。
8) 第5章第2節3を見よ。
9) 第8章第2節3を見よ。

オートポイエシスシステムとしての法理論においては，実体的な法原理も法システムの内在的な要素として適している[10]。シェルスキーは，法についての3つの基本的な考え方を強調する。それは，彼が「**長続きする正義**」，「**多様性のなかの同一性**」，「**組織に対する人間の不可侵性と自律**」という概念で論じているものである[11]。このほかにも，一般的法原理の承認は，法社会学においては一定の役割を果たしている[12]。

　経験的法社会学は，全ての人，あるいはほとんど全ての人が同じくする，法についての共通した見方というものを見出すことができるのか，という問題についてさらに考えなければならない[13]。このような問題は，それに関連する研究が実際には難しいとはいえ，追究することができる[14]。この場合，人類学や民族学や経験的社会研究の方法を用いて，人々は，どのような正義観念をもっているのか，人々は，どのような基準に従ってある規則が正しいと感じられるかどうかを判断するのか，さらに**裁判所**は，どのような一般的法的基準を適用するのか，**国家**や**国家権力保持者**は，自らが発した法規定を正当化するのにどのような内容的原理を引き合いに出すのか，これらがその課題となる。

　今日の状況にあっては，経験的な活動をしている法社会学者も，意見が多様であることが明らかであることを考えれば，この問題を否定するという傾向がある。しかし，そのような法社会学者は，その研究を行うための方法をいまだ論じつくしていないのである。国家や社会における共同生活の基本問題にかかわる重要な規範，たとえば人殺しのタブーについては，この問題に答えることができる，という指摘がある[15]。現代の行動生物学が想定するところによれば，ある原初的な法感情が存在するという。それは，根本では既に高等動物におい

---

10)　Das Recht der Gesellschaft 11ff., 223f., 233f. u.a.; 第 *8* 章第 2 節 6 を参照。
11)　前述第 *9* 章第 2 節 4。
12)　*Rehbinder,* Rechtssoziologie 135ff. は，相互性，持続性，役割定義，利害調整という4つの指導理念を挙げている。相互性，配分的正義，手続的正義のそれぞれの原理については，*Röhl,* Rechtssoziologie, 146ff. も強調している。
13)　*Raiser,* Recht und Moral, soziologisch betrachtet, Juristenzeitung 2004, 261 を参照。
14)　これについては，アメリカ人の諸著作を参照。これらの著作およびその問題点については，*Röhl,* Rechtssoziologie, 150ff. が報告している。
15)　*Raiser,* aaO.

て見られ，また人間では遺伝子のなかに組み込まれて，そのため生まれつきもっている。これについてはあとでもう一度立ち戻ることにする。[16)]

　以下では一般的法原理の社会的受容から始めてみよう。この一般的法原理は，実定法の構成要素として，また実定法を評価するための基準として有効ではあるが，これを形而上学的にあるいは哲学的に根拠づけることができるかについては，まだ答えが出ていない。それにかえて，歴史的な体験を通じて，また現在の社会的現実を観察することによって生み出された**仮説**，すなわち，一般的法原理は，少なくともその中心については，広く承認されているという**仮説**を手がかりにしよう。ここで取り上げるのは，**人間の自律，相互性，配分的正義，手続的正義**という，理論法社会学においても用いられている4つの基本概念である。

第2節　人間の自律

　自律の法原理とは，あらゆる人間を，独立した，自己目的を体現する人間として承認することを言う。このような人間は，善悪や正不正を区別し，行動を自分で決め，自分の人生を積極的に形作ることができる生来の能力をもっている。この原理は，肉体的精神的完全性，人間の尊厳，人格的自由の保護を含む。それは，古い時代の法理論では，「何人をも傷つけてはならない neminem laede」という文言に要約されている。その限りにおいて，この原理は，全ての人間の平等から出発し，全ての人間の平等な取扱いを要求する。それは，西欧型の近代社会では，自由主義的社会モデルの基礎をなしており，またそれは基本権と人権に分けられている。たとえばそれは，特に国連人権宣言や人権および基本的自由の保護に関するヨーロッパ条約やドイツの基本権などのなかに現れている。その射程は様々ではあるものの，その核心は認められている。それは，数多い個別の法規定や判決の根本原理と捉えることができる。[17)]　またそれ

---

16)　第*18*章第1節を見よ。
17)　BverfGE 12, 45, 51：「基本法は価値と結びついた秩序である。これは，自由および人間の尊厳の保護をあらゆる法の至上の目的と考える」を参照。BverfGはこれに加えて言う。「基本法の描く人間像は，独善的な個人の像ではなく，社会のなかにあって様々な義務を負っ

は人々の法意識のなかにも十分に根づいていると思われる。[18]

　このことは，特に，人類の歴史において古いタブーによって守られている他の人の生命や身体や健康を原則的に傷つけてはならないということについて，さらにはたとえば，他の人から移動の自由を奪ったり，その人を誹謗中傷したり，その人から物を盗んだり，その人をだましたりすることを禁止するということについてもあてはまる。これらの法原理は，奴隷制や農奴制が存在した社会においても認められているとすることができるであろう。今日では，奴隷制が許されているとか，人体に対して生命の危険を及ぼすような実験が許されているなどと言っている者はほとんどいないであろう。社会は，あらゆる人が人間にふさわしい生活を送ることができるようにする最低限の条件を整えなければならないという要求も，広く同意を得られるであろう。

　自律の原理は，それが分離するときに，その次元や限界が歴史的文化的に強く特徴づけられていて，そのためにそれらはみな同じではなく，議論の余地がある。哲学的倫理学においても，これについての意見は分かれている。しかし，いずれにせよ抽象的には，定言命令の意味において，次のように言うことができる。すなわち，個人の自由は，**他人と同じ自律**のなかに，また社会における人間の**共同生活の諸条件**のなかに，その限界を見出さざるをえないのである，と。

　法社会学は，これまで自律の原理について直接的に論じることはほとんどなかった。[19] とはいえ，その理論においては，あらゆる行為理論の端緒が，結局は個人の自律から出発しているのであり，形を変えれば，**経済人** homo oeconomicus，すなわち，原則として個人の効用ができるだけ最大になるようにという格率に従って行動する人間のモデルをその基礎に置く，あらゆる経済学的・社会学的理論もこれまた同様である。社会心理学の「**基本的な社会ジレンマ** fundamental social dilemma」という理論においても，この自律の原理は出てくる。というのは，この理論によれば，社会で他人と生活している人間は，誰もが，

　　ている人格の像である」と。基本法の人間像については，全てではないが，Benda, Menschenwürde und Persönlichkeitsrecht, in: Benda/Maihofer/Vogel, Handbuch des Verfassungsrechts, 2. Aufl. 1994, 161ff.; Häberle, Die Menschenwürde als Grundlage der staatlichen Gemeinschaft, in: Isensee/Kirchhof, Handbuch des Staatsrechts Bd1, 1987, §20 を参照。
18) Peters, Rationalität, Recht und Gesellschaft, 1991, 61f. も同様。
19) シェルスキーは例外であり，組織に対する人間の完全性と自律の原理を唱えている。しかし，この原理は，ここで取り上げている自律の原理よりも狭く，さらに範疇的というよりは綱領的なものと考えられる。第 9 章第 2 節 4 および第 3 節 1 を参照。

自分の人間としてのアイデンティティーやプライドを保つことと集団に順応することとのバランスをとらざるをえない。こうしたバランスが保たれているような状態こそが正しいと人々は感じるのである[20]。このような場合には全て，自律の原理は，人間を社会の手足と考える社会学的アプローチの対極として機能している。法社会学の経験的知識も，この自律の原理を，自律を制限する社会規範の意義をはかるものさしとして，間接的にせよつねに考慮に入れていた[21]。

第3節　相 互 性

1　相互性の原理

　相互性あるいは互酬性の原理は，人間相互の交際の一般的範型である。すなわち，物質的なものに限らず，何らかの財を他人に与えることが，反対給付をともなって次々と行われる。それは，他人が得た給付に対するお礼として理解され，あるいはその給付に対してあとから反対給付を受け取るという期待に支えられている。純粋に他人のための贈与というものもあるにはあるが，それは，社会共同生活においては取るに足りない例外にすぎない。贈り物であっても，それにはたいてい，受け取った人がそれに対して感謝してくれるという期待と結びついており，それゆえ，この期待は，その人には少なくとも反対給付を行う因習的な義務の根拠となっている。

　相互性の原理を表すことばとして広く行われているのは，次の黄金律である。すなわち，「人にしてもらいたいと思うことは何でも，あなたがたも人にしなさい[22]」，あるいは，否定形で言えば，「あなたがしたくないことは，誰にもしてはならない」と。それは，補償的正義理論の基礎になっているできごとである。

　行動研究の知見によれば，相互性の期待に基づく行動様式は，既にチンパンジーの群

---

20)　Lind, Procedural Justice and Culture, ZfRSoz 1994, 24, 29 を参照。
21)　これに関連した研究の例としては，基本法第102条に反して死刑を再び導入せよとの要求について，あるいは，母親の自律と胎児の生存権とのせめぎ合いの中での妊娠中絶をめぐる意見についての統計調査がある。
22)　新約聖書マタイによる福音書7,12。このことは，ギリシアやローマさらにインドや中国の哲学においてもよく知られている。

れにおいて見られる。この行動様式は，進化生物学的に見れば，持続的な社会関係における相互扶助が，既に動物の場合には，当該個体の全てが生き残る機会を高めていることに基づいている。[23] 人間の場合には，たとえば子どもを養育するのは，子どもが大きくなって両親の面倒をみてくれるという期待があるからである。

　数多くの古代社会の研究に基づいて，互酬性のなかに**法的拘束力の根源**を見出せることを明らかにしたのは，人類学の功績である。マルセル・モース Marcel Mauss，クロード・レヴィ＝ストロース Claude Lévy-Strauss，リヒャルト・トゥルンヴァルト Richard Thurnwald, A.R. ラドクリフ＝ブラウン A.R. Radcliffe-Brown，ブロニスワフ・マリノフスキーなどの民族学者たちが観察したように，[24] 人間の社会的経済的関係は，既に初期の社会において，その基本構造が**交換**に基づいている。AがBの給付に対して自分なりの関心をもつのは，AがBと関係をもってBが望む給付を行うことが理由になっている。社会の安定性は何によって左右されるかというと，まずこの意味での給付が通常は反対給付の期待と結びついていること，また給付の受け手がこの期待をわかっていること，さらに受け手が反対給付も行う用意ができていること，である。このようなことが言えるのは，物質的な財の給付についてだけでなく，たとえば愛の贈与や社会的承認といった非物質的な財の給付について，また援助や性関係や女性交換についても，そうである。社会的に望まれない行動の場合には，タリオの原理もそれを根拠としている。この原理によれば，何らかの害悪を不当に加えたときは，同じ害悪をもって償われる。つまり，旧約聖書が言う，**目には目を，歯には歯を**，である。

　ある交換関係がうまくいくと，民族学の観察結果によれば，当事者たちはこの関係を将来にわたって継続するのであり，そのことによって，特に交換対象物の交換が行われるときに，この関係は安定する。そのためには一定の形式が形成される。それは，時とともに慣習として定着し，さらにそれを破ることは許されなくなるのである。反対給付がすぐにできないときは，この反対給付を

---

23) *Voland* および *Hammer/Keller* を参照。両者は *Lampe* (Hrsg.), Zur Entwicklung von Rechtsbewusstsein 1997, 111ff. および 152ff. 所収。
24) 文献一覧の紹介を参照。

行う義務が続いていること，その義務が猶予されていることを象徴する儀式が行われる。最後にこの交換儀礼が集団のなかで一般化される。さらに数人の人たちが参加する環状交換の複雑な形式も生み出される。このような環のなかでは，全ての参加者が，ただ自分の利益のために，みんなが給付義務を履行しているかを注視し，必要ならば無理やりでも履行させるのである。ここに互いに結びつきをもった相互性関係のネットワークが成立する。このようにして関係が持続することが保証されると，集団構成員はその関係にうまく合わせたり，その関係を信頼して自分自身の将来の計画を立てたりすることができるようになる。ある参加者が，贈り手に奉仕したり，贈り手に従属したりすることによってしか，自分に課された反対給付を行うことができない場合には，権力関係が成立したり，社会的不平等が生まれたりする。しかし，固定化した支配構造においても，主人が従者に誠実や庇護の責を負っている限りは，互酬性の原理は存在する。

2　現代的意義

現代においては，相互性の原理は，相互的な契約の法によってよく知られている行動モデルとなっている。このモデルの私法的な側面について，法学は既に数世紀にわたり光を当ててきた（民法第320条以下を参照）。他の法領域でこれを証明するのは，けっして困難ではない。たとえば，労働法では，被用者の従属義務には，使用者の保護義務が対比している。しかし，この原理は法規定に限定されるものではなく，人々の社会的経済的交流のなかで互いにくまなく実行されている。また，この原理は，それが一定の目的のためのものであることは明らかであっても，人々に共通した法意識や道徳意識のなかにしっかりと定着しているという仮説を立てても，ほとんど間違ってはいないであろう。他方，この原理を詳細に観察すれば，それが全ての社会関係にあてはまるわけではないことがわかる。とりわけ官職の配置や国家機関の権力行為は，相互性の原理を考慮に入れたりすれば，まったくだめになってしまうのである。この原理の適用範囲は，むしろ人間相互の社会的法的交流にとどまっている。

したがって人間相互間の行動の基本的形式が問題となる場合には，この原理

は**形式的な**性格しか帯びていない。なぜなら，この原理それ自体は，受け手に十分な義務を負わせるためには，どのような給付が必要か，またどのような反対給付がそのつど等価とみなされるのか，つまりどのような反対給付が返礼の義務を果たすのにふさわしいのかについては，何も語っていないからである。各当事者が給付のために支出しなければならない費用は，そのためのおおまかな尺度となるにすぎない。市場が成立しているような財の場合には，価値のつり合いは，供給と需要の法則に従う。このとき，当事者の側からの主観的な財の評価，ならびにそれぞれの時代や社会で違いがありうる文化的価値観念もかかわってくる。つまり，どのくらいの対価が適切かという問題は，互酬性の原理のみをもってしては解決できないのである。この原理には，同様に，たとえば一方では服従義務の，他方では庇護義務の程度や限界についての尺度も含まれていない。どのような社会秩序が適切であるかという疑問に対して，この原理は，十分な答えを与えてくれないのである。とはいえ，この原理が，人間の共同生活を可能にし，人間社会をまとめる普遍的な法原理であることに変わりはないのである。[25]

第4節　配分的正義

1　物質的財と精神的財の公正な配分

　法によって保護される個人の自由の領域にある定まらない限界や相互性の原理の形式的な性格によって，正義の問題の核心，すなわちある集団あるいは社会における**財と負担の配分**についての**内容的な原理**をめぐる問題が明らかとなる。配分的正義の問題が出てくるのは，人々が価値を置く物が乏しいために，全ての人が自分が望むようにはその物を得ることができない場合であり，あるいは害悪を全ての人が避けることはできない場合である。この問題は，土地所有，財産，所得，就職口，社会給付請求権のような物質的財だけにかかわって

---

[25]　これ以外の理論的・法社会学的分析については，文献一覧に挙げたブローやグールドナーやホーマンスといったアメリカの社会学者たちの著作を特に指摘しておく。さらに，シェルスキー前掲書も。

くるのではなく，たとえば教育機会，力と威信，公職，給付の裁量と地位上昇の機会，文化財あるいは医療扶助へのアクセス，人の慈愛や愛情にもかかわってくるのである。公正に配分されなければならない社会的負担に該当するものとして例を挙げれば，兵役義務，社会保険税と社会保険料の支払い義務，つらい仕事やいやな仕事をしなければならない必要性，やむを得ず大量解雇を行う場合の該当者の選別があり，さらに広い意味では，犯罪行為あるいは不法行為に応じて決められる刑罰や損害賠償額の程度もある。配分的正義は，人間が共同生活を営む全ての社会統一体で重要となっている。それは，婚姻や友人関係のような2人だけの関係に始まり，家族，職場グループ，地域共同体，あらゆる種類の集団，さらには社会や国家，国際組織までいたる。

　国家法についてみる限りでは，その正義の問題を取り上げることができるのは，もちろん，国家による配分の下での財や害悪が問題となる場合に限られる。したがって，たとえば，不公正だと思われる遺言について，相続法にその責任を負わせることはできないのである。その限りで，われわれは，民法が遺言の自由をより制限するならば，より公正になるはずであるということを主張することしかできない。国家がもっている責務や規制権限の範囲は，文化によって違いがあり，歴史的にも変化している。つまり，19世紀の自由主義国家は，経済的な財やさらには文化的な財についても，その配分を個人の自主性やおもに貨幣が支配する自由**市場**での交換に委ねたのである。この国家は，そのための形式的な法的枠組みを準備するにとどめ，個人はその枠組みのなかで，自らの私的な利益を追求することができた。このようなシステムにおいては，財の配分は市場の成り行きに任されたままであった。これによって生じた財産状況が不公正であると非難することができるのは，配分を見直すためにこのプロセスに介入する任務が国家に与えられた場合だけである。このようなことは，現代の福祉国家では広範にわたって行われている。

2　哲学的テーマとしての配分的正義

　配分的正義について，古くから人々は，そして特に国家指導者たちや哲学者たちは考えてきた。古代哲学において，アリストテレスは，[26]**交換的正義と配分的正義**を区別することによって，今日まで高い評価を受けている分析的基礎を築いた。交換的正義とは，財の交換および違法行為に対する賠償給付にかかわ

---

26)　『ニコマコス倫理学』第5部。

るものであり,そこには**平等の原理**が妥当している。配分的正義とは,価値のある物の配分にかかわるものであり,その点では各人が自分が**稼ぐ**ものを得るという**公正の原理**がその基礎にある。もっともアリストテレスは,稼ぎは様々な基準によってはかることができ,そのため問題が複雑になっている,と既に明言している。後の時代になると,特にマルクスにおいて,公正な配分の第3の原理として,各人が自分が**必要とする**だけのものを得るべきであるという,**必要**がこれに加わった。正義の原理について,このような3分類あるいはそれに類似の3分類は,今日でもなお,これに関連した多くの研究の基礎となっている[29]。しかし,以下で見るように,それはあまりに単純すぎるのである。

現代法哲学の正義論は,みな一致して次の2つの前提から出発している。ひとつは,人間の本性に根ざしている道徳的**自由**と**人間の自律**(前述第2節を参照)であり,もうひとつは,他の人間との共同組織を必要とする,生きた存在としての全ての人間の生まれながらの**平等**である。それによれば,自由と平等は法の実体的基本原理である。歴史の流れのなかで生まれ,現実の社会に存在するようなあらゆる**不平等は,それが合理的かつ承認に値する理由によって正当化される場合に限り,公正なものとみなすことができる**。哲学的正義論は,その限りでは一致しているとしても,このような端緒をどう展開するかということによって違いが出てくる。このことについては,ここでは現在最も重要な3つの哲学的正義論を手短に示すことによって,指摘するにとどめる。

アメリカの法哲学者ジョン・ロールズ John Rawls は,その正義論を次のような疑問から発展させる。すなわち,人は,平等な存在として,また理性的で自らの健康に留意する存在として,もし無知の陰に隠れて想定された最初の状況のなかで生きるとするならば,すなわち,将来自分自身が社会で占める地位について,その知能について,将来の成功にとって重要なその他の能力について,財の配分を将来受ける機会について,何

---

27) これは,よく知られたラテン語の言回しでは,「その者自身のものを各人に suum cuique」となる。その点について,アメリカ人は衡平 equity による配分という言い方をする。
28) Marx, Kritik des Gothaer Programms, 1875, *Marx/Engels* Werke Bd. 19,21. 第 *4* 章第2節3も見よ。
29) たとえば,*Deutsch,* Distributive Justice: Equality, Equity and Need; *Walzer,* Spheres of Justice: Free Exchange, Desert and Need; *Röhl,* Rechtssoziologie, 152: Beitragsprinzip, Gleichheitsprinzip, Bedürfnisprinzip を参照。
30) *Rawls,* A Theory of Justice, 1971, deutsch: Eine Theorie der Gerechtigkeit, 1976.

も知らず、そのために自分のための特別な利益を追求することができないならば、どのような法原理に同意すればよいのか、という疑問である。ロールズは、これを基礎にして2つの基本的法原理を見出し、その内容を次のように展開する。①何人も、最大限の基本的自由に対して、他人の平等な自由と両立しうる平等な権利を有しなければならない[31]。②社会的経済的不平等は、それが理性的な期待に応えて全ての人に利益をもたらすように、また誰もがあらゆる権力ポストと官職を手に入れることができるように、調整しなければならない。このことによって、個別的には、一方では、自由主義的な人権や基本的な参政権が哲学的に正当化され、他方では、政治的経済的不平等が、それによって誰も多少の平等よりは悪くはならない限りは、同じく哲学的に正当化されることになる。これらの法原理を実現させるにあたっては、ロールズの場合には手続的正義が中心的な役割を果たしている。

ロールズよりもさらにはっきりと手続的正義を強調するのがユルゲン・ハーバーマス[32]である。彼の法理論は、ルソーやカントの伝統を受け継いで、自由主義的かつ民主主義的法治国家の理論に基づいている。こうした法治国家では、法は、「全ての自由で平等な国民の一致し統一した意思がもつ社会統合力を通じて、合法性」を獲得する[33]。国民間のコミュニケーションは、理性的な議論を通して行われる。ハーバーマスは、法的議論と道徳的議論を区別する。実定法の諸規定は法的議論に基づいて成立する。それに対して、正義は道徳的議論の領域に属する。この道徳的議論は、次のような規範を問題にするという点に特徴がある。その規範とは、全ての人間がそれを受け入れることができ、それゆえ民主主義的な法定立を必要としないが、まさにそれゆえに法的拘束力やサンクションをともなうものではなく、「知の領域、象徴的妥当性の領域に」とどまっているものである[34]。道徳と法は、上部秩序と下部秩序という関係にあるのではなく、独立して並存しているのである。これらは、別の役割をもっており、互いに補完し合っている。ともかくハーバーマスは、法が道徳的観点から「鋭敏な一般化のテストにさらされる」ことを念頭に入れ[35]、それゆえ世論において行われる道徳的議論のために法形成手続の公開を要求するのである。

ロールズやハーバーマスよりもさらに強く公正な社会秩序の実体的な内容を展開したのが、マイケル・ウォルツァー Michael Walzer である[36]。ウォルツァーは、自由や平等の理論的な初期状態から出発するのではなく、人間の個性、それゆえさらに人間がもって

---

31) この出発点はカントに由来する。
32) *Habermas*, Faktizität und Geltung, 1992.
33) AaO, 50.
34) AaO, 135ff., 137.
35) AaO, 225.
36) Spheres of Justice, 1983, deutsch: Sphären der Gerechtigkeit, 1992.

いる財を獲得するための一様でない能力は簡単に無視できないということから出発している。さらにどんな社会もやはりその固有の歴史や文化をもっている。したがって，完全に平等な社会というのは現実にはなく，たとえあったとしてもそれは公正ではない。しかし，どのような差別が正当化されるのかは，一般的に述べることはできず，多くの様々な社会生活の領域において，ある面では事物の本性に由来する，また別の面では歴史的文化的な制約を受けた，様々な基準に照らして判断されるのである。社会全体の正義にとってみれば，あるひとつの領域が他の領域を支配するようなことはないということ，つまりたとえば経済的な強者が，その富にものを言わせて，政治的権力あるいは学校や文化財へのアクセス特権をも手に入れるようなことはないということが重要なのである。個別の領域のいずれにおいても，それらの領域間の境界を通り抜けることができないことだけがそのままになっていて，そうしてそれらの領域間に複雑な平等が生まれている場合には，支配関係を甘受することができるのである。ウォルツァーは，このようなことを基礎にして，豊富な，また歴史的な観察教材を手がかりに，最も重要な社会生活領域の分析を行い，多くの事例について，今日の諸組織の正義を批判的に評価する。この著書は，具体的な記述が魅力であり，またそれは，現代社会においても配分的正義についての細分化された実体的基準は有効であるというテーゼを支えている。その一方で，本書は，まさにこの理由によって，哲学的あるいは政治的な根拠をもつ反論にさらされるのである。[37]

3 古典的法社会学

　古典的法社会学は，配分的正義というテーマに対しては，自律の原理に対するほどには貢献していない。古典的法社会学がこのように視野を狭めていたのは，一方では，偉大な理論家たちが，配分の問題を基本的に市場に委ねた自由主義国家に恩恵を受けていることをわきまえていたからである。また他方において，配分的正義の問題を取り上げなかったのは，社会科学研究は価値から自由であるべきだという方法論的要請があったからである。社会科学研究は，人間の健康状態を論じるものとされ，健康を増進することは，その課題ではないと考えていた。その目的は，社会の観察的分析であり，[38] 社会正義を実現するこ

---

37) この批判については，たとえば，*Dworkin, Ronald,* A Matter of Principle, 1985, 214ff.; *Buchstein/Schmalz-Bruns,* Gerechtigkeit als Demokratis, Polit. Vierteljahresschrift 1992, 375; *Kirschner, Lutz* ZfRSoz 1994, 244ff.; *Cohen, Joshua,* Deutsche Zeitschrift für Philosophie 1993, 1009ff.; *Rössler, Beate,* ebenda 1035ff. を参照。
38) これに対する私の批判については，ZfRSoz 1994, 1ff. および前述第 *2* 章第 1 節を参照。

とではなかったのである。

このテーマに直接かかわる経験的な仕事も，ドイツでは行われていない。しかし，別の目的をもった研究では,正義の問題はしばしば裏に隠れている。もっとも論者たちは，自分たち自身が抱いている正義の観念を表に出したり，あるいは批判的に考察したりはしない。

デュルケムにとって社会とは，組織的連帯が実現するところであり，それは同時に公正な社会でもあったので[39]，もっと厳密に事態を分析したりはしなかった。ヴェーバーも実質的正義の問題には関心がなかった。彼の理念は，社会的経済的生活にとっての外部的枠秩序としての法の形式的概念性であった。彼は，実質的法原理が浸透していくなかで，そこに法の合理性の喪失を見た[40]。いずれにせよ彼の場合には，合法性概念の中心的位置に，明らかにされていない実質的法内容との関連も示唆されている。ガイガーには正義の概念はまったく問題ではない。ルーマンの法社会学においても同様である。ただ一方では，ルーマンは，オートポイエシスシステムとしての法についての晩年の構想では，正義の観念を法体系の内在的構成要素として説明している[41]。

4 政治学および社会心理学の最近の認識

これに対して，現代の政治学や社会心理学の研究は，特にアメリカ合衆国において，しばらく前から精力的にこのテーマに取り組んでいる。その際，次のような認識から出発している。

a）配分的正義は，全ての社会関係において同一の基準で評価されるのではなく，それぞれ大きな違いがある。前に挙げたような，平等，公正，必要，市場における自由な交換といった原理については，説明が十分ではなく，別のカテゴリーによって補わなければならない。そこでたとえばエルスター Jon Elster は 5 つのカテゴリーを区別する。それは，平等主義的配分基準，時代関係的基準，社会的地位または個人的特性にかかわる基準，受け手の事情にかか

---

39) 第 5 章第 2 節 2 を見よ。
40) 第 7 章第 2 節 4 を見よ。
41) *Luhmann,* Das Recht der Gesellschaft, 214ff. 現在の論争については，ZfRSoz 2008, 3ff. に発表されている，「ジャック・デリダとニクラス・ルーマン以後——正義の社会理論の (不) 可能性」というテーマに関するトイブナー，クラム，シュッツ，メンケ，ラドゥーの論文を参照。

わる基準，最後に，社会の権力関係を反映しているメカニズム，である[42]。このように述べたことからだけでも，これらのどのカテゴリーにも多くのもっと個別的な配分の視点が隠されていることがわかる。それらの要素は，別々に混じらずにあらわれるのではなく，互いに結びついている。これにそれぞれ違った特徴をもった様々な配分手続が加わるのである。このことから，学問も，抽象的に理解された配分原理を少なからずその研究の基礎に置くことも許されよう。むしろ必要なのは，具体的な社会的配分経過について，そこで使われ，当事者が公正だと考えている配分基準を考慮しながら，個別的に研究することである。諸類型が作られている限り，それはただ発見的目的のために役立つのである。この意味で，**交換関係**，**共同体関係**，**支配関係**，**不法の是正**を区別し，それに対応して交換的正義，配分的正義，政治的正義，是正的正義を区別すること[43]，あるいは，**協同的集団**では平等の原理が，**競争的集団**では貢献の原則が適用されるという仮説を立てること[44]などは，役に立つこともあるかもしれない。

b） 配分の原理が，様々な解釈や叙述をすることができる一般的な大綱しか定めていないならば，実務において用いられている基準をより厳密に分析することが必要である[45]。平等というむしろ単純な原理は，既に様々に用いられている。限られた量しか財を利用できない場合に，配分は，くじで決めるのか，それとも年齢か，申込みの順番か，並んで待つ用意があるということか，あるいはそれ以外の観点か，いずれにすべきであろうか。昇給を行うときに，誰もが同一の増加分を受け取るべきか，それともそれまでの給料との関係で，割合による増加分を受け取るべきか。配分する財の量によって決めるべきか，それとも質によって決めるか。対象となる物が様々である場合に，平等はどのようにして確定する事ができるのか。たとえば相続財産の配分はどうか。

配分が**必要**という基準に従って行われるべきだとすると，その量の決め方は，はじめからもっとあいまいなものになる。というのは，人間の欲求をはか

---

42) *Elster,* Local Justice 67ff.
43) *Koller, Peter,* Soziale Gerechtigkeit und Gleichheit in ; *Müller/Wegner* aaO (Schrifttumsverz.), 53ff.
44) Deutsch, Distributive Justice, 37, 64ff.
45) 以下については，*Deutsch* aaO, 1ff., 31ff.; *Elster* aaO, 18ff. および全体を参照。

ることはむずかしく，またそれは好きなように増やすことができるからである。社会扶助額を決定する基準となる人間らしさを保証する最低限がどれほどの金額を必要とするのかについては，異議を唱えられないようなやり方でこれを決定することはほとんどできない。それがいろいろな事情に左右されるとなればなおさらである。大都市で生活している人は，田舎で生活している人より多くのお金を必要とする。病気の人は，健康な人より出費が多い。さらに重要なのは効率性の問題である。社会給付は，総花的にばらまくべきなのか，それとも自分に落ち度はなく困窮に陥った人たちに対して，あるいは給付のおかげで困窮から脱出できるという期待の正しさを証明した人たちに対して，特別に役立つようにするべきなのか。平等の原理と必要の原理のいずれがより公正な解決をもたらすかについても，何とも言えないのである。教師は全ての子どもたちに平等に目を配るべきなのか，それともできの悪い子たちがよくできる子たちと同じような成績を上げるチャンスを得られるように，できの悪い子たちの方により多くの注意を向けるべきなのか。

　公正の原則は，適用について最も重大な問題を投げかけている。ある人が社会に対してどのような働きをし，あるいは社会に対してどのような貢献をするのかによって何を得るのかについての判断の基礎にはどのような価値基準があるのかが，ここでは特に重要となる。学校の成績は，女の子または男の子がいかによい子であるかについての情報を与えるものでないといけない。そのためには，字がきれいである，何でも完璧にできる，創造力が豊かである，表現力にすぐれている，ということのうち，どれが大事なのだろうか。どのくらい努力したかという基準によって評価したり，あるいは，できのよい子とできの悪い子のどちらもよりいっそうがんばるように刺激するために，できのよい子には少しだけ悪い成績を与え，できの悪い子には少しだけよい成績を与えたりしても，それはさらによいこととはいえないのか。結局，いっそのこと成績をつけるのをやめてしまうことはできないものだろうか。なぜなら，よい成績を得るための競争によって，子どもたちの間の連帯は崩壊し，クラスの社会的環境は悪化し，このようにして全員の学習能力は低下してしまうからである。ひとりひとりの子の過ちあるいはクラス全体の過ちに対して，学習成果に影響を与

えないように，罰を科すにはどのようにしたらいいのか．規則に従って罰を与えたために成績が下がってしまうようなことになれば，それは明らかに不公正だということになろう．

　c）このような例から，ある**具体的な生活関係**において配分的正義が問題になるや否や，疑問がいかに複雑であり，またその答えがいかにあいまいであるかがわかる．しかもまたこれらの例によれば，配分的正義についての判断は一様でなく，**判断する人**の社会的地位や気質や人生経験に左右されるという認識が得られる．学校教育法について決定を下す政治家，教師や生徒は，それぞれ違った基準に基づいている．規制について有利な人は，それが不利な人とは違う判断を下すのである．全般的な大綱を決定する政治機関は，**社会的な効率**という観点を志向し，現場で決定を行う権限をもつ人は，**個別事例での公正**を志向し，関係者は，**自分の利益**を志向する．また**それぞれの状況**にも左右される。[46] ハウプトシューレでは，ギムナジウムとは違う基準がありうるのである．最後に結果も考慮に入れなければならない．それは，一定の行動のために**刺激**を与えるべきかということである．さらに，生徒ひとりひとりの将来のことだけを考えた場合は，学校の評判を保つとか，あるいは国家や社会に対する特別な貢献のために若い人の中からエリートを準備することとかを大事であると考える場合とは違う判断が下されることになる．正義の判断はこの両極端を含んでいる．なぜなら，それは，社会に生きる人間相互の関係と社会におけるそのような人間の居場所にかかわってくるからである．

　d）限られた生活領域ではなく，社会全体にかかわる**基本的な法的問題**についての決定を問題にした場合でも，むずかしさは決して少なくはならない．ここで問題にするのは，兵役の正義，課税の正義，所得配分および財産配分の正義，特定の犯罪に対して他と比較しながらの刑罰の算定などであり，プラスの面では，大学の在籍権や就職口の配分の正義，社会扶助，国家による助成金などである．これらにおいては，通常，平等や公正や効率や必要といった複数の原理が互いに競合する．ここで問題となる基準については，その重要性や説得力を，しかも規制によってどのような結果がもたらされるかを予測しながら，

---

46) *Elster* aaO, 180ff.

検討しなければならず，そしてさらに政治的な決定を行わなければならないのである。このような事例において，明快でかつ万人を納得させるような解答が得られないときは，**誰が**，そしていかなる**手続**によって，決定すべきか，ということが重要になる。とりわけ重要な違いがあるのは，全ての関係者の間で一致を見出さなければならないのか，あるいは少なくとも当事者の意見を聞いているのか，実行力をともなう人または機関が権威によって決定するのか，のいずれかである。[47]

　e） ここで取り上げた問題に対して，最初に**経験的**なアプローチを試みたのは**社会心理学**である。

　ドイチュ Morton Deutsch は，小さな労働集団が様々な条件の下で自分たちが得た収益をどのように配分するのか，またそのときどのような正義観念が働くのかという問題に取り組んだ。この場合，方法としてはおもに屋内実験が行われた。まず学生たちが募集された。この学生たちは，様々な構成をもつグループで一定の課題に答えなければならず，そしてそれに対して回答のできばえに応じて賃金をもらい，続いてこの賃金を配分しなければならなかった。統計の分析結果からある程度の一般的傾向を引き出すことができた。その傾向とは，とりわけ，実験参加者の間で緊密な共同作業ができていて，そのため参加者の間に打ち解けた関係が成立していた作業グループでは，どちらかといえば平等な配分ルールができあがっていたが，これに対して打ち解けた共同作業が行われなかった場合には，配分は，どちらかといえば業績原理に基づいてなされた，ということである。[48] 工場労働の組織にとって重要なもうひとつの結果によれば，人間は，平等に報酬をもらうのではなく，成果に応じてもらえるなら，単独またはグループでより生産的に働くという指摘はなかった。ドイチュは全体を通してある仮説が証明されたと考えた。その仮説によれば，経済的な成果をめざす作業グループでは，その成果への貢献という基準，すなわち功績に比例した形で，収益が配分される。これに対して，人づきあいを大切にするということを目標にするグループは，主たる配分原理として平等を用いる。個人の幸福や構成員の繁栄に心を配る慈善団体は，必要の原理を志向する。[49]

　このような研究には，それが厳密にコントロールできる状況に基づいていて，条件を変えることができる，さらにそれが統計に基づく分析を利用してい

---

47) これについては，4の別のところも見よ。
48) *Deutsch,* Distributive Justice, 133ff.
49) AaO, 38. ドイツにおける社会心理学的な正義研究の状況については，*Bierhoff* u.a. (Hrsg.), Justice in Social Relations, 1986 を参照。

る，という利点がある。さらに参加者自身がある決定状況に置かれていて，そのためにただありきたりの意見を述べているわけではない。その一方で，こうした実験の射程は限られている。この実験は，直接関係した人たちの主観的な正義の判断に対象を限定しているのである。立法者，社会行政の機関や施設，あるいはまた雇用者を処遇する際の私企業が直面するより複雑な正義の問題は，こうした方法ではこれ以上はほとんど解明することができない。

5　法社会学の課題

　配分的正義は，まだほとんど扱われていない広い研究領域を**法社会学**に与えている。[50] この研究領域はいくつかのテーマに分けることができる。最初に検討しなければならないのは，現行法に表われていた正義の原理である。この現行法には，逆に立法手続において取り入れられなかった正義の原理も含まれている。

　そのための素材として挙げられるのは，立法理由書であり，さらにはそのなかにある草案，鑑定書，団体や専門家の意見書，議会や委員会での法案審議に関する議事録である。これらの素材について，それが筋道の通ったものであるか，矛盾のないものであるか，納得できるものであるか，また特にどのような正義の原理が追求されているか，これらの素材はどのようにして作り変えられたか，どのような譲歩が行われ，どのような妥協がなされなければならなかったかなどを検証することができるのである。

　同じような研究は，**行政規定**や非公式な配分メカニズムにもかかわってくる。このメカニズムは，現場で財や負担を配分する役所が利用するものである。たとえば，人事管理部署，職業安定所，公営住宅の配分を行う自治体，幼稚園および老人ホーム，兵役登録所，助成金，学部の定員制限における在籍権，研究奨励金を配分する部署など。法規定の公布または施行の関係者の考え方の基本にある正義の観念は，いたるところで見出すことができる。前に取り上げた仮説，すなわち，立法者はたいてい効率性の基準を志向し，執行機関はむしろ個人の公正を志向するという仮説が正しいかどうかを明らかにすることがで

---

50)　最近，ドイツ法社会学もこの領域に目を向けている。論集 *Müller/Wegener* (Hrsg.), Soziale Ungleichheit und soziale Gerechtigkeit, 1995 にある多くの論文を参照。

きる。
　最後に，人々が抱いている様々な正義観念について細かく分けた像を作り上げることができる。現代の多元的な社会においても，人々が実定法およびその適用の判断基準とする正不正についての共通した確信が存在するということが正しいとすれば，法社会学は，実質的正義の一般的な原理を否定すると，視野を狭めることになるのである。人々が行為の際や社会関係についての判断を行う際に導きの糸とする正義の観念について，それがどの程度同質であり，どの程度異質であるかがわかるには，さらなる知識がどうしても必要となる。
　アメリカの政治学者であり道徳哲学者であるジョン・エルスターは，その著書『ローカルな正義 Local Justice』でこのような研究の重要な一歩を踏み出した。彼はその著書において，特定の行政官庁や企業が乏しい財と避けることのできない負担をいかに配分するかについて，詳細な分析を行いながら検討している。この著書が検討している事例は様々であるが，たとえば戦争での兵士募集，腎臓移植のための患者の選択における選考基準，雇用者が大量解雇のときに解雇通告を受ける際のルール，限定の在籍権での大学教育への受け入れ，人工授精のための精液の提供，養親の選考，夫婦と子どもとの間の家事労働の分担，移民の規制などである。エルスターは全ての事例について，まず公式な配分基準・過程と非公式な配分基準・過程を明らかにする。彼はここで，単独または混合で基礎になっている 30 以上の基準を見出し，これらを先に a) で触れた 5 つのカテゴリーにまとめる。さらに著者は，関係者が依拠する視点は同じ事例でも違っていることがある，と述べている。選考においては，文化的行動範型，おもに医師や法律家の職業ルール，集団の利害，世論，政治的目標が，重要になる[51]。違った情報状況あるいは規制によって達成されるということについての様々な観念も重要である。それゆえ，対立する意見を調整する決定にたどり着くためには，関係者は，しばしば連合を組んだり，重要な決定基準をたやすく消し去ってしまう妥協を結んだりしなければならない。エルスターは，自分が見出した要素の数が多いことからして，配分的正義についての抽象的な理論は断念する。その代わり，職業として決定を行う権限をもつ者の**経験**やコモンセンス common sense を指摘する。このコモンセンスは，市民権，健康や福祉の増進，公正の基準によって決まるものである[52]。

　関連する視点や主張される意見がいろいろあることからすれば，西欧風の多

51）　AaO, 135ff.
52）　AaO, 236ff.

元主義的社会において，誰もが認め，しかも法社会学的かつ経験的に追求することができる実質的法原理がいまだ存在するのかという疑いが生まれるのももっともなことである。しかし，よくよく見てみれば，このような法原理が述べていることは，社会正義を実現するための簡単な処方箋などはなく，それゆえ社会正義を探究するための学問的モデルも細かく分けなければならない，ということだけである。しかし，その法原理は，関連研究を断念することが正しいことだといっているわけでは決してない。[53) もっとも，そうした事情があるにせよ，決定を行う権限をもつ人物や委員会の重要性，さらにはその決定手続の重要性は高まっているのである。したがって，法社会学においてこの決定手続が学問的関心の的になったこと，また手続的正義が正義のなかの独自の側面として理解されていること，これらはけっして偶然のことではない。このことについては，以下において検討することにしよう。

第5節　手続的正義

1　公正な手続の意味

a） 法的に拘束力のある裁判は通例，形式的手続やまた非形式的手続に基づいて行われる。これらの手続は，裁判にとって決定的に重要な事実を明らかにし，当事者に自らの主張や利害を説明する機会を与え，また裁判の担い手や彼らの裁判の方法をコントロールし，最後に裁判を正当化，つまり当事者にとって裁判を受け入れられるものとすることに貢献する。契約交渉，行政手続，裁

---

53) このような断念が理論的に根拠のあることだとするならば，歴史哲学的に根拠のある一般論が問題となる。この場合には，2つの異なる道筋を区別することができる。そのひとつは，脱宗教化以降，宗教に基礎をおく統一的な人間像や社会像はなくなり，また拘束力を有する，個人を超えた価値を断念することは，自由主義的な共同体の原理のうちである，ということを引き合いに出す。もうひとつは，国民の生活環境を公正に構築するようにとの要求に耐えられない福祉国家は危機にあるとの診断を下し，その代わりに，単に形式的な決定手続のために，内容が定まった決定を大幅に断念するように勧める。この2つ目の方向性については，全てを挙げずに，*Teubner*, The Transformation of Law in the Welfare State, in: *Teubner* (Ed.), Dilemmas of Law in the Welfare State, 1985, 3ff.; *Teubner/Willke*, Kontext und Autonomie; Gesellschaftliche Selbststeuerung durch reflexives Recht, ZfRSoz 1984, 4ff. を参照。第 *17* 章第2節1も見よ。

判手続，選挙，企業家としての決定過程や政治的決定過程等多くの種類の手続が存在する。これら全てはその経過や目的が異なるので，その規律のされ方も異なっている。それ故，法社会学的観察においてもこれらは別個に探求されなければならない。

社会学的に特に重要なのは，手続が任意に開始されたものであるか否か，手続が配分の決定の準備に役立つのか，それとも紛争の終了に役立つのか，最終的な決定が当事者自身，第三者もしくは高権的権力を備えた機関によって行われたのかによる区分である。[54]

このような相違があるにもかかわらず，全ての手続は当事者にとって重要な意味を有しているという点は共通している。手続が開始され，手続に入ると，我々は手続の自律性に従って自らの主張と行動においてそれに適合しなければならない。また，手続からもはや逃れることはできない。少なくとも逃れたとしても何らかの影響がある。最終的に，下された決定に従わなければならない。もしそれが任意になされなければ，当該決定に対する抵抗は，社会的圧力もしくは国家の強制手段によって打ち砕かれる。[55]このことからすら，手続の正義（公正さ fairness）を求める問いも重要になるということが，導かれる。この問いは，手続の結果として見出された決定が公正か否かとは関係なく提起される。

b） 手続的正義のルールは既に**法以前の社会規範の領域**において観察することができる。兄弟姉妹の間では年長者が分け，年少者が選ぶということが妥当する。このようにしてより平等が確保される。何故なら，年長者は自らの利益のために同じ大きさに分割を行うからである。これより複雑なのは，次のようなルールである。すなわち，ボウル一杯の苺の平等な分配が達成されるのは，各自が順番に，それぞれ最大の苺または最善の苺を選んでよいが，2回り目には1回り目に先頭だった者が最後になるというように続いていく。その結果，誰もが手続のなかで一番目としんがりになる。トランプ遊びにおいてはトランプ札を切り配る場合，いかさまが行われないということが特に注意されなけれ

---

54) 第三の選択肢は，当事者および第三者に共通している。
55) *Luhmann*. Legitimation durch Verfahren およびこれについては第 *8* 章第 2 節 4，第 *15* 章第 6 節 2 を参照。

ばならない。

　c）**法的に整序された手続**では手続的正義は数多くの様々な**個々のルール**のなかに現れる。手続が利用できることは，全ての人に対して平等な状況の下で開かれなければならず，克服できないハードルが存在していてはならない。全ての者に対して同じ規則が適用されなければならない。手続に求められるのは，迅速であること，目標を達すること，不必要な負担を回避することである。そのルールは，当事者がそれに対する準備ができるように，理解し易いものでなければならず，当事者が行えない行動に対する要求がなされてはならない。当事者には法律上の聴聞を受ける権利が保障されなくてはならない。当事者は手続の経過に影響を及ぼすことができなければならない。第三者──権威をもった人物，官庁，裁判所──が決定のために請われる場合は，その第三者は独立で中立でなければならず，さらに当該手続が終わった時点での結果に対する自己の利害に捉われず，買収やその他の不名誉になるような手段には無縁であることが必要である。第三者はまた全ての当事者を同等に細心にそして友好的に扱い，当事者の権利や人格を尊重しなければならない。第三者はさらにあらゆる観点に照らして事態を解明し，それに専心し，先入観に捉われずに正当にその事態を評価しなければならない。最後に第三者は公正な決定を下し，然る後にそれを容易に理解でき，また納得できるように根拠づけなければならない。

2　法社会学的手続研究と社会心理学的手続研究

　a）**法社会学**は手続的正義を長い間その最重要テーマのひとつとして扱ってきている。その理論ではまず，ルーマンが公式の手続の機能および効果を分析した。多くの経験的研究が取り扱っているのは，裁判所へのアクセス，社会的紛争を裁判の対象にすることによる社会的紛争の法化，様々な手続形態の一定

56）　以下で枚挙するものは，全ての法律家によく知られた手続的正義の諸要素のみをまとめたものである。その列挙は，完全ではないし，要素と要素との相互関係については何も触れていない。社会科学からは，文献一覧で引用したビーアブラウアー，レヴェンタール，レンド／タイラー，レールおよびタイラーの研究を参照。
57）　AaO; *Machura* ZfRSoz 1993, 97ff. によるこれに関する批判的論調の概要も参照。

の種類の紛争調整への適合性と裁判手続に対する代替手段，法廷におけるコミュニケーション過程，警察そして行政手続である。これに関しては本書の他の箇所で触れている。その調査が通常出立点とするのは，手続が**結果に資する役割**を果たし，公正な決定が発見されることが最終的に重要である，ということである。それ故，その調査は手続的正義をこの観点で判断する。

b) これに対して最近の**社会心理学的研究**[59]が明らかにしたのは，当事者自身が手続に通常**独自の意味**を付与する，ということである。それによると，当事者にとっては**自分たちが何を得るのか**ということは，**自分たちがどのように扱われるのか**，換言すれば自分たちが人格として高く評価されるか否か，ということに比べて重要ではない。刑事手続において有罪判決を受ける者は，その手続が自分の正義感と相容れなかった場合よりも，自分がその手続を公正なものだと感じた場合の方が，厳しい判決そして時として厳しすぎると感じるような判決であっても内面においてむしろ受け入れるのである。その場合，彼は裁判所の権威にも疑問を差し挟まないだろう。異議のない裁判の結果支払いを命じられた者や納得のゆくように成立した建築許可において不快な条件を出された者は，当該手続が不満足の原因になったときよりも容易に，当該債務や当該条件を進んで任意に履行する傾向にある。調査によれば，手続の公正さの判断においては上述の要素のうちの，特に当事者に対する上司や官吏や裁判官の人的行動に関係する要素が重要である。

社会心理学はその調査結果から，手続的正義は配分的正義よりも重要なものとして感じられ，正義は配分的なものというよりもまぎれもなく関係的なものである，という結論を導く。この調査結果は[60]，かかる確証を本来の自尊心と他

---

58) 第 *16* 章第 6 節。
59) ここでは特に，アメリカ合衆国の社会心理学者リンド，タイラーそしてヴィドマーによる調査について言及しておきたい。文献一覧で掲げた彼らの出版物，さらに *Röhl*, ZfRSoz 1993, 30ff. で引用されている彼らの数多くの研究報告を参照。理論としては，特に *R. Hoffmann*, Verfahrensgerechtigkeit 134ff. が，手続の二重の意味を，正当な判断を導く手段として，そしてそれに左右されない正義の要素として彫琢する。さらに，*Wassermann*, The Procedual Turn: Social Heuristics and Neutral Values, in *Röhl / Machura* (Schifttumverz.), 37ff.
60) この結論がどの程度強制力のあるものかは，ここでは未決定のままとする。少なくとも当該結果は，手続的正義の独自性と重要性を明確に担保するものである。

人に対する配慮との間のジレンマをもって説明する。このジレンマは社会関係の中で生活している全ての個人が，つねに解決しなければならないものである[61]。利己心には制限が設けられなければならない。そして，そのためには全ての人を等しく抑制する権威とまさに手続が必要である。このような制限を設けなければならないのは，我々は自らについて判断を下す要員や機関を受け入れる心構えができていることが理由になっている。しかし，その手続を承認する条件は，権威を有する者が自らに委ねられている権力を濫用しないということへの信頼である。すなわち手続的正義の意味において公正であるのはこの観点から**手続における権力の濫用を防止する全てのルール**である[62]。

 c）こうした考察によって，一般的な法原則が表わされているということができるだろう。これに対して，社会心理学が，人々は手続に基づいてなされた決定の公正よりも手続的正義を重要だと考えているという結論に至る限りにおいて，反論が示される。手続と手続的正義の独自の意義は，決定そのものが公正かどうかについての明確な基準が欠けている場合や，いずれにせよ当事者がそれについて不確かな判断しか有していない場合に顕著となる。配分的正義の基準——これについては第4節で述べたことであるが——が複雑であることを考慮すると，これがあてはまることが多い，否，おそらくほとんどあてはまる。ある交通違反について500ユーロの罰金刑が妥当かそれとも700ユーロの罰金刑が妥当かということは，広く裁判官の裁量に委ねられていなければならない。同様に，解約保護法にいう経営上の理由による被用者の解雇が客観的に正当化されているか否かということも，裁判官は制約はあるものの検討することができる。決定に関する正義についての不確実性は，しばしば当該事情が完全には解明され得ず，当事者間で争われているという状況からも起こる。しかし，その結果が不公正または不当だと明らかに感じられる場合は，当事者が手続に異議を述べていないことだけを理由に，その結果に満足していると仮定することはできない。このことは特に当該決定が長期にわたって影響を有する場合に

---

61) Lind, ZfRSoz 1994, 24ff. を参照。
62) 権力を制限することと，権力の濫用を阻止すること，という法の課題については，第*15*章第2節も見よ。

そうである。このように考察すれば，要するに配分的正義が優位でなくてはならない。

　手続と内容的な決定は，相互に幾重にも絡まりあっており，明確に分けることができないということから，手続的正義に対するもうひとつの異議が生じる。決定が行われる手続の選択とその決定を行う権限を有する人の選任は，通常，内容に関する正義の観念によって規定される。他方，手続の種類や決定の担い手にどのような人を選ぶかはその後の手続の進行のなかで重要な役割を果たす視点を先に決めることになる。複雑な問題は，多くの段階を有する決定過程で解決されることが多い。この決定過程においては多くの手続局面および内容に関する先行決定が互いに継続する。もちろんこのような場合には，配分的正義と手続的正義を相互に区別することは意味のないこととは言えず，それらの相互依存を考慮しないわけにはいかない。

　以上についてのひとつの例は，大企業の監査役会における被用者の代表者による共同決定である。監査役会で行われる，特に役員の選任および解任についての決定が，持分権利者の代表者のみによって行われるか，それとも被用者の代表者と共同して行われるかということは，当該企業における力と影響の分配，すなわち配分的正義の問題である。原則として共同決定によって決定されるとすれば，どの企業がそれに該当すべきか，共同決定は同数代表権であるべきかそれとも少数派の参加にとどまるべきか，共同決定は全従業員や経営協議会に委ねられるべきか，それとも労働組合に委ねられるべきか，などの個々の事項に同様のことがあてはまる。役員の選任のための手続がどのように進行するのか，そして候補者の選択がどのような基準に基づいて判断されるのかといったことは，本来的に内容に関するこの先行決定に左右される。

3　民主主義と法治国家の構成部分としての手続的正義

　もっとも今や個人主義的かつ多元的社会における実質的正義の基準の取り扱いは困難であるため，決定過程およびそれに内在する正義の保障の価値が，**全般的に高まった**。全ての人々が同等の重みをもって参加し，そして全ての人々

---

63)　しかし，まさに解約の場合において，上級審にまで至る数多くの解約保護の訴えが示しているのは，当事者が自らの使用者の決定にどれほど満足していないか，そして，裁判所が配分的正義の実質的な基準を彫琢することに当事者がどれほど執着しているか，である。

64)　*Schmidt* ZfRSoz 1993, 80; *Peters*, Rationalität, Recht und Gesellschaft 253ff., 295ff. を参照。

に対してあてはまる決定が下される手続を制度化することが**民主主義**の意義である。民主主義が出立点としている考え方は，決定に先行する理性的討議において，結果の公正にとって重要な観点が明らかとなり，それが互いに比較考量され，その結果，恣意的な決定は回避され，決定そのものがその内容が考慮されることなく正当であるとみなされ得るというものである。民主主義的な決定手続をエルスター[65]のいう「現場の」分配決定にまで拡大させることは，これらの理由から説明がつく。さらに，われわれが**法治国家**という言葉の下で理解しているものの重要な要素は，同様に手続的正義にも関係している。ドイツ連邦共和国において，裁判所による権利保護が著しく拡大していること，さらにこの裁判所による権利保護がどのくらい必要とされているのかは，公正な社会秩序を保障するために公式手続がどれほど重要視されているかを何よりも裏付けている。

こうした視点からは，**社会哲学**において重要な論者たち[66]が，民主主義的で法治国家的な開かれた決定手続を実質的な正義にとっても決定的な保障として捉え，それを信頼して配分的正義の内容に関する基準を自由や平等という一般的な原理を越えて彫琢することを放棄するとしても，それは理解できないことではない。しかし公正な手続がいかに重要だとはいっても，公正な手続それだけでは下される決定の客観的な正義を保障するわけではない。[67]

文献一覧

　第2節　　*Habermas, Jürgen,* Faktizität und Geltung, 1992; *Kaufmann, Arthur,* Grundproblem der Rechtsphilosophie, 1994, 193ff., 221ff.; *Peters, Bernhard,* Rationalität, Recht und Gesellschaft, 1991; *Raiser, Thomas,* Recht und Moral, soziologisch betrachter, JZ 2004, 261; *Rawls, John,* A Theory of Justice, 1971, deutsch: Eine Theorie der Gerechtigkeit, 1976; *Schelsky, Helmut,* Systemfunktionaler, anthropologischer und personfunktionaler Ansatz in der Rechtssoziologie, in: Jahrb. für Rechtssoziologie und Rechtstheorie Bd. 1, 1970, 126ff.

　第3節　　*Blau, Peter M.,* Exchange and Power in Social Life, 1962; *Gouldner, Alwin W,*

---

65)　前述の第4節4を見よ。

66)　特に，*Habermas,* Faktizität und Geltung 166ff., 349ff. これに対して，慎重な論者として，Peters, aaO, 312 は，合理的な法的手続はその結果が正しいと推測させることを根拠づけ，一定の限度において，われわれがその実体的な理性をどのように判断するかに左右されない拘束力を当該結果に与えることを採り上げる。

67)　*Kaufmann,* Prozedurale Theorien der Gerechtigkeit 206ff., 217ff.; *Hoffmann,* Verfahrensgerechtigkeit 186ff., 192ff.

第11章 一般的法原理 245

The Norm of Reciprocity: A Preliminary Statement, 25 Am. Soc. Review (1960), 161; deutsch in: *ders.*, Reziprozität und Autonomie. Ausgewählte Schriften, 1984; *Homans, George C.*, Elementarformen sozialen Handelns, deutsch 1972; *Lévy-Strauss, Claude*, Les structures élémentaires de la parenté, 2. Aufl. 1967, 265ff.; *Malinowski, Bronislaw*, Sitte und Verbrechen bei den Naturvölkern (Crime and Custum in Savage Society, 1926) deutsch 1949; *Mauss, Marcel*, Die Gabe, Form und Funktion des Austauschs in archaischen Gesellschaften, 1923, deutsch 1962; *Radcliffe-Brown, A. R.*, Structure and Funktion in Primitive Society, 1952; *Schelsky, Helmut*, Die Soziologen und das Recht, 1980, 127ff.; *Simmel, Georg*, Soziologie, 1908, 6. Aufl. 1983; *Thurnwald, Richard*, Werden, Wandel und Gestaltung des Rechts im Lichte der Völkerforschung, 1934.

第 4 節　*Barry, Brian*, Theories of Justice. A Treatise on Social Justice, 1989; *Bierhoff, Hans Werner u.a.* (Hrsg.), Justice in Social Relations, 1986; *Brunner, Emil*, Gerechtigkeit, 1943; *Deutsch, Morton*, Distributive Justice, A Social-psychological Perspective, 1985; *Dworkin, Ronald*, A Matter of Principle, 1985; *ders.*, Law's Empire, 1986; *Elster, Jon*, Local Justice. How Institutions Allocate Scarce Goods and Necessary Burdens, 1992; *Galston, William A.*, Justice and the Human Good, 1980; *Habermas, Jürgen*, Faktizität und Geltung, 1992; *Kaufmann, Arthur*, Grundprobleme der Rechtsphilosophie, 1994, 139ff.; *Kern Lucian/ Müller, Peter* (Hrsg.), Gerechtigkeit, Diskurs oder Markt?, 1986; *Koch, H.J. u.a.* (Hrsg.), Theorien der Gerechtigkeit, ARSP Beiheft 56, 1994; *Kramer, R.*, Soziale Gerechtigkeit, Inhalt und Grenzen, 1992; *Müller, Hans-Peter/Wegner, Bernd* (Hrsg.), Soziale Ungleichheit und Soziale Gerechtigkeit, 1995; *Radbruch, Gustav*, Rechtsphilosophie, 9. Aufl. 1983; *Rakowski, Eric*, Equal Justice, 1991; *Rawls, John*, A Theory of Justice, 1971, deutsch: Eine Theorie der Gerechtigkeit, 1976; *Schmidt, Volker*, Zum Verhältnis prozeduraler und distributiver Gerechtigkeit, ZfRSoz 1993, 80; *Walzer, Michael*, Spheres of Justice, 1983, deutsch: Sphären der Gerechtigkeit, 1992; *Welzel, Hans*, Naturrecht und materiale Gerechtigkeit, 4. Aufl. 1962; ferner die zahlreichen Abhandlungen in *Maihofer/Sprenger* (Hrsg.), Praktische Vernunft und Theorien der Gerechtigkeit, ARSP Beiheft 50, 1992.

第 5 節　*Bayles, Michael D.*, Procedural Justice, 1990; *Bierbrauer, Günter*, Gerechtigkeit und Fairness im Verfahren, in: *Blankenburg/Gottwald/Strempel*, Alternativen in der Ziviljustiz, 1982, 317; *Bierbrauer, Günter/Gottwald, Walter/Birnbreiter-Stahlberger, Beatrice*, Verfahrensgerechtigkeit. Rechtspsychologische Forschungsbeiträge für die Justizpraxis, 1995; *Eder, Klaus*, Prozedurale Rationalität. Moderne Rechtsentwicklung jenseits formaler Rationalisierung, ZfRSoz 1985, 1; *Habermas, Jürgen*, Faktizität und Geltung, 1992; *Hoffmann, Roland*, Verfahrensgerechtigkeit, 1992; *Kaufmann, Arthur*, Prozedurale Theorien der Gerechtigkeit, 1990; *Leventhal, G.S.*, What Should Be Done with Equity Theory, in: *Gergen, K.J./Greenberg, M.S./Williks, R.H.* (Ed.), Social Exchange: Advances in Theory and Research, 1980, 27; *Lind, E. Allen*, Procedural Justice and Culture: Evidence for Ubiquitous Process Concerns, ZfRSoz 1994, 24; *Lind, E. Allen/Tyler, Tom R.*, The Social Psychology of Procedural Justice, 1988; *Peters, Bernhard*, Rationalität, Recht und Gesellschaft, 1991, 227ff.; *Röhl,*

Klaus, Verfahrensgerechtigkeit (Procedural Justice), ZfRSoz 1993, 1; *Röhl, Klaus/Machura, Stefan* (Hrsg.) Procedural Justice, 1997; *Schmidt, Volker H.*, Zum Verhältnis prozeduraler und distributiver Gerechtigkeit, ZfRSoz 1993, 80; *Thibaut, John/Walker, Laurens*, Procedural Justice, A Psychological Analysis, 1975; *dies.*, A Theory of Procedure, California Law Review 66 (1978), 541; *Tyler, Tom R.*, Why People Obey the Law, 1990; *ders.*, Legitimizing Unpopular Policies: Does Procedure Matter, ZfRSoz 1993, 47; *Vidmar, Neil*, Verfahrensgerechtigkeit und alternative Konfliktbewältigung, ZfRSoz 1993, 35.

第12章 サンクション

Sanktionen

第1節 刑罰と報奨

1 否定的サンクション[1]

　サンクションとは逸脱した行動に対して規範を適用させるための手段である。[2]このことは本質においては明白かつ容易に理解できる。サンクションという概念の射程距離を把握するための最善の方法は，この概念に入る現象の多様性に注目することである。最も軽いのは**言葉によるサンクション**である。規範違反者の行動は不同意や非難にさらされ，当該行為者は嘲笑や罵倒され叱責や注意を受ける。法生活においても注意や叱責は，特に規律違反や秩序違反の場合には，しばしば用いられる対策である。第2グループに属するのは**肉体へのサンクション**，つまり死刑までも含めた体罰および自由剥奪の全ての形態，である。[3]第3のグループとしては**社会的サンクション**および**経済的サンクション**をまとめることができる。ここで意味されていることは，まず罰金刑や財産刑，

---

1) サンクションの概念は，ラテン語の sancire (sanctus)，すなわち，神聖化する，しっかり確認するという意味から派生する。
2) 以下について，次の文献によるサンクション概念の説明と様々な定義を参照。*Geiger*, Vorstudien, 98ff., 121ff., 144; *Spittler*, Norm und Sanktion, 23; *Schumann*, Zeichen der Unfreiheit, 11:*Popitz*, Die normative Konstruktion von Gesellschaft, 28, 48ff.; *Friedman*, Recht im Blickfeld der Sozialwissennschaften, 84; *Röhl*, Rechtssoziologie, 201ff.
3) *Spittler*, aaO, 53ff. は，自らが調査したレストランの厨房で，親方から彼の徒弟に対して行われた肉体的サンクションを観察した。すなわち，雑巾やビールの冠を投げる，横面を小突く，盆や鍋で腕や背中を小突く，蹴る，平手打ちにする，フォークや硬く重い物を投げつける，包丁の柄で殴る，ナイフやフォークで腕を突くなどである。さらに，*Schumann*, aaO, 155ff. において観察されたサンクションの長いカタログを参照。

損害賠償義務および国家による支払い強制である。しかし，たとえば公にさらし者にすること（古くは晒し台において，今日ではテレビや新聞において）などの非常に多種多様のさらなる方法がこれに加わる。また労働における協力の妨害や労働要求の過酷や不快な労働への配置や特権の剥奪のケースがここで挙げられる[4]。社会的サンクションの最も過激な形態は，特に即時の解雇通告や団体からの排除や国家からの放逐（古くは追放）といった形における，**関係の断絶**および**社会や集団からの排除**である。

　上記の全てのサンクションは規範違反者に害悪を加えたり害悪を与えると脅したりすることにより作用する。それ故これらは**否定的サンクション**と呼ばれる。否定的サンクションの目的は第1に規範違反によって生じた社会秩序の乱れを取り除くことである。これについてはデュルケム[5]と共に**抑圧的なサンクション**と**修復的なサンクション**とを区別することができる。前者が規範違反者に苦痛を与えたり贖罪を義務づけたりするのに対して，後者は原状を回復したり生じた損害を除いたり被害者に弁償したりする。

　しかし同時にサンクションは**予防的機能**および**象徴的機能**も果たす。既にデュルケムが認識したように，規範違反者に対して断固とした態度に出ることは規範自体の有効性を確認しそれにより社会や集団の安定化に寄与する。潜在的な規範違反者は刑罰の威嚇により規範に反する行為を行うことを思いとどまるかもしれない。ある犯罪者に対する有罪判決はその犯罪者に対して蓄積された世間の怒りを和らげることにも役立つ。刑罰を受けた後，当該行為者は「汚辱をそそぎ落とされた」構成員として社会に戻ることができる。この場合贖罪は当該行為者が長きにわたり生贄となってしまうことを防ぐことになる。

---

4) 労働における協力の障害となる例のひとつは以下である。料理人と徒弟は，親方が電話に呼び出されている間に，以前の懲らしめに仕返しするために肉が焼け焦げるのを「わざと見過ごす」。親方が，ミスに対する罰として徒弟にとりわけ不潔な仕事を命じたり，その仕事を早く行うように彼を駆り立てたりすれば，親方は労働条件を厳しくすることになる。その徒弟が何もやることがなくなり，ほかの徒弟が，定刻よりも早く帰宅することが許される一方親方がその徒弟を引き止めるならば，本来あるべき保障された恩恵をとりあげることになる。aaO, 53ff. を参照。

5) 第5章第2節4を参照。

2 肯定的サンクション

規範に則した行動が**利益**と**報奨**によって保障されている場合に，否定的サンクションと対照的に肯定的サンクションについて語ることができる。例としては賞賛，賛同，祝辞，称号や賞や勲章や名誉章の授与やまたは贈り物が挙げられる。さらに任命，給与の割り増し，昇進，たとえば特に快適な労働条件のような非物質的な特権の提供も同様である。拾得謝礼も肯定的サンクションである。これに対して国家による補助（特に政府補助金や税の優遇措置）は，通常確かに望まれてはいるがまったく必要とされていない行為に対する刺激にすぎない。それ故これらは肯定的サンクションの概念を非常に広く把握する場合にだけこの概念に包含される。[6]

周知の如く肯定的サンクションは，法においては否定的サンクションよりはるかに僅かな役割しか果たしていない。法に則った行為は報奨がなくとも誰からも期待されている。これに対して肯定的サンクションは非公式の集団における社会規範の定着においてより明らかに際立つ。このことを理解するためには，子の躾や家族や学校や労働生活や職業生活における賞賛や全ての種類の表彰の役割が想起されれば足りる。人は刑罰よりは報奨に普通は反応するということ，そしてそれによって規範の定着の可能性が増すということは周知のことであるし，心理学的研究によっても確認されている。

3 サンクションの概念

肯定的サンクシクションがサンクション概念に包含されるべきか否かということは，規範概念の限界について触れた際にそうであったように[7]，学問的合目的性に基づいて決定されなければならない定義の問題である。この問題は決して統一的に答えることはできない[8]。肯定的サンクションと否定的サンクションが

---

6) *Röhl*, Rechtssoziologie, 204f. を参照。さらに，このテーマの様々な考察について以下の文献も参照。*Aubert*, From „Rechtsstaat" and the „rule of law" to the „welfare" or „regulatory state", ZfRSoz 1985, 274, 285ff.
7) 第 *10* 章第 2 節 2 を見よ。
8) 本章注 1 ）に挙げた著者のうちポピッツとシュピットラーは，この概念を否定的サンクションに限定し，シューマン，フリードマン，レールは，肯定的サンクションを取り入れる。

しばしば交換可能であるということがその証拠である。ある少年がアルコール乱用や薬物乱用に手を染めないようにしようとする者は，優良会社でのおいしそうなジュース付きの魅力的な仕事を世話してやる方が，当該少年を殴ったり監禁したりするよりよい。法は拾得謝礼と拾得物の着服故の刑罰との双方を知っている。これは発見者に発見物の返還を促すためである。しかし刑罰の威嚇よりも拾得謝礼をもらえるという見込みの動機づけがより大きくなるであろう。

　さらなる要因として，民事法および行政法のより複雑なつながりにおける分類が困難になるという点が加わる。婚姻する義務，遺言を作成する義務，家を建てる義務，家を建てるために抵当権を設定する義務を負っている者はだれもいない。しかしこれらのことを行おうとする者はそのために法律上用意されている法制度を利用し，方式規定を遵守しなければならない。そうすれば，当該行為者は彼の意思表示の法的効力を通して報われるということができる。当該行為者が有効性の要件を満たしていない場合は，同様に彼の法的行為の無効性により罰せられると論拠づけられる。根本においては分離は適当ではない。法は，個人の私的自治による行為を誘導し，一般的な秩序範型に結びつけ，また一定の方向に向けるため，肯定的結果および否定的結果，有効性および無効性を二者択一で用いる。そして，その際に整理される法律効果を肯定的サンクションと否定的サンクションとに分解することは意味がない。

　このような現象に直面して，われわれは**肯定的サンクション**を包含するさらに進んだサンクション概念を優先させる。しかし他方で，報奨と罰の相違に注目し，それを学問上，簡単に違いを無視して扱わないことが肝要である。重要な相違のひとつはたとえば，万人によって要求されている普通の行動に対して報奨を与えることがあまり意味のあることではないという点に見出すことができる。したがって，盗んだり強奪したり騙したりしない者が賞を受けたりましてや税制上の優遇を受けたりすることは絶対にない。このような場合はむしろ規範違反者に対する否定的サンクションだけが問題になるにすぎない。

4　サンクションの主体

　サンクションはさらにその主体，つまりサンクションを行う人や人の集団，

によっても区別される。以下の5つの場合がある。

　a）サンクションの主体はまず規範によって恩恵を受ける者であることがある。これは**受益者－サンクション**である。この種の場合は日常生活のなかでつねに観察され，法的にある程度広い範囲において認識される。窃盗にあった所有者は警察を呼び，告発する。騙された妻は夫のもとを去る。使用者は，つねに酔っ払い，喧嘩っ早い被用者に対して解雇を即時に通告する。親方は徒弟を罵り折檻する。債権者はなかなか債務を履行しない債務者を訴え，勝訴した後，裁判所の執行官に強制執行を委託する。規範違反が私的財産に向けられている限り，受益者は元来のサンクションの担い手である。それ故，法は受益者にしばしばたとえば解雇通知といったサンクション行為を任せ，自らは強制力の保証，限界の確定および濫用の防止だけを行う。その他の場合には確かに国家によるサンクション作用が働くが，それは被害者がそれを申し立てた場合のみである。集団の一構成員に対する外部の者の侵害によって当該集団全体が侵害されたと感じサンクションに打って出ることは珍しくなく，このことは過度に長期にわたる家族間のフェーデや種族間のフェーデに発展し得る。全体を見渡すと受益者サンクションは全ての社会において——サンクションの独占を要求する強力なサンクションの決定機関をもつ国家においてさえも——最も頻繁に見られるケースであろう。法の実施は法仲間による法の動員の前提に本質的に左右される。

　b）第2の場合ではサンクションの主体は規範違反者が属している**集団**である。自らの集団が規範に反する行動をとったことに対してそれを罰するということはもちろんまったく当然のことではない。通常，自らの集団は規範違反者が当該集団の内部の平和を後に影響を残すような形で乱した場合にのみ介入する。ある集団に属していない第三者が傷つけられるとその集団は，以下の場合にサンクションそのものを行う。それは傷つけられた者やその者の属する集団が報復を行う恐れがあり，そのことによりその安全が脅かされ，規範違反者が集団

---

9)　*Spittler*, aaO, を見よ。
10)　詳細は，*Spittler*, Probleme bei der Durchsetzung sozialer Normen (Schrifttumsverz.) 209.; *v. Trotha* ZfRSoz 1980, 148ff. を参照。

の中で罰せられるか，あるいは，その者を引き渡すことによってその傷つけられた者の気持ちが鎮まる可能性がある場合である。サンクションは当該集団の全ての構成員——ガイガーの意味する集団社会全体——によって行われることができる。しかし集団のサンクションは，一人の首唱者が集団の名において現れる比較的頻繁に起こるケースでも行われている。室長が同室の仲間全員の暗黙の了解の下で「不潔な奴」に部屋を掃除することを要求したり，チームの主将が選手のスポーツマンシップに悖る行動を責めたりするのがその例である。

　全ての社会において集団のサンクションも見出すことができる。しかし，集団のサンクションは，受益者サンクションに対してよりも，国家によるサンクションの独占に対してより強く疑問を投げかける。したがって，現代の国家は集団のサンクションを明らかに抑圧する。多元的な社会においては集団のサンクションは，規範違反者がしばしば当該集団から離脱する——たとえばスポーツマンシップに悖るサッカー選手は罰を免れるために所属チームを移る——ことができるという理由からも，重要性を失っている。

　c）現代において——特に法を考慮に入れても——最も重要なケースは特別な**サンクション決定機関**によるサンクションである。特別なサンクション決定機関は国家やたとえば教会といった国家類似の制度にのみ現れるのではなく，社会的組織においても現れる。スポーツクラブはスポーツ裁判所を用意する。政党や大企業や労働組合は独自の内部的な団体裁判権や企業裁判権を作り出す。このようなサンクション決定機関の活動は後の第3節において詳細に取り上げる。ここでは国家のサンクション装置がそれ自体においてさらに区分されるということだけをなお付言しよう。刑事司法においては立法者，警察，検察，裁判所そして行刑当局がサンクション機能を分担している。

　d）最後に一番近いサンクション主体としては，たとえ他人から加えられる恐れのあるサンクションを未然に防ごうという動機であったとしても，自らの行為を自発的に贖いまたは改めた**規範違反者自身**が挙げられる[11]。このようなケースは意外と頻発する。父を殺めて母と結婚してしまったことに対する贖い

11）これについては，*Popitz*, Die normative Konstruktion von Gesellschaft 55f.; *v. Trotha*, aaO, 154ff.

のため自らの目を潰したオイディプース Ödipus だけでなく，損害賠償や贖罪を自発的に行う全ての加害者もまたその例である。

　e）最後に**超自然的な力**（神託，神判など）によるサンクションにも言及しなければならないが，これは現代の世俗化した社会ではもちろんさほど重要なものではなく，したがって以下では無視し得るものである。

　多くの場合，**複数のサンクション主体**が協働する。サンクション自体がサンクション決定機関によって科せられるが，とりわけ被害者には規範違反者を訴追するイニシアチブが与えられる。提訴や申し立てによってのみ開始されるすべての裁判手続が最も重要なケースである。

第 2 節　サンクションの有効性

1　規範に反する行為としてのサンクション

　次のことは自明の理である。すなわち，サンクションが規範違反に対して罰を与え，潜在的な規範違反者にその企図を思いとどまらせるという目的を果たすことができるのは，サンクションが強力で十分に鮮明的であり，いざというときには実行もされる場合のみであるということである。しかし，詳細に観察してみると，サンクションが問題となる状況が，いかに並外れて厄介で紛争の種を孕んでいるかということがわかる。否定的サンクションは，規範に反する行為──規範違反者の生命，身体的な完全性，人格的自由，名誉または財産に対する攻撃──から成り立っている。これらの行為は，規範違反に対する反動としてほとんど例外的とも言うべき場合にのみ許される。当該規範違反に対して新たな規範違反によって罰を与えるというのは，ややともすれば理屈に合わないように思われる。[12] しかし，この状況は，特に次の場合に，規範違反者の抵抗をあからさまに誘発するに違いない。すなわち，規範違反者がサンクションをあまりに過酷なものだと感じる場合，[13] または規範が自らを拘束するものだということを既に認めておらず，それがために規範違反者がいよいよもってサン

---

12)　これについては，*Popitz*, aaO, 48f.; *v. Trotha*, aaO, 141ff., 143 を参照。
13)　レストランの厨房での徒弟の行動に関するシュピットラー前掲書による観察結果を参照。

クションに従う気構えがない場合である。このようにして，社会の平和が回復されるどころか，ことによると行為者と犠牲者との間の長引く権力闘争へと至るはっきりとした形のない紛争が容易に発生する。したがって，サンクションは，極めてアンビバレントな危険な道具であることが明らかになり，平和を作り出すというサンクションの機能を保障するために，特別な社会的努力が必要となる。

　個々の場合において，どのような要件が満たされていなければならないかという問いが持ち出されるが，それにより変化に富んで多彩な異なる個別問題や研究課題が浮きぼりになる。個々の規範受益者は，不当な仕打ちを被ったことに対して復讐しようとするか，損害賠償債権を実行しようとするならば，サンクションとは異なる手段をとらなければならないが，その場合にはその者は，国家のサンクション機関よりもいっそう危険にさらされる。強力な中央権力のない未開民族や古代の社会において，サンクションのメカニズムは，高度に文明化した現代の国家におけるのとは異なっているように思われる[14]。本節では，本テーマの無数の側面，これらは現今の司法に関係する限りでは，刑事社会学や法政策の対象でもあるのだが，それを十分に展開させることはできない[15]。しかし，幾つかの基本的な関係に言及することは必要である。

2　規範違反とサンクションとの対応

　まず一般的に確認しておくことは，次のような内容である。すなわち，サンクションは行為の重大さに対応するものでなければならない[16]。サンクションは行為者に対して十分に印象を与えなければならないが，他方で行為者の抗議や復讐心だけを呼び起こさせる程に過酷なものであってもならない。強盗犯や殺人犯を戒告によって処罰することはできないが，他方で，交通違反者を長期にわたって刑務所に収容することもできない。民事法では，合意した違約罰は，それが極度に重い場合には，民法第343条に従って軽くすることができる。給

---

14)　*Wesel*, Frühformen des Rechts, 1985, insbesondere 320ff., 334ff. を参照。
15)　この問題は，*Friedmann*, aaO, 88ff. においてさらに詳論されている。
16)　全体については，特に，*Popitz*, aaO, 59 を参照。

付の代わりに損害賠償を求めたり，契約を解除したりする債権者の権利は，債務者の義務違反が重大ではない場合には，認められない（民法第281条第1項，第323条第5項）。

　自明のものとみなされるこの規則は，通常，正義の基本的な要請だと理解されている。社会学的にみれば，その意義は次の点にある。すなわち，行為とサンクションとの均衡には，行為者と犠牲者との間で調整を行う機会が極めて無理なく含まれているという点である。それは，相互性の原則の適用である[17]。その関係は，「目には目を，歯には歯を」という規則が妥当する場合，つまり規範違反とサンクションとの鏡像性が形式的にでも実際に用いられる場合に，最も明白に現われている。ドイツ損害賠償法の原則は，加害者は，規範違反がなかったならば存在すべき状態に原状回復しなければならない一方で，被害者は規範違反の前よりもよい状態に置かれてはならないというものであるが（民法第249条），やはりこれも同じ考え方の表れである。

　サンクションと同様に規範違反をその重大さや社会的害悪に応じて段階づけることは，広範囲にわたって**社会に定着しており**，そのために歴史的変遷の影響も受けている。性道徳の規範およびそれに属する刑罰法規が，世代を越えてどのように根本的に変化してきたかということは誰もが知っている。サンクションの側においては，たとえば，死刑，笞刑およびあらゆる肉体的な懲戒方法の廃止が例として挙げられる。しかし，サンクションが科されなければならない時点では，サンクションは，妥当する法および世論において支配的な価値観念によってその時代ごとに設定されるので，規範違反者にとっても被害者にとっても自由にならない。

3　サンクションの潜在能力

　さらに，サンクションのメカニズムおよび規範違反とサンクションとの間の均衡の原則は，サンクションの担い手が規範違反者に対して目的を達するのに十分な力をもっていることを前提としている。サンクションの担い手は，自分の身を守ろうとする行為者との権力闘争に勝つのに必要なサンクションの潜在

---

17)　第*11*章第3節を見よ。

能力をもっていなければならない[18]。シュピットラーが調査した精神病の診療科では，医師だけが院内規則を患者に対して強制することができたが，看護師やゲシュタルト療法家や治療体操指導者や院内管理者はそうすることができなかった。レストランの厨房では，皿洗いの指示には誰も従わず，みな料理人の指示だけに従っている[19]。サンクションの有効性および社会の平和の再生は，このようにみてくると，社会における権力と支配の配分の問題である。

　サンクションの潜在能力が問題となるのは，特に犠牲者が誰にも頼らず規範違反を追及する場合である。被害者は，加害者より下位にあるならば，刑罰や損害賠償の要求をしても奏功しないだろう。歴史や動物生態学や文芸作品から，次のような数多の例が知られている。すなわち，比較的害のない規範違反によって，同等な力をもつ2つの家族間やジッペ間で生じたフェーデが解決され得ず，どちらの当事者も優位に立てないが故に，よりいっそう悪化してくすぶり続ける闘争になるというものである[20]。そうした事情により，市民に対して行使できる権力を国家に付与することが正当化される。しかし，サンクション機関としての社会集団や国家も，過去においてとりわけ族長や王や領主に対しては，自らの権力を認めさせることはできなかった。同様のことは，今日第三世界の多くの国家について言える。

4　費用と効果との正当な関係

　それに対して，欧米型の現代国家においては，これらの国家が，法違反者に対して有効に干渉する十分な権力手段を駆使することを出立点とすることは許される。そうはいっても，このことが無制限に妥当するのは，ここでも個々の行為者に対してのみである。たとえば，国防軍といった強力な組織や利益団体が法を遵守しなかった場合，国家のサンクションの潜在能力は今日も不安定なままである。しかし，特に，規範に反して行動する人の数やそのような者の責務や彼らが自らの行為と結びつける利害関係の強度が重要である[21]。大量に発生

---

18)　これについては，*Spittler,* Probleme bei der Druchsetzung sozialer Normen, aaO, 204ff.
19)　*Spittler,* Norm und Sanktion, 90ff.
20)　例として，シェイクスピアのロミオとジュリエットにおけるジッペ闘争を参照。
21)　以下の記述については，*Friedman,* aaO, 98ff.

する規範違反——速度制限違反，脱税や保険金詐欺，市民の不服従——は対処が困難である。規範違反によって得ることのできる利益がサンクションによる不利益よりも大きい場合には，当該行為者にそのやり方を思いとどまらせることも同様に難しいだろう。

　社会学的みれば，ここでは費用と効果との正当な関係に関する問いが提起される。投入した財が多ければ多いほど，通常は，法に反する行動を阻止したり，制限したりすることにより早く成功する。道路交通における速度に関する規則や駐車禁止に関する規則が遵守されるかは，明らかに，監視が多いか否かに左右される。1920年代末のアメリカ合衆国で禁酒法のようにアルコール消費を一般的に禁止することは，それを十分に統制する可能性が欠如していることからすらも，——恐らくは全地球上で——失敗するだろう。群集の抗議の表現としての規範違反は，追及されずに終わることが少なくない。任意の法規定を完全に遵守させることを確実なものにするために，無尽蔵の人的資源および財源を動員できる国家など存在しない。むしろ，あらゆる社会においては，犯罪や紛争を甘受して許容せざるをえないという状態が生じる。これに対して，どんな事情が極めて注意深く追及されるのか，またどんな事情がそれほど注意深くなく追及されるのかは，道徳的で政治的な価値判断に左右されるので，同様に，全予算におけるどの程度の割合が当該追及のために投入されるかは千差万別である。全体主義的国家は，自由主義的国家の場合に比べて，自国の社会的生産のより多くの割合をその追及のために使用する。ドイツにおいては，法治国家によるサンクションの必要性，可能性および限界を判断するにあたり，それぞれの政党の綱領は著しく異なっている。

5　追及の選択

　利用できる手段が限られていることにより，法の侵害に対する追及を選択しなければならないということは，国家のサンクション機関のレベルにおいても避けられない。国家のサンクション機関が——特に**民事法**および**行政法**においてそうであるように——訴えや申立てによってのみ当該事案に関与してくる限

りにおいて，その選択はさし当たり市民が法を動員する基準の結果である[22]。適法な訴えが提起されれば，裁判所はそれを審理する意欲があるか否かに関して裁量の余地はない。刑事司法においても，圧倒的大多数の手続は告発の結果動き出す。しかし，ある行為が解決され，またその行為者が発見されるか否かは，当該事実関係の難しさや偶然に左右されるだけではなく，当該行為の追及にあたっての警察の支出と責務にも左右されるのである。謀殺や故殺は多くの動員によって追及されるが，単純窃盗はほとんど追及されない。妊娠中絶の場合には，随所で意識的に無関心な取り扱いが行われている。確かに刑事訴追機関にも，原則として，十分な犯罪の嫌疑が存在する限り，認知した全ての犯罪を捜査し起訴する義務があるが（刑事訴訟法第152条，第160条，第163条），その活動自体を刑事訴追機関が調整するので，優先順位を決めることができる。刑事訴追機関には，訴追を止める裁量の余地が法律によって相当に認められてもいる（刑事訴訟法第153条以下）。

統計によると，解決に至る犯罪は認知された全ての犯罪の半数未満であり，また同様に有罪判決を受けるものはその半分にも満たない[23]。同時に確認しなければならないことは，社会的区別から生じる被疑者および特に外国人が訴えられ有罪判決を受ける割合が全人口における彼らの人口比率に対応する割合よりも多いということである[24]。その理由の一部は，ドイツの社会に十分に馴染めないことによる犯罪率が高いことにあるといえるだろう。しかし，選択の際に国民の特定の部分を不利に扱う社会的メカニズムが働いているのではないかという疑義も生まれる。もちろん今日まで意図的な差別は確認されていない。この種の関係を解明することは，経験的犯罪社会学の重要な研究領域である[25]。

22) 法の動員については，後述第 *16* 章第8節1を見よ。
23) Statistisches Jahrbuch der Bundesrepublik 1992, 398/399(Tabellen 15.6 und 15.7) を参照。
24) 外国人については，Statistisches Jahrbuch der Bundesrepublik 1994. 389f. (Tabelle 15.6 und 15.7)，さらに *Schöch/Gebauer,* Ausländerkriminalität in der Bundesrepublik Deutschland, 1991 がある。下層による犯罪については，*Rottleuthner,* Einführung 123ff., *Kaiser,* kriminologie 3.Aufl. 1996, 188ff., 304 がある。
25) 概観については，*Rottleuthner,* aaO, 122ff., *Röhl,* Rechtssoziologie, 286ff.; さらに *Blankenburg/Sessar/Steffen,* Die Staatsanwaltschaft im Prozess strafrechtlicher Sozialkontrolle, 1978; *Blankenburg/Steffen,* Der Einfluß sozialer Merkmale von Tätern und Opfern auf das Strafverfahren, in: *Blankenburg* (Hrsg.), Empirische Rechtssoziologie, 1975, 248ff., *Feest/Blankenburg,* Die Definitionsmacht der Polizei, 1972.

第3節　サンクションの規範化

1　サンクション権力の独占化

　サンクションのメカニズムがアンビバレントなものであり，紛争の種を孕んでいることは，歴史的に見れば，国家権力に直接組み込まれ，その責務を果たすためにその権力手段に依拠しているサンクション機関が発展した原因であるといえる。サンクションの潜在能力を国家が独占することは，人間社会の歴史的発展過程における極めて重要な現象の一つである。そのことは，次の場合にも認められる。すなわち，たとえば，自力救済が許されているとき（民法第229条以下，第859以下参照）や私的な団体裁判所や仲裁裁判所が認可されているとき（民事訴訟法第1025条以下）のように，国家がサンクションの実行を他のサンクション主体に認める場合，または国家が申立てによってのみ関与する場合である。国家によるサンクションの潜在能力の独占は，国家以外のあらゆるサンクション主体の行動や社会における共同生活の特性にとって根本的な変化をもたらしている。[26]　国家の下に位置する個々の人々や社会団体は，自ら継続的にサンクションを実行できるような状態を維持し，それに必要な武器や同盟者を調達する必要性およびサンクション実行の過程における危険から解放される。これまで防衛の準備のために必要とされていた力と手段は，他の目的のために自由に利用できるようになる。

　同時に，国家は国民を無力化し，彼らを著しく無防備にする。もっと正確に言えば，法違反者に対してだけでなく，サンクションのための権力を行使する国家機関自体に対しても無防備にする。**被害者**は，もはや自ら自己の権利を巡って闘争することを強制されているとは感じず，また，もはやその闘争に敗れる危険にさらされているとも感じない。権利追求のイニシアチブが被害者に委ねられ続けている場合にも，被害者は国家の権力手段を利用し，それに頼ることができる。しかし，被害者はまた独立してどのサンクションを用いるかを決定することももはやできず，現行法が彼に対して準備した形式に頼らざるを

---

26)　v. Trotha ZfRSoz 1980, 146ff.; ders., ZfRSoz 2000, 327; Spittler ZfRSoz 1980, 4 を参照。

えない。使用者は，出来の悪い被用者を，自分がその被用者を解雇する必要があると考えるという理由ではもはや解雇できない。そうではなく，使用者がそのような被用者を解雇できるのは，解約保護法または重大な事由による解雇（民法第626条）の要件が満たされた場合のみなのである。自力救済が許されるのは，国家による救済が間に合わない場合のみである（民法第229条）。しかし，自力救済が許される要件が満たされれば，国家は自力救済に関係する当事者のあらゆる抵抗を押さえつける。つまり，法の恩恵を受ける者は自己の権利を主張できるかどうかの心配をもはやする必要はないのである[27]。

それに対応することが**集団サンクション**にあてはまる。しかし，特に**規範違反者自身**もサンクション権力の独占化の恩恵を受ける。何故なら，犠牲者が無力化されれば，規範違反者は犠牲者による際限のない復讐に晒される恐れがなくなるからである。犠牲者による際限のない復讐の代わりに，規範違反者は，なおも，サンクション装置による節度のあるサンクション，つまり感情によって行われるのではないが故に予測可能なサンクションだけを懸念するだけでよい。他方で，国家がそのサンクション権力を濫用する場合には，規範違反者はまさしく被害者として無防備のまま国家の手に委ねられることになる。

2 サンクション規範

したがって，サンクション装置自体のコントロールが決定的な課題になる。一方で，十分なサンクションの可能性をサンクション装置に備えることが保障されなければならないが，他方で，サンクション装置が介入する可能性は制限され，その権力の濫用は防止されなければならない。サンクション装置の活動を**サンクション規範**によって秩序づけ，必要とあれば**副次的な**サンクションを用いてそれを制限することが重要である[28]。このようにサンクションのメカニズムの組織化は，法の基本的かつ包括的な課題となっている。サンクションのメカニズムを個々に仕上げることは，特に刑法，刑事手続法，行刑法，警察法に

---

[27] もっとも，このことは，債務者が破産していることを理由に，国家でさえも権利を実現することができないというリスクがなくなるわけではない。
[28] 社会学的な見地からの個別的な問題については，*Popitz* aaO, 48ff.

おいて，現代の法治国家の本質的な構成要素である。

3　法規範の条件プログラム化

　サンクションの確実性に対する法治国家的な要求を満たす法の手段は，**条件決定プログラム**における規範とサンクションの結合である。法規は，通常，第1の規範名宛人に対する直接の行動指示や命令——たとえば，人を殺してはならない，他人の物を壊してはならない——として表現されているのではなく，「要件—効果」文で表現されている。すなわち，人を故意に殺害した者は，5年以上の自由刑に処する。他人の所有権を違法に侵害した者は，それにより発生した損害を賠償する義務を負う。

　条件プログラム化は，細分化された社会において実定化された法の特色である[29]。条件プログラム化は，規範違反者のために法的安定性をもたらし，規範違反者にとってはそれによって自己の行為から生じるかもしれない結果が，予測可能なものとなる。それは被害者にとっても同様である。条件プログラム化は，同時にサンクション機関の権力を基礎づけ，制限する。さらにこの条件プログラム化によって，個々の事例においてどのようなサンクションを用いればよいのか，また規範違反者およびその周辺にとってサンクションがどのような効果をもたらすのか，ということについて，サンクション機関が自らの責任で検証しなくてすむようにする。刑法に縛られている裁判官は，法律に規定されている刑罰の範囲が適当であるかどうかについて問題にしてはならない。また裁判官は，被告人が自分の職場を失わないようにとか，自分の子の教育のために家庭に必要とされているという理由で，法律に規定されている自由刑の代わりに罰金刑を言い渡すことも許されないのである。損害賠償や扶養の義務を負っている者は，自分の企業で投資のために金が必要だなどという異議を聞き入れてもらえるはずがない。

　1961年に，作られて間もないベルリンの壁に対する抗議を，壁に対する爆発物攻撃でぶちまけた数名の若者に対する刑事訴訟が，参考になる限界事例である。この爆発物攻撃では，多大の物的損害が発生した。これらの若者は，当時まだ有効であった1888年

---

29)　*Luhmann*, Rechtssoziologie, 227ff. を参照。

の爆発物法に基づいて処罰されなければならなかった。この爆発物法には，最低でも5年の重懲役刑が規定されていた。ビスマルク帝国の時代における社会主義的テロを強力に抑圧するという意図からのみ説明がつくこの量刑は，明らかに度を越していた。しかし管轄裁判所は，これについては憲法上の議論があるにもかかわらず，本来の法からその量刑を採用しないことができる立場でないと判断し，連邦議会が爆発物法を改正するまで，裁判を長びかせた[30]。

　全体的に見れば，条件プログラム化は，サンクション装置における機能配分の表れである。この機能配分にあっては，サンクションの実行が多数の下位機関に委ねられるのに対して，プログラム化を行う基本決定は，立法者，すなわち中心権力の政治的基準に従って下されるのである。この限りにおいて，条件プログラム化はまた同時に，権力を分割したり，社会を合理的に統御したりするうえで不可欠となる手段である。

　もっとも，条件の形で表された規範プログラムだけで十分といえるような国家はどこにもない。むしろ多くの場合には，国家は，**目的規範**においては目的を示しても，目的を達成したりサンクション化したりする方法は決めずにおき，規範名宛人やサンクション機関にそれを委ねることでよしとせざるをえないのである[31]。それゆえ，安定法第1条[32]は，連邦および各ラントは，経済政策的金融政策的措置を講じるにあたり，経済全体のバランスにとって必要なことを考慮しなければならないと規定しているが，この法律それ自体は，経済全体のバランスがいつ生まれるのか，個別的に何を行うのか，そこから発生する義務を履行しないとどのような法的効果が生じるのか，といったことについては，詳細には規定していない。目的論的な解釈を必要とする多くのあいまいな法概念も，目的にかかわる要素となっている。それはたとえば，各ラントの警察法が，警察の任務を，社会全体あるいは個人から，公共の安全や秩序を脅かす危険を防止するとまで規定する場合[33]，または経営組織法第2条第1項が，使用者および経営協議会に対して，被用者および企業の幸せのために信頼しながら協力する義務を課している場合，である。いずれにせよ，このような形で内容が決められていない規定の数を制限せざるをえないときは，

---

30) これについては，*Raiser*, Verfassungswidrige Mindeststrafen, JZ 1963, 663 を参照。
31) ルーマンによる法の条件プログラム化理論については，特に *Teubner*, Folgenkontrolle und responsive Dogmatik, Rechtstheorie 1975, 179 を見よ。法を把握するための規範概念の限界については，*Röhl*, Rechtssoziologie 209 も見よ。
32) 経済の安定および成長の促進に関する法律（BGBl I, 1967, 582）。
33) たとえば，治安および公序に関するヘッセン州法第1条。

国家のサンクション権力を行使することによって，法治国家としての輪郭が失われるようなことがあってはならない。

4 特有でないサンクション

　サンクション権力を独占したり，またサンクションのメカニズムを規範化したりすることは，けっして完全にうまくいくわけではない。それどころか，正式なサンクションに加えてあるいはそれに代わって，行為者が生活している社会環境による曖昧な効果をもつ特有でないサンクションが生まれることをたえず念頭に入れていなければならない[34]。規範違反者は遠ざけられ，もはや招待されることもなく，そうでなければ当然受けられるはずの援助を受けられず，人的あるいは社会的なコンタクトも失ってしまうのである。特有でないサンクションは，関係が親密で傷つきやすいために，正式なサンクションではうまくいかないような場合に，それにふさわしい補助手段となる。それは，友人関係や恋愛関係だけでなく，緊密で，個人的にも互いに協力し合っている労働グループにおいても見られるのである。このサンクションは，規範違反者が強い力をもっていて，まともなサンクションなどはとても受け入れそうにもないような場合にも行われる。

　しかしこの特有でないサンクションは，国家サンクションに付随する現象やそれがもたらす結果となることがよくある。こうした場合，このサンクションは，制御するのがむずかしいやり方で国家サンクションの効果を強める。すなわち，有罪判決を下された犯罪者は世間の非難を受けるし，刑期を終えても住まいや仕事やふつうの社会的なつきあいを断られるのである。この現象は，犯罪社会学において**烙印づけ**という用語で論じられている。法治国家においては，規範違反者をこのように法によらずに処罰することは，原則として違法である。しかし，こうした処罰は，いかなる経験からしてもほとんど避けることはできないか，あるいは抑えつけることはできない。それどころか，次のような興味深い主張が唱えられたのである。すなわち，この烙印づけは，まさに国家の手中にサンクション権力が独占化されることによってもたらされた当然の

---

34)　これについては，*Popitz*, aaO, 60f.; *Friedman*, aaO, 112ff.; *v. Trotha*, aaO, 151ff. を参照。

結果である。なぜなら、国家以外のサンクション主体は、その力を奪われ、また規範違反を追及する責任からも免れているので、非典型的であり、見えない形で作用するサンクションによるほかは、もはやその不満を表すことはまったくできないからである[35]。犯罪行為がもつ烙印づけという副次的な結果の阻止が問題となったある印象的な事件について、連邦憲法裁判所は、有名なレーバッハ訴訟において犯罪者に有利なるような判決を下した[36]。

1969年1月、3人の若者が武器を手に入れるために連邦国防軍の弾薬庫を協力して急襲した。かれらは、その武器を使って、外洋用ヨットを手に入れ、自分たちが拒否した社会から離れて南太平洋で共同生活を送るためのさらに別の手段を得ようとしたのである。彼らの関係は同性愛的なものであった。主犯の2人は、弾薬庫を急襲したときに寝ていた4人の兵士を殺害したため、殺人のかどで有罪判決を受けた。憲法裁判の抗告人であるもう一人は、幇助のかどで6年の自由刑を受け、その一部については刑に服した。その人が刑期満了前に刑務所から釈放される少し前に、ドイツ第2テレビ（ZDF）は、この殺人事件についての長編ドキュメンタリードラマを放送する予定であった。そのドラマでは、この抗告人が名前や写真とともに紹介され、犯人たちの間に同性愛的な関係があったことが指摘された。これに対して抗告人は、何百万人もの視聴者にこの番組を放送することは現代のさらしものであり、それによって釈放後に自分が社会復帰することができなくなることを理由として抵抗し、成功をおさめた。

5　サンクションの放棄

サンクションの規範化の最後の側面として、サンクションの放棄という戦略を取り上げなければならない。シュピットラーが観察したレストランの厨房では、親方は、しばしば弟子のあやまちをすぐに罰しないで、別の機会にそれを蒸し返す。それは、2度目あるいは3度目の失敗のときにもっと厳しく罰するためである[37]。似たような事例は、日常生活においてよく見かける。すなわち、上司は、自分の部下のいい加減さやだらしなさをしばらくの間大目に見る。それは、堪忍袋の緒が切れてからずっと後まで残るようにその部下を注意するた

---

35)　*v. Trotha*, aaO, 153 を参照。
36)　BverfGE 35, 202. これについては、*Hoffmann-Riem/Kohl/Kübler/Lüscher*, Medienwirkung und Medienverantwortung. Überlegungen und Dokumente zum Lebach-Urteil des BVerfG, 1975 におけるこの事件についての詳細な法社会学的考察を参照。
37)　*Spittler*, Norm und Sanktion, 106ff. を参照。

めである。刑事司法においては，保護観察付の刑の延期と累犯に対する加重刑がこれと同様の役割を果たしている。ポピッツは，このような事例ではわかりやすくバランスサンクションということを言っている。それは，個々の規範違反ではなく，「罪の口座」全体にかかわるものである。[38]

サンクションの放棄は，規範違反者に**約束させる**ために役立っている。[39]規範違反者は，爾後特に規範を厳守するか，自分のだらしなさを別の分野での規範遵守で埋め合わせするか，結局は自分からはサンクションの担い手によるある程度の規範違反は大目に見なければならないことになる。サンクションの放棄は，いずれの場合でも，いくつかある法の担い手どうしの結束を，さらに最終的には社会における結束を強めることに役立っている。それは，交換関係や双務契約において当事者が行う一方的な事前給付にほかならない。しかしこのような戦略がうまくいくのは，十全なサンクション権力が背後にある場合に限定される。なぜなら，もしそのようなことでなければ，規範違反者は，規範の放棄がもっている約束させるという特質を本気で受け入れるはずはないからである。

文献　　*Popitz, Heinrich,* Die normative Konstruktion von Gesellschaft, 1980; *Schumann, Karl F.,* Zeichen der Unfreiheit. Zur Theorie und Messung sozialer Sanktionen, 1968; *Spittler, Gerd,* Norm und Sanktion, 2.Aufl. 1970; *ders.,* Probleme bei der Durchsetzung sozialer Nonnen, in: *Lautmann/Maihofer/Schelsky* (Hrsg.), Die Funktion des Rechts in der modernen Gesellschaft, 1970, 203; *ders.,* Streitregelung im Schatten des Leviathan, ZfRSoz 1980, 4; *v.Trotha, Trutz,* Die Dominanz von Rechtsnormen in der Organisation sozialen Verhaltens, ZfRSoz 1980, 141.

---

38)　AaO, 62.
39)　*Spittler,* aaO を参照。

第13章　法の妥当と有効性

Geltung und Wirksamkeit des Rechts

第1節　規範の社会学的妥当

1　法学的妥当概念と社会学的妥当概念

　これまでの章で規範の妥当ならびに法の妥当についてたびたび述べてきたが，その際の妥当の概念は，意味のより厳密な分析を行わないで一般的な言語使用法に従った。今やこれを再考しなければならない。そこではこの概念は，確かに隣接的事項に関連するが学問では区別されなければならない，いくつかの意味をもちうることが示される。**法学的**な意味では，法規範は，それが正当な手続で施行され，2度と廃止されず，また，内容的により上位の規則に合致している場合に妥当する。すなわち，連邦法は連邦議会，所定の場合には，連邦参議院により採択議決され，連邦大統領によって認証され，連邦官報で公布され，基本法に矛盾しないことを必要とする。契約は，2つの一致する意思表示が存在し，その内容が法律に矛盾しない場合に妥当する。裁判官による判決は規則に従って言い渡されれば，その限りで妥当し，既判力が生じれば確定的に妥当する。妥当とはこの場合**当為妥当**である。規範は，たとえば市民，政治家，国家公務員，裁判官などその名宛人に，規範に従った行為を行うよう，また，他者の行為を規範に応じて判断するように**義務づける**。規範に対する違反にはサンクションがあてられる。このことの核心は，それらが規範定立の権限を備えた機関によって有効とされ，このことによって拘束力をもつことにされたという事実である。以上のようではあっても，規範名宛人のある者のみが，自らにとって規範を拘束力あるものとして承認し，それに従うかという問題は

第13章 法の妥当と有効性 267

不明瞭のままである。受け手を抽象化することは，妥当問題を次のような厳密な選択として定式化することを許容する。すなわち，規範は妥当するかしないかであり，第3の選択は排除されている[1]。

　法社会学において法学的妥当概念は，非法的な社会規範から法を境界づけることが，強制理論に従って，法学的妥当概念に方向づけられているという限りでひとつの役割を果たす[2]。さらにこの概念は，経験的な法社会学調査にとっては，構成事実として意味を有するとなりうる。規範が有効となることは，社会的生成事実の推移における断面を形成する。以前は数多くのプロセスがそこへ通じていたが，そして今や新たな展開の出発点と原因になる。

　たとえば1976年の共同決定法の公布は，ドイツの大企業の監査役会における被用者の対等な共同決定権をめぐるおよそ30年にわたる政治的，経済的，社会的戦いの終結点であり，結果であった。この法律が施行されて以降，およそ500のドイツの大規模の企業は，新たに監査役会を設置し，加えて取締役会に労務担当取締役を選任しなければならなくなった。大規模産業における被用者の共同決定が指導体制とドイツ経済に与える影響を解明するという経験的な課題を行うには，実際の変化を引き起こした形成的プログラムとしての共同決定法の諸規律から始めなければならない。それが法施行の前後の状況を検証することである[3]。

　だが，これに対して特殊社会学な関心は，規範はどの範囲で実際に実現されるのか，つまり，人間の行動様式と社会的行動範型の決定原因に関する問題に向けられる。法社会学は共同決定に関していえば，たとえばこの法律が適用される全ての企業の監査役会においては，出資者の代表者と被用者の代表が実際に対等に置かれているか，それらは法律に定められた選出手続によったか，さらには企業における決定プロセスに対する共同決定はいかなる影響があるか，また，国民経済の発展と社会平和にどのような影響があるかを問う。それゆえ，規範は社会学的な意味ではそれが遵守される限度で妥当する，すなわちそれをマックス・ヴェーバーは，以下のように表現した。人間は，「特定の秩序を主

---

1) 法哲学的および法理論的な十全な妥当概念は，扱わないこととする。
2) 第 *10* 章第3節を見よ。
3) *Raiser*, Bewährung des Mitbestimmungsgesetzes des zwanzig Jahren, FS Kübler 1997, 477; *ders.*, Wirkungen des Mitbestimmungsgesetzes, in: *Lübbe-Wolff* (Hrsg.), Wirkungsforschung zum Recht, 1999 を参照。

観的に妥当するとみなして，実際に行為する，すなわち，彼ら独自の行為をそうした秩序に即応させる」。エールリッヒの学説によれば，社会学的妥当概念は制定法規とは逆に，**生きた法**にかかわる。つまりここでは妥当とは，規範の**現実性**もしくは**有効性**が同じように意味される。**存在妥当**が問題となる。このことは，その際に明らかとなる技術的困難は別として，これらは原則として経験的に確定され得る。

2　行動妥当とサンクション妥当

　より詳細に観察するためには当然，この概念はさらに分類され，また厳密にされなければならない。規範は，先ず以下の場合に妥当する。すなわち，規範名宛人が自由意思でそれに従っている場合である。その場合，彼らがこのことを自覚しているか，そして，自らの利害のためか，ただ規範に違背した際の威嚇的なサンクションへの恐れによるのか，単に習慣によってそうするのかは何の役割も果たさず，多分それどころか規範自体を認識していないこともこの概念に対しては何の役割も果たさない。このような場合には，**行動妥当**について，語ることができる。しかし，規範はより広い意味においても，妥当する第一次的な名宛人が自由意思でそれを遵守しているわけではないが，規範の違反者に対して規範に従った行動を強制し，もしくはその逸脱行動に罰を与えるサンクション機関が処罰する場合である。その場合，我々はこれをそれでサンクション妥当と結びつける。それゆえ，妥当の総体は，行動妥当とサンクション妥当から構成されることになる。逆にいえば，規範はそれが遵守されず，規範違反が罰せられない限りで妥当しないのである。

　厳密にいえば規範に従った行動がそれ自体で実現されるのか，もしくは，これが規範違背に対して告発が行われ刑罰が宣告されることが，（もはや）それが実現されなかった場合に規範違反者に宣告が行われ，もしくは，損害賠償を行わなければならないかという，もう一段の区別がある。後者の場合が，妥当概念にまた含まれるかということは，

---

4)　前述第 *7* 章第 2 節 3 の引用を参照。
5)　第 *6* 章第 2 節 3 を見よ。
6)　*Popitz,* Die normative Konstruktion von Gesellschaft, 64ff.; *Röhl,* Rechtssoziologie, 244 参照。

目的適合性と学問上の慣習の問題であり，合意は存在しない[7]。我々の目的にとっては両者の選択が決定される必要はないであろうし，その区別に留意することで十分である。

3 実効性率

以上のように理解された社会学的妥当概念は，次のようなそれを経験的調査に適したものとする2つの重要な利点を提供する。まず，それは法学的な妥当概念に対して，**数量的および統計的に理解可能な量**に関係し，また単純に構成され，それゆえに処理されるのが容易である。規則はそれが10事例の内5事例が遵守され，規範違反が3事例以上訴追されるのであるならば，最大80％妥当する。行動妥当は，50％であり，サンクション妥当は，30％であり，非妥当が20％である。このことを法社会学のために彫琢したのは，テオドール・ガイガーの功績である。彼は，**実効性率**について論じた[8]。このモデルは，たとえば行動妥当もしくはサンクション妥当がそれぞれ単独で調査されることにより柔軟に処理することもできる。犯罪学においては，一定の犯罪の**暗数**の確定が重要な役割を果たす。そこでは認知されていないか，明らかにされえない事例の割合が問題となる。他の関連でいえば，刑事訴追当局が適時に行動しなかったか，もしくは，刑事訴追の利益が否定されたために犯罪者が処罰されるに至らなかったと明らかになった事例は，どれくらいの件数かが問題となる。

規範の社会学的妥当は，いかなる場合にも遵守されず，もしくは，実施されない法規が，公布されても意味はないであろうから，理論的な限界事例では0％となる。他面，それはまた決して100％となることはない。なぜならば，逸脱が可能であり，通常それが予想されるということが，人間の行為の自由の特徴だからである。これら両極限点間のどこに妥当があるかということは，個々の事例の状況により，それゆえ大きく変動する。一般的に高い実効性率は，構成員によって承認されており，そして安定した社会で，また低い実効性率は，不満，不安定性，犯罪の程度が高い場合に予想される。

---

7) たとえば，*Geiger* (Vorstudien 27ff.) と *Poppitz*, aaO は，後者の例においても規範の妥当について論ずる一方で，*Garrn* (Schrifttumsverzeichnis), 161ff. と *Noll* (Schrifttumsverzeichnis), 259 は狭義の概念を優先する。

8) Vorstudien 242.

4 妥当可能性

規範の事実的妥当は，過去に対してそして分離抽出された事態に対してのみ，統計的に厳密に確定される。それに対して，われわれは妥当可能性を対置することができる。つまり，どの程度，ある法規が，将来遵守されることが予想されるか，もしくは，実施されるか，ということについての予測である。とりわけ，新たな法律を準備する立法者には，予定されている規律が，また成果をあげるか，そして，必要によりその妥当可能性を高めるためには，何をなすべきかについて検証し，明らかにされればよい助言となる。

警察が当該規則の遵守を漏らさず十分に監視できることができずまた厳格な追及もできず，もしくは，その準備がない場合にはアウトバーンにおける毎時100キロメートルの一般的最高速度制限を定めることは意味をなさない。なぜなら，あらゆる経験からいって，ドイツの自動車運転者のほんのわずかな者たちしか，そのような規則を任意に遵守しないであろうからである。立法者がいかにこの当然の予想義務を自身で注意を払わないかということは，ここではこれ以上は述べられない。

具体的な紛争事例で明確とは言えない法律問題が生じた場合には個々のどの弁護士も，訴訟を提起するように助言する前に，**債務予測**[9]を行わなければならない。つまり，裁判所が彼の依頼人にとって有利な法的見解をもつであろうかということの可能性はどの程度かということを調べなければならない。かかる事情はアメリカの偉大な法律学者であり憲法裁判官であるオリヴァー・ウェンデル・ホームズをして，有名となった言葉で，法とは「**裁判所が実際に行うであろうことの予想**」以外の何物でもない，と言わせしめた。[10]

5 経験的な妥当概念の適用領域とその限界

ここに述べてきた妥当概念は，一義的で，特定の命令を含んでいることを前提とする。**禁止**[11]として提示される刑事法規がその範型である。たとえば以下のようなものである。殺人をしてはならない。窃盗をしてはならない。詐欺をし

---

9) *Geiger,* aaO, 237ff. の表現を再度参照。
10) 第3章第2節3の全文の引用を参照。
11) 特に以下を参照。*Raiser* (Schrifttumsverz.), 47ff.; さらに，*Rottleuthner,* Einführung, 55ff.; 71; *Röhl,* Rechtssoziologie, 243f,

てはならない。さらに，たとえば，締結された契約は，履行されなければならない，道路を通行する場合には，安全ベルトを装着しなければならない，租税通告を適切に提出しなければならない。課された税を納めなければならないという命令，環境のための，労働者もしくは消費のための保護規定は遵守しなければならない，などである。ガイガーのモデルは，同じく，規範侵害者を特定の方法で追及するよう**サンクション機関に明確に指示すること**をそのような一次的な命令と結びつける。しかしこのモデルは，より一般的規律には適合しないか，少なくとも特殊な問題設定においてしか適合しない。それで，刑事法的もしくは民事法的な過失概念もしくは瑕疵担保における瑕疵概念を有意味に問うことができるのは，解釈の余地を前提し，それが様々な機関によって異なって適用されるかということを確定しようとする場合のみである。しかし，このことは，まずは，ひとつのヘルメノイティーク—法学的な問題である。一定の解釈の型が形成され定量化されたときに初めて，それはひとつの経験社会学的な次元を獲得する。民事法によって定められている契約類型，物権法，および家族法と相続法の法制度では，人々は立法者によって規定されたモデルを使用するか，また，どの程度使用するか，彼らは，法律の個別任意規定を引き受けるのか，任意の制定法がその必要を満足しないので，別の形成形態を案出するのか，が問われることができ，また，場合によっては，統計的に確認される。[12]

諸例：民法は，流通抵当，保全抵当，記名土地債務，無記名土地債務という4つの異なる不動産担保権を擁している。それらのうちで流通抵当が，法律の規律によって特に前面に出ている。これに対して実務では記名土地債務が以前より抵当を第1の地位から押しのけている。無記名土地債務は，既に行われておらず，このことからアルトゥール・ヌスバウムは，既に20世紀の初頭には，法律学の厳密な意味づけをそのような「抽象的で実際とはかけ離れた，法解釈学の形成物」に傾注しないよう求めている。[13] これに対して，諮問法律家が発展させた保全土地債務という形態が加わり，それがまず判例において必然的に定着した。民法（第1204条から第1296条まで）における動産質に関する詳細な規律は，質店と有価証券の質権設定に実際の意味をもつにすぎない。経済流通にとっては役に立たない。なぜなら，それら規律は質権が設定された物の直接占有を前提

---

12) *Raiser*, aaO, 57ff. を参照。
13) *Nußbaum*, Die Rechtstatsachenforschung（第*2*章第2節1），24f. を参照。

とするからであり，それがために担保権者の間接占有で十分である譲渡担保から排除された。今日，どれくらいの数の法律婚に対して非婚姻の生活共同体があるのか，後者において，パートナー関係は，実際に規律されているのか，もしくは，どのくらいの数の夫婦が離婚するのか，などに関心が寄せられる。

　実効性モデルでさえも，現代の**行政法**や**税法**や**社会法**に特徴的であるような社会統御の複雑な規制プログラムの実現を経験的に分析するためには十分ではない。

　水域を清浄に保つためには法的にイミシオーンを禁止するだけではなく，それに適した浄化フィルター，排水路，自治体の浄化設備，下水網への加入義務，そして必要とされる財政的支援と優遇措置が必須である。さらに規則の執行を委任された行政庁が，法律で意図された実施措置を講ずるか，当該の人員で行う能力と準備がなくてはならない。確かにイミシオーン禁止の実効性率がどれくらいかということは，そのような調査の実際の困難が克服される限りで，統計的に確認することができる。しかし結局，集合的な措置が水域の清浄さの程度が再び増加するという結果となるか，ということによる。そのような問題を追究するためには，法社会学的な影響研究においては，より広範な調査評価のアプローチが必要である。[14]

　さらに，ガイガーの実効性モデルは規範違背が存在するか，そしてサンクションが行われるか，という問いは肯定か否定かの択一で答えられることができるということを前提としている。それは規範の遵守の細かな差異段階および規範違背に対する反応の細かな差異段階は，把握することができない。計算して考察することができるためのそのような概数値化と階級の数量化の試みは，理論的には排除されないが誤りとなりやすい。

　道路交通での時速毎時30キロメートルの速度制限の実効性率は，この前提のもとで，時速毎時30キロメートルで運行する者は誰でも厳格に許容範囲以上で運行する者も違反すると考えられるという場合にのみ確定される。運転者の大多数がその速度を減ずるが，しかし，多分，時速毎時40キロメートルもしくは50キロメートルで運行するだけである。[15] そのような場合に時速毎時30キロメートルの制限は，有効であるのか，そうではないのであろうか。時速毎時30キロメートル以内で走るという行動にこのような

---

14) *Winter, Gerd,* Das Vollzugsdefizit im Wasserrecht, 1975. 以下の第3節も参照。
15) 例は，*Röhl,* Rechtssoziologie, 246 による。

形で近づけることを考慮することは，統計的に見れば様々な方法で可能であろう。しかし，どのようなやり方で考慮しても結果を大きくゆがめる。

　有意な状況の総数が確定できない場合には，この割合率モデルはとりわけ原理的な限界に突き当たる。赤信号で交差点を進行通過する自動車運転者の割合は，交差点が長期にわたり十分に恒常的に観察されている場合に計測することができる。これに対して，どれくらいの人々がその税申告に「手を加えている」かは，正確には確定されえない。ましてや「人を殺してはならない。」という掟の実効性をその掟が守られている事例の件数を基礎にして算出によって特定しようとしてもそれはできないからである。ここに既に別に注目しなければならない理論的な不確実である。というのは，故殺もしくは謀殺が問題となる状況は，出来事の一般的な流れから認識できるようには際立たないからである。それでかかる事例では，科学は補助的解決方法を採らなければならない。それは，たとえば，ひとつの地域での人口10万人当たりの毎年の殺人事例がどれくらいかを問う。少なくとも他の問題設定においては，代表的なアンケートによって範囲を見つけ出すことは可能である。

第2節　規範のシンボリックな妥当

　実効性の理論は，社会的および法的な諸規則を人間の行為統御の手段とする道具主義的理解から出発し，直接的規範命令は，どのように人間が行動するかということの本質的な原因であるという，単純化された考察方法を基礎とする。しかし，通常はそのようにはならない。というのは，あらゆるものを命令で規制することは不可能であり，また，人間をそのようにして操作しようとすることに耐えられないであろうからである。それゆえ社会規範と法規範のなすべきことは，また，人間を教育し，人間が行動し社会的判断を結びつける価値観念に働きかけることである。ある準則が正当な価値を有するものであるということの確信を惹起することに成功するほど，このことによってそれが確かに遵守され，また自由意思によっても遵守されることが期待される。法社会学は，

その限りで法の**シンボリックな機能**について語る。[16] 法社会学は，意見形成的にそして教育するように作用し，その限りで規範名宛人の受容に訴えるシンボルを指針と範型として理解する。

　ある規則のシンボリックな意味と道具主義的な意味は並立する。それは一定の関係において，社会的推移の複雑性とプログラム化可能性の欠如が，規範的優位性を開かれたものとし，抽象化の高度な段階において定式化することを必要とするがゆえに特定の命令と禁止を定立する可能性が少なくなるほど，もしくは，規範を強制的に実現するために供する手段が少なくなればなるほど重要になる。全ての基本法の条項は，強いシンボリックな内容をともなう規定である。民事法では，とりわけ，一般に商取引と経済競争における信義則，善良の風俗がこれにあたり，注意が払われなければならない（民法第138条，第242条，第826条）。特に一般的刑事法の中心的な規定は，高度なシンボル内容を示す。この規定によって判決が支持され，執行される裁判手続にいたると，それはまた同時にサンクション妥当を獲得することになる。

　こうして，たとえば，堕胎に関する刑法規定では道具的要素とシンボリックな要素が結びつく。というのは，一方では，それらは法律による許可要件が満たされていない場合には，堕胎の直接的な禁止を含み，刑事訴追担当機関に違反の処罰を命ずることになり，他方ではまた，それは妊娠中絶の一般的に排除することを社会の規範秩序に合わないものとして表現するからである。公衆による議論と連邦議会においては，まずこのシンボリックな性格について争われた。連邦憲法裁判所も堕胎に関する最初の判決の中で，法律は社会科学的知見と予測に従った社会プロセスの統御の道具であるだけではなく，「人間の行為の社会倫理的評価，したがって，法的な評価の不変の表現である」と述べるときにこれを強調する。それは，何が個人についての正義と不正義であるのかを述べようとしていると思われる。[17] さらにまた，重要な新しい法律の議決の前には公衆の討論と政治的な討論が，しばしば，特にシンボリックな機能を果たす。[18]

　社会学的意味での規範の**シンボリックな妥当**については，人間が自らそれを

---

16) 全ての文献を挙げる代わりに *Kindermann,* Symbolische Gesetzgebung, in: *Grimm/Maihofer,* Gesetzgebungstheorie und Rechtspolitik, 1988, 222. この点について，第 *10* 章第4節を参照。
17) BVerfGE, 39 1, 59. 単にシンボリックな立法に結びつけられた憲法問題について，*Bryde,* Die Effektivität von Recht als Rechtsproblem, 1993.
18) 以下の第3節3に説明される例は，ノルウェーの家事使用人を参照。

自身のものとしなければならず、それに従うことが確認される場合に語ることができる。経験的には、実態は世論調査の手法で調査されることができる。その際には、当然ながら複雑な内面の価値観念を解明するのは困難であるから実際は少なからぬ障害が出てくる。[19] 同様に、このような統計的基礎のもとでシンボリックな妥当の実効性率を確定することは可能である。道具主義的な妥当率とシンボリックな妥当率とは、別になることもある。これは、一方で規則が人々の間であまり受け入れられないが、厳格なサンクションで実行される場合、他方で規範、もしくは規範に結びつけられたサンクションが、強制的に実現することに適しておらず、それでも人々がそれに十分同調している場合である。

第3節　法的プログラムの実効性と作用

1　規範命令と間接的規範目的

既にわれわれが見たように規範の実効性率の問題は、規範が法仲間とサンクション機関に対して単純で直接的な行為指示を提示し、それが実現されることが容易に検証される限りで十分に説得的であり計測可能な結果となる。住民10万人あたりの年間の故殺および謀殺事件発生件数はどれくらいか、それらのうちの何件の件数が刑事訴追機関によって解明され、事件での犯人がどれくらい処罰されるのかということは、実際上の困難があるとしても、統計的に確定することができる。しかし、単純な禁止規範と指示規範のモデルに特に等しい故殺と謀殺に関する刑法の規定は、このことを超えて、殺人を社会的に非難し、潜在的な殺人犯の行為を威嚇抑止するというシンボリックな目的をも追究する。どの程度この間接的な目的が果たされるか、ということの根拠となることは、おそらく広範に行われる世論調査によって得ることができる。しかし、その結果は被調査者の実際の行動については、何ものをも表現しないであろう。まして、実効性研究は、国家が関連する法律を公布することの他に重大犯罪の件数を減少させるために、それ以外にそもそも何を行わなければならないか、が問われなければ、それ以上には進まない。たとえば、死刑が犯罪予防作

---

19)　いわゆるKOL研究については、以下の第4節3を参照。

用を発揮し廃止される結果，殺人事件の件数が増加するかということは，つねに見解が異なる論点であることは知られている。

現代において法律は，一定の行動の方法を指示することに尽きず，よりいっそう豊富な政治的目的を果たす規則である。これらは社会生活と経済生活を統御することをその課題とみなす現代の社会国家のひとつの特徴であり，社会国家は他の手段，特に，貨幣と並んで法をそのために使用する。そのような目的に貢献する法規則は，**規制的法**と呼ばれる。[20] それらが高度に複雑な社会プロセスを誘発することは明らかであり，それゆえに法が到達すべき目標を達成するかということは，まったく困難な問題である。

このような事情の例は，法のあらゆる領域で容易に見出すことができる。全ての自動車運転者の何％が，**安全ベルト**を装着する法的義務を文字どおりに受け取っているかということはそれ自体で関心を引くのではなく，ベルト装着義務によって事故の重傷被害の件数を減少させるという意図の視角でのみ，関心を呼び起こすのである。社会法典Ⅲには多くの，労働法的および社会法的規定がある。これら全ての措置の目的は企業が新たな労働契約の締結をしやすいようにし，それで失業を防止することである。

大企業における**対等な共同決定**は，多数の被用者幹部に，割のよい役得を与えるべきものではなくして被用者がその代表を通じて企業の経営に関与し，最終的には経済における民主主義を促進するべきものであろう。[21]

競争制限禁止法では，経済における競争を確保するという立法者のあまり明瞭とは言えない目的は，法律の構成要件があいまいで厳密ではないという結果となっている。同法第19条は，市場支配的企業の市場支配力の濫用を禁止する。その際，規準となる市場支配と濫用という概念は，確かに例示と推定によって絞り込まれているが，それでも定義はなされない。同法第36条によれば2つ以上の企業の合併は，「企業の合併が市場支配的な地位を形成し，もしくは強化すること」が予想される限りで禁止される。ただし，合併により，競争条件が改善される場合，この改善が企業支配による不利益より大きな場合は」この限りではないとされる。立法者はそのような諸規定によって規範を個々の事例に適用できるよりも以前に，競争保護の目的自体を最後まで配慮し，明確化するというカルテル庁に対して責務を委ねている。

---

20) *Teubner,* Verrechtlichung-Begriffe, Merkmale, Grenzen, Auswege, in, *Kübler* u,a, (Hrsg.), Verrechtlichung von Wirtschaft, Arbeit und sozialer Sicherheit, 1984, 289, 304ff., 313; *Aubert* ZfRSoz 1985, 274 を参照。

21) Mitbestimmungsbericht BT-Drucks IV/334, 18ff., 46ff. を参照。

第 13 章　法の妥当と有効性　277

　さらにまた多くの**行政法**の諸規定も極めて多くの政治的な目的観念とプログラムは間接的な法律命令を特徴づける。一般的な法律による**就学義務**は，人々の教育水準を高めるのには十分ではない。むしろ，また，学校が建設され教員が雇い入れられなければならない。立法者は，**原子力発電所の安全性**を保証するためには科学と技術の状況を勘案しなければならない（原子力法第 7 条第 3 項）。**環境法**の全ての規定は自然という生活基盤の保護を目的とする。**建築基準計画策定**の課題は，ゲマインデの土地の建築およびその他のために利用する……準備措置と監督を行うこと」（建設法第 1 条）である。**薬物犯罪**に対しては国際的な協力と相互に協調した方策で有効に対抗することができる。

2　運用研究と評価研究

　社会を統御する法が，立法者によって意図された目的を実際に達成するかについては科学的な関心を引くばかりではなく，とりわけ政策的に高度で重要な問題である。そうであるとしても，政治と社会科学的研究も長い間このテーマに意を用いてこなかった。つまり，ひとたび法律が成立すれば，その実施についてはむしろ何も語らないことを前提としているのである。この姿勢は，1970 年代はじめにこのことが関係者による異論に直面するばかりではなく，行政庁とその他の執行機関の部面で，効果が磨滅することおよび運用を欠くことになることが明らかにされたときに初めて変化した。これから新たな研究の重点領域である**運用研究**が始まった。それは，道具主義的視点で法を社会構築の手段として捉え，その科学的課題は，法の執行において脅威となり，もしくは，既に生じた障害を事前もしくは事後的に調査し，さらにその後これをいかに回避し，または克服されることができるかを問う。[22] その少し後には，その研究関心

---

22)　*Glagow/Willke* (Hrsg.), Dezentrale Gesellschaftssteuerung, 1997; *Mayntz* (Hrsg.), Vollzugsprobleme der Umweltpolitik, 1978; *dies*. (Hrsg.), Implementation politischer Programme, Bd. 1, 1980; Bd.2, 1983; *Wollmann* (Hrsg.), Politik im Dickicht der Bürokratie. Beiträge zur Implementationsforschung, 1980; *Voigt* (Hrsg.), Recht als Instrument der Politik,1986; *Grimm* (Hrsg.), Wachsende Staatsaufgaben - sinkende Steuerungsfähigkeit des Rechts,1990; *Holtschneider,* Normenflut und Rechtsversagen, 1992; *Zeh, Wolfgang,* Wille und Wirkung der Gesetze. Verwaltungswissenschaftliche Untersuchungen am Beispiel des Städtebauförderungsgesetzes, Bundesimmissionsschutzgesetzes, Fluglärmgesetzes und Bafög, 1984, さらに，第 3 節の文献一覧の紹介を参照。

はまた,**裁判所の判決の執行**,つまり,連邦憲法裁判所の判決にまで及んだ[23]。その後これは豊富な経験的調査に基づいて,法的行為の実行に影響を与える多くの要素を分析することが可能となり,こうして法の実効性を高めることに貢献した。これについては,以下の第4節で再度述べることにする。ここでは,次のことにのみ触れられるべきであろう。ドイツ連邦共和国では州の執行権限,すなわち,連邦国家秩序の中心的要素は,連邦法の迅速で効果的な執行の足枷としてまた州の特殊利害のために引き起こされた法律によって追求された,連邦の諸目的が修正される原因であるということが明らかになったということである。

運用研究に対して**評価研究**は,その観点を全社会的な効果と法律の価値影響にまで広げ,これがそれ自体で実行において得られた諸経験を批判的に評価し改善することを課題とすることで,より広い視角を追究することをその課題とする[24]。このような効果のコントロールは,立法者に対するフィードバックではいまだほとんど利用されない道具であるとしてもひとつの有用な道具である。ある法律が,当事者にその規定の執行とその際に行われた経験を報告するよう求め,それらが収集され,政府官僚または科学研究機関により評価される場合に,このことへの最初の歩みが踏み出される。

以上に関する例は,国土計画法第11条による「国土計画報告」,もしくは,1974年と

---

23) *Blankenburg/Voigt,* Implementation von Gerichtssentscheidungen, Jahrbuch für Rechtssoziologie und Rechtstheorie Bd,11, 1987; *Blankenburg/Voigt/Gawron/Rogowski,* Zur Analyse und Theorie der Implementation von Gerichtssentschiedungen, DÖV 1986, 247; *Gawron/Rogowski,* Effektiviät, Implementation und Evaluation. Wirkungsanalyse am Beispiel von Entscheidungen des BverfG, ZfRSoz 1996, 177; *Gottwald,* Die Zivilrechtsalltagspraxis – Ein Findelkind der Implementationsforschung, in: *Raiser/Voigt* (Hrsg.), Durchsetzung und Wirkung von Rechtsentscheidungen, 1990, 66; *Ebsen,* Entscheidungsspezifische und adressatenspezifische Durchsetzungsbedingungen der Judikate des Bundesverfassungsgerichts in: *Raiser/Voigt,* aaO, 167; *Klenker,* Gesetzgebungsaufträge des Bundesverfassungsgerichts, 1993; *Pitschas,* Staatswissenschaftliche Analyse von Verfassungsgerichtsentscheidungen; Interdisziplinäre Effektivität, Implementations- und Evalutionsforschung als Grundlage einer folgenorientierten Verwaltungsrechtsdogmatik, in:*Raiser/Voigt,* aaO, 190ff.
24) *Weiss,* Evaluierungsforschung, 1974; *Hellstern/Wollmann* (Hrsg.), Handbuch der Evaluierungsforschung,Bd.1, 1984; *Gawron/Rogowski,* ZfRSoz, 1996, 177.

1976年に新たに条文化された妊娠中絶条項の経験評価のための委員会報告である[25]。法曹に関しては，7つの大学において新制度として始められた一段階法曹養成に関する1971年の評価が，関心を引く。連邦諸州が，比較可能でかつ単一の基準で判断することが困難な様々な一段階養成モデルを実施していたので，この報告は統一的な結論には至らなかった。連邦諸州が，1984年に特に費用を理由として一段階モデルの試みを中止し，二段階の法曹養成モデルに戻ることに合意したので政策としては，成果は一段階モデルにとっては役立たないままであった[26]。

運用研究と評価研究の一般的な科学的および政策的成果は，法による経済と社会を統御することに関する無反省なオプティミズムを打ち破り，より慎重で，そうしてまた現実的な判断に道を開いたことである。理論法社会学では，ルーマンのオートポイエシス的社会システムの理論とトイブナーの規制のトリレンマという理論におけるその思索の頂点が，これに対するひとつの考察の基礎を提供する[27]。この理論は3段階に分かれる。政治システムにおいて定式化され，決定されたプログラムは，法律形式で表現され，法規定の形で社会につまり社会システムに作用するように，法システムに受け渡されなければならない。それぞれ3つのシステムは，その固有のオートポイエシス的なシステムプロセスを遂行し，それゆえシステムにそれに適合的に変換されえない外部からの刺激には応答しない。それゆえ政治プログラムは，2つの段階で挫折する可能性がある。第1に，それは，法への移行に必要な諸条件を充足しないためであり，次に法規定の実施は社会システムの抵抗によりはじき返されるためであ

---

25) BT-Drucks 8/3630 およびこれにつき以下を参照。*Stößel,* Evalutionsuntersuchung zum Beratungsangebot im Schwangerschaftskonflikt, in:*Hellstern/Wollmann,* Experimentelle Politik, 1983, 343ff.

26) *Enck,* Die „Bundesevaluation" aller einphasigen Jurastudiengänge, in:*Hellstern/Wollmann,* aaO, 358; *Webler,* Politikberatung durch Begleitforschung – Politische und forschungsmethodische Probleme am Beispiel der Juristenausbildung, ebenda 371ff., *Hassemer/Hoffmann-Riem/Limbach,* Juristenausbildung zwischen Experiment und Tradition, 1986.

27) ルーマンにつき以下の諸著作を見よ。Das Recht der Gesellschaft, 154ff.: *ders.,* Die Wirtschaft der Gesellschaft, 324ff., *ders.* ZfRSoz 1991, 142 と前述第*8*章第2節6と第3節5；トイブナーにつき，以下を参照。*Teubner,* Verrechtlichung – Begriffe, Merkmale, Grenzen, Auswege, in *Kübler* (Hrsg.), Verrechtlichung von Wirtschaft, Arbeit und sozialer Solidarität, 1984, 289, 313ff.), *ders.,* Das regulatorische Trilemma, Quaderni Fiorentini 13 (1984), 109；また同様のものとして以下，*Willke,* Entzauberung des Staates. Überlegungen zu einer sozietalen Steuerungstheorie, 1983.

る。しかしまた,法システムと社会システムが刺激に反応するが,しかしまた,同時にそれらはその固有に応じて転形し,そのことによって無力化するということもありうる。トイブナーは,このトリレンマから逃れる方法として,**自己調整の刺激**に限定され,組織,手続,統御権限の配分を規定する規則のために,国家が直接的に自律的な社会プロセスと経済プロセスに介入しようとする試みを放棄することを推奨する。

　そのような統御のペシミズムに対して反対しているのは,もちろん現代においても,法による社会統御と経済統御の理論である。そのことは,科学的議論に対して,しかしまた政策的論議に対して,国家がどの程度社会形成を試みることができるのか,そして試みるべきかということ,に対して機会を提供している。[28] プラグマティックな立場は,むしろ赤ん坊をたらいとともに流してしまうようなことになるのを注意するであろう。国家が社会的および経済的なプロセスに介入することに原理的に有効性がないことを主張することには,いかなる根拠も存在しない。否,その都度異なり,いろいろな点が重要であるかもしれない政治的プログラムの完全で,不変の実現に対する抵抗を視野から消すことも間違っているであろう。そうであるとしても,それぞれ個々の事例において,抵抗はいかなる種類のものか,そしてひとつのテーマについては直接的な法律命令か,もしくは間接的な法政策的な法律による手段がよいのか,また,その他では権限規定,組織規定,手続規定で規制するのがよいのかを検証することが重要である。とりわけ,制度経済においては,目的の優先順位をもって,また命令と禁止をもって働きかけるだけではなく,規範名宛人がそれによって獲得可能な利益のために望まれた行為を企図するような法によって得られた**刺激**をもってするという考え方も重要役割を果たす。

---

28) これに対する批判として,以下のものがある。*Nahamowitz* ZfRSoz 1990, 137; *ders.,* ZfRSoz 1992, 271; *ders.,* Staatsinterventionismus und Recht. Steuerungsprobleme im organisierten Kapitalismus, 1998; *Rottleuthner* ARSP Beiheft 54, 1992, 123; *Schuppert*, Grenzen und Alternativen der Steuerung durch Recht, in: Grimm (Hrsg.), Wachsende Staatsaufgaben –sinkende Steuerungsfähigkeit des Rechts, 1990, 217.

3 前プログラム的無効性

　法律が効果をもたないこと，もしくは，有効性が十分ではないことは法律そのものがアクセスしがたいことにその原因がある。立法者は彼が影響を及ぼそうとする諸事情と社会構造を十分に解明することを怠ったかもしれず，法規定は誤った諸前提から始まることになり，成果を得ないことになる。他の場合では，立法者は，その規定の実施のための有効な，サンクションを法律の中に取り入れること，適切なサンクション機関を設置すること，もしくは，その監視が有効であるために必要な人的および財政的な手段を準備することを怠る。また，不明瞭な法律もしくは，法律がそれ自体で矛盾した法律があり，そこではいくつかの目的がお互いに衝突する。

　以下の例がある。株式会社の取締役は，その業務執行において正当で誠実な業務執行者の注意を行わなければならず，この義務に違反した場合には，会社に対して損害賠償の義務を負う（株式法第93条）。他方，取締役には業務に関する広い企業的自由が委ねられている。義務違反の行為と企業的自由の境界がどこにあるかということについては，2005年に株式法第93条が補足されて以降は，法律によって暗に示されている。その補足は，「取締役が業務に関する決定において適切な情報のもとで会社の利益のために行ったと合理的に認められる場合には義務違反とはならない」ということである[29]。しかし，この法律は上述の問題を裁判によって解決することを改正前からずっと妨げている。というのは，それが，取締役会の構成員に対する損害賠償請求権の行使を監査役会に委ね，また監査役会の構成員に対するそれは取締役会に委ねており，両機関は経験的には通常相互にその手続を回避しているからである。この目的での株主訴訟は，2005年までは不可能ではなかったが，実際には，方式上の困難性と訴訟リスクを顧慮して（株式法第147条）実際には行われ得ない。その結果は機関構成員の注意義務に関する規定は，まったく形だけのものにとどまっているということである。2005年の新たな規制が改善することになるかということは未知である。

　時として，むしろ法律の背後にある政治勢力が，法律による規制を実施するという目的を真摯にはまったく追求せず，彼らにとってはむしろ単にその政治的プログラムをデモンストレーションすることに意味があることが見られる。様々な指導理念を有するいくつかの政治的集団が形式的な妥協のもとに合意に

29）　2005年9月22日の企業の健全性と取消権の現代化に関する法律（UMAG），による株式法第93条第1項の文言。

達することは，民主主義の影の側面である。形式的な妥協は確かに表面上は合意への希望を満たすけれども，実際には政治理念の相違が継続しており，それを克服することができないからである。

　以上のような場合のひとつの印象的で重要な事例は，ノルウェーの法社会学者ウイルヘルム・オーベール Vilhelm Aubert が調査し，よく知られるようになった論文で述べている。1948年にノルウェーである法律が制定された。その法律は，家事使用人の労働法的保護を目的とし，この目的のために1日10時間労働，毎週1回午後の自由時間，超過勤務の制限，法律による解約告知期間を規定した。オーベールは本法律施行の数年後に，この法律が広く有効性を欠くことを確認した。彼は，このことは一連の要因のせいであるとすることができた。すなわち，極めて少数の家事使用人のみしか，この法律を知らなかったのである。その規定は文言が難しすぎて理解できなかった。規範違反に対しても公的に追及することはなかった。家事使用人が他人の家計の下で従属的地位にあることで，法規定違反に対して通常は抗議することができないにもかかわらず，当該家事使用人の抗議があってもその法律に対する反復される違反に対してのみ，処罰をもって対処されたのである。オーベールは，次に法律の潜在的機能を追究した。彼はそれをノルウェー議会の両連立政党が妥協を必要としていることに見出した。労働党は家事使用人の法的地位の改善と職業に従事する女性の困窮に取り組もうとした。それに対して保守党の優先的な目的は，むしろ，契約の自由を制限することを可能な限り回避し主婦の地位を低下させないことであって，同党はそのことに対抗しようとはしなかった。2つの目的は，ひとつは実際にもうひとつは紙の上で法律によって達成された。同様のシンボリックな法律は，ドイツ連邦共和国においても，問題とされるべきである。

　法律が有効性を欠くことが，あらかじめプログラムの中で組み込まれている同種の事例についても，上記第2節で導入したシンボリックな作用という概念で取り上げた。2つの政党が，食い違う綱領のもとに，少なくとも形の上では，共通の指針で了解する場合には，政党民主主義の政治的諸力の動きの中では，法律は，まったくもって有意義であるということは正しい。両連合政党によるノルウェーの家事使用人法で宣言された意図すなわち，不十分なものと認識された，家事使用人の社会的保護を改善しようとする意図は，また次のような意味でシンボリックな作用を展開することができた。すなわち，サンクションが不十分であるにもかかわらず，人びとがその問題に関心を寄せるようになり，

30）　*Aubert,* aaO (Schrifttumsverz.), 284ff.

そうした方向に働く世論のうちのひとつに裏づけられた圧力が生じ、家事使用人の社会的地位は改善された。実際6年後、結果の調査においてオーベールは、以下のことを確認することができたのである。すなわち、ほんの少し労働条件が改善され、そのことで、家事使用人職に就く女性の数が一段と減少し、また労働市場は彼女たちに有利に改善されたということも無論、部分的にではあるが、説明された[31]。

以上のようではあるとしても、法社会学の用語法においては法律のシンボリックな作用と前プログラム的無効性は概念的に区別されるべきであった。というのは、それらは事実として区別されるからである。後者は法律の道具的機能に関係し、また立法者がその自らに自身で課した責務に不十分にしか適用できない、ということを意味し、つまり、否定的な判断を含む。これに反してシンボリックな妥当の概念は、説明したようにまったく他の種の作用関係に関するものである。

4　意図されない作用と副次的効果

立法者によって計画された規範プログラムが複雑であり、またその実現のために必要な実行手段が未確定であるほど、法律は求められた作用に並んで、もしくは、その代わりとなる、計画されておらず、意図されない副次的効果をもたらす危険性が大きくなる。

法以前の領域では、ひとつの例はシュピットラーによって記述された**規範距離**の現象である。観察対象であるレストラン厨房の徒弟たちは、彼らが監督を受けなくなるや否や、彼に対して期待されていることとは反対のこと、つまり、ぼんやりとたたずんだり、だらだらと仕事をしたり、おしゃべりをしたり、冗談を言ったり、いろいろな鍋からつまみ食いしたり、それどころかレスリングのまねをしたりすれば[32]、親方調理師によって定められた行為規範の有効性が損なわれるだけではなく、いかに徒弟たちのすり抜け行為が協働作業の成果とやり方に影響を与え、そして教育成果の全体に影響を与えるかが問題となる。

税法においては資本の外国への流出は、厳格すぎると感じられた税法の意図されない副次効果である。刑事司法の分野では、社会的排斥と**犯罪者のスティグマ化**という現象で刑事訴追の意図せざる副次的効果と法治国家として憂慮す

---

31) AaO, 302ff.
32) *Spittler*, Norm und Sanktion 68ff., 73.

べき副次的効果が現れる。[33]

さらに，**労働法と経済法**の領域でも，多くの例を挙げることができる。株式会社と有限会社における会社財産に対する会社債務の制限は，全体経済的な生産性と革新可能性のために企業家的な冒険心を鼓舞するとされている。しかし，残念ながら，これらの制限はまた，債権者と経済に損害を与え，早晩，倒産する信用力を欠く会社の設立をも可能とする。芸術作品と特許，商標などに対する権利保護は芸術家と発明家にそれに値する報酬と，基本法における所有権保障で求められる報酬を保障する。これはそれにより創造的能力を間接的に刺激する。しかし，このことは自由競争に反し，経済に損害を与える独占が形成されることおよびそれの利用を可能とすることも稀ではない。解約の保護は，政治的に議論され，それで法律による解約制限のために企業にとって不確実な経済の構造諸条件において，再解雇できないリスクが大きすぎるために多くの企業が新たな被用者を雇い入れることを断念するということが明らかになった。こうして本法は，失業を増加させることになった。ヨーロッパ連合による農業経営に対する補助金助成は，穀物在庫とバターの山とワインの海を生み出す。

第4節　有効性の諸要因

上で明らかにした，規範命令と間接的規範目的の区別，法律形式に含まれた政治的プログラムの実現の諸条件，実効性研究，運用研究および評価研究，前プログラム的な有効性の欠如，法律の意図されざる副次的効果に関する一般的な考察は，有効性に影響を与える個々の諸要因を際立たせることとそれらの相互依存と作用の連鎖を分析することを必須なものとする。この場合，これらの諸要因を単純な理論で処理するという試みを一切拒否する高度に複雑な諸関係が問題となることが直ちに明らかになるであろう。それゆえこの点についての政治学的また法社会学的著作において主張される理論と個々のシェーマの数は多く，それらの相違が少なからずあることが示される。[34] 最も広範に広まってい

---

33) 第 *12* 章第 3 節 4 を参照。
34) *Podgórecki* 271ff. の業績に挙げられた文献もあるが，以下を参照。*Friedman* 206ff.; *Noll*

るのは，合理的—功利主義的アプローチである。このアプローチは，あらゆる名宛人は，その個人的利益に最もよく適合する規範に従うということから出発している。[35] これに対して，より具体的でまたより強く経験的研究の有用性に向けられているのは，オップにより提案されディークマン Diekmann とロットロイトナー Hubert Rottleuthner によっていっそう発展させられた，法の利用の記述のためのモデルであり，このモデルはなるほど人々の反応のみに向けられているが，国家の執行機関の側の法律の実施については顧慮されていない。[36] 法の有効性がそれに左右される要因の一般的に認められ，利用可能なモデルや要因の相対的強さや，要因の相互的影響はいずれも存在しない。規則およびそれらを左右する状況とその実現の行程が様々な形をとることの結果，また，そのようなモデルを構築することは，ほとんど不可能であるといってもよいであろう。

このような困難性に当面して，われわれは以下の5つに分節化された区分図式を提示すること以上を行うことはできない。この図式は相関する諸要因についての最初の見通しを調整する発見的作業を行うにすぎず，また，顧慮される全ての諸要因が一義的に整序されることも，いまだ行うことはできない。次の有効性諸要因を区別することができる。

- 規範と規範提供者に位置する領域におけるもの
- 執行機関とサンクション機関の分野にあるもの
- 人々の一般的な法意識および一般に認められた宗教規範的，道徳規範的，そして社会的規範と価値観念から生じるもの
- 規範名宛人が所属する準拠集団に由来するもの
- 規範名宛人の人格に基づくもの

265，さらに，*Friedman*, Das Recht im Blickfeld der Sozialwissenschaften, 第3節から第4節に引用した文献を参照。*Röhl*, Rechtssoziologie, 252ff.; *Ryffel*, Rechtssoziologie, 251ff.; *Cotterell*, Sociology of Law, 59ff.; さらに，第3節に引用した文献を参照。
35）典型的には，*Jost*, Effektivität von Rect aus ökonomischer Sicht, 1998 を参照。
36）*Opp*, Soziologie im Recht, 190ff., *Diekmann*; Befolgung von Gesetzen, 1980; Rottleuthner, Einführung, 62ff. sowie *ders.*, ARSP Beiheft, 54, 123.

1 規範と規範提供者の領域の有効性諸要因

　ノルウェーの家事使用人法の例で明らかにされたように，ある法律の有効性はむしろまず**理解されるように定式化され**，**適切な方法で周知された**という法技術的—道具的条件に左右される。その必要性は理論的にはおのずと理解できるが，しかし実際においてはそうであるとは言えない。これが個々に求めることは，また最終的に言えることではなく，どの名宛人に法律が向けられているのかということによって決定的に定まる。

　たとえば，基本権，刑法，家族法および相続法と不法行為法といった，まずは全ての人々に向けられている規定は，簡便で誰でも理解できるような形をとるべきであるとされている。それらを公知するためには，連邦官報と専門誌で公表されることでは十分とはいえず，むしろそれらが少なくとも大まかな形でマスメディアによって一般の公衆が入手できるように配慮されなければならい。他面，そのようなひとつの大衆化の問題性は，簡便な表現方法がしばしば法技術的に精確さと詳細性を低下させることとを犠牲にしてなされなければならないということである。大衆化は，規範の適用において，すなわち法廷での訴訟となるやいなや，不十分なものとなりやすい。

　刑法典は，「侮辱は，1年以下の自由刑または罰金に処す」（刑法第185条）とするが，これは一般的な言語使用慣習に近いので規定の文言は容易に理解できるものではある。しかし，それは侮辱の概念を規定せず，それについてはまず，当事者にその判断を委ねており，そして訴訟ともなれば刑事法廷に任せている。詐欺の場合には，同様の手続は複雑な不法行為構造のため不可能であった。それゆえ立法者は，刑法第263条において相当程度複雑な，素人にはほとんど理解しがたい文言形式をとらなければならなかった。ましてや補助金詐欺に関する刑法第264条の規定は，1頁以上に及び一般公衆の理解のレベルをはるかに超えるものである。

　以上の諸例は，法律の起草においては通例**妥協**がなければならないことを教える。一般的な，あらゆる人々に向けられた一定の法規は，同時にまた，規範違背が生じたときに行為するようになるサンクション機関にも向けられる。つまり，刑法では，刑事警察，検察官，刑事裁判官にも向けられる。これらはその職務と職業教育によって通常人よりも，比較的難解な法規定を扱う立場にある。しかし，とりわけこの者たちには，法治国家の命令，特に権力分立と法の拘束が実現されるために，法技術的な明確さと詳細に形式化された法規定が必要とされている。こうして通例，新たな法律の公布においては，一般的な理解と法

技術的な厳密さとの間のできる限りの中道を見つけることが問題となる。ドイツ連邦共和国の実務では，当然多くの場合法治国家の厳格性に重点が置かれるので，人々が法律を理解することと法に従う備えをすることが困難となっている。

これに対して，全ての**経済法の規定と行政法の規定**ではないにしてもそれらの多くは，各規定に向けられる名宛人の特殊な専門知識と比較的高い理解水準を予定することができる。またそれらが法の素人に向けられる限りで，彼らに対し経済団体とそこに従事する法律家が，通例，情報と解釈を媒介する者として機能し，そのことによって理解を容易にする。こうして立法者は，素人の場合でも，法律の専門用語を駆使し，法技術的な完璧性を重視することができる。たとえば，株式法の規定，もしくは有価証券法の規定にいたっては，刑法の大部分の条項を理解するよりも理解するのがはるかに困難であるのは，偶然ではない。官庁によって執行されなければならない訴訟法もしくは行政法規定の大部分のように，はじめから法律家に対して向けられている規定は，さらにより高度な要求を掲げることができる。

さらに一定の**内容的諸前提**は，立法者の領域に基づく法の有効性諸要因である。それゆえ立法者は，既に述べたように，影響を与えようとする事実を十分説明しなければならない。立法者が出発点とする仮定と前提は的確なものでなければならない。立法者によって展開された規制プログラムは，それが機能的であるとき，そしてそれが現前の構造と機能諸関係に適合しているときにだけ受容され，もしくは，実現される可能性がある。立法者は，とりわけ諸規定がそれ自体矛盾している場合には，有効な受容もしくは実現を期待することは困難である。

2　執行機関およびサンクション機関の領域での有効性諸要因

有効なサンクションの諸条件は，既に第12章で論じた。それゆえ，ここではそれに加えていくつかの包括的な説明のみが必要である。サンクションは適切であり，規範名宛人に影響を与え，その抵抗を克服するのに内容的に十分強力でなければならない。それでたとえば，禁止的法律の予防作用は，処罰されるということが認識されるリスクに本質的にかかっている。つまり，単に刑罰

による処罰の威嚇のレベルの高さだけではなく，とりわけ，犯罪行為と犯罪者が認知され訴追される蓋然性の程度による[37]。また，犯罪行為の結果として予想されるスティグマが与えられることの程度もひとつの役割を果たす。以上のことから，ひとつにはサンクション装置が首尾よく働くように組織すること，他方，その働きが十分に周知され，一般に意識されていることが肝要である。これに対してポピッツ[38]が明らかにしたように，暗数が高いことが，予防効果を減じるのは簡単ではない。なぜなら禁止のタブー効果は，各人が実際はどれくらい頻繁にそれが違反されていることを知っているであろう場合には，低減されるからである。公表される有罪宣告の数が少ない場合には，社会において禁止が妥当することを強化し，威嚇作用を発揮するのに十分である。

　はるかに問題が大きいのは，運用研究が示したように（前述第3節を見よ）行政庁による社会構築的な法律を現実化することである。それらの法律では，第1に，実施のやり方は，立法者自体がそのために認めた裁量余地にかかっている。法律の中で特定されていない法概念もしくは決定が官庁の裁量に委任されている場合には，様々な規制がありうる。たとえば，以下のような例を挙げることができる。ライヒ国籍法および国籍法および帰化基準の連邦の統一的な規制にもかかわらず，連邦諸州における帰化実務はきわめて統一を欠いていることである[39]。さらにまた，執行する連邦諸州と個々の管轄権を有する官庁の固有の利害と価値観念がそのことに結びついているために，実施が相互に齟齬することが予想される。とりわけ，適用される施策が相違することは，齟齬し実施されない可能性がある。

3　有効性の条件としての人々の一般的な価値観念との合致

　その規定が，人々が一般的に認められた習俗的，宗教的，政治的，もしくは社会的な法観念もしくは価値観念と合致しておりこれに依拠することができる法律は，自発的に遵守される十分な可能性を有する。逆に，妥当している法の

---

37)　これについての詳細については，*Opp,* Soziologie im Recht, 190ff.
38)　*Popitz,* Über die Präventivwirkung des Nichtwissens, 1968.
39)　*Bultmann,* Lokale Gerechtigkeit im Einbürgerungsrecht, 1999.

外部の規範とは相容れない規定は，まったく実施されないか，厳格なサンクションをもってのみ実施される。この抽象的言明が正しいことは，人間は，国家法を完全に知っているわけでもなく，また実際，国家法は感覚的にも遠い存在であるので，彼らの日常的な生活圏で実際に行われている規則を志向するという日常経験からだけでもうかがえることである。社会に根ざした規範と社会的圧力による統御は，法の側からの動機づけをよりも強力である。

　以上の点についても法生活における多くの例がある。**男性と女性の同権**の実現は，既に50年以上にわたり経済生活と労働生活で妥当する憲法上の要請であるにもかかわらず，時間をかけ，そして多くの忍耐をもってのみ取り除かれる強力な，そして部分的には伝統によって理解される抵抗に行き当たるために今日に至るまで不十分に行われてきただけである。この目的のために1980年に民法に加えられた（削除済みの民法第611a条）明確な不利益の禁止は，事実上の同等取り扱いへの意思が，広範な現場で行われていなかったという限りで，あらゆる経験からいって大きな助力とはならない。**不正労働**は，人々によっていわば重税と社会的負担に対する非常措置的なものとして道徳的に正当化されている限りでは，使用可能な法的手段をもってしては明らかに排除されない。

　以上のことによってさらにひとつのより一般的な有効性要因を考察しなければならないことになる。一人ひとりの市民は，普通，一定の法律措置の権限付与と正当性，たとえば，税の修正もしくは環境保護規定を自らの判断能力できちんとした評価をすることはできない。彼はそうする代わりに「お上」，すなわち権限を有する委員会と官庁，最終的には国家が「それを一応，正当とすること」に信頼を置かなければならない。市民は，それを納得している範囲で，たとえ国家が規定した法規定を正確には知らずもしくは理解していなくとも，また，自ら進んで受け入れまた遵守するのである。市民の法律に対する信頼は，マックス・ヴェーバーの用語法では，国家とその機関によって行われる支配の**合法性に対する信頼**に基礎を置いており[40]，または，より注意深い表現をすれば，しばしばむしろ漠然とした**一般的なシステム信頼性**に基づいているのである[41]。そのようなものとしての国家をあまり信頼しないか，もしくは規律権限を承認しない者は，より容易にそして躊躇することなくそれら一つ一つの規則に対抗

---

40) 第7章第2節2を見よ。
41) *Luhmann*, Vertrauen, Ein Mechanismus zur Reduktion sozialer Komplexität, 3. Aufl. 1989, 23ff, 50ff. 参照。

したり，もしくは回避する。

　このことのひとつの例は，1987年春に行われた国勢調査および，および，連邦憲法裁判所が，国勢調査は合憲であったという前提を，慎重に基礎づけられまた重要な基本判決において検証し確定していても，その調査の効果を失わせ，または偽らせようとする多くの呼びかけと指示をめぐる議論であった[42]。

　それゆえ，法の実現可能性に対するひとつの重要な構造上の変数は，**人々の法に対する一般的態度**もしくは法の背後にある国家に対する態度である。これは，とりわけ，家庭と学校における適切な教育により，つまり，社会における社会化プロセスによって基礎づけられ，それとともに，特にまた政治的に責任を有する者の視野の広さと問題意識によっても規定される。人々の法的知識とその法に対する態度とは，通例はKOLと略称される**法についての知識と意見** Knowledge and Opinion about Law という名称のもとで現れる，法社会学における特定の研究方向の対象である[43]。

4　有効性の前提としての規範の受け手の関係集団の価値観念との合致

　現代の分業社会と多元的社会の多様な利害対立と異質な価値観念に直面して，一般に受容されており，また，法が依拠し，もしくは，矛盾して現れうる法外部の宗教的，習俗的もしくは社会的な規範は当然限定的に見える。現在の法秩序の正当性と合法性への一般的なシステム信頼についても限定的にしか語ることはできない。

　それどころか立法者は，通常，それらの固有の規範を形成し利益を追求する数多くの競合する集団，団体，組織，社会層と向き合う。ある集団の価値観念と願望するものに合致する規則は，確かにそれらに受容されることが予想される。しかし他方，規則はそれによって優遇されなくなるような全ての人々の拒絶に突き当たる。それらに対しては，使用可能なサンクションの有効性に頼らざるを得ない。こうして，受容しようとする集団と拒絶する集団の間の力関係を評価し，バランスをとること，前者の支持を確実なものとし後者の拒絶する

---

42) BVerGE 65, 1ff. 参照。
43) 第*20*章第2節，第3節を見よ。

力を打ち破るのに足りるサンクションを量定することは，有効な法を定立しようとする立法者の不可欠な責務である。立法者は，全ての当事者の確信によれば利益と負担が均等に配分されるという妥協点を見出すことにあらかじめ成功する場合に限って，往々にして満足できる実行成果が期待できる。

承認された，法以外の規範に合致する程度で法規則の有効可能性が増加するという法則の主要な適用範囲となるのは，特定の社会集団，特定の生活領域，もしくは特定の役割に対して特定された部分的規範である。安楽死に関する制定法は，それが有効であるためには特にそれと一致する医師の職業倫理のルールが必要である。弁護士の成功報酬制の禁止は，それが職業倫理規定に適応しておらず，職業組織によって厳格に監督されていないならば，容易に色あせたものとなるであろう。商法では，法律（商法第346条）そのものが，商行為において妥当する慣習と習慣を参照することを指示し，このようにして法と社会規範の間の齟齬を防止しようとしている。

他方，**法規範**と**法外部**の規範との間の**齟齬**の例もある。特に，彼らに受け継がれてきた法観念に固執している人種的，民族的，そして宗教的な少数者は，国家法に対してあからさまに，もしくは，また潜在的にたやすく反抗する。われわれが前に見たようにハプスブルク帝国の周縁部であるブコヴィナの民族混在地域において，オーストリア法があまり有効ではないことはエールリッヒをして，制定法と生きた法の違いを発見させることになった。[44] 第三世界の数多くの国ではその国の土着の慣習や法観念が西欧法受容と矛盾する結果，確かに近代化されてはいるが固有の伝統に従った法を形成することが今日において優先されるので，植民地時代の西欧法が貫徹されることはできない。[45] ドイツ連邦共和国では，特に少数者であるトルコ人によって実際に行われている法とドイツ法との間の相違が注目される。同様の関係では特に原理的に国家法を原則的にそれに反抗する犯罪集団とサブカルチャーの人々に実施することの困難さがある。[46]

---

44) 第6章第2節3を見よ。
45) *Chiba* (Hrsg.), Asian Indigenous Law –In Interaction with Received Law, 1986.
46) サブカルチャーと法というテーマについて，次の文献に詳しい。*Friedman, Das Recht im Blickfeld der Sozialwissenschaften*, 117ff. さらに，*Gessner/Hassemer* (Hrsg.), Gegenkultur und Recht, 1985.

5 規範名宛人の人格に基づく有効性要因

法の有効性要因の最後のカテゴリーとして，規範名宛人の人格に基づく要因が，最終的に付け加えられなければならない。いかなる条件のもとで個々の人間が，法的要求に従うのか，という問題は社会心理学のひとつの重要な研究領域である。5つの原因が挙げられる[47]。1. 自らの目的と利害との一致，2. 規範に違背する行為が発見され，処罰されることに対する恐れ，3. 法律を行き遵守する範型と範型集団（同等者仲間）に対する志向。両親，友人，尊敬する人物の言動の方向性は，自らの行為の最も重要な動機であることが十分に証明されている。4. 個人的な利益がそれでもたらされるとしても，法を制定する機関と人物とこれらによって制定された法の正当性に対する確信[48]，5. 人格的道徳的な得心と法感情[49]，良心の声[50]。これらの諸要因は規範命令と合致する可能性もあるが，しかしまた，不服従と反抗を喚起する可能性もある。このような場合において生じる紛争は当然，法に対する順応性そのものが規則の内容から独立して道徳的な義務と意識される場合に緩和される[51]。

文献一覧

第1節・第2節　*Aubert, Vilhelm,* Einige soziale Funktionen der Gesetzgebung, in: *Hirsch/Rehbinder* (Hrsg.), Studien und Materialien zur Rechtssoziologie, 1967, 284; *Blankenburg, Erhard,* Über die Unwirksamkeit von Gesetzen, ARSP 63 (1977), 31; *ders.,* Rechtssoziologie und Rechtswirksamkeitsforschung -Warum es so schwierig ist, die Wirksamkeit von Gesetzen zu erforschen, in: *Plett/Ziegert* (Hrsg.), Empirische Rechtsforschung zwischen Wissenschaft und Politik, 1984, 45; *Bryde, Brun Otto,* Die Effektivität von Recht als Rechtsproblem, 1993; *Edelman, Murray,* Politik als Ritual. Die symbolische Funktion staatlicher Institutionen und politischen Handelns, 1976; *Fisahn, Andreas,* Natur, Mensch, Recht. Elemente einer Theorie der Rechtsbefolgung, 1999; *Garrn, Heino,* Rechtswirksamkeit und faktische Rechtsgeltung, ARSP 55 (1969), 161; *Gusfield, Joseph M.,* Der Wandel moralischer Bewertungen. Devianzdefinition und symbolischer Prozess, in: *Stallberg* (Hrsg.), Abweichung und Kriminalität, 1975, 167; *Jost, Peter J.,* Effektivität von Recht aus ökonomischer Sicht, 1998; *Neumann, Ulf,* Theorien der

---

47)　*Tyler, Tom,* Why People Obey the Law, 1990 参照。
48)　*Tyler,* aaO, 19ff.
49)　第*20*章1，第4節参照。
50)　内なる声と良心について以下が述べている。*Friedman,* aaO, 122.
51)　第*10*章第5節2a)，第*20*章第4節参照。

第13章　法の妥当と有効性　293

Rechtsgeltung, in: *Gessner/Hassemer* (Hrsg.), Gegenkultur und Recht, 1985, 21; *Noll, Peter*, Gründe für die soziale Unwirksamkeit von Gesetzen, in: *Rehbinder/Schelsky* (Hrsg.), Zur Effektivität des Rechts, 1972, 259; *Popitz, Heinrich*, Die normative Konstruktion von Gesellschaft, 1980; *Raiser, Thomas*, Wirksamkeit und Wirkung von Zivilrechtsnormen, in: *Raiser/Voigt*, Durchsetzung und Wirkung von Rechtsentscheidungen, 1990, 47.

　第3節　　*Aubert, Vilhelm*, From „Rechtsstaat" and the „Rule of Law" to the „Welfare" or „Regulatory State", ZfRSoz 1985, 274; *Blankenburg, Erhard*, Rechtssoziologie und Rechtswirksamkeitsforschung-Warum es so schwierig ist, die Wirksamkeit von Gesetzen zu erforschen, in: *Plett/Ziegert* (Hrsg.), Empirische Rechtsforschung zwischen Wissenschaft und Politik, 1984, 45; *Blankenburg/Voigt* (Hrsg.), Implementation von Gerichtsentscheidungen, Jahrbuch für Rechtssoziologie und Rechtstheorie Bd. 11, 1987; *Bryde, Brun Otto*, Die Effektivität von Recht als Rechtsproblem, 1993 ; *Hill, Hermann* (Hrsg.), Wirkungsforschung zum Recht – Verwaltung als Adressat und Akteur, 1999; *Hoffmann-Riem, Wolfgang*, Zur notwendigen Verbindung von Effektivitäts- und Implementationsforschung, in: *Hoffmann-Riem/K.A. Mollnau/H. Rottleuthner* (Hrsg.), Rechtssoziologie, in der Deutschen Demokratischen Republik und in der Bundesrepublik Deutschland, 1990, 126; *Hof, Hagen/ Lübbe-Wolff, Gertude* (Hrsg.), Wirkungsforschung zum Recht, 1999; *Raiser, Thomas*, Wirksamkeit und Wirkung von Zivilrechtsnormen, in *Raiser/Voigt* (Hrsg.), Durchsetzung und Wirkung von Rechtsentscheidungen 1990, 47; *Schulte, Martin*, Wirkungsforschung zum Recht-Folgen von Gerichtsentscheidungen, 1999; *Voigt, Rüdiger*, Politik und Recht, 1990; *Ziegert, Klaus A.*, Zur Effektivität der Rechtssoziologie-die Rekonstruktion der Gesellschaft durch Recht, 1975.

　第4節　　*Blankenburg, Erhard*, Über die Unwirksamkeit von Gesetzen, ARSP 63, 1977, 31; *Blankenburg/Lenk*, Organisatorische Bedingungen des Gesetzesvollzugs, Jahrbuch für Rechtssoziologie und Rechtstheorie Bd. 7, 1980, 7; *Diekmann, Andreas*, Die Befolgung von Gesetzen, 1980; *Friedman, Lawrence M.*, Einige Bemerkungen zu einer allgemeinen Theorie des rechtsrelevanten Verhaltens, in: *Rehbinder/Schelsky* (Hrsg.), Zur Effektivität des Rechts, 1980, 206; *Noll, Peter*, Gründe für die soziale Unwirksamkeit von Gesetzen, in: *Rehbinder/ Schelsky* aaO, 259; *Opp, Karl-Dieter*, Soziologie im Recht, 1973, 190; *Pichler/Giese*, Rechtsakzeptanz, 1993; *Podgórecki, Adam*, Dreistufen-Hypothese über die Wirksamkeit des Rechts; in: *Hirsch/Rehbinder* (Hrsg.), Studien und Materialien zur Rechtssoziologie, 1967, 271; *Rottleuthner, Hubert*, Grenzen rechtlicher Steuerung- und Grenzen von Theorien darüber, ARSP Beiheft 54, 1992, 123; *Ryffel, Hans*, Bedingende Faktoren der Effektivität des Rechts, in: *Rehbinder/Schelsky,* aaO, 225.

第14章　契約および契約法の社会学

Die Soziologie des Vertrags und des Vertragsrechts

第1節　社会生活における基本的形態としての契約※

1　契約の概念

　契約は，社会における相互関係および人々の共同生活の基本形態である。人類学的に見れば，契約は，財産や給付の交換または協力という形式における社会的行動が相互のものであるという，あらゆる場合に行われている極めて重要な原則のひとつの現象形態である。このような意味で契約はあらゆる社会において中心的な役割を果たしている。それ故に，極めて古くまた極めて単純な社会ですらも契約に近い取決めが行われていたことを前提としてもよい。それに対して，動物は，群れをなして生活しており自らの行動をお互いに適応するように調整しているとしても，契約を結ぶことは決してできない。現行法に照らすと，7歳未満の子どもやそれ以外の権利能力のない者もまた契約を結ぶことはできない。このことから明らかになるのは，契約締結およびその帰結として生じる義務の引き受けは，法学的に見れば，意識および意思によって支えられている一定の目的に向けられた行為を前提としているということである。それに対して，社会学的観点からは，法学的なもの以外の契約概念を用いても問題はない。その概念は，たとえ具体的な意思表示がないとしても，お互いに合致するように調整されたあらゆる行動を含むものである。

※　有益な提案をしてくれたグルントマン博士とトイブナー博士の両教授にお礼を述べる。
1) これについては，第 *11* 章第3節を見よ。
2) 第 *18* 章第1節。
3) 民法第104条を参照。

契約はあらゆる社会科学の対象であっても論理的に矛盾はしない。宗教の歴史においては，神と人間との契約[4]や悪魔と人間との契約[5]も知られている。哲学は，啓蒙主義以来，社会契約という思考上の構造物を利用することで，国家の制度，特に今日の民主主義的制度，自由主義的制度，社会的法治国家の制度さえも説明し正当化しようとしている[6]。経済学，特に法の経済的分析は，経済人 homo oeconomicus，つまり目的合理的かつ利己的に行為をしている人間というモデルを拠り所にしている。そういう人間は，相手方と契約を締結し，然る後に，その者と協力するか，またはその者と財産を交換することにより，経済的な利益を手に入れようと努めるのである[7]。功利主義の哲学的伝統においては，私的自治による無数の契約絡合体が間接的に同時に共通の利益も増加させている[8]。

2　契約の機能

現代において契約は，機能的に見れば，個々の生活関係および社会的出来事や経済的出来事を私的自治によって形成するための極めて重要な手段である。契約は，人間の物質や精神における生活基盤を確保し，社会や経済の進歩のための道を開くことに資している。それに対応して，契約が土台となっている規範的な法的枠組みは，制度上，自然人の一人ひとりの自由や法人，特に経済企業の一つひとつの自由を確保するのみならず，自由主義的な社会秩序や市場経済のシステムを確保することにも資している。契約法の課題は，一方では，契約による自治を認めることであるが，他方では，濫用を防止するためにまた公共の福祉を確保するために，契約による自治に限界を設けることでもある。契

---

4) たとえば，旧約聖書では，神とアブラハムとの結びつき（1.Mose 15）が，後にはモーセを媒介とした神とイスラエルの民との結びつき（2. Mose 24）が語られている。
5) 最も有名な例は，ゲーテ作中のファウストがメフィストフェレスと結んだ契約である。
6) 特に，*Rawls,* A Theory of Justice, 1971，ドイツ語のものとして：Eine Theorie der Gerechtigkeit, 1975 がある。
7) 全ての文献を挙げる代わりに，*Eidenmüller,* Effizienz als Rechtsprinzip, 1995, 28ff.; *Mathis,* Effizienz statt Gerechtigkeit?, 2. Aufl. 2006, 26f.
8) そのようなものは，既にアダム・スミスが自ら構想した「神の見えざる手」という表現において現れている。*Smith,* The Wealth of Nations, Buch 1 Kapitel 2 Absatz 2; Buch 4 Kapitel 2 Absatz 9 を参照。さらに *Bentham,* A Fragment of Gevernment を参照。

約法は，とりわけ以下の手段によってこの課題を解決している。すなわち，法的取引を簡易化するために契約の規範的モデルを形成すること，現代のメディアを考慮して法定の情報義務を恒常的に拡大させ続けること，法的安定性を保証すること，また一方の契約当事者が当該契約において引き受けた義務から免れようとする場合には国家が法強制をすることである。

これら全ての要素や思考物は，現行法および法学において際立っており法の形成に影響を及ぼしている。それ故に，法律学においては契約というテーマについて非常に豊富な資料がある。法社会学もまたそれに頼らなければならない。法というものには，国際法における条約，国家法および行政法における契約がある。国家の高権的権力が最も顕著に現れる刑事司法においてさえも，責任と刑罰に関して犯罪人と検察との間で行われる合意は，いまだに問題ではあるものの，徐々に重要性を増してきている。

しかしながら，契約の主たる活動範囲は依然として私的で経済的な法取引である。この法取引は，民法，商法そして経済法の当該規定が土台となっている無数の契約のなかに日常的に現われている。これらの理由から，私法学は，契約の法的性質，契約と関連する問題およびそれらの問題の克服に適している規範的規則に関して知識を得るための，またそれを熟考するための非常に豊かな源泉である。もっとも，民法は，19世紀の概念法学に由来する契約を基礎づける意思表示のみに照準を合わせて，契約の社会的背景や経済的背景をほとんど考慮しないという見解を受け継いでいる。それ故に，私法の解釈学も今日まで主としてこの見解を維持している[9]。これに対して，法制度としての契約の社会的機能に目を向ける観察方法は，たとえばルートヴィッヒ・ライザー Ludwig Raiser[10] やヨハネス・ケントゥゲン Johannes Köndgen[11] などに，散見されるにすぎない。

---

9) 民法総則の教科書を参照。
10) *Ludwig, Raiser,* Vertragsfunktion und Vertragsfreiheit, 100 Jahre deutsches Rechtsleben, Festschrift zum hundertjährigen Bestehen des Deutschen Juristentags, 1960, Bd. 1, S.101ff.
11) *Köndgen,* Selbstbindung ohne Vertrag, 1981, S.1ff, 156ff, 192ff. そこで決定的なものとして *Luhmann,* Das Recht der Gesellschaft, 1993, S.449ff, 459ff.

第2節　古典的な法社会学的契約論

1　自由主義的契約理論

　法社会学の古典期の学者にとっては，19世紀末の自由市場経済の現象および特徴としての契約の解釈が中心になっていた。社会を人間の有機的組織になぞらえて描写する学説は，特にイギリスの哲学者ハーバート・スペンサーに由来する。それによれば，社会の細分化が進んでいく進化の過程において，社会は国家による権威的な統御から脱する。この国家による統御にとって代わるのは，一人ひとりの個人の私的な主導権や意思形成である。こうした個人は自分たちの労働による生産物を互いの利益になるように交換するために契約を締結する。このような契約が数多く締結されることによって生じる社会関係のネットワークは，同時に社会の結合や経済の進歩を確実なものとする有機的組織を形成する。その結果，国家はもはや必要とされないか，せいぜい僅かな形式的規則のために必要とされるにすぎない。[12]

　デュルケムは，自身の著書『社会分業論』の中心的章において，誰よりも早く，この先鋭化された見解を批判した。この著書の山場は「契約においては全てが契約的というわけではない」という有名な表現である。[13] デュルケムは，契約締結において明示された個々の点についての意思の合致が，当事者の相対立する利益に鑑みれば，表面的な束縛を生じさせるにすぎない旨の異論を述べた。それ故に，この意思の合致による契約のみに基礎を置くというスペンサーが構想した社会は，極めて不安定であるとのことである。[14] また，スペンサーの見解は事実とも適合しないとのことである。なぜなら，経済や社会の発展においては契約関係だけが増大するのではなく，拘束力があるとみなされている所与の取引慣行や商慣習，またとりわけ法的な規律も増大するからである。これらは契約の推移を統御するものであり，かつ「社会の産物」でもある。契約当

---

12)　*Spencer,* The Study of Sociology, 1873; *ders.,* The Principles of Sociology, 1897, 3. Band.
13)　*Durkheim,* Über soziale Arbeitsteilung 267, 第5章第1節も見よ。
14)　これについておよび以下の記述については，aaO, 256ff. を参照。

事者双方の利害は対立し続けるものだから，契約は，2つの意思表示の一致と理解されるだけならば，不十分である。むしろ，契約の有効性と履行を不可避にする条件が当事者に共通してあらかじめ与えられなければならない。契約関係においてすら，当事者が相手方を信頼して協働するのは，自分たちが法規範や社会規範の枠組みに拘束されており，かつ万一の場合には契約によって基礎づけられた権利が国家権力によって貫徹されるかもしれないということを覚悟しなければならない場合にすぎないのである。法律において形成されている契約類型は，実務が受け入れることができるモデルであり，またこの方法により商取引を決定的に容易にするモデルである。

　デュルケムは，フランス民法 Code Civil の契約法，特に権利無能力，法定の禁止や良俗に対する違反の場合における契約の無効に関する規定，さらに契約自体には規律されていない法定の付随義務や契約障害の法定の法律効果を数多く指摘することによって自らの分析を基礎づけている。デュルケムにとって契約法とは，契約による義務の分配やリスクの分配における「均衡の標準的な条件」を表現したものである。契約法それ自体は，契約当事者の産物ではなく伝統や社会の産物である[15]。

2　身分契約と目的契約

　マックス・ヴェーバーにとっても，社会生活および当時の資本主義的市場経済の表出として契約を理解することは，自らの社会学的契約分析の中心的なテーマを形成していた[16]。スペンサーやデュルケムとは異なり，ヴェーバーは私的な意思の合致としての契約と契約法とをもはや互いに対立させるのではなく，両者をはじめから互いに絡み合っているものと見ていた。しかし，ヴェーバーにとっても，契約の有効性の根拠は，相互の意思表示によってもたらされた契約当事者の結びつきではなく，現行法に基づいて契約締結によって基礎づけられている契約の履行を求める権利であり，それは国家による法強制によっ

---

15)　AaO, 271.
16)　これは，「権利を根拠づける形式」という表題のもとで経済と社会の第 2 部第 7 章第 2 節において見出される。

て貫徹することのできるものである。つまり、彼にとっての契約の有効性の根拠は、「合意は守られるべきである pacta sunt servanda」なる法命題である。

ヴェーバーは、契約の社会的機能およびそれと関連して契約自由の射程が、歴史の流れのなかでそして社会から社会へとどのように揺れ動いているかを詳述している。社会の歴史を「身分から契約へ from states to contact」なる進化と解釈するヘンリー・サムナー・メイン卿に倣って、ヴェーバーは契約および契約法の発展を身分契約から目的契約への発展として理解した。身分契約は人の移動が少なく経済取引も活発でない古い静的な社会に特有のものである。身分契約は、当事者の全人格に関連し、彼らがそれまで生活してきた社会的共同体への帰属を終了させ新たな共同体へ参加させる。近世における主な例は婚姻締結と養子である。これに対して、現代の取引経済では特定の隔離された目的に向けられた契約が前面に出てくる。その数は、技術的進歩および自由主義的な市場経済の躍進が故に、著しく増加している。このような契約の対象は、当事者がどのような人間であるかということにかかわらず、個々の給付に限定される。典型は交換であるが、金銭の発明後は売買である。しかし、これは社会的現実において純粋に現れることのないヴェーバーのいう意味における理念型である。市場経済においてさえ目的契約のみならず、身分契約も存在する。

ヴェーバーは自己のアプローチを実行するなかで、契約自由および契約法が古典古代以来、経済からの要求や、さらにまた社会の変化という圧力を受けて、いかにして現代的な目的契約法へと発展したのかを浮き彫りにしている。このヴェーバーの見解は、本節では示唆を与える程度に描写することしかできない。本来は法的に特別に承認された個々の契約類型だけに国家による貫徹が保証されており、この国家による貫徹の保証は、契約締結の有効性が厳粛な儀式において確定された場合のみ行われた。その後、一定の口頭による合意に基づいて裁判を起こすことも、当該合意が一方当事者の実際の給付により明らかになった場合には、できるようになった。これは民法も消費貸借の箇所で、同法

---

17) 第3章第1節2d)を見よ。
18) 第7章第2節6。機械的連帯から有機的連帯という社会の発展についてのデュルケムの学説も同種の立言を基礎にしている。第5章第2節2を見よ。
19) たとえば、ローマ法における問答契約である。

が制定当時の文言において口頭で承諾された消費貸借を金銭の支払いがあって初めて有効なものとしていたときに，なおも維持していた条項である[20]。任意に内容を決められる純粋な諾成契約に基づいて訴えを起こし得るようになったのは歴史的に最近の現象である。これは，特に，それに対応する訴訟上の証拠法の発展により初めて可能となったものである。現代法によって認められている任意の内容の契約を締結する自由の範囲もまた，自由主義化および経済の推移のダイナミズムが成長した成果である。さらに経済の需要によってもたらされたのは，少しずつしか可能となってこなかったのだが，本来2人の当事者のみを想定していた契約の構造へ第三者を取り込むことである。それは，代理人，履行補助者，第三者のための契約ないし第三者のための保護効果をともなう契約および契約上の債権の譲渡可能性を認めるという形で行われた。

3 契約理論の発展

デュルケムやヴェーバーの認識は，契約自由およびその契約自由に契約法が設定している限界は，その時々において支配的な社会構造および経済態様の産物および表現であり，その当時の分業による資本主義の市場経済および貨幣経済を反映しているというものであるが，これには今日もはや誰も異議を唱えないだろう。国家による優遇措置や国家による強制がなくとも，専ら数多くの私的な契約によって，またそれによって人間同士が相互に依存するが故に，社会の団結が確保され得るものであるとするスペンサーの先鋭化した見解は時代から取り残されたものとなった。契約の数および契約法の密度は恒常的に増加し続けているとの立言も，現在の経験に合致している。

上記見解と同じ程度に定着しなかったのは，契約によって基礎づけられた義務が有効である根拠が当該契約当事者双方の意思表示の合致にではなく，国家による法強制にあるとする見解である。解釈学的な法律学においては，長い間，

---

20) そのようなものとして，なお，民法第607条の本来の文言がある。英米法は同種の観念を基礎にしている。それによれば，契約が有効であるには「約因 consideration」を必要とする。そのことは，それとは反対の次のような近時の認識を排除するものではない。すなわち，国家といえども全てを規律し得ないので，重要な規律は，ますます，それに対して私的な制度に委ねられるという認識である。これについては後述第5節3を見よ。

これとは正反対の理論が支配的であったが，これについての見解は依然として分かれている[21]。今日では，デュルケムやヴェーバーの社会学的な観察方法に相対している人間の人倫的自律や自己義務についてのカントの哲学的な学説がさらに影響を及ぼしている。しかし，その選択肢は間違いとされなければならないのが正しいだろう[22]。法的拘束力を有する契約上の義務は，当該契約当事者の合致している意思表示なしに成立することはない。契約当事者はとりわけ当該合意の重要な内容を規定するのである。しかし，有効性の前提には，契約締結に関する法規定および契約自由の限界もある。当事者が引き受けた義務を合意に即して履行するのは，多くの場合，第1に，当事者の義務感または反対給付や互いの関係の継続に対する当事者の利害によって保証される。契約の履行を求める契約によって基礎づけられた権利と国家による法強制は，備えとして確かに不可欠ではあるが，当事者の動機づけにおいては通常表面に出てこない。それ故，契約の有効性の根拠を問う場合にも，事実的な要素と規範的な要素の交差が明らかになる。

4 契約社会学の課題

現代の法社会学においては，契約および契約法がデュルケムとヴェーバー以来どのように発展してきたかという問題が提示されている。この問題は2つの側面をもっている。1つには，**契約実務の経験的研究**が問題となる。この研究に対しては，次のような問いが提示されている。すなわち，たとえば，実務が所与の契約モデルをどの程度利用しているかという問い，他方で，たとえ現行法が形式上は強制的であるとしても，実務が現行法からどの程度逸脱しているのか，つまり，**法と現実との乖離**に関する問いである。これ以外の重要なテーマは，経済の需要が変化したことに基づく新たな契約類型の成立，当事者間の契約障害から生ずるリスクの類型的な分配，当事者双方が契約障害を規律する方法（ことによると前もって合意した内容と相違することもあり得る），そして契約

---

21) 民法総則の教科書における様々な評価を参照。
22) 全ての文献を挙げる代わりに，*Flume*, Allgemeiner Teil des Bürgerlichen Rechts, Bd.2, Das Rechtsgeschäft §12 参照。

当事者が裁判所による権利保護を請求できる条件である。このような研究をすれば，現行法に対する批判や現行法を改善するための提案にもつながり得る（後述第4節参照）。

2つ目には，**契約理論を法社会学的な観点の下で発展させ**，現代の社会や経済の事情に適合させることが大切である。19世紀の自由主義的な市場経済と資本主義的な市場経済に特徴的な目的契約の形態は，今日では同種の指導的機能をもはや容易には果たすことはできない。むしろ，これについての数多くの新しい現象の出現により，さらに理論的な構想を考え続けざるを得ない。

第3節　法社会学における新たな契約理論

1　形式的な法的平等および事実上の法的平等

契約法は自由主義的市場経済に特徴的な隔離された目的契約のモデルにとどまり続けることができないということは，既にデュルケムやヴェーバーの時代に明らかになっていた。というのは，確かに，このモデルは契約当事者に契約自由の枠内で形式的な法的平等を認めるが，それと同時に，経済的に相手に勝る当事者に，自らの優勢な交渉力を用いて相手方に不利な契約条件を押しつけることにより，自らに有利になるようにその自由を利用することを許しているからである。そのような事情の下で成立し，また履行されねばならない契約は，契約の交渉により双方の権利および義務が均衡を保って分配され，また契約締結がかくの如き契約に内在する正義をもたらすという指導原理と相容れない。そのように一方的な契約が数多く生じ，またそれが構造的に前提となっている経済的な不平等の表れである場合には，そのような契約は，社会の平和を脅かすものであるが故に，結局は政策的にも許容できない。そのような不均衡の壊滅的な結果の例は既に19世紀に知られるようになっていたが，それは使用者と被用者との関係である。マックス・ヴェーバーは既に次のように述べている。

「他人と契約関係に入り，その内容が完全に個別に合意されている可能性，また同様に，法が社会化のためにその言葉の最広義において提供している模範的な図式の数が非常に

23）　アメリカの文献からは，*Gilmore*, The Death of Contract, 2. Aufl. 1995 を参照。

増加しつつあり，この図式を任意に利用する可能性は，現代法においては……過去に比べて極めて拡大している．さて，これにより，実際の結果においても，自らの生活様式の条件を決定するに当たって個人の自由がどの程度増加したのか，ないしはそれにもかかわらず，また部分的にはおそらくそれと関係して，生活様式の強制的模範的図式化がどの程度増加したのか，このことは，法形式の発展だけからはまったく読み取ることはできない．というのは，法が認めている契約の模範的図式が形式的にどれだけ多種多様であろうとも，またあらゆる公式の模範的図式を無視して自らが任意に契約内容を決める形式的な授権があるといっても，それ自体，どんな者でもこれらの形式的な可能性を利用できるということを決して保障するものではないからである．この形式的可能性の利用を阻害している原因は，とりわけ，事実上の財産分配の差異を法が保障していることにある．任意のいかなる内容の労働契約を任意のいかなる企業者とも締結するという労働者が有している形式的権利は，実際上は，職を求める者にとっては労働条件を自ら形成するという最小限の自由を意味するものではなく，またそのことへの影響を保証するものでもない．そうではなく，少なくともさしあたってそのことから帰結されるのは，次のような可能性である．すなわち，市場における強者，この場合は通常は企業者が，この労働条件を自らの裁量に従って確定し，職を求める者にその条件を受け入れるか否かを選択させ，また職を求める者にとって自らが労働を申し出る経済的緊急性が概してより高い場合には，その者にこの労働条件を強要する可能性である．」[24]

2　契約法の対象としての社会的保護

a）　当時の状況に対する立法者の最初の反応は，一般的に知られているように，自由主義的な雇用契約法から労働契約を分離させ，それを労働者保護法として大部分を強行的に形成することであった．このようにして始まった社会国家は，新たな種類の保護立法に有利になるように契約自由の制限を暗に含んだものである．そのことから，学説においては，次のことが帰結された．すなわち，労働契約はもはや純粋な交換契約や目的契約として理解することができず，また労働関係はむしろ一種の「人の権利における共同体関係」[25]または「人的特徴をもつ継続的債務関係」[26]として特徴づけられたということである．確かに，労

24）　Wirtschaft und Gesellschaft Teil 2 Abschnitt VII(S.454).
25）　*Hueck* in Hueck/Nipperdey, Arbeitsrecht §22 II 1, *Nickish*, Arbeitsrecht §25 I 3; *Wiedemann*, Das Arbeitsverhältnis als Austausch- und Gemeinschaftsverhältnis, 1966; 組織理論の観点に基づくこの特性への批判については，*Raiser* ZRP 1973, 16 を参照．
26）　そのようなものとして，*Zöllner/Loritz*, Arbeitsrecht §11, 7 労働契約の性質に関する学説お

働法は使用者の指揮監督の下に被用者を従属させることを公式に承認しているが，同時に労働条件を決定する際に使用者の恣意から被用者を保護している。

　法社会学における学説では，労働契約法の形成において，「身分から契約 status to contract」へという発展経路の逆戻りおよび身分契約への回帰がたびたび見られた。[27]これに対して，レービンダーは古い身分関係と社会的保護立法により特徴づけられた現代の契約法との間の相違点を明らかにした。すなわち，身分法は人間の社会的立場全体を変化させ，労働保護法は人間の生活領域から切り取られた部分のみを変化させたが，その部分は深刻で長期的である。レービンダーはこの相違点を特徴づけるために**役割**という社会学の概念を利用することを提案した。すなわち，労働契約法は，もはや社会的身分として労働関係を規律するのではなく，さらにまた形式的な法的平等や自由という前提の下で締結された目的契約として労働関係を規律するのでもなく，使用者と被用者としての当事者の社会的役割に狙いを定めて労働関係を規律している。[28]確かに，この特徴づけは，科学的認識を促進する社会学上の解釈への障害となるものを取り除いた。しかし，この特徴づけは契約当事者の経済上の不平等という問題や社会的な関係を私的自治によって形成する中心的な手段としての自由な契約なる基本思想への侵入が保護立法によりもたらされたという問題を描き出してはいるものの，十分ではない。

　b） 相手方より弱い当事者のための保護法へと契約法が発展していることは，さしあたり労働法において顕在化しているが，付言するまでもなく，これは20世紀の流れのなかで非常に広範囲に広がった。今やそれと並んで，消費者保護法の広範な法領域，さらには賃借人保護法，代理商の法定の保護，非喫煙者保護や未成年の子を保護するための親族法の多くの規定がある。近時，2006年一般平等取扱法は，人をその人種，民族的出自，性，宗教や世界観，

　　よび労働契約によって基礎づけられた労働関係の性質に関する学説の発展と今日の状況については，ここでは個々に労働法の教科書を読んでもらうよう指摘せざるをえない。

27) *Wiethölter,* RabelsZ 29, 1965, 806f; これ以外の文献案内は *Rebinder* (folgende Fußnote)217 Anm.1 und 2.

28) *Rehbinder,* Wandlungen der Rechtstruktur im Sozialstaat, in: Hirsch/Rehbinder, Studien und Materialien zur Rechtssoziologie, 1967, 197ff; *ders.,* Rechtssoziologie, 5. Aufl. 2003, 92ff.

障害，年齢または性的同一性に基づいて社会の付き合いのなかで不利に扱うことを一般的に禁止するための法的社会保護を一般化している。経済的かつ社会的に相手方より弱い契約当事者のためのこの種の保護規定は，このように20世紀の法発展の中心的メルクマールや中心的テーマになった。このような保護規定は契約自由をさらに押しやった。[29] それは社会国家の概念においてスローガン的にまとめられた。したがって，当時の状況は，法社会学上の概念形成や理論形成においても表現されているといえる。契約法の発展は**身分から契約を超えて社会的保護へ**という表現によってスローガン的に特徴づけることができるだろう。これに加えて，このような特徴づけは，特定の人の保護ではなく，健康，食品の安全，環境，自然，動物といった物的資材の保護を目的とした規定にも関係づけられるという長所もある。

3 関係的契約の理論

社会学的に決定された別の伝統は，自由主義的で契約当事者の意思表示のみに照準を合わせた個々の点についての契約締結の代わりに，当事者間の社会的関係に焦点をあてている。その社会関係から契約が生じ，またその契約により当事者間の社会関係は堅固になり，長期間維持されるのである。既に契約の非契約的な要素に関する学説や身分契約の理論はそのことを示唆していた。[30] 民法においては，それらの学説の要点は賃貸借契約，用益賃貸借契約，雇用契約，組合契約に関する規定である。ドイツの法律学においては，これについてのアプローチは特にオットー・フォン・ギールケの団体理論，[31] 利益法学および継続的債務関係に関する学説のなかに見られる。その継続的債務関係に関する学説をより強調したのはアメリカ合衆国のリアリズム法学であった。[32] その学説はア

---

29) このことは，契約自由を社会的保護のために犠牲にすることは望ましいか否か，またはどの程度望ましいかを考えることを排除するものではない。

30) 同じく，*Ehrlich,* Grundlegung der Soziologie des Rechts, S.38: 契約は「国民経済において存在する財産および人の能力（役務）を配分し利用するための法的な形である」。

31) *Gierke,* Dauernde Schuldverhältnisse, 74 Jherings Jahrbücher 355ff, 410ff.(1914).

32) 全ての文献を挙げるかわりに，*Pound,* Introduction to the Philosophy of Law, 2. Aufl. 1954, S. 136, *Llewellyn,* What Price Contract, 40 Yale Law Review, 1931, S. 704; *Kessler/Gilmore,* 2. Aufl.1970, S.1ff, 19ff; *L. Friedman,* Contract Law in America, 1965 を参照。

メリカ人のイアン・マクニール Ian Macneil によって彫琢されたが，現代の契約法にとって極めて影響を及ぼしている。マクニールは，当事者の利益が異なるにもかかわらず，契約が，当事者間の**協力**を前提としており，将来のためにその協力を堅固にするという根本思想を出立点としている。契約交渉の段階でさえ，当事者が望んだ契約を成立させるという共通の目的をもった当事者双方の協働を必要としている。契約が締結されると，その履行や履行の障害となるものの克服も当事者双方の協力の継続を強いるものである。契約当事者は，当該契約が妥当する範囲で，お互いに競争を開始することないし競争を続けることを断念する。

　このアプローチからマクニールは，「関係的契約 relational contract」の理論，つまり当事者間の関係を基礎づける契約の理論を導いた。その点でマクニールは，契約の成立には2つの合致する意思表示を必要とする解釈学的な法学よりも契約の概念を広く理解することができる。共に達成しようとしている成果をもたらす目的で互いに合致するように調整された2人の私的な権利の担い手の行動全てが，契約の概念を満たす。マクニールにとって契約が有効である根拠は，当然のことながら，法律ではなく，その行動に現れた契約当事者双方の自己表現である。その自己表現は相手方当事者が係わり合いをもち，信頼し，その者としてそれに相応に行動するが故に，拘束力を発揮するのである。当事者双方は社会的現実においては通常は互いに完全に同調することはできないので,全ての契約はそれ自体を取り巻く社会的環境の影響を受け続けるのである。

---

33) *Macneil,* The Many Futures of Contracts, Southern California Law Review 1974, 691: *ders.,* The New Social Contract. An Inquiry into Modern Contractual Relations, 1980; *ders.,* Contracts: Adjustment of Long–Term Economic Relations under Classical, Neoclassical and Relational Contract Law, Northwestern University Law Review 1978, S. 854 ff, さらに die Fortentwicklung von Schanze, Symbiotic Contracts: Exploring Long-Term Agency-Structures Between Contract and Corporation, in. Joerges (Hrsg.), Franchising and the Law, 1991, S. 67ff. を参照；批判的なものとして, *Oechsler,* Wille und Vertrauen im privaten Austauschvertrag, Die Rezeption der Theorie des Relational Contract im deutschen Vertragsrecht in rechtsvergleichender Sicht, RabelsZ 1996, S. 93 ff. 広範な英米の文献から，さらに *Beale/Dugdale,* Contracts Between Businessmen: Planning and the Use of Contractual Remedies, British Journal of Law and Society 1975, S. 45 ff; *Gordon,* Macaulay, Macneil and the Discovery of Solidarity and Power in Contract Law, Wisconsin Law Review, 1985, S. 565; *Feinman,* Relational Contract Theory in Context, 94 Northwestern University Law Review, 200, S. 737 ff.; *Campbell,* The Relational Theory of Contract, 2001 を参照。

したがって，マクニールもデュルケム同様，取引慣行，商慣習，忠実な行動の基準の意義，また契約法や国家によって保証されている契約による合意の安定性や機能性のための履行強制の意義を強調した。これ以外の要素として，マクニールは，たとえば，契約内で用いられている当該契約当事者間の共通の言語，契約当事者間のコミュニケーションという結束力やそこから発生する相互の信頼，良好な関係が継続することに対する両当事者の利益，そして最後に契約への忠実さという経済的な合目的性や契約当事者がさらされている契約遵守に向けられた社会的圧力といった基本的な要素を挙げている。契約当事者の一致している意思表示および国家による法強制にのみ照準を合わせ，他の全ての環境要素は度外視する従来の学説は，マクニールによれば，既にデュルケム以来，契約による合意という社会的現実に適していない。

この種の契約理論に対する模範となるのが，当事者間の忠実な協働を必要とする，長期間の交渉を経て長期間継続する契約であるということは明白である。指針となる例は，特に事務処理契約，労働契約そして組合契約である。日常生活を決定する個々の点についての交換契約や売買契約は——マクニールはこれらを**取引的契約** transactional contracts または**単発的契約** discrete contracts と呼んでいる——このように見ると境界事例である。

しかし，マクニールは**単発的契約** discrete contracts や**関係的契約** relational contract をヴェーバーのいう意味における理念型としてのみ理解したのではなく，具体的な契約や契約類型を研究するためのモデルとして自らの構想の運用を可能にしている[34]。それによると，**単発的** discrete としてまたは**関係的** relational として明確化された契約が多かれ少なかれ存在する。何らかの類型と近似しているか確定するために，マクニールは相当数のメルクマールを明らかにした。すなわち，契約が**関係的** relational であるのは次の場合である。①契約がその人全てを包括し，他者に委ねることのできない唯一無二の関係を基礎づけ，そこにおいて本質的な利益が経済的なものを超えており，それが経済的

---

34) 以下の記述については, Horz, Gestaltung und Durchführung von Buchverlagsverträgen, 2005, S. 165 ff. における英語による概念の概略図も参照。そして，部分的に本稿でも引用したそこにおけるそのドイツ語での翻訳を参照。

な利益ではなく複合的な利益に関係している場合。②給付価値を金銭的に評価することが難しく，通常金銭として評価されることもない場合。③契約関係の始期が必ずしも明確ではなく，長期にわたって継続しており，当該契約関係の終期がはじめにはまだ見通せない場合。④契約関係の始期と終期が長い期間にわたって発生を繰り返す場合。⑤契約条件が，当事者が共通して計画策定した結果である場合。ただし，その場合には当該計画策定は，暫定的な性格しか有しない構造を文書化するにとどまることが多い。何故なら，細かいところまで確定することはまだできないからである。⑥こうした理由により，法的義務とサンクションは，厳密かつ予測できるようには確定されていないが，その義務とサンクションの傾向に照らして，これらが当該関係を維持することに向けられている場合。⑦当事者双方の時間的見通しが現在と将来とで異なる場合。**単発的契約 discrete contracts** は将来起こり得る出来事を契約締結の際に可能な限り正確に決定し，それらが既に起きたかの如く計画策定することにより，将来を見越す点において傑出している。これに対して，**関係的契約**は確定している現在と不確定な将来とを分離し，この不確定さを解消することに尽力する。⑧当該関係の経過のなかで困難が生じるのが普通のことだとみなされるが，このような困難を協働や当該関係を維持するのに適したその他の技術により克服することが前提とされている場合，である。

　マクニールによれば，あらゆる契約は，上記の基準を用いれば程度の差はあれ関係的 relational だと分類することができる。契約の推移全体を見ると，関係的要素が大勢を占めていることがわかる。契約理論においてもこれらの要素を従来よりもいっそう引き立たせることが肝心である。

第4節　経験的な契約の研究

　従来言われていることによれば，経験的契約社会学の対象は，個々の契約や契約類型の内容および個々の契約や契約類型を取り巻く社会的環境や経済的環境にそれらが定着していることを明らかにし，分析することである。本稿では，このことは示唆することしかできない。ドイツにおける重要な例は，レービン

ダーによるガソリンスタンド契約の研究[35]，ホルツ Matthias Horz による出版契約の研究[36]，そしてマイタ Mayta によるビール配達契約の研究[37]である。しかし，最も豊かな法事実的な資料は，法学の学説に見出される[38]。法学の学説においては確かに法事実を把握してはいるが，通常，法社会学としてではなく法解釈学として解明されるにもかかわらず，である。これにとって模範的と考えられ得るのは，マルティネック Martinek による現代的な契約類型に関する研究である。マルティネックはこの研究において根本的にリース Leasing, ファクタリング Factoring, フランチャイズ Franchising, コンピュータ契約，クレジットカード契約，ジョイントベンチャー契約等に取り組んだ[39]。アメリカ合衆国では，とりわけマコーリィ Macaulay Stewart の自動車販売および製造者，小売商，買い手の間で締結される契約に関する研究[40]が有名になった。マコーリィが経験的調査に基づいて突き止めたのは，当事者は契約障害を調整する際に現行法にほとんど頼ることなく，また契約での合意内容に頼ることも多くなく，障害が起こったときの事情を指針とすること，そこでは契約障害を調整するにあたり通常は当事者間の権力不均衡も払拭されることである。これは法と現実の乖離の印象深い例である。この立言は，マクニールに彼の契約理論の発展についての示唆を与えた知識のひとつである。

---

35) *Rehbinder*, Der Tankstellenvertrag, 1971.
36) *Horz*, Gestaltung und Durchführung von Buchverlagsverträgen, 2005.
37) *Mayta*, Getränkelieferungsverträge, in Vorbereitung.
38) 模範的なものとして，たとえば，*Joerges*, Franchise-Verträge und europäisches Wettbewerbsrecht, ZHR 151 (1987), 195 によるフランチャイズ契約の研究がある。さらに，*Ulmer*, Der Vertragshändler, 1969; *Weick*, Vereinbarte Standardbedingungen im deutschen und englischen Bauvertragsrecht, 1977; *Nicklisch* (Hrsg.), Der komplexe Langzeitvertrag, 1987; 全体については，*Schmid*, Zur sozialen Wirklichkeit des Vertrags, 1983 も見よ。
39) *Martinek*, Moderne Vertragstypen, 3 Bde 1991–1993.
40) *Macaulay*, Law and the Balance of Power. The Automobile Facturors and their Dealers, 1966.

第5節　契約類型の社会学上の区別[41]

1　役務供給契約

　20世紀の間に極めて頻繁に行われるようになり，かつ重要になった契約類型に属するのは，古典的な契約理論の模範と契約法の規律の模範を民法典において形作っている売買契約や賃貸借契約だけでなく，ある当事者が相手方の利益，特にその財産上の利益を守る任務を引き受ける役務供給契約もまたそうである。銀行およびそれ以外の財産管理者によるあらゆる種類の金融サービス，相談契約および鑑定書の作成，弁護士，税理士および公認会計士が依頼人のためにする仕事，とりわけ，自らは社員ではない取締役会，監査役会および取締役による経済企業の経営がその例である。契約が頻繁に行われることは，職業上の活動が細分化されかつ専門化されていることの現れであり，製造社会から役務供給社会へと経済的に変遷していることの現れでもある。これらの場合に，マクニールによる類型論の意味においては，関係的要素が支配的である。それらの要素は，成果に左右されることが多い報酬の適切な調整を法的に要求する。委任者の利益と，自らの利益のためにその地位を利用する状況にあることが珍しくない受任者の独自の利益との間で起こる紛争を解決することは，いっそう重要である。民法では，その契約類型は民法第675条で規律されているが，明確ではない。

2　組織契約

　a） さらに，交換型契約とは異なった特性を有するのは，**組合契約**である。それは，権利能力を有するあらゆる種類の団体，特に，社団，株式会社，有限会社および協同組合，つまり経済企業を設立するための契約，そして新たな構成員をそのような団体へ採用するための契約を含んでいる。それは構造的には，交換型契約および役務供給契約と違って，**組織契約**である。いわゆる**企業**

---

41) 契約の法学上の類型論については，*Larenz/Wolf*, Allgemeiner Teil des Bürgerlichen Rechts, 8. Aufl. 1997, §23 を参照。

契約は，ある意味ではより高次の秩序の特別形態を形成し，その企業契約によって，2つまたは複数の企業，特に，株式会社や有限会社が1つのコンツェルンを形成したり，合併したり，またはある企業が複数の企業へ分割されたりする。

組織契約もまた，特定の目標に照準を合わせた**目的契約**である。しかし，組織契約は，構成員同士が相対立する利益を追求するのではなく，一致協力して達成しようとする共通の目的を追求することで，交換型契約とは区別される。当該目的は，精神的な利益ないし経済上の利潤を目指している。その目的は，団体の設備，たとえば，運動場を使用すること，または，株式会社の場合のように，年次配当を受けることに尽きる。それ以外の場合には，その目的のために構成員が継続的に大量に人的に動員されなければならず，そうして，彼らの生活の成り立ちの全てがその目的に含まれる。後者の目的が要求される程度において，構成員資格は，マクニールのいう意味での社会的地位，社会的役割および継続的関係という特性を帯びている。つまり，身分契約，目的契約および役割契約の間での区別は，組織契約には適さない[42]。そのために，マックス・ヴェーバーは団体法を社会学的に分析した際に，もはや組織契約を再度取り上げていないのである[43]。

b）権利能力を有する継続的な団体は，われわれが知っているように，経済と社会において独立して生活することができる。それ故，それ自体としても，法学および社会学の対象となる。それにもかかわらず，法の経済的分析においては，権利能力を有する継続的な団体を構成員と団体経営陣との諸契約の絡合体[44]と理解することが効果的であることが明らかになり，その結果として団体を設立することで生じる取引費用および関係する当事者一人ひとりに対する経済的な利益を際立たせることができた[45]。しかし，社会学，特に法社会学は，この

---

42) ただし，構成員資格は全て，団体においては地位だとみなされていることは別とする。
43) *Weber,* Rechtssoziologie §2 am Ende. 参照。
44) いわゆる諸契約の束 Nexus of Contracts である。
45) *Jensen / Meckling,* Theory of the Firm: Managerial Behavior, Agency Costs and Ownership Structure, Journal of Financial Economics, 1976, S. 305ff.; *Easterbrook/Fischel,* The Economic Structure of Corporate Law, 1991 を参照。批判的なものとして，*Eisenberg,* The Conception That the 'Corporation is a Nexus of Contracts, and the Dual Nature of the Firm, 24 Journal of Corporation Law, 1999, 819ff. を参照。

見解に与するのではなく，権利能力を有する継続的な団体を統一的な行為主体および権力の中枢と考えており，方法論としては，行動理論，集団理論，組織理論およびシステム理論という手段でその団体を研究すべきであると考えている[46]。

法学上の分類は，権利形態，構成員の数，構成員資格の特性および内部組織の区切りに応じて，複数の団体の間で異なる。このメルクマールを基礎として，その分類は，完全に二分された範型において，**会社**と**公法上の団体**つまり**社団**を区別し，利潤を目的とする経済的結社と非経済的な結社とを区別し，そして経済的な団体のもとでは，**人的会社**と**資本会社**とを区別するが，特に，**権利能力のある団体**と**権利能力のない団体**さえも区別している。その場合，権利能力のある団体は，近時の解釈学によれば，さらに，**法人と権利能力はあるが法人ではない団体**に分かれている[47]。**社会学**も，（小集団）**集団**[48]と**組織**[49]とを区別することにより，法学の分類とは合致しないが，同じく二分された分類を用いている。しかしながら，社会の現実および経済の現実をみれば，これらの分類は，通常，簡素にすぎることが明らかになる。というのは，非定型的に形作られたものと定型と非定型が混合した形が数多く存在するからである。それらは，マックス・ヴェーバーによる概念の意味からすれば，理念型を表している。

c）あらゆる団体は，多かれ少なかれ規模に応じて細分化された**内部の秩序**を必要としている。その基本構造は，根本的な問題に関して決定するために時折召集されるにすぎない構成員の総会と継続的な業務に従事する理事会とで分離している。両方の専門審議会は，一般的な用語でも法律の専門用語でも，人体から類推して，**団体の機関**と呼ばれる。それは学説において，どの程度までそのような類推を行うかに関して困難な議論を引き起こしている[50]。法社会学と

---

46) Cyert R./March, J., A Behavioral Theory of the Firm ,1963; Selznick, Ph., Law, Society and Industrial Justice, 1969.

47) 全ての文献を挙げる代わりに，*Raiser / Veil*, Recht der Kapitalgesellschaften, 4. Aufl. 2006, §3 を参照。

48) 全ての文献を挙げる代わりに，*Homans*, The Human Group, 1950 を参照。ドイツ語のものとして，Theorie der Sozialen Gruppe, 4.Aufl. 1969 を参照。

49) *Blau/Scott*, Formal Organizations, 1962; *Etzioni*, Modern Organisations, 1964；Mayntz, Soziologie der Organisation, 1967; Luhmann, Funktionen und Folgen formaler Organisation, 1964 を参照。

50) 法学の文献からは，近時のものとして，*Schürnbrand*, Organschaft im Recht der privaten Verbände, 2007 を参照。

して重要なのは，構成員と機関が一緒に作用するには拘束力ある規律を必要としているので，どんな団体にもその存在と行為能力を担保する**内的な規範的構造**があるということである。社会や経済で行われる取引における団体の行動も，通常，代理権を理事会に割り当てる形で，契約当事者の利益として，規範的に確定されていなければならない[51]。その限りで，組合契約は，**規範を設定する集合契約**である[52]。概念的に見れば，この特性は，団体を法的に有効に設立する契約（団体は，法人の場合には国家の登記簿に登記されることで設立される）が，**定款**になるという点において現れる。法社会学においては，団体の定款は法であるか否かという問題につながる[53]。

さらに団体契約の特徴を示すのは，同契約は**不特定の期間**で締結されるので，**構成員を長期にわたって拘束する**ことを要求する点である。したがって，マクニールのいう学説の意味からすれば，関係的要素が支配している。もちろん，この拘束は，構成員資格が解約可能または譲渡可能であることで緩められている。譲渡される場合には，組織化された商取引，特に相場の対象になる。それにもかかわらず，経験によって教訓として与えられているのは，時が経過するにつれて，あらゆる団体のなかに，多かれ少なかれ非常に特徴的な**内的な統治構造**が形成されることである。その場合，権力は，理事会，構成員の総会または単独の構成員ないし団結した少数の構成員の手に集中する。

構造的に，そのような統治構造は内部の緊張を生み，団体の存在を危険にさらすことがある。それ故，統治構造はバランス状態が保たれなければならない。団体は団結力を失わないよう求められている。システム理論の専門用語では，団体の**自己保存**および**統合**を確保することが重要である。さらに，つねに考えに入れられるべきことは，団体が，時の経過につれて，当該団体の外部の諸事情が変更すること，または団体の構成員の利益が変更することに直面することである。そのような状況が生じることで，**団体の同一性と目標方針を断念する**ことなく新たな諸事情に**適応する**という２つの課題の面前に団体は置かれる。

---

51) たとえば，社団登記簿，商業登記簿，協同組合登記簿である。
52) これについては，下記3を見よ。
53) このことは，社会学での法概念に左右される。上記第**10**章第３節を見よ。

4つのシステム的課題，つまり，自己保存，統合，目標達成および変更された事情への適応をこなすことは，タルコット・パーソンズ以来[54]，システム理論の中心的な構成要素である。

　d）それに従って，一方で**契約自由と権力の利用**との，または他方で**契約自由と権力の濫用**との間の厄介な関係は，団体においては，交換型契約および役務供給契約に劣らず重要である。法社会学においては，特に，ヘルムート・シェルスキーが，権力を有する組織——いわゆる「中間権力」——を出立点とする危険を指摘した。シェルスキーは，人の不可侵性と自治をその機関から保護することを強硬に求めた[55]。法的に見て，現代の団体法もまた，社会国家の格率によって強く特徴づけられている。原則として，第1に，私的自治による骨組みとしての定款を団体に課すこと，つまり，少数派を保護するための規範的規則が準備されるべきである。しかし，経済的または社会的な弱者を保護する必要性は，ここでも，少数派社員および債権者を保護する数多くの法定の諸規定において現れている。それらの諸規定は，団体法全体を貫いている。当該諸規定の基礎をなしている一般的な法的考え方は，全構成員および全理事会の一般的な**忠実義務**の土台となっている。それは，その構成員の権利および機関の権能を行使するにあたり，団体の利益を追求すること，建設的に協働すること，そして他の構成員の利益を適切に考慮することである。将来の浮き沈みの全てを予想することはできないし，定款で規律することもできないのだから，忠実義務は，変更された諸事情に適合することに，順法的な方法で協力することをも対象としている。

　個々の場合では，とりわけ，企業経営者の実行力を内部で統制することは，今では，大きな意義をもつに至った。同じく，その統制は，多様な諸規定において法的に保障されている。被用者が事業所委員会および監査役会への運営に参加することに関する諸規定は，出資者と被用者との権力の分配を目的とする。企業の社会的な責任は，政治的にも重要なテーマである。この責任は，企

---

54) たとえば，*Parsons*, Variables Revisited, American Sociological Review Vol.25, 1960, 467 を参照。さらに，*Raiser*, Unternehmen als Organisation, 1969, 105ff. を参照。

55) *Schelsky*, Systemfunktionaler, anthropologischer und personfunktionaler Ansatz in der Rechtssoziologie, in: *ders.*, Die Soziologen und das Recht, 1980, S. 138, 上記第9章第2節4を参照。

業が活動するにあたり，たとえば環境保護といった公共の利益を考慮することを当該企業に求める。しかし他方で，その責任は，文化的，経済的または社会的な目的のために，利潤の適切な部分を寄付することも正当化している。

　e) 以前から，特に問題のあるものとみなされているのは，巨大かつ財政の潤沢な団体や企業が，**政治的に重要な権力**さえも取得し，それによって国家権力に挑む可能性，またはやはり自らに有利になるように国家機関に影響を与える可能性である。こうした危険は，独裁的な国家がそのような団体を設立することを許さないか，少なくとも設立を認可に依存させ，かつつねに監視するための根拠となっている。ドイツにおいても結社の自由を法律上制限することは，19世紀の間における経済および社会の自由化の過程でようやく，次第に放棄されだした。今日，不可欠な保護規定があるにもかかわらず，基本法が，結社およびあらゆる種類の経済企業の設立や許可の自由を保障していること[56]は，歴史的に見れば決して自明ではない遅れた自由主義の成果である。他方で，20世紀の終わり以来，なおいっそう明白に定着しているのは，私的な団体が社会において重要な課題を引き受け，そしてそれを国家機関よりも適切に果たすことができ，そのために従来国家のものとみなされていた活動の民営化が拡大しているという経験である。

3　規範を設定する集合契約

　交換型契約，役務供給契約および組織契約が，——これらの契約は決して今日的な意義を有してはいなかったのだけれども——以前から既に知られていた一方で，20世紀に社会や経済が発展したことにより，一連の新たな契約構造が生み出された。第1に，労働協約，事業所協定および経営参加権における企業契約が強調されるべきである。それらは現代では著しく重要になっている。これらの契約は，私法上の契約の新たなカテゴリーを形成しており，その特殊性は，それら契約が第三者に対して拘束力のある諸規定を定めている点，つまり，**法律に類似する規範を設定する**点に見出される。その限りで，立法者は，法を制定する権力を団体に委譲しているのである。これらの契約もまた，個々

---

56) 基本法第9条を参照。

の労働法における保護規定と同じく，使用者の優位から被用者を保護することを目的としている。それらの契約が基礎としている考え方は，一人ひとりの被用者の交渉力が弱いことが国家の保護規定によって解消され得るだけでなく，被用者が力を合わせて行動するために，団体を形成し，そこにおいて彼らが連携することによっても解消され得るというものである。

　社会学からみて，そのような集合契約の特殊性は，第1に，「団体の行為主体[57]」が，交渉および契約の当事者としての地位にあり，その権力を行使することができることにある。労働協約の場合には，この権力は，労働組合が有する次のような権利によっていっそう強められている。すなわち，構成員の利益のために労働組合が求めた規律を，争議を手段として強要する権利である。しかし，契約の対象は，契約当事者自身の利益ではなく――少なくとも第一次的にはそうではない――，被用者の保護である。その契約は，当事者が意欲したように外部への効力を発揮する。もちろん，契約交渉において，団体の代表者は，個人の人格として行動する。この者が自らの利益を交渉のなかに織り交ぜることは排除されていない。しかし，その者は，団体の役職者として行為し，団体構成員の利益に支配されるものとみなしている。その者は，民主的に組織された団体の内部の意見形成および意思形成のメカニズムに拘束されてもいる。それ故に，そこで支配的な風潮を考慮しなければならない。団体におけるその者の威信は，交渉での成果にかかっている。そのことから，契約を法社会学から研究する場合にも，これらの諸事情が加味されなければならないことが帰結される。団体の行為主体は，個々の人としてその他の適法性を基準として，行為する。

　社会科学上の評価にとって重要な労働法上の集合契約における第2の特殊性は，契約において**規範を交渉して取決め，効力を生じさせる**団体の権利である。その規範は多くの個々の労働関係に適用され，その限りで，法律のように作用する。その規範的な効力は，特定の要件のもとで国家によって一般的拘束力を有するとみなされ得るほどにさえ及ぶ。その規範は，一方では，それに匹敵し得る負担をもって，社会の平和に資するように期待どおりに被用者を平等に扱うことを可能にし，かつ労働条件の規格統一を可能にするが，他方では，同時

57）　この概念については，後述第*16*章第9節を参照。

に，事態に即した区別をも許している。この場合，その区別は被用者への様々な要求のために正当化されている。

立法者はそのような私的な法制定を許し，かつその訴求可能性すら請合っているので，社会における自治機関のために，自らの高権力の一部を放棄している。そこに，労働条件を私的自治によって形成することへの帰還が見られる。しかし，次のことを顧慮しないでおくことは許されない。すなわち，特に，使用者団体と労働組合が，自らの負担と権利自体に基づいて，少なからぬ権力を統合することである。それらは「中間権力」になり，自らの方でも自由を制限するが故に，国家による統制が必要となる[58]。この権力は，そのような構造のために，政治的な権力にもなるのだから，国家自体の内部の主権さえも脅かす危険が生じる[59]。

4 枠組契約

労働関係の場合のみならず，**通常の経済取引に関する契約**の場合にも，契約条件を規格化し，この方法で契約条件に規範的な妥当性をもたせることが合理的であると明らかになることが少なくない。そのための契機は，同一の当事者間での無数の経済的関係において同種の契約が恒常的に繰り返されるという事情にある。商人は，その商品をつねに同一の納入業者から同一の条件で定期的に購入するのである。量と価格が変動するだけだが，毎回新たに合意しなければならない。そのような場合には，個々のあらゆる契約に適用される一般的な諸条項を**枠組契約**のなかに置くことが考えられるし，それが普通である。この枠組契約は，恒常的に新たに交渉することを不要なものにする。この方法は，両当事者の利益に合致するし，経済的に能率がよい。なぜなら，契約締結を促し，交渉による費用——取引費用——を省くからである。

法社会学からすれば，枠組契約の特殊性は以下にある。すなわち，枠組契約は，団体法における組織契約，労働協約および事業所協定のように，私的自治による合意を通じて，当事者間で**継続的な関係を規範的に構成**することであ

---

58) 前述 2 d) を見よ。
59) 前述 2 e) を見よ。

る。枠組契約においても，関係的要素が支配的である。もちろん，そのように生み出された秩序は，当座のところ抽象的である。というのは，その契約に含まれる義務は，通常，分離して訴えられるのではなく，その義務が定められている個々の契約との関係で争いになって初めて訴えられるからである。それにもかかわらず，この義務は当事者間の拘束力を強める。そのことから，当事者間の権力不均衡が，契約を締結するときにも契約を実行するときにも契約に障害が生じる場合を調整するときにも，交換型契約の場合よりもいっそう強力に影響を及ぼすということもまた帰結される。それ故に，そのような偏りを防ぐ国家法が，交換型契約の場合よりもいっそう強く求められている。

5 普通取引約款

a） 当事者間で個々に交渉して取り決められた契約条項に代わって，現代の商業取引では，一方の当事者，通常は企業が，条件を一方的に文書化し，その条件下で顧客と契約を締結しようとするという場合がかなりの程度まで一般になっている。このような**普通取引約款**を作成することは，特に，企業が非常にたくさんの買い手と同種の契約を締結する大量取引において合理的かつ効率的であることが証明されている。そのような大量取引が行われる場合に，煩雑な契約交渉の費用を省くことは，企業にとってのみならず，顧客にとっても効率がよい。

これらの理由から，普通取引約款を用いることは，20世紀の初頭以来，経済において遍く定着した。普通取引約款の使用は，最終的な買い手への商品の給付およびあらゆる種類の役務供給のみならず，企業間の商業取引をも支配している。ここでは，納入業者の売却条件とそれとは異なる買い手の購入条件が相対立しており，そのことが厄介な法的紛争になるという結果になることも珍しくない。重要な場合には，約款は，決して個々の企業だけによって作成されるのではなく，経済部門全体のために権限のある専門団体によって作成される。[60]

b） それにもかかわらず，法学の理論は，**普通取引約款を法的に有効であるとする形式的基礎**をつねに一つ一つの契約だとし続けていた。契約理論が未だ

---

60) 最も有名な例は，普通銀行約款と普通保険約款である。

に出立点としていることは，契約当事者双方がお互いに約款について合意したこと，それに従って，同人らが，互いの権利および義務の調和を図るために「契約に内在する正しさを保証する[61]」ことである。しかし，実務では，こうしたアプローチは，もう以前から，多くの根拠に基づいて現実に即さないものであると証明されている。すなわち，消費者は，通常，契約における副次的な規定の細目を事業者よりも正確に照会することに関心がないのである。というのは，これをするには時間がかかるし，取引コストが高くなるからである。消費者にとっては，単に，契約の相手方からの給付の目的物や品質や価格が重要なのである。また，消費者は，自らの前に置かれた規律を理解し，その射程距離を正確に評価する専門知識および法的知識を十分に有していないことも少なくない。既にそれだけの理由をもってしても，消費者は検討せずにその規律を承諾する気になっている。しかし，たとえ消費者にとって個々の契約条項が不公正であると思われても，消費者は，その契約条項を避ける方法ないしその契約条項から身を守る方法はないと考える。なぜなら，別の提供者のところでも，それと同じような約款を覚悟しなければならないからである。特に，業界の統一的な約款の場合には，選択肢はない。同じように，2つの企業間での取引においても，その企業同士がいつもどおりの類型化された取引を締結する場合に限定すると，消費者と事業者の場合とまったく同じであると明らかになる。たとえ両当事者の様々な約款が対立するとしても，彼らは，契約締結にあたり，どの約款を適用可能にするつもりなのかを明らかにすることをしばしば怠るのである。その場合，どっちみち，経済的に弱い当事者は自らの約款を押し通すことはできない。

普通取引約款が当事者間でそれを合意することによって有効とされていることは，これらの理由から擬制であると証明されている。社会学からみれば，問題なのは，自らの権力または情報の優位性を十分に利用する私企業による法制定，つまり，うまく表現すれば，「**自ら生み出した経済の法**」である。普通取引約款は，法律のように，事実上 de facto，拘束力を有する一般的効果を発揮するが，普通取引約款を発布したのが，民主的に権限を与えられ公益を義務づ

---

61) *Schmidt-Rimpler*, Grundfragen einer Erneuerung des Vertragsrechts, AcP 147(1941), S.130ff. による表現。

けられている不偏不党な立法者ではなく，自らの利益を追求する私的な権利の担い手である点で区別される。約款が，関係する産業部門の団体によって作り上げられる場合，それにもかかわらず，釣り合いがとれた規律になることは少なくない。なぜなら，それに反対する側の団体が文書化に関与しているからである。大企業だとしても，良い評判を失ったならば，自らの権力を行使することは抑制される。しかし，普通取引約款があまり危険にさらされることのない企業によって作成されると，各契約のより強い当事者が，自らに属する権力を自ら有利になるように行使し，その約款を一方的に相手方当事者の不利益になるように文書化することは明白である。特に，典型的に，企業と最終消費者との間では，契約の対当性を疑問視する構造上の不均衡がはびこっている。社会国家と理解される国家では，この不均衡を埋め合わせる努力をし，不公正な約款を不確定的無効とみなす法律が不可避のものであるとことが明らかになっている。個々の事例において統制する義務のある裁判所による判決の数は，ドイツでは異常に多い。

　c）普通取引約款およびそれを統制するために定められた法の成立は，オイゲン・エールリッヒが説明したように[62]，法形成の一般的な過程に対する重要な例示である。最初のうちは，当事者が社会における交流を組織立てるために自ら生み出した規則があった。それは，次第に，取引慣行や商慣習へと収斂していった。第2の段階において，法曹法が成立した。すなわち，法学は，新たな現象を法学的に把握するという課題をあえて避けなかったのである[63]。後に，裁判所は，自らの見解に基づいて，特別な法定の規律がなくても，不公正な規律を信義誠実[64]に違反するものとして不確定的な無効とみなすに至った[65]。関連する判例が確定した後で，立法者はその判例を取り上げ，文言化された法律規定という鋳型へそれを流し込んだのである[66]。

---

62) 前述第6章第2節1,4を見よ。
63) ルードヴィッヒ・ライザーによる指導的な文献 „Das Recht der allgemeinen Geschäftsbedingungen", 1935を参照。
64) 民法第242条。
65) 1976年普通取引約款法と民法についての文献における文献案内。
66) 1976年12月9日の普通取引約款を規律する法律は，2002年の債務法改正によって民法へ採用された（民法第305条以下）。

d）そうして成立した法は，**内容上**，2つの領域に分類されている。ひとつは，以下のことを定める。すなわち，問題なのは契約法であるということを学説が維持する限り，どのような要件のもとで，一方の契約当事者によって前もって文書化された約款が相手方に対しても有効になるのか，つまり，契約内容になるのかを定めることである。契約交渉は，通常，約款には及ばないのだから，この問題を解決するためには契約上の合意の概念を著しく寛大に解釈しなければならない。民法の今日の文言によれば，約款使用者が相手方の契約当事者に明確に約款を指摘した場合ですら，普通取引約款は契約内容になる。または，そのような指摘をすることが取引の性質に照らして過度に困難であった限りにおいて，約款が契約締結の場所で少なくとも明確に可視できるように掲示されており，かつ相手方の契約当事者がその掲示を了知する可能性が期待できる場合には，約款は契約内容になる[67]。つまり，契約当事者が実際に約款を了知したかどうかは重要ではない。

もうひとつは，立法者が裁判所に普通取引約款の内容を統制する権限を委譲したことである。それによれば，個々の諸条項は，契約の相手方に「信義誠実という命令に反して過度に不利益を与える」場合には，不確定的無効である[68]。法律は，長いリストにおいて，不利益だと是認される模範的な事例を列挙している[69]。企業間の取引では，企業と消費者との間での取引におけるよりもさほど厳格とはいえない規定が妥当する[70]。当該規定は，裁判所によって厳格かつ時代の傾向に沿って広範囲に解釈され，相変わらず山積みの法的紛争を招いている。これらの規定は，19世紀末期の特徴を示す形式的な契約自由という理想から現行法が今ではどの程度乖離したのかを，労働法による保護規定に劣らぬほど劇的に，明確にしている。

---

67) 民法第305条第2項。
68) 民法第307条第1項。
69) その場合，評価可能性のある条項禁止（民法第308条）と評価可能性のない条項禁止（民法第309条）の間で，法律は区別している。
70) 民法第310条。

6 契約絡合

交渉当事者間および契約当事者間での情報および力の不均衡の調整，枠組契約および普通取引約款による大量の法的取引の合理化に加えて，現代契約法の第3の中心的テーマは，様々な人々の間で締結される複数の契約を経済的に統一するためにしばしば結合することである。この事例は，20世紀において技術が進歩したために給付義務者の専門化がいっそう進んだこと，および経済過程が機能上分化したことの現れである。従来の契約法は，原則として，二当事者——売主と買主，賃貸人と賃借人など——の孤立した個々の契約を考慮に入れている。いずれにせよ，民事法は，既に以前からずっと三当事者間のお互いに依存する契約関係をも考慮し，規律しなければならなかった。例としては，第三者のための契約である。それは，契約の相手方ではなく，第三者に給付を求める権利を与える（契約の相手方のみならず，第三者にも給付を求める権利を与える）。なぜなら，第三者は，ある者が契約の相手方と締結した契約に基づいて，この契約の相手方に対して給付を求める請求権を有するからである（民法第328条）。さらに，第三者の債務に対する保証の引受け（民法第765条）または第三者の債務を担保するための抵当権の承諾（民法第1113条，第1137条）もそうである。しかし，より複雑な契約連結の数およびその経済的な重要性は，20世紀の過程で相当増加した。その点では，4つの局面に区別される[71]。

a) 契約連鎖は一目でわかる事例である。製造者が自らの製品を卸売り業者に売却する。卸売業者は小売業者に売却し，小売業者は最終的な買主に売却する。ある建築主が施工者に建築委任を委託し，その施工者が建築を実行する建築業者に建築注文を委託する。その建築業者は自らの方でも下請け企業をもっている。銀行口座の持ち主が，その銀行に口座からの振替送金振込依頼をする。この銀行は受け手が口座をもつ銀行に振替で金額を送金する。受け手が口

---

71) これについては，果てしない法学の文献から全てを挙げる代わりに，*Möschel*, Dogmatische Strukturen des bargeldlosen Zahlungsverkehrs, AcP 186 (1986), S. 211ff.; *Canaris*, Bankvertragsrecht, 3 Aufl. 1988; *Jickeli*, Der langfristige Vertrag, 1996: *Rohe*, Netzverträge, 1998; *Heermann*, Drittfinanzierte Erwerbsgeschäfte, 1998; *ders.*, Geld und Geldgeschäfte, 2003; *Teubner*, Netzwerk als Vertragsverbund, 2004; *Grundmann*, Die Dogmatik der Vertragsnetze, AcP 207 (2007), S 217 を参照。さらに *Amstutz, Brownsword, Deakin, Druey, Heermann, Wellenhofer, Heldt und Wolf* in 89 KritV (2006), S. 103ff. による諸論文を参照。

座をもつ銀行は，受け手の口座で貸し方に記入する。他の経済分野やキャッシュレスによる支払取引の他の形態でも，そのような契約連鎖は頻繁に行われている。法的にみれば，この場合に締結された諸契約は，まず，孤立した一つ一つの契約として現れ，その一つ一つの契約は，各契約において単独でその契約に適用される規定に従う。しかし，経済的にみれば，一つ一つの契約は，重なり合って関連しており，お互いに依存している。法的な取扱いにおいてもこの依存関係を適切に考慮することは，契約法の課題である。[72]

b) 諸事例のうちの第 2 のグループは，**三角の特性**を示す。上記で挙げた第三者のための契約，保証および第三者の債務を担保するための抵当権の例は，このグループに属する。民事司法において現在最も重要な例は，あらゆる種類の目的物——自動車およびそれ以外の動産ならびに土地，会社の持分，投資の**持分**——を**融資**によって**取得すること**ある。その場合には，目的物の購入と購入の融資を受けるために銀行と締結した消費貸借契約は並立している。ここでも，法的な問題と同じように経済的な問題は，次のような疑問において見出される。すなわち，両方の契約をどのように結びつけることができるのか，その結果，一つの契約の絶対的無効または障害がその契約の清算の際にもう一方の契約へ影響を与えるのかという疑問である。法的な個々の点については，しばしば争いのある込み入った考慮がされなければならない。[73]

c) 第 3 の事例は，**放射状の契約構造**である。その契約構造が典型的に見られるのは，商品ないしサービスを調達する組織にとっては納入業者が数多くいる場合，または販売をする組織にとっては法的に自立した販売仲介者の販売網に関する場合である。たとえば，「ジャストインタイム方式 Just-in-time」の契約の場合に，最終完成品（それは自動車であることが少なくない）の製造者は，部品供給会社に同社が製造した個々の部分を自動車に組み込む前にその度に短い期間で供給することを要求する。その結果，製造者は広範囲にわたって在庫を抱えなくて済むのである。その場合，納入業者にも相前後して指示が出される。

---

72) 例は，供給した商品に瑕疵がないことに関する製造者による通常の保証の表示である。そこでは，製造者は，自らの直接の契約の相手方としての商人に対してだけでなく，最終的な買い手に対しても瑕疵を除去する義務がある。
73) 融資を伴う消費者契約については，民法第 358 条を参照。

なぜなら，前の納入業者が前もって早めに納入しなかった場合，後続の納入業者が納入できないからである。**販売組織**の場合には，委託販売業者，代理商または自営商に関する販売は，製造者がこれらの販売仲介者のうちの複数に委任する場合に，放射状の構造を明確に示している。この領域において法学で極めて集中的に詳論された例は，**フランチャイズシステム**である[74]。フランチャイズシステムでは，典型的には，フランチャイザーが個々のフランチャイジーに彼らが排他的に活動できるようになる特定の販売領域をその度に割り当てる。フランチャイジーは，売買類似の個々の契約においてフランチャイザーから商品を定期的に購入しなければならないので，価格のリスクおよび販売のリスクを負う。しかし，フランチャイザー自身は，フランチャイズシステム全体に対して，たとえば品質保証，ブランドのイメージの保護および地域を越えた宣伝のような一定の中心的な機能を引き受けている[75]。利潤を得る機会も経済的なリスクもそのように結合されているので，フランチャイズ契約は，法的には交換型契約，役務供給契約および組合契約の要素を統合している。フランチャイズ契約は，いわばそれらの契約の中心なのである。マクニールによる学説の意味によれば，関係的要素が支配している。しかし，付加的に個々のフランチャイジー間でも法的に重要な関係が肯定されねばならない。というのは，個々のフランチャイジーによる質の悪い給付は，他のフランチャイジーの市場機会にも影響を与えるからである。その限りで，構造上，蜘蛛の巣状の契約範型が取り上げられる[76]。

　この種の契約連結同士を複数組み合わせる契約絡合体は，なおいっそう複雑であることを明示する。例は，巨大な**建築プロジェクト**および巨大な**プラント組立プロジェクト**である。そういったプロジェクトには，数多くの専門企業が協力することが必要となり，それら企業の給付が組み合わせられなければならない。また，そういったプロジェクトは，それら企業としても放射状に組織された前納入業者や下請企業をかかえ，銀行の信用貸しによってそれら企業の給付に資金を融通する。

---

74)　全ての文献を挙げる代わりに，*Joerges* (Hrsg.), Franchising and the Law, 1991 を参照。
75)　個々における形態は，非常に様々である。
76)　*Rohe*, Netzverträge, 1998, S. 357.

d）同様に，**環状または格子状に組織された契約ネットワーク**は，経済的または法的に高度に複雑であることを示している。営利事業の融資に複数の銀行が相互に協力しながら関与する場合，環状構造が成立する。キャッシュレスによる支払取引を実行することも，以下の場合に限り環状構造になる。すなわち，債務者と支払いを受ける者が，異なる銀行でそれぞれの口座を運用し，その銀行間の取引へ，さらに中央銀行または手形交換所が介入し，それらの機関が支払いの流れを統御し，口座の貸方に記入する場合である。[77] 格子状の契約結合の例としては，クレジットカードシステムを挙げることができる。クレジットカードシステムにおいて，顧客は，年間手数料を支払って自らが口座をもつ銀行からクレジットカードを取得し，その後，債権者のところで債務の清算についてクレジットカードを指定する。一方では，銀行は，銀行そのものとしてクレジットカードを与えるのではなく，クレジットカードシステムの一員として与えるのである。[78] 他方では，クレジットカードシステムに加盟しており，かつクレジットカードを用いての履行を受けた顧客の債権者は，クレジットカードシステムまたは追加で介入した清算企業に費用償還を求める場合には，通常，一定の天引 Disagio が余儀なくされる。

 e）**法社会学**に対しては，次のような課題が生じる。すなわち，そのような契約絡合体の構造や機能関係およびそれと関連している特殊なリスクを描写し分析すること，また契約絡合体の経済的な統一性とその合理性を浮き彫りにすること，そして専門化され分業化された現代の経済的な出来事における特徴的な現象として契約絡合体を把握するという課題である。その点において，契約絡合体が，並立している多数の契約の観念を越えて示している固有の構造を有していることが明らかになる。契約が絡み合うことで，あらゆる当事者を含む組織が成立する。そこでは，一定の権力構造も形成されるが，その権力構造は統一的経済企業または法人に近接するものではなく，契約と団体の間に介在するものである。[79]

---

77) これについて詳細なものとして，先に挙げたローエの著作を参照。
78) つまり，たとえば，マスターカードやビザについてである。
79) 特に，*Teubner,* Verbund, Verband oder Verkehr, ZHR 154 (1990), 295 ; *Schanze,* Symbiotic Contracts: Exploring Long-term Agency Structures between Contract and Corporation, in Joerges

本書では，契約絡合が投げかける**法的問題**を詳述することはできない。その法的問題は，学説では，次のような問いを堂々巡りしている。すなわち，法的にどの程度ひとつの契約ネットワークを多数のものと理解する必要があるのか，または統一的なものと理解する必要があるのか，それに応じて，それぞれ契約法に分類する必要があるのか，または団体法に分類する必要があるのかという問いである。未だに，契約法における見解が優勢である。もっとも，その見解は，個々の契約に適応するように調整するよう契約法を一定程度修正することを必要とする。法実務では，主として，ひとつの契約関係における障害がどのようにそれ以外の契約関係に影響するかを判断しなければならない。その場合には，特に，注意違反のために生じた損害の賠償を誰に対して主張することができるかという問いが重要である。すなわち，当該契約毎の相手方に対してしか損害賠償を主張することはできないのか，または直接に損害を生じさせた者に対して，この者が契約の相手方ではないにもかかわらず，損害賠償の主張をすることもできるのかという問いである。前者の論拠は，当該契約毎の相手方が損害を生じさせた者の責任を負わねばならない点にある。もっと正確にいえば，たとえ当該契約毎の相手方が自身の契約連結において，その損害を生じさせた者と共同していないとしても，変わりはないのである。

第6節　国家を越えた契約

　a）国際的な情報の流通や国際的な取引および商取引が，経済の推移がグローバル化したために，20世紀の終わり以来，著しく拡大したことにより，ついには，新たな類型として，**もはや国内的な法秩序に拘束されない契約**を学問において自覚させた。[80] 従来の観念によれば，あらゆる契約は，たとえ契約当事者が別々の国に属していても，国際私法の規定に基づいて，紛争が生じた後

　(Hrsg.), Franchising and the Law, 1991.
80)　以下の記述については全ての文献を挙げる代わりに *Stein,* Lex Mercatoria, Realität und Theorie, 1995; *Gessner/Budak* (Hrsg.), Emerging Legal Certainty: Empirical Studies on the Globalization of Law, 1998; *Teubner,* Globale Bukowina, Zur Emergenz eines globalen Rechtspluralismus, Rechtshistorisches Journal 15, 1996, S. 255ff. を参照。

に決定されるべきである特定の国内の法秩序に従っていた。国内裁判所および執行機関は，紛争解決機関および強制装置としても機能する。比較的長い間ずっと，それと並行して国家を越えて構想された個々の契約法秩序がある。その契約法秩序は，国際法における条約で定められているので，それが妥当する領域では拘束力を有する。または，契約当事者同士が自らの間で妥当する法としてその契約法秩序を合意することができる。[81]

　しかし，実務では，国家を越えた契約の場合でも，当事者双方は，国内法に拘束されることを放棄し得るのと同様に，当事者双方が申し出た契約範型のひとつに拘束されることも放棄することができる。そのことは，当事者が適切な規定を用意できていない場合にはなおさらである。それに代わって，当事者双方は，予見できる契約上の障害全てを可能な限り先取りし，契約で規律するよう尽力するかもしれない[82]。しかし，その行為は，あらゆる経験に照らせば，成功するとしてもやはり不完全である。これら以外の場合には，当事者双方は，主要な点を契約で規律することに甘んじ，その他の点については，後に発生する障害を解決するために準備されている法を暗黙に信頼している。紛争が生じる場合に対して，当事者双方は，特定の法秩序に拘束されない国際的に設置された仲裁裁判所の管轄を合意するのである。

　そのような場合において，実際に紛争になるときには，契約当事者は，交渉および和解という方法で紛争を解決することを試みることができる。その場合でも，当事者国間で異なっているにもかかわらず，適切な国内法の規定を適用する代わりに，一般的な法原則，国際的な通商において確定できる商慣習または経済的な合理性という考慮が紛争解決の根底にあるというのが既に自然な考え方となっている。仲裁裁判所もまた，契約の解釈が役に立たない限りで，そのような観点に従って判断するのである。この方法で成立する「レークス・メルカトーリア lex mercatoria」は，つまり，国家に拘束されずに自力で生み出された国際的な経済に関する法という特性を有する。その場合に，仲裁裁定を認めさせるためには，通常，取引関係を今後も継続することへの当事者双方の

---

81) これ以外の規則集は，国家を越えて設置された学問的な専門審議会の草案としてのみ存在する。
82) このことは，英米法の伝統に合致する。

独自の利益ならびに当事者が含まれる経済集団を基礎とする取引上および道徳上の圧力で十分である。例外的に国家による強制装置の援助が必要になる場合には，国家の裁判所が，通常，国家を越えた仲裁裁判所の判決を自らに対する基礎として認める備えがある態度を見せる。

b) この国家を越えて自力で生み出された経済の法についての問題は，これが契約の障害を取り除く場合に限定されるという事情に見出される。その経済の法は，特に競争法やカルテル法といった経済秩序や環境保護法および刑法に関して国内法で定められている一般的な規定と結びついていないので，通常は考慮されない。調整方法として考慮に値する「国際的な公序 ordre public transnational」という考え方が発展しているが，今のところ未成熟である。そのことを原因として国際法，法学および国際政治に生じる問題は，今なお決して克服されていない。法社会学は，ここでも以下のような課題を有している。すなわち，もはや国家による法のなかには組み込まれていないこの新たな契約の類型の事実上および構造上の諸相を把握し，社会理論と契約理論において位置づけることである。

文献一覧〔第5版のものを掲げる〕

〔第1節〕　*Goffman, Ervin,* The Presentation of Self in Everyday Life, 2. Aufl. 1959; *Macneil, Jan R.,* The Many Futures of Contracts, Southern California Law Review 1974, 691; *ders.,* Contracts: Adjustment of Long-Term Economic Relations under Classical, Neoclassical and Relational Contract Law, Northwestern University Law Review 1978, 854; *ders.,* The New Social Contract. An Inquiry into Modern Contractual Relations, 1980; *Köndgen, Johannes,* Selbstbindung ohne Vertrag, 1981; *Raiser, Ludwig,* Vertragsfreiheit heute, JZ 1958, 1; *ders.,* Vertragsfunktion und Vertragsfreiheit, in: *ders.,* Die Aufgabe des Privatrechts, 1977, 62.

〔第2節〕　*Beale, Hugh,* Contracts Between Businessmen: Planning and the Use of Contractual Remedies, British Journal of Law and Society 1975, 45; *Campbell, David,* The Relational Theory of Contract, 2001; *Feinman, Jay M.,* Relational Contract Theory in Context, 94 Northwestern University Law Review, 2000, 737; *Gordon, R.,* Macaulay, Macneil and the Discovery of Solidarity and Power in Contract Law, Wisconsin Law Review 1985, 565; *Horz, Matthias,* Gestaltung und Durchführung von Buchverlagsverträgen, 2005; *Hueck, Alfred,* Normenverträge, Jherings Jahrbücher 1923, 33; *Macaulay, Stewart,* Non Contractual Relations in Business, American Sociological Review 1963, 22; *ders.,* Law and the Balance of Powers. The Automobile Manufacturers and their Dealers, 1966; *Macneil, Jan R.,* The Many Futures of Contracts, Southern California Law Review 1974, 691; *ders.,* Contracts: Adjustment of Long-

第14章 契約および契約法の社会学 329

Term Economic Relations under Classical, Neoclassical and Relational Contract Law, Northwestern University Law Review 1978, 854; *ders.*, The New Social Contract. An Inquiry into Modern Contractual Relations, 1980; *Oechsler, Jürgen,* Wille und Vertrauen im privaten Austauschvertrag, Die Rezeption der Theorie des Relational Contract im deutschen Vertragsrecht in rechtsvergleichender Sicht, Rabels Zeitschrift für ausländisches und internationales Privatrecht (RabelsZ) 1996, 93; *Raiser, Ludwig,* Das Recht der Allgemeinen Geschäftsbedingungen, 1935; *Rehbinder, Manfred,* Wandlungen der Rechtsstruktur im Sozialstaat, in: Hirsch/Rehbinder, Studien und Materialien zur Rechtssoziologie, 1967, 197; *Schanze, Erich,* Symbiotic Contracts: Exploring Long-Term Agency-Structures Between Contract and Corporation, in: Joerges (Hrsg.), Franchising and the Law, 1991: 67; *Sinzheimer, Hugo,* Der Korporative Arbeitsnormenvertrag, 1907; *Wiethölter, Rudolf,* Die Einwirkung des Sozialstaatsgedankens auf das Vertrags- und Wirtschaftsrecht, Rabels Zeitschrift für ausländisches und internationales Privatrecht (RabelsZ) 29 (1965), 806.

〔第3節〕　*Amstutz, Marc,* Die Verfassung von Vertragsverbindungen, KritV 89 (2006), 105; *Brownsword, Roger,* Zum Konzept des Netzwerks im englischen Vertragsrecht, KritV 89 (2006), 131; *Deakin, Simon,* Die Wiederkehr der Zünfte? Netzwerkbeziehungen aus historischer Perspektive, KritV 89 (2006), 150; *Druey, Jean Nicolas,* Das Recht als Netz für Netzwerke. Eine Wegskizze, KritV 89, (2006) 163, *Gessner, Volkmar/Budak, Ali Cem* (Hrsg.), Emerging Legal Certainty: Empirical Studies on the Globalization of Law, 1998; *Grundmann, Stefan,* Die Dogmatik der Vertragsnetze, AcP 207 (2007), 217; *Heermann, Peter W.,* Drittfinanzierte Erwerbsgeschäfte, 1998; *ders.*, Die Stellung des multilateralen Synallagmas im Recht der Vertragsverbindungen, KritV 89 (2006), 173; *Heldt, Cordula,* Multilaterale Sonderverbindungen als semi-spontane Ordnung: Das Beispiel der Baukooperation und des Franchising, KritV 89 (2006), 208; *Horz, Matthias,* Gestaltung und Durchführung von Buchverlagsverträgen, 2005; *Jickeli, Joachim,* Der langfristige Vertrag 1996; *Joerges, Christian* (Hrsg.), Franchising and the Law 1991; *Macaulay, Stewart,* Non Contractual Relations in Business, American Sociological Review 1964, 22; *ders.*, Law and the Balance of Powers. The Automobile Manufacturers and their Dealers, 1966; *Möschel, Wernhard,* Dogmatische Strukturen des bargeldlosen Zahlungsverkehrs, AcP 186 (1986), 187; *Raiser, Ludwig,* Vertragsfreiheit heute, JZ 1958, 1; *Schelsky, Helmut,* Systemfunktionaler, anthropologischer und personfunktionaler Ansatz in der Rechtssoziologie, in: *ders.*, Die Soziologen und das Recht, 1980, 138; *Stein, Ursula,* Lex Mercatoria, Realität und Theorie, 1995; *Teubner, Gunther,* Globale Bukowina, Zur Emergenz eines globalen Rechtspluralismus, Rechtshistorisches Journal 15 (1996), 255; *ders.*, Netzwerk als Vertragsverbund: Virtuelle Unternehmen, Franchising und Just-in-time in sozialwissenschaftlicher und juristischer Sicht, 2004; *Willenhofer, Marina,* Drittwirkung von Schutzpflichten im Netz, KritV 89 (2006), 187 *Wolf, Manfred,* Schutz von Netzwerken gegen Eingriffe Dritter, KritV 89 (2006), 253.

第15章　権力，支配，法

Macht, Herrschaft und Recht

第1節　権力と支配

1　基　　礎

　権力という現象，強制と暴力の社会的意味，また支配関係の成立と拡大と没落は，昔から理論社会学と経験社会学の基礎テーマであり，そしてそれらは，近代の社会科学の誕生よりも，とうの昔に，すなわち人間が社会についてじっくり考え始めたときから，哲学者，神学者，歴史学者，経済学者，特に法学者によって取り組まれてきた。支配に関して，近代のドイツ社会学は，主として，カール・マルクスとマックス・ヴェーバーに基礎を置いている。
　マルクスは，プロレタリアートに対するブルジョアジーの階級支配として把握した社会の支配構造を，経済関係の発露と理解した。ヴェーバーによる権力と支配の区別，彼による正当性の概念，そして正当な支配形態に関する彼の類型学は，ヴェーバーの見解と相違する場合にも，今日なお，その後のあらゆる研究活動の理論的基礎である。支配に関する社会学について，並はずれて創意と変化に富む発展を，ヴェーバーの代わりに描き出すということは，とても不可能である。あるいは，その現在の状況に関する完全な概観だけを，提供する

---

1)　第4章第2節，第3節2を見よ。
2)　第7章第2節2。
3)　特に，文献目録に示した次の著作が挙げられる。*Bendix, Blau, Claessens, Coleman, Dahrendorf, Elias, Foucault, Habermas, Haferkamp, Höffe, Hondrich, Luhmann, Münch, Narr, Offe, Popitz, Stallberg und Schelsky*.

ということも，やはり不可能である[4]。その代わりに，権力と法の関係を理解する上で本質的であり，それゆえ法社会学とのつながりを媒介している，そのようないくつかの基本的な関係を示すことで充分としなければなるまい。その場合，ここでも，マックス・ヴェーバーの概念規定と関連させることが適当である。

2 権力の概念

ヴェーバーの定義によれば，権力とは，自らの意思を，相手の意思に対して，その抵抗に逆らっても押し通す可能性であり[5]，あるいは，現代的な定式化によれば[6]，他の人間の行動を操縦する行為者の能力である。権力は，契約と対照的に，2人の人間，2つの集団，2つの組織，あるいは2つの社会の間の**非対称な相互作用の関係**として特徴づけられ，そうした非対称相互作用の関係のなかでは，当事者同士は相互に同等者として向き合っておらず，むしろ相互に，上位と下位，命令と服従の関係のなかにある。

権力は次のように**様々に強く刻印されている**。すなわち権力は，一回限りで一時的な状況から生じうる――それは，まるで強盗がひとけのない場所で歩行者を襲うかのように――，あるいは，権力は持続的なものでありうる。権力は，個々の人間に対して，あるいは人間の大多数に対して，また，全集団に対して，あるいは全社会に対して存在しうる。権力には大小の相違や，強弱の差がある。多くの人間が関与する複雑な行為関係においては，分化した権力構造が形成される。そのような権力構造は，それがまだ安定せず，規範として固定されていない間は，永続的に変動し続け，変化する。たとえば再選前の時期に，政党やその候補者の立場が，いかに不安定で定見がないか，誰でも知っている。というのも，改選前の時期には，政党やその支持者は，宣伝しなければならず，どれくらい多くの有権者と，どの集団が彼らをバックアップしてくれるか，まだ確定していないからである。

権力行使の**手段**は，差し当たり，**直接の暴力**か，**損害を与える**ことである。

---

4) 分かりやすい概観は，*Haferkamp*, Soziologie der Herrschaft 17-78.
5) Wirtschaft und Gesellschaft, 1. Teil Kapitel I §16, Kapitel III §1, これについては，第7章第2節1を見よ。
6) *Haferkamp*, Artikel Herrschaft im Lexikon der Rechts 3/60.

すなわち，不利益を加えることや脅すことである。他者を殺害し，傷つけ，損害を与える者，あるいはそのような行為で威嚇することができるだろうと思わせるだけの者さえも，それらを有する者は，他者の行動を規定する立場にある。ただし，他者が，効果的に抵抗し，損害を取り去り，あるいは損害を避けることができる場合は別ではあるが。損害を与えることは，精神的な苦痛や経済的・社会的不利益を加えることでもある。たとえば，それは，自由刑や，収入源の剥奪や，社会的降格や社会的追放である。損害を与える力がどれくらい強いかは，いくつかの要素に依存している。特に，潜在的な損害の程度，関係者の不安の程度，そして抵抗の手段に依存している。

他方では，**給付**も，権力行使の手段である。すなわち，利益の保証や約束である。相手方が持っていない生活必需品やさらには奢侈品を持っている者は，そうした財の提供に対する対価として，相手方が等価値の反対給付によってそれと交換することができない場合や，第三者からそれを手に入れることができない場合に，相手方を従属させることを考えに入れることができる。その場合に，物質的な財だけでなく，非物質的な財も問題になる。すなわち，心遣い，愛情や社会的称賛，重要な財の分配を組織すること，危険に際して勇敢に先導すること，等々，である。給付する能力の程度については，他の状況と並んで，その財への依存の程度や欲望の程度が，決定的な重要さをもっている。

あらゆる権力関係に関する人類学の基礎は，既に述べたことからも明らかなように，一方では，人間の**生まれながら不平等**や他者に対する人間の優越意識にあり，他方では，人間の**傷つきやすさや貧困**，人間の相互の依存とそこから生じる他者の影響から逃れることの不可能性にある。

優越性は，身体的，精神的，あるいは理知的能力に基づく。すなわち，優れた体力や手腕，特別な才能，神経の太さや勇気，愛らしさやカリスマ性，卓越した知能，あるいは演説の才能や指導の才能や組織力の才能，である。後天的な能力には，武器の使用の際の修練や練達，特別な素養，傑出した知識，外国語をマスターしていることが，さらに加わる。集団や団体が，相互に向かい合う場合，それならば，純粋に数の多さも，権力要素の一面である。同時に，重要な経済的な財，宗教的な財，軍事的な財，あるいは文化的な財の所有は，権

力を提供する。それは，特に，肥沃な土地，地下資源や油井，信仰心の厚い人にとっての聖なる物や聖遺物，現代の強い破壊力をもつ武器，特許，テクノロジー，治療法や医薬品について，それらを自由に使用できることである。この場合の全てにおいて，**第1の権力要素**について述べることができる[7]。実子への独立資金の不平等や生活必需品を入手する上での不平等と同様，人間の傷つきやすさや貧困も，生活の基本的な事実に属するので，あらゆる社会において権力関係が存在する。権力という現象は，社会学にあらかじめ与えられたひとつの事実である。

3 社会的に媒介された権力

上述した諸関係は，人間と相互作用関係の多くを掌握して，さらには集団・組織・社会の内部の権力構造へと強化される。そのような持続的で普遍化された権力関係が，どのようにして作り出されるのか，ということについて，まだ何も述べていない。そのように普遍化され硬化した権力は，根本的な権力要素の範囲を超え，特殊な社会過程に基礎づけられる。そうした権力は，**社会的に媒介される**のである。比類のない経済的な財に支えられた権力が，社会的に強化され制度化されていくことに関して，そのような経過がどのようにして生じるのかということについて，アメリカ合衆国において1970年代に生じたことであり，ポピッツによって次のように報告されているひとつの例が劇的に示している[8]。

「大都会に疲れた若い家族が，既に廃れていた金採掘都市で新しい生活を築くために，自然との連帯，平等，自由，という言葉を彼らの旗に書いて（もちろん現存はしていないのだけれども），中西部へと引っ越した。彼らのうちのひとり，ジェームズ・フレデリック James Frederick は，トラクターを1台所有していた。彼は，このトラクターを，ある程度の反対給付と引き換えに貸し出した。全ての人がトラクターを必要としていたので，貸出の業務を調整しなければならなかった。しかし，その業務は，田舎で人々相互にあまねく適合するよう調整されず，拙いやり方で行われた。ジェームズ・フレデリックは，組織を立ち上げ，その運営を，2, 3の緊急に必要とされた共同作業を導入することによって補った。そしてその共同作業に参加することを，彼は当然，

---

7) *Geiger,* Vorstudien, 299.
8) *Popitz,* Phänomene der Macht, 40f.

全ての人に義務づけなければならなかった。トラクターを使えなかった人々に対する一定の償いは避けられなかった。彼は――彼はその間に販売部も引き受けたので――しばしばその業務に従事できないことがあった。しかし運よく，彼の妻がその代役を務めることができ，中心的な組織の業務を彼の代わりに処理することができた。経営業務が家族の手に負えなくなったとき，2, 3名の常勤の助手が雇われた。そして助手の仕事を，ジェームズ・フレデリックは，慎重に調整した。田舎の共同体は，その間に感嘆に値するほど拡大し，いくつかの生産企業が設立され，市街の下水網が整備され，そして身分証明書の制度も導入された。新聞が伝えているように，ジェームズ・フレデリックは，指示を迅速に述べ，争いを誠実に調停し，新しい計画を検討する，という多忙な業務のなか，新しく建てられた市庁舎で，報道記者を招いた。市庁舎に放置されたトラクターは，錆びて使いものにならなくなっていた。それは，明らかに，記念碑以上のものと見られていた。」

類似の過程は，社会の至る所で観察することができる。強くカリスマを備えた指導者的人格が，その能力を，信奉者を自らにつなぎとめるために使う。そして信奉者はその権力を分かち合い，権力により服従させられた者に対して権力を強化する。軍司令官は，自らの軍隊を，国家における権力を奪い取るために利用する。特許は，経済の支配権を築くことを，時として可能にする。そしてその影響は，発明の経済的利用に関する特許自体を通じて媒介された独占をはるかに超える。社会においては，もはや，特定の優れた人間に結びつけられるのではなく，その時その時の権力保有者に官職の権限を与える指導的地位が形成されてくる。国王や貴族，政治家や裁判官，経済的指導者や労働組合の上役や高位聖職者は，自らの権力を，第1に，個人的な能力や特定の財の所有をよりどころとするのではなく，自らの地位の基礎を固める制度や組織機関や，そこに所属する人間をよりどころとする。これらを，第1の権力要素と対照的に，**第2の権力要素**ということができる。

権力の形成過程を分析することは，社会学の課題である[9]。ここでは，安定した権力関係は，通例，少なくとも，**二重に段階をつけられる**，ということを指摘することで十分としなければならない。すなわち，支配者あるいは権力エリートと，被支配者との間に，弟子や家臣や官公吏やこれに類するものから構成さ

---

9) これについて，印象深いモデルは，次の文献である。*Popitz*, Prozesse der Machtbildung.

れ，一方では支配者の権力の影響下にあり，しかし他方では下の者に対する自らの権力を行使する，そのような**支配スタッフ**がいる，ということである[10]。国家の官僚機構もこのような機能を果たしている。

4 承認された権力としての支配

権力が服従者によって正当であると認識され，服従者が権力者の命令に自発的に従うならば，社会学は，マックス・ヴェーバーに倣って**支配**について論じることができる[11]。それによれば支配とは，**承認され，合法化され，制度化された権力**である[12]。支配関係もあらゆる社会において見られる。なぜならば，世間一般の生活経験が示しているように，人間は，大部分が，成立した上下関係に満足してしまうからである。彼らはこのことを自らの関心のなかで行う。なぜならば，共同体のために各自の生来の利己主義に限界を設ける権威が存在しなければならないということが，長期的には有益である，ということを彼らは理解しているからである。支配の担い手が，──服従の対価として──平和と安定と秩序を保証することは，承認と正当化の基礎として，充分である。不確かな出発点によって，永続的に権力闘争に有利になるものとして疑問視されないわけではなく，また危険にさらされることもある[13]。具体的な国権の担い手の承認および彼らの活動の承認は，特に支配を利己的に行使しているかどうか，市民を公正に扱っているかどうか，市民の関心事に十分に理解を示しているかどうか，市民の自尊心を尊重しているかどうか，ということに依存している[14]。

確かに，ある社会においてあらゆる構成員によって無制限に自発的に支配が承認される，という意味において，支配が完全であるということは決してない。

---

10) そのように，このことを既にマックス・ヴェーバーも見ている。次を参照。WuG, 2. Teil Kapitel IX.
11) WuG, 1. Teil Kapitel 1 §16, 第7章第3節を見よ。
12) 制度化された権力については，*Popitz*, Phänomene der Macht, 37ff. 彼は，次のような3つの傾向に基づく制度化の過程を出発点としている。すなわち，それは，非個人化の増大，権力行使の形式化，ならびに，包括的な秩序への権力関係の統合の高まりである。結局のところ，この関連の概念は，包括的な秩序，すなわち，──伝統的，合法的，あるいはカリスマ的に正当化されうる──，というヴェーバーによる見解の結果になる。
13) このことは，ホッブズ『リヴァイアサン』による国家権力の正当化に関する，哲学的アプローチである。
14) *Tyler*, Why People Obey the Law, 1990, 71ff. における経験的証明。

抵抗に対して，支配者はそれゆえ，自らの権力をもよりどころとしなければならず，非常の場合にはその権力を使用しなければならない。支配が，十分な権力の潜在能力を（もはや）確保していないところでは，容易に，その承認もぐらつく。すなわち，その支配を攻撃し，転覆させ，そして，新しい支配を打ち立てる成果が期待されるのである。そしてそのような新しい支配は，変化した権力関係によりよく適合し，変化した権力関係から支配の正当性を導き出すこととなる。

そうして，フランス革命が勃発したのは，王権とそれに追随する貴族が，経済的，文化的に強くなった市民階級に対して，もちこたえることができなくなったためであるが，また市民階級から提起された支配構造を変更することという要求を顧慮することについて，自発的に備えていなかったためでもある。支配者の自由使用に任されている権力手段が，支配者に付与された支配権力を上回っているならば，このことは逆に，1815年のウィーン会議の後の王政復古の期間のプロイセンやオーストリアのような，支配者に有利になるような修正へと至る。[15]

権力と支配は，それゆえ，並行して進行するものであり，相互に支え合い，補強し合うものである。権力と支配は，権力が原則的に悪く，支配が良い，と見なしてもいいような，対立するものでは決してない。むしろ，少なくとも承認され，然る後に支配として正当と認められた権力関係について，その段階や程度，そして結局はスライドするような目盛りを，よく考えることが，より正確であろう。

この意味において，**権力の制度化に関する5段階のポピッツによる区別**は，創意に富む。[16] 第1段階では，権力行使は，ポピッツによれば，散在したままの状態にあり，特殊なケースに限定され，そうした特殊なケースが繰り返されることは考えられない。第2段階では，権力者は，従属関係にある者の行動を，もはや特定の場合にしか統御できないのではなく，むしろ規範化することができる。すなわち，特定で繰り返し起こる関係のなかでつねに同じ道へと導くことができる。第3段階では，「官職」権力が発展する。権力は，権力を保有する人間から離れ，特定の抽象的に規定された任務と役職に結びつけられ，権力の

---

15) 事例については，*Haferkamp*, Artikel Herrschaft im Lexikon des Rechts 3/160.
16) *Popitz*, Phänomene der Macht, 42ff.

保有者は変わりうる。歴史的発展のなかでは，総大司教や裁判官や軍司令官のイメージは，官職支配のタイプとして認識される。この段階に到達するところを，ポピッツは，支配の視点から述べている。第4段階では，支配者は，自らの権力を強化する支配機構を擁し，第5段階では，支配者は，最終的に国家の手中で，支配の集中化と独占化，さらにはその拡充に成功し，それはその支配が，日常化し，あらゆる社会関係において使用可能で決定的になるほどである。

第2節　権力と支配の規制としての法

1　権力と法の関係

上述の考察を基礎として，権力と法との関係を，さらにくわしく規定することができる。このことが問われる場合，最初に聞かれる無思慮な回答は通常，次のような内容である。すなわち，**権力は法に優る**。**権力は法を破る**。そのような言葉のなかには，権力と法が対立するイメージがあり，それはまさに，法が善の側に，権力が悪の側にあるような道徳的判断である。テオドール・ガイガーは，権力に悪の原則を，法に善の原則を割り当てることは，自然法論と啓蒙主義哲学に起源をもつと説明した。[17]

しかし，先に述べた章のなかで叙述した規範やサンクションや法の妥当性の関係と結びつき，それにすぐ続く第2の考察は，この視点が適切でないこと，少なくとも非常に不完全であり一面的であることを示している。すなわち，**法は権力をよりどころにし**，法の維持と貫徹のために権力を必要とするのである。法は，他の側面では，権力の行使を**制限**し，権力を秩序づけられた方向へと導き，それゆえ権力に従う者の保護に貢献する。法は，権力をも**正当化する**。マックス・ヴェーバーによる概念規定の意味における支配は，合法と認められた権力である。合法的支配の場合において，正当性は，法の総体の妥当性よりも，むしろ法律の妥当性に基づいている。

確かに，法はしばしば，制御されていない権力の使用や，**権力の濫用**を阻止することができない。社会において，権力関係が，現行法にもはや適合しない

---

17) *Geiger*, Vorstudien, 295f.

場合，法を適合させる，という結果になることがしばしばある。この場合においてのみ，権力は法に優る，という立言は正しい。それはそれゆえ，意識的に現行法を無視した権力闘争や権力濫用と，権力とを同等視する，縮められた視点の産物である。

社会学の視点において，権力と法は，対立するものではなく，むしろ，相互に弁証法的な関係にある，互いに関連した社会的構成物である。ルーマンは，両方を，それぞれ相互に適用することにより，社会的効率を高めることのできる再帰的なメカニズムと見なしている。すなわち，法定立は，法的に秩序づけられるのである。権力は自らの強化のために使用される[18]。日常用語では，次のようにも言い表される。すなわち，

法は，正当性の視点から，社会に存在する権力関係あるいは支配関係を規制するものである。

法は，権力の無制約で破壊的な使用や，あらゆる生活領域における永続的な権力闘争を阻止するために，社会が用いる手段である。この課題を実現するために，法は，十分な権力を必要とする。国家という近代の公的機関において，サンクション機関は，既に説明したように[19]，法を貫徹するために，十分なサンクションの潜在能力を駆使できなければならない。

そのことから，自己矛盾であるかのように，サンクション機関の側からの権力の濫用の危険が結論される。われわれが特に法治国家の概念と結びつける一連の際立った社会的予防措置と法的予防措置の目的は，それに対処するためである。すなわちそれは，基本的人権，三権分立，支配者あるいは国家権力を普遍的な法規へと結びつけること，法の下での平等，任期による権力の時間的な制限，権力の保持者の選挙，法治国家的な決定手続と管理手続の保証，条件つきの決定計画[20]，権力の保持者に対する公共の批判を保障する言論の自由と集会の自由，および，普遍的な公共討議やマスメディアを通じた権力の行使の管理，である。

---

18) *Luhmann*, Reflexive Mechanismen, in: Soziologische Aufklärung Bd. 1, 92ff.
19) 第 *12* 章第 2 節 3。
20) 第 *12* 章第 3 節 3 を参照。

あらゆる歴史的経験に従えば，これらの法制度も，権力の濫用を完全に阻止することはできないし，自由主義的な法治国家の秩序を持続的に安定させる上で，何ら確実な保障を提供するものでもない。特に私的な社会・経済的活動の領域において，これらの法制度は，権力を限定するために，数多くの補足の規定を必要としている。しかしこれらの法制度はやはり，権力の問題を克服するための――他と比較してみれば――最善で最も進歩したなじみの手段を提供しているように思われる。

2 法の正当性

上記の関連を原則として明らかにすることは，支配の正当性と，さらには正当な支配を支えている法の正当性が，何に基づいているのか，という問いである。法が国家の法である限りは[21]，それと同時に，国家の正当性について問われることとなる。その場合，法社会学は，神学的な，あるいは哲学的な正当性の理論とは，かかわり合わない。すなわちそのような正当性の理論は，国家と法を，神の意志，正義の理念，自然法，社会契約と支配契約，あるいはその他の形而上学的な理論に帰す[22]。その視点は，第1に，どの理由から人間は支配の正当性を信じ，それに自発的に順応するのか，という経験上の問いにあり続けている。上述（第1節2）で説明した人間の社会的共同生活に関する人類学の基礎と，このことは関連している，ということから考察を始めることができる。支配関係の形成は，一人ひとりのあらゆる被支配者の利害に根ざしている。それは，有益で，そのうえ生活に必要不可欠であることが判明する。支配者が保護を提供し，生存のための配慮，という課題を履行するその程度において，支配関係の形成は，相互主義の原則の結果となる[23]。しかしこの問題は，個々の事例に関していえば，抽象的に答えられるものでも，断言できるものでもなく，むしろ，具体的な法秩序や特殊な法的規定に関してのみ答えることができる。

今のところ，それに関する十分で広範囲に作成された質問調査は欠けている。それゆ

---

21) 前述，第 *10* 章第3節を参照。
22) これに関しては，全ての文献を挙げる代わりに，次を参照。*Hofmann,* Legitimität und Rechtsgeltung, 1977.
23) 第 *11* 章第3節を見よ。

え，法社会学は，差し当たり，モデルと仮説を示す。特に殺人の禁止のような基本的な規範について，大部分の人間は，おそらくまだ今日，宗教的な拘束に基づく正当化や，自然法への信頼に基づく正当化を挙げるであろう。しかしそれは，他方で，次のような否定的な表現の相互主義の原則にも従っている。すなわち，人々が汝に何をしようと，汝が望まぬことを，他の如何なる者にもなすなかれ，ということである。権力による合法的殺人という事例が存在するかどうかということについては，死刑，戦争中の殺人，堕胎，そして安楽死，ということに関して周知のように，いまだに議論が行われている。

多くの場合において，マックス・ヴェーバーによる類型が示した伝統に基づく正当化が見つけられるであろう。確かにその強さは，伝統的な法が今日ではいつでも変更可能なものと見なされ，大量に新しい法が作られているために，弱まっている。ヴェーバーの類型論によれば，いま現在の実定法の正当性は，とりわけ，その**合法性**に基づいており，ルーマンによれば，実定法を生み出す際に遵守される法治国家の**手続**に基づいており，ハーバーマスによれば，**国民の意思と，その決定に有効な国家機関との間の民主的連動**，さらには，民主主義において制度化された理性的な解決へと導く**合理的な討議**に基づいている。これらの理論の全ては，確かに経験的調査のためのモデルとしても考えられるが，しかし，これらの理論を扱う首唱者による思想の道筋のなかでは，しばしば，そのような仮説としての性格は失われている。

近代の実定法の複合的正当化から出発することは，現実的であろう。そしてそうした正当化のなかでは，正当性を人々が信頼する根拠として，法が設置する制度の威信，法定立や裁判官による法創造，しかしまた，伝統的で宗教的あるいは哲学的に基礎づけられた価値観念，さらには，様々な混合状況における経済的で政治的な目的化の視点と利害関係が合流する。

---

24) 第7章第2節2を見よ。
25) 法の実定性に関しては，第17章第3節を参照。
26) 第7章第2節2を参照。
27) 第8章第2節4と第11章第5節を参照。
28) *Habermas*, Faktizität und Geltung, 1992.
29) 同様のことは，*Hofmann*, aaO (Fn. 22), 60ff., 72. 彼は，法の正当性を，自由主義的―民主主義的そして社会的な法治国家の憲法への合意に由来させ，そして，そのような合意を，「歴史的に刻印された経験」と，そのような憲法への合意は実際的な理性の意味において合理的であるという推測に由来させている。

3 法的規制の課題としての支配構造

ある社会における権力構造と支配構造の具体的な法的規制は，法社会学だけの中心的なテーマなのではなく，法教義学や法政策の中心的テーマでもある。その場合，法を通じた権力の確定と，法を通じた権力の制限という二重の視点が例外なく問題である。**刑法**においては，あらゆる現象形態のなかで，国家による刑罰権の規制が重要である。**憲法**や**行政法**の中心的テーマは，国家権力やそれに関連する周辺の諸機関の下への市民の一般的な順応であり，あるいは，全てのものに対する安定した共同生活の保障や生活の基礎の保障である。

権力と支配を法的に統制すること，という現実的な意味は，今日では，**民事法**のなかで最も劇的に示されている。なぜならば民事法は，もともと支配から自由であり，あらゆる市民の同等の秩序に基づいた私法の社会から出発したからである。そしてそのような私法の社会は，自由に結ばれた契約という形象のなかに，その法的シンボルを見出したのであった。[30] この自由に結ばれた契約という形象は，20世紀の経済的発展と社会的発展を通じて時代遅れとなった。すなわち私法の社会は，今日ではもはや，労働法や経済法や企業法の構造と課題を提供するものではなく，民事法一般の構造と課題を，非常に制限された形で提供しているにすぎないのである。その代わりに，至る所で，形式上の法的平等に依存せずに発生し，そのような法的平等を掘り崩してしまう経済的な権力のポストや社会的な権力のポストを，法的に「把捉すること」が問題となっている。

それに関して一般的な民法の領域からは，最も重要な事例として，普通取引約款に関する法について言及することができる。その法は，取引約款全般を，次のような場合に限り，契約の構成要素として受け入れている。すなわちそれは，他の契約者がその妥当性について同意し，それに加えてその取引約款が，契約相手を信義誠実の要請に反して不適当に不利に扱わないかどうか，という視点から，その取引約款について司法による内容のチェックを受けさせている場合である。[31] 経済権力や社会権力に対する法の統制は，2つの規定，すなわち経済権力と社会権力の規定のなかに，明確に現れている。同様のことは，消費者保護規定の増加傾向にあてはまる。**労働法**は，全体として，雇用者と被雇用者との間の支配関係の取り決めとして理解することができる。そしてそこには，労働

---

30) 第**14**章を参照。
31) 民法（新文言）第305条以下。

法全般——経営体規則法や賃金協約法や労働争議法——において，法の助けを借りて使用者と被用者の交渉の均衡を生み出すこと，という試みも含まれる。**競争法**は，カルテルへと，そして市場で支配的な企業へと，集中する経済的権力のチェックに寄与している。

法社会学において，特にヘルムート・シェルスキーは，大規模な社会組織や，いわゆる「中間権力」によって，個人が脅威にさらされていることを，現代社会の重要な問題と認識し，それに対して，法政策的に理想的な理念として，「人間の不可侵と自律」を要求した[32]。法社会学と法政策にそのように課されたプログラムは，特に，国家や経済や社会における権力関係と支配関係を明らかにすることを要求している。そしてそのような権力関係と支配関係を，法はこれまで一目置いてこなかった。それゆえ，法はそのような権力関係と支配関係を統制することも正当と認めることもせずに，それに耐えている。

文献一覧

Bendix, Reinhard, Könige oder Volk. Machtausübung und Herrschaftsmandat, 1980; *Blau, Peter M.,* Exchange and Power in Social Life, 1964; *Claessens, Dieter,* Rolle und Macht, 2. Aufl. 1970; *Coleman, James,* Macht und Gesellschaftsstruktur, 1979; *Dahrendorf, Ralf,* Soziale Klassen und Klassenkonflikt in der industriellen Gesellschaft, 1957; *Elias, Norbert,* Zivilisation und Gewalt, in: *Matthes, Joachim* (Hrsg.), Lebenswelt und soziale Probleme, 1980, 98; *Foucault, Michel,* Überwachen und Strafen (Surveiller et punir), deutsch 1992; *Geiger, Theodor,* Vorstudien 295ff.; *Habermas, Jürgen,* Legitimationsprobleme des Spätkapitalismus, 1973; *Haferkamp, Hans,* Soziologie der Herrschaft, 1983; *ders.,* Artikel Herrschaft (Macht) im Lexikon des Rechts 3/60; *Höffe, Otfried,* Politische Gerechtigkeit, 1987; *Hofmann, Hasso,* Legitimität und Rechtsgeltung, 1977; *Hondrich, Karl Otto,* Theorie der Herrschaft, 1973; *Luhmann, Niklas,* Macht, 1975; *Münch, Richard,* Legitimität und politische Macht, 1976; *Narr, Wolf Dieter,* Gewalt und Legitimität, Leviathan, 1973, 7; *ders.,* Physische Gewaltsamkeit, ihre Eigentümlichkeit und das Monopol des Staates, Leviathan, 1980, 541; *Offe, Claus,* Krisen des Krisenmanagements: Elemente einer politischen Krisentheorie, in: *Jänicke, Martin* (Hrsg.), Herrschaft und Krise, 1973, 197; *Popitz, Heinrich,* Prozesse der Machtbildung, 2. Aufl. 1969; *ders.,* Phänomene der Macht, 1986; *Schelsky, Helmut,* Die Bedeutung des Klassenbegriffs für die Analyse unserer Gesellschaft, in: Auf der Suche nach Wirklichkeit, 1965; *Stallberg, Friedrich-Wilhelm,* Herrschaft und Legitimität, 1975; *Weber, Max,* Wirtschaft und Gesellschaft, Teil 1 Kapitel 1 §§16 und 17, Kapitel III, Teil 2 Kapitel IX.

---

32) 第 *9* 章第 2 節 4 C)。

第16章　紛争と紛争処理

Konflikt und Konfliktregelung

第1節　社会的紛争の理論

1　社会学的紛争理論と法社会学的紛争理論

　社会的規範と法的規範，サンクション，法の妥当性と有効性ならびに社会的支配の正当性に重点を置く法社会学は，それ自体として秩序だった調和的で安定した社会を出発点とする。社会に関するその言説は，静態的で保守的な傾向を有している。この法社会学は，法を，緊張から自由な状態，平和，正義，安定性を創出し，または維持する手段として理解する。そして，それは紛争を原則として望まれざる，もしくはまったく病理的な現象として捉える。また，紛争は回避されるべき，もしくは抑圧することが肝要であって，それに成功しない限りで，可能な限り早急にまた音もなく，世界にから再び生み出されるに違いない現象として見る。それゆえ，こうした法社会学は，現実に生起する紛争を過小評価し，また，学問的視点から排除する傾向がある。さらに，法哲学や法解釈学とりわけ民事法の解釈学では，そのような調和主義的な基本的思考が流布している[1]。しかしながらこのこと全ては，まったくもって現実性に乏しい。

　それに対して一般社会学においてもまた法社会学[2]においても[3] 1960年代から

---
1) 全ての文献を挙げる代わりに，以下を参照。*Coing*, Grundzüge der Rechtsphilosophie, 2.Aufl. 1969, 138, 146; *Larenz*, Methodenlehre der Rechtswissenschaft, 6.Aufl., 189ff.
2) これに関する著作については，文献一覧を参照。
3) *Aubert*, Interessenkonflikt und Wertkonflikt, in: *Bühl* (Hrsg.), aaO, *Eckhoff*, DieRolle des Vermittelnden, des Richtenden und des Anordnenden bei der Lösung von Konflikten, in: *Hirsch/Rehbinder*, Studien und Materialen zur Rechtssoziologie, 2. Aufl. 1971, 243; *Gessner*, Recht und Konflikt, 1976.

再び強まってきた思潮があり，これは社会的紛争に対してより大きな注目をよせる。この思潮はあらゆる社会においてはその当初より紛争は日常的であり，それが避けることのできないものとして現れることを認めることから出発する。ゆえにその思潮は紛争は人間社会にとって本質的なものであると考える。紛争は，個人と社会集団間の相互行為，または，個人間の相互行為，社会集団間の相互行為の現象形態として特別なものに他ならない。あらゆる人間は，自らの生活の可能性を改善しようと努力し，その際には，他の人間に対抗して自分の意思を貫き通そうとすることでその者との対立に陥る。一定の集団と社会運動は，それらの目標を注目させ，それに対する承認を求めようとして紛争戦略を自覚的に利用する。[4]

これらの理由によって学問は紛争を否定したり，まったくもって悪者に仕立てようとしてはならず，冷静に紛争に注目し，先入観にとらわれずにそれを分析しなければならない。一般社会学の課題は，その原因を発見し，その経過と作用とを記述し，それを克服する手段を研究することである。法社会学の紛争理論は，まさに法を社会的紛争の処理に結びつける。すなわち，それは法の機能を不要な紛争を回避可能なものとし，既に生じた紛争に対処し，囲い込み，または，そうでなければ克服しようとすることにみる。もちろん，社会科学におけるそのような紛争理論のアプローチは，一定の政治的言説や闘争文書のなかに見られるように紛争を美化することではない。

2 紛争に関する社会理論と法理論

歴史的には，紛争に関する社会理論と法理論には，様々なバリエーションが知られている。古代の理論のひとつの例として，戦争は全ての物事の父であると述べるヘラクレイトス Heraklit の哲学に触れなければならない。[5] トマス・ホッブズの国家論は，自然状態ではあらゆる人間は，オオカミのように他人に対し

---

4) これらの目的は社会的変化に対抗することもでき，それゆえたとえば，農民の，遺伝子研究反対のデモンストレーション，もしくは，たとえばフェミニスト集団に引き起こされた紛争は，保守的な性格を有することもある。

5) ギリシア語の polemos は，通常，戦争と訳されるが，また，一般的な紛争，闘争を意味する。ヘラクレイトスについて次を参照せよ。Jaspers, Die großen Philosophen, Bd, 1, 1951, 631ff.

て振舞う（人間は人間に対してオオカミである。homo homini lupus）という仮定に基づいている。万人の万人に対する闘争が支配する。それゆえリヴァイアサンつまり，平和を創造し共同生活を可能とするために権威的で無条件の服従を要求する国家が必要とされる[6]。ブルジョアジーとプロレタリアートという階級への社会の分裂とプロレタリア革命に関する**マルクスの学説**は，同様に紛争に関連する社会像を基礎にしている[7]。同様のことは19世紀において主張されたような人種間の相互の闘争に関するあらゆる学説にあてはまり，特に国民社会主義の時代には，「公認の」社会理論にまで高められた[8]。戦後のドイツ社会科学においてとりわけラルフ・ダーレンドルフは，多くの著作の中で人間の本来の不平等と社会における権力の不均衡に基づく紛争社会学を展開した[9]。

　法律学の近年の歴史においては，まず，ルドルフ・フォン・イェーリングの『**権利のための闘争**』は紛争に関連する社会理論の精神的文脈における有名な著作である[10]。イェーリングは，闘争は，権利＝法の本質と分かちがたく結びついており，否むしろ，その概念のひとつの契機であると記している。世の中のあらゆる法＝権利は，戦い取られるものであり，対立する者から奪い取られたものである。個人は，自らの権利のために戦うという道徳的義務を有している。なぜならば，ただそのことのよってのみ，個人はあらゆる国民の，正義を世の中で実現するという永続的な使命を分担することができる，とする。イェーリングの理論から20世紀において**利益法学**が生じる。これは2人の権利者の間の利益紛争をあらゆる法的問題の要点とし，紛争の解決を得るために相互に対立する利益を考量することを法律家の任務とする[11]。

---

6)　*Hobbes*, Leviathan, 1651, *W.Euchner,* 1966, Kap. 10,13,17ff. によるドイツ語訳。
7)　第*4*章第2節2と第3節2を見よ。
8)　*K. Salier*, Die Rassenlehre des Nationalsozialismus in Wissenschaft und Propaganda, 1961.
9)　文献一覧における紹介を参照。
10)　*Jhering,* Der Kampf ums Recht 1872, 再録 Ausgewählte Schriften, 1965, 195ff. 第*3*章第1節2を見よ。
11)　利益法学の主要文献は以下。*Philipp Heck,* Gesetzesauslegung und Interessenjurisprudenz, 1914; *ders.,* Begriffsbildung und Interessenjurisprudenz, 1932 sowie der Anhang „Begriffsjurisprudenz und Interessenjurisprudenz" in: *Hecks* Grundriss des Schuldrechts, 1929.

3 建設的紛争と破壊的紛争

　上記のあらゆる紛争理論に共通する学問的な成果として，まず，社会的紛争の価値自由な分析と理解が，確認されなければならない。紛争は，他者が期待どおりに行為せず，期待する者がその期待を堅持するときに，つまり，社会学的用語で表現すれば規範的行動予期が裏切られることから生じる[12]。こうしてもたらされる状態は，一貫してアンビヴァレントである。それは以下のようにもなりうる。すなわち，期待を裏切られた者と彼を取り巻く社会が，両者が行動予期を維持する原因を確認するということである。このような場合には，期待を裏切られた者の集団において承認された規範と行動様式の安定化と行為者の社会的孤立化へといたる。このことはデュルケムが既に描いた現象であり，違反は社会的連帯を強化することによって肯定的作用を生みだすという現象が見られる[13]。様々な社会団体間もしくは民族の間の紛争は，このようにして，団体もしくは民族の間のアイデンティティと構成員の帰属意識を強固なものとするという機能を果たす[14]。予期を裏切られた者とその背後にある集団のもうひとつの反応は，規範違背によって自らの行動予期と規範とを検証し，それらを新たな状況に適応させることにもなりうる。すなわち，そのような行動は，規範違背者の行為様式が，環境世界の適応を要する変化した状況または新たな必要と価値観念から説明される場合に明らかになる。この場合，紛争は社会における動的要因として，そして，内部革新と社会変動の推進力として現れる。あらゆる社会は，絶えず起こる新たな出来事と挑戦とに直面して，社会は変化する能力および適応能力を維持し，硬直化しないために一定の紛争の可能性十分な程度の柔軟性とを必要とする[15]。

　したがって，規範と行動を安定化させる力と同じく紛争を変化させる力は，原則として**建設的**に働き，それどころか社会における必要不可欠な機能を果たす。とりわけ社会における紛争の出来は，社会において個々人に保障されてい

---

12)　特にこの点につき以下を参照。*Luhmann,* Konflikte und Recht, in; *ders.,* Ausdifferenzierung des Rechts, 1981, 92f.; *Deutsch,* Konfliktregelung aaO (Schrifttumsverz.).
13)　本書第 **5** 章第 2 節 1 を参照。
14)　*Luhmann,* aaO, 98ff.; *Coser,* Theorie sozialer Konfllikte, 36ff.
15)　*Luhmann,* aaO, 101ff. また，上記第 **10** 章第 1 節，第 2 節 5 を見よ。

る自由がもたらしたひとつの結果である。権威主義的または全体主義的社会，もしくは，デュルケムの意味ではむしろ機械的連帯の原則で組織されている社会は，ほんのわずかな紛争のみしか処理することができず，それゆえ通常は紛争を抑圧することになる。社会が自由であるほど紛争はしばしば生じ，また，しかし，その存在を脅かされることなく紛争に耐え，コントロールする社会の許容性も大きくなる。

　これに対して，紛争はまた，もはや境界を維持しコントロールできない場合は**破壊的**な力，そして学問的には否定的に評価される力を発揮する。ひとつの紛争が拡大するときには，関与者もしくは関与集団の間のあらゆる関係に波及し，ついにはそれらの間の明白な闘争に至り，そうでなければ生産的に使うことができたはずの諸力を結びつける。紛争は当事者間の協働関係を阻害し，物質的および非物質的価値を否定し，社会的連帯と統合とを破壊し，デュルケムの意味でのアノミー状態，すなわち，あらゆる社会秩序の崩壊状態と内乱状態へと至る。民族と国家の関係においては殲滅戦争となる。いまだ内部の十分なレベルの堅固さを示し，その自己存立の価値を重視する社会は，そのような過程を認めない。それゆえ，これを固定化し，その状態を回避するための制度や手続が形成されなければならない。つまり制度や手続の課題は，紛争が解決されない場合には，それでもその破壊的な力と脅威とを失わせるように誘導するものである。[17] 歴史の発展において，このようなことで最も重要な歩みであったのは，私的フェーデの抑止，国家に権力行使を一手に独占させたこと，制度化され，強制力を伴った紛争処理機関として裁判所が形成されたことである。

第2節　「私的」紛争

1　ミクロ社会学的紛争

　社会的紛争，その発生原因，経過と克服に関する多くの様々な種類の研究は，

---

16)　第5章第2節2を見よ。
17)　社会的紛争のこのアンビヴァレンツにつき，以下も参照。*Röhl,* Rechtssoziologie, 445ff.; *Gessner,* Recht und Konflikt, 8ff.; *Deutsch,* aaO, 25f.

法がつねに重要な役割をそこで果たすとしても,ここでは詳細を述べることはできないが,**社会学**および**政治科学**の中心的研究領域である。市民と国家間の紛争もここではこれ以上は説明できない[18]。われわれはより近時の法社会学の大きな分野と一致して,むしろ以下では法的には民事法の分野である**私的個人間,私的集団**そして**私的組織**の間の争いに限って見ることにしたい。それゆえたとえば,売り主と買い主,賃貸人と賃借人,事故の加害者と被害者,雇用者と被用者,事業所委員会と企業執行役員,労働組合と経営者連盟,団体構成員とその構成員が属する団体,配偶者間,家族構成員などの紛争が問題とされる。

ひとつの国民の中の政治集団間もしくはいくつかの国民の間のマクロ社会学的紛争とは対照的に,その種の争いは,**ミクロ社会学的**であると特徴づけられる。そのような理論的研究,経験的研究の目的は,かかる紛争の発生する原因を解明すること,そのメルクマールを記述すること,諸類型を彫琢すること,推移を追求すること,そして,最終的には社会における紛争解決もしくは調整の様々な手段と方法とを認識し,そこで法の果たす役割を理解することである。その背景には,「**紛争アプローチの理論**」が存在し,それによれば紛争の種類によって最もよく適合する処理形態がある[19]。

研究領域を精緻にするためには,一般社会学における広い概念よりも,より狭い紛争概念に導くような境界線が役に立つことが理解される。一方で,われわれは,紛争と競争(競合)と区別する。当事者である個人と集団が特定の財のできるだけ大きな部分を求めて争う限りで**競争**が存在する。しかし,その際には,相互に直接攻撃したり妨害したり,または,競争から排除したりはしない。**紛争**は,行動が競合者に対する直接的に行動が向けられるときに発生する[20]。他方,研究領域から利益対立が抜け落ち,そこでそれぞれの者自らの欲求充足のために他人の給付を使用する。それは,**給付の交換**の形態もしくは**協働作用**の形態において解消される。その境界づけは,すぐに理解されるように,

---

18) 刑法に関する紛争の範囲では,犯罪社会学が参照されるべきである。
19) *Falke/Gessner*, Konfliktnähe als Maßstab für die gerichtliche und außergerichtliche Streitbehandlung, in: *Blankenburg/Gottwald/Strempel* (Hrsg.), Alternativen in der Ziviljustiz, 1982, 289ff.
20) *Röhl*, Zeitschrift für Rechtstheorie 1977, 93ff., 99; *ders.*, Rechtssoziologie, 448ff.

一面では，競争，契約による利益均衡，集団形成と，他面では法的争いが法的意味のある区別を反映する。区別は社会的現実においては困難なことであるかもしれない。社会学的には，それは潜在的に破壊的な紛争に視線を集中する。

2 発生原因

以上のように区分された発生原因の多くをここで取り上げることはできない。人間活動のあらゆる領域に争いが存在することは明らかである。それらは，人格的，社会的，経済的，政治的，職業的関係などから生じ，時として唯一の原因に帰することはできず，複合的な様相を呈する可能性がある。かかる見方は，あらゆる紛争をつねに最終的に同一の原因，たとえば，マルクシズムのように生産諸関係に還元する単一因果論的な説明の試みと紛争理論を単純にすぎるとして退けさせることになる。法社会学との関係でいえば，**法自体も紛争の原因となりうる**ということを強調することが重要である[21]。実定法が，一致していないこともしくはむしろ不明瞭に相互に区分されている要求と法的地位を認め，そのことによって争いが引き起こされることがあるからである。たとえば，基本法第5条において保障されている報道の自由と基本法第2条に示された侵害されない個人の人格領域の保護との緊張は，非常に多くの訴訟の原因となったことを指摘しておこう[22]。それどころか次のようにいうことができるであろう。社会における法規定の密度が高いほど，妥当する法が争いを引き起こす可能性が高い。その限りで今日あらゆる社会生活諸領域における法化は，訴訟の増加のひとつの重要な原因である[23]。

3 紛争の種類

説明力を有し，成果ある**紛争種類の類型論**を構築しようとする学問的な試みは，これまでのところ，まだ完成していないし，全ての領域で認められる成果に到達しているわけではない。それでも私的な紛争処理の理論のためには，以

---

21) *Luhmann,* aaO (Schrifttumsverz.) 104.
22) z.B. BverfGE 34, 269, 35, 202 並びに Hesse, Grundzüge des Verfassungsrechts §12, 5 参照。
23) 第*20*章第2節を見よ。

下を区別することが有益であることが理解される。

　a）幾度も参照してきた論文のひとつでノルウェーの法社会学者であるウイルヘルム・オーベールは，2つの紛争の種類を区別している。彼はそれを，**競争** competition と**不一致** disssensus という概念で特徴づけるが，それらはドイツ語では**配分紛争**と**見解の不一致をめぐる紛争**として置き換えるのが最も適切である。[24] 同様の趣旨で，アメリカの社会心理学者ティボー John Thibaut とウオーカー Laurens Walker は，[25] **認知の紛争** conflict of cognition と**利益の紛争** conflict of interest とを区別する。詳しく述べると，前者は真理をめぐるものであり，後者は（配分の）正義をめぐるものである。

　配分紛争は，欠乏状態に由来する。2人の個人が，同一の対象を追求しようとするがそれが両者を満足しない。その場合の利益関心は，物質的な対象でもありうるし，また，社会的，職業的地位，権力と名誉，性的パートナーもしくは同様のものに向けられる。経済的財に関する限り，この種の紛争は通常は市場メカニズムによって受け止められ，克服され明白な紛争とはならない。それでも法的紛争となるときには，解決は典型的な場合では**妥協**である。当事者は，交渉を行い相互の要求を一歩一歩，合意に至るまで縮減する。[26]

　これに対して**見解をめぐる紛争**は，社会的対象の規範的状態，つまり状態の価値判断が重要な意味をもつ紛争である。それは宗教的，政治的，イデオロギー的な相互対立でありうるが，また，正か不正か，真か偽か，合法か不法かの選択が問題なのでる。通常この種の争いは，交渉に基づいてまた妥協によって調停されるのではなく，一方もしくは他方に有利な決定が求められる。それゆえこの解決には当事者が見解の違いをそのままにしておけない場合には，両者の

---

24) *Aubert*, aaO (Schrifttumsverz.) 17ff. 通例，英語の概念は，「利害紛争」と「価値紛争」と訳される。（引用論文の翻訳でもそのように訳されている。）しかし，この翻訳は，英語テキストの意味を変更し，オーベールのいくつかの文を理解困難なものとしている。

25) *Thibaut/Walker*, Procedural Justice, 1975.

26) これは，配分紛争と配分的正義のごくわずかなスケッチにすぎない。前述第 *11* 章第 4 節を参照。**経済およびゲーム理論**においては，様々な条件下での最適な解が分析されるが，その際には関与者は合理的に行為し，その利益のみを認知するということが前提とされる。最良の解は，いわゆる**パレート最適**でそれが与えられる。いかなる他の解もお互いにより大きな総体としての利得を与えないか，一者により大きな，そして他者に少なくとも同様に大きな利得を与える場合である。

間の裁定者として現れる第三者の判断が必要とされる。

　両種の紛争では，社会的現実においては普通，純粋に生じない**理念型**が意味を有する。現実の紛争は競合する利益で始まるのが圧倒的であるが，通常は同時にまた，様々な価値評価の側面が示される。配分を巡る紛争は，見解をめぐる紛争に移行したり，それに形を変えることがあり，また，その逆もありうる。形を変えることは，とりわけ裁判での手続においても行われる。というのは，どちらの当事者が正しいのか，また正しくないのかが決定されなければならないからであり，また，当事者の利益が，どちらが他方に対してどれくらいの金員を支払わなければならないのか決定されなければならないことだけが現実には目的としているとしても，係争物はそれゆえ事実の正当性もしくは法規の適用についての見解の相違として言明されなければならないからである。[27]

　b）フォルクマー・ゲスナー[28] Volkmar Gessner は，もうひとつの類型論においてニクラス・ルーマンとの関連で[29]，**人格関係的**紛争，**役割関係的**紛争，そして**規範関係的**紛争を区別する。それによれば人格関係的紛争は，親密な，しばしば接触している状態と共通体験に基づく関係から発生し，その中で両当事者は，情緒的にお互い結びついており，多様で高度に複雑な相互の行動予期を構築した場合である。

　たとえば，配偶者間，または，家族内の紛争，友人間，隣人間，他の親密な関係の集団間の紛争がこれである。そのような集団内で争いが生じるとそれを生じさせた特定の主題を超え，当事者間の他の相互行為に波及し，最後には全体の関係に影を落とし，問題化する傾向がある。紛争主題は，社会学的に表現すると当事者が相互にもつ全体像である。そして，必要なのは彼らの間の一つ一つ個別の紛争の解決ばかりではなく，彼らの関係の相互の新たな定義づけである。この種の紛争は，非常に感情的なものである。他方，触れ合いの多様さは，他方の側にとりわけ歩み寄り，紛争を再び調整させ，または，それどころか過剰に補償する可能性も提供する，その結果，第三者の介入を必要とすることなく，事情によっては，それが生起したように迅速に再度もとにもどる。[30]

　これに対して，匿名の，また，しばしば一度限りの，いずれにせよ，わずか

---

27)　*Aubert*, aaO, 185ff.

28)　*Gessner*, Recht und Konflikt, 170ff.

29)　*Luhmann*, Rechtssoziologie, 85ff.; これにつき，第 *8* 章第2節2を見よ。

30)　*Gessner*, aaO, 175.

な相互行為で限定的な関係の下で生起する**規範関係的紛争**がある。たとえば，デパートにおける売り手と顧客，映画館経営者と映画館の観客，事故などの限定的関係である。ここでの紛争主題は，単に，社会的接触を支配する社会規範もしくは法規範の妥当性である。つまり，たとえば，支払い遅滞にある買い主，または，事故で責任を負った者が発生した損害を妥当する法に従って賠償しなければならないか否か，また，その額はどの程度かということである。当事者間のそれ以外の接点は，存在しないか，争いにかかわらない。以上の両極端の中央に**役割紛争**がある。これは，複雑ではあるが，社会的，特に，職業役割と地位に結びつけられた行動予期の限界づけられた束に関連するものである。役割紛争は，たとえば，被用者と雇用者間，スポーツ仲間，団体構成員，旅行グループの参加者，もしくは，医師と患者の間に生じる。その複雑性は，純粋な規範紛争の複雑性を超える。なぜなら，役割紛争は役割の担い手によって一般に期待された行動に関係し，それを強制しなければならないからである。しかし，他面で，役割紛争は規範違背者の私生活もしくは彼が他の立場で演じる社会的役割には入り込まない。

　ゲスナーの分類も多様な紛争類型をそれらにそのつど適当な処理方法にあてはめることを目的としている。そして再び戻ってくることになる。すなわち再び，理念型が問題となるのである。また，その境界は流動的であり，その結果考えられる全ての事例をそれらのうちのひとつに排他的に配置することは問題ではないということになる。

第3節　当事者による紛争処理

　社会紛争を処理する技術には，非常に多くの形態がある。私的紛争においては，まず，紛争処理が当事者たる個人，集団，または組織に限定されてとどまるのか，もしくは第三者が介在するのかによって区別するとよい。いずれの場合にも，いくつかの可能性が存在する。当事者自身による処理が求められる場合には，以下の点が考慮される。[32]

---

31) 役割概念について，前述第 *10* 章第 1 節 4 を参照。
32) 以下は，特に，*Röhl*, Rechtstheorie 1977, 102ff. を参照。

- 紛争をはらむ関係の回避か，中断か
- 一方の当事者の譲歩と他方の満足
- 埋め合わせを行うことによる補償
- 交渉と妥協
- たとえば，脅迫，恐喝，妨害，物理的実力の使用という形態での闘争

　紛争処理の類型論には，以下の諸問題が関係する。どのような諸条件の下でひとつのもしくは他の選択肢が問題となり，それがどのような結果をもたらし，法政策的に言えば，紛争のいかなる形態に対していかなる処理形態が最も適切であるのか，ということである。決して全てとは言えないが，それらが，以下の詳述の対象である。

1　回　避

　最も単純で多分，最もよく行われていると推測される紛争の処理は，相手を回避することである。誰でも他方を避けることで脅威となる争いを回避するということは，すなわちひとつの例である。紛争が既に生起している場合に，関係を断絶することはその紛争を解決しないものの無害なものにする有効な行為でありうる。たとえば，夫婦がもはや夫婦関係を我慢することができない場合に離婚するか別居の決定を行う。また，企業において，仕事もしくは労働環境に満足できない被用者が，労働関係を解除することである。かかる対応措置が可能であるのは，それによって生じる物質的および非物質的な不利益——すなわち社会的費用——を，負担することができ，関係を継続することの利益よりも上回らない場合である。労働契約の解除は，生活のための収入がどこか別の場所で得られる機会のある者のみが行うことができる。賃貸借関係の解除は，賃料が高すぎる場合，値ごろな住居がある場合に，また，賃貸人が十分に暖房を施さないときには，温かい住居を手配できるときにのみに考慮される。

　当事者が相互に回避することによって紛争が処理されるかは，周囲の状況による。そのための規準を与えるような諸要因は，一般化することは困難である。それでも以下のようなアメリカの理論は，ある程度は納得できる。現代の高度に分化した社会の人間ほど，これに対してその生活世界に結びつけられている，流動性が少ない古い時代の部族

やツンフトなどの構成員よりも，人格的もしくは経済状態による損害なくして，関係を断ち切る可能性があるということである。その理論によれば集団，組織，団体においては，ちょうど逆になる。それらは，以前は相互に接触することなく存在することができ，紛争の可能性のある関係を回避することができたが，今日ではそのような境界づけが行えないように様々な形で社会的生活に入り組んで存在している。[33]

2 譲　歩

　もはや紛争を回避することができず，勝つことができるチャンスもしくは交渉と妥協して終わらせるチャンスがない者は，譲歩しなければならない。そのような事例が生じるのは以下の場合である。行為者が，社会に妥当する規範に違背し，特に正当ではなく，それゆえ，第三者が紛争処理に介在すること，すなわち相手がその者に対して訴訟を提起すると，直ちに敗北を予想しなければならない場合である。さらにまた譲歩のひとつの事例は，より弱い者が相手の優勢に屈服する場合である。

　紛争が強者に対して有利に解決されることが法治国家の基本原則に反し，特にそれを阻止すると規定しているとしても，今日でもなお，無数の紛争がこのようにして終了する。スポーツ選手は，彼の所属する団体をあえて訴えようとはぜずに，その意思に従う。というのは，そうしなければ次の試合出場に指名されないことを憂慮しなければならないからである。企業と団体に対してはその外部にある個人は，譲歩することが稀ではない。銀行の顧客，被保険者，電気使用者もしくは入院している患者は，彼らの不満足が正しくとも，その裏切られた期待を強大な組織に対して表明し，紛争に持ち込むことは成功の展望がなく，費用ほどの価値がないとみて，組織との関係を変更することなくその状況によって折り合うのである。[34]

　このような事象の理論的分析にとって，以下のような知見は重要である。すなわち，紛争行動は，明らかに様々な行為の選択肢の起こりうる推移の予測および自らの可能性についての有用性の考量にかかっているが，それに劣らず自信，紛争に対して準備のあること，他の人格的特性，ならびに，紛争の貫徹に必要な経済的手段が利用できることにも同様に，かかっているということであ

---

33) *Felstiner*, Influences of Social Organization on Dispute Processing, Law & Society Review 9 (1974), 63ff.
34) *Felstiner*, aaO, 81.

る。それゆえ，社会的弱者や消極的な者の場合には，力があると思われる者に対して紛争を断念することは，とりわけよくあることである。[35]

3 補　償

補償の埋め合わせによって紛争処理を行うことは，紛争は排除されないか，また，そうするべきではないが，相手が他のやり方で納得する場合には，複雑な社会関係において可能である。たとえば，夫婦が，お互いに子の名に関する合意をみず，それでも決裂するのではなく，一方の子には母が，他方の子には父が決定するということによって紛争を収める。他の領域では企業が経営協議会に対し応諾したあとでは，その要求を主張しない。ひとつの社会的信頼関係の構築につながるサンクションの放棄の戦略もその一例である。すなわち被害者が，規範違背者が将来，規範に適応し，率先して行為することを動機づけるために，妥当な懲罰をまずは放棄することである。[36]

4 交渉と妥協

交渉と妥協によって紛争を解決することは，稀少な財をめぐる配分紛争の場合にのみ考えられる。[37] このことの合理的根拠は，双方が求められている財を双方に配分することの方がオールオアナッシングを求める闘争よりも通常，有利であるからである。高価で購入された商品は，購入者に対して買うことをあきらめるよりも多くをもたらす。これとは逆に，売り手ははじめにもくろんでいたよりも安い価格で手放さなければならないとしても，商売から利益を得ることができる。さらなる利点は，交渉過程の当事者は，その自らの価値観念および正義の観念を妥当なものとし，相互に調整できることである。そのために，彼らの利益の妥協は，外部からあらかじめ法によって示された解決よりも簡単に正当なものとすることができるからである。[38] この理由により数多くの訴訟でさえも判決によるよりも和解によって解決される方がよいのである。

---

35)　後述第9節2を参照。
36)　第 *12* 章第3節5，第 *11* 章第3節。
37)　前述第2節3a)を見よ。
38)　*Aubert*, aaO, 181; 全体について以下も参照。*Schelling* (Schrifttumsverz.), 235ff.

5 闘　　争

　近代国家は物理的実力を手段とする闘争による紛争解決を，私的紛争では許さない。脅迫，恐喝，もしくは妨害行動による解決もまた法律または慣習に違背するものとして非難される[39]。自力救済は，限定的条件の下で緊急の場合のみに許される[40]。重要な例外は，労働紛争である。その解決のために，労働争議が妥当する法によって許された境界のなかに引き入れられ，それどころか自由な経済の基本原則と労働基本原則の本質的な構成部分として理解され，憲法によって保障されているのである。古い時代の社会においても，合法的な闘争形態が，とりわけ決闘やフェーデという形で存在した。今日においても当然，法的統制になじむ範囲で権力，威信，社会的地位と富とをめぐる諸闘争は，阻害されているわけでも，また，禁止されているわけでもなく，日常生活を特徴づけるのである。

6　第三者に対する関係

　あらゆる社会的相互行為のように，紛争の発生と経過もまた，その当事者が属している社会環境に埋め込まれている。それゆえ紛争は，第三者に対する関係と第三者の反応から独立しては観察されることはない。紛争の第三者に対する意識的な隔絶がめったに起こらない例外として特徴づけられなければならない，ロビンソンとフライデーのような孤立した二者間の関係は実際にはあり得ない。通常は，両当事者は，その立場を支持し実現可能性の機会を大きくする援助者——**同盟者**——を求める。このような仕方ではじめは，二者間に限定された争いは容易に集団紛争へと拡大するのである。当事者集団に存在する利益，価値観念，正義の観念が目的となり，紛争の主題は対象化され，一般化され，闘争は激しくなる。なりゆきと同時に紛争処理を容易にすることができるかは周囲の状況にかかっている。誰が正当であるのか，ということについての一般的見解が形成されること，同盟者を求めるにあたって，一方の者のみがそ

---

[39] 民法第123条，第134条，第138条，第826条，競争制限禁止法第21条，刑法第240条，第253条。
[40] 民法第277条以下，第904条。

れに成功し，他方は，その者だけにとどまることは，ありうることである。両者の場合において，前者に有利なように勢力関係が変化する。そして後者が譲歩することはありうる。これに対して両当事者が同じように味方を見つけると，第三者の援助なしに解決を見つけることはより困難となる。[41]

第4節　第三者の援助による紛争処理

　自らの立場をよくするという目的だけを追求する同盟者を求めることは，紛争処理を目的とする第三者の介在とは，区別されなければならない。両当事者が紛争の処理を一致して望んでいるのであるから，第三者を求めるそれぞれの動機をもつことは**自由**であろう。当事者の一方が，紛争処理にかかわらないとき，**法廷**への道が他方に通常開かれている。被告は逃れることができず，また，その判決は両当事者に対して**国家の強制手段**によって執行されるのである。社会生活においては，争いを扱う第三者は，様々な形で登場する。たとえば，家庭裁判所，共通の友人，療法士，鑑定人，弁護士，消費者相談，公的な苦情相談所，審判人，企業と労働組合の法助言者などとして現れる。しばしば同盟者が独立した第三者に転換することは流動的である。法社会学においては，第三者の活動を4つの段階に区別することが類型論として目的にかなっていることが明らかになってきた。[42] たとえば，相談 consultation，斡旋 mediation，仲裁 arbitaration，裁定 adjunction である。

1　相　　談

　独立した助言者は，一方の当事者，そしてしばしば，双方の当事者に対してその要望によって，紛争の処理に関する見通しを伝えることにとどめ，しかし，それ以上のことは全て直接当事者自身にまかせる。助言は，専門的情報，たとえば，事故の原因，もしくは，入手した物の瑕疵の原因，もしくは裁判手続の見通しを含めて，争いの法的評価に関してであろう。その種の説明が，いかに

---

41)　同盟者を求めることに関して，*Röhl*, Rechtssoziologie, 474.
42)　*Eckhoff* (Schrifttumsverz.), 243; *Röhl*, aaO, 114; *Falke/Gessner* (Schrifttumsverz.), 291.

頻繁に既に紛争の公然の発生と裁判手続を抑止し，またはそれどころか既に生じた紛争の合意的解決の基礎を作り出してきたかということも周知である。それに加えて，助言の影響力が，複雑な人格関係的な紛争において問題となる。それらの紛争においては，事実的もしくは法的な個々の争点を明らかにすることが問題であるのではなく，根本的に阻害され感情的に負荷された関係から逃れる糸口を発見することが問題である。人格に関連する紛争と第三者による相談との親和性は明らかであったので，ゲスナーは両者を彼の紛争親和性の理論において相互に分類することができた。[43]

2　斡　旋

　斡旋とは，争っている者の間に入り，争いを終了させるように交渉を開始させ，促進させ，導くことを目的とする第三者の全ての行為である。斡旋者は純粋な助言を越えることがある。彼は当事者に対して積極的に働きかけ，意見を述べるよう，論拠を明らかにするよう，新たな観点を持ち出すよう，手続を前進させ，解決のための提案をするように積極的に影響を与え，また，納得させもしくはまた説き伏せることによって抵抗を克服することによる。しかし，彼は自身では決断するのではなく，彼の介在はむしろ当事者が最終的に合意へと至るときにのみ成果をみるのである。多くの場合には，斡旋者は双方の譲歩によって可能となる**和解**を目標として努力することになる（民法第779条を参照）。

　斡旋的な活動の必要性は，以下のような経験から生ずる。争っている相手の衝突が非常に激しくなり，その結果，彼らの立場の固有のエネルギーでは，話し合いが，再び受け入れられることが可能でないということである。それゆえ斡旋は，社会生活および法生活のいたるところで頻繁に行われている。公的な調停の場と斡旋の場の活動とかなりの部分では弁護士の活動もそれに向けられる。裁判所においても議論の余地のある判決を残さない目的で斡旋的話し合いがよく行われる。[44] それどころか民事および労働関係の裁判手続では，その種の和解手続は通例，法定されている。[45] 刑事手続においては，被疑者が，既に一定の賦課事項と遵守事項に従うことを表明しており，つまり，合意した金

---

43)　*Gessner*, aaO, 179; *Falke/Gessner*, aaO, 303.
44)　以下の数多くの論文を参照. in: *Gottwald/Hutmacher/Röhl/Strempel* (Hrsg.), Der Prozessvergleich, 1983.
45)　§§ 278 Zivilprozessordnung, 54 Arbeitsgerichtsgesetz 参照。

員を公共施設のために支払う場合には，検察官は裁判所との合意で公訴の提起を見送ることができる（刑事訴訟法第153a条）。利害の分散する多数当事者の斡旋は，たとえば，破産や清算手続は，方法的に手を加えられた専門家によって行われる手続となる。[46] 当事者を和解させる技量の優れていることを賞賛される裁判官は，とりわけ名声を享受する。[47]

　法社会学は，いかなる条件であれば裁判上の和解が成立するのか，また，どのような事例で争いの終了が訴訟判決よりも和解が優先されるのかという問題に集中的に取り組んできた。これについては主として3つの観点が重要である。[48] しばしば和解は，**司法の負担軽減**に対する期待と結びつけられる。というのは，和解は裁判官が判決を下し，書面で理由を述べることを省略することができるからである。その種の期待は，一定の範囲で現実的であり，司法政策的に正当化される。しかし，かかる理由から多かれ少なかれ当事者に和解が押しつけられるとすれば問題となる。

　原理的により重要なのは，他の2つの視角である。つまりそれは，手続的正義に抵触するからである。和解の**受け入れ**と**争いを終わらせる作用**は，判決におけるそれよりも高いであろうか。和解における当事者間の**力関係の不均衡**は，判決におけるそれよりも典型的に作用するであろうか。実務の経験からは，和解もしくは判決のどちらを優先させるかについては，一般的に述べることはできない。むしろ解決は状況ごとに応じて発見されなければならないのである。

3　調　　停

　中立的第三者が争いを自ら**決する**場合に，斡旋から調停への移行が行われる。これにはいくつかのバリエーションが存在する。ごく初期の場合では，当

---

46)　*Breidenbach, Stephan,* Mediation, 1995; *Hoffmann-Riem, Wolfgang,* Mediation als moderner Weg zur Konfliktbewältigung, FS Blankenburg, 1998, 649; *Henssler, Martin/Koch, Ludwig* (Hrsg.), Mediation in der Anwaltspraxis, 2000; *Maiwald, Kai-Olaf,* Die Anforderungen mediatorischer Konfliktearbeitung, ZfRSoz 2004, 175.

47)　1996年の統計によると，労働裁判では全ての事件の41％が和解によって終了している（Stat. Jahrbuch der Bundesrepublik 1998, 351, 354）。この極端に高い和解の割合は，とりわけ雇用保護法によって指示された実務の表現である。それによれば，正当化されない解雇の告知は，以前の職場への復帰に代わり，合意する。

48)　以下の諸論文を参照。*Röhl, Hendel, Rottleuthner, Bierbrauer, Gessner und Falke* in dem Sammelband Gottwald u.a., Der Prozessvergleich (Fn. 44).

事者は調停的手続に従うが，**仲裁的判断**をあえて受け入れることを義務づけられていない場合である。それゆえ調停人はあらかじめ決定を与え，紛争の終了は，相手がそれを受け入れるか否かにかかっている。かかる場合はいまだ，斡旋に近い。このような例は，労働紛争の予防のための労働協約調停規則，もしくは，特に労働争議の終了において見ることができる。

第2のカテゴリーは，両当事者が調停的手続に入ろうとすることが任意である場合である。**仲裁裁判所**の設定と仲裁人の指定は，**仲裁契約**によって行われる。しかし当事者が契約を締結すると**仲裁判決**は，両者を拘束し，国家権力によってまた強制力をもって執行される。実務的に最も重要な例は，民事訴訟法第1025条以下による仲裁手続である。最後の段階として，訴訟提起および仲裁判決に結びつく**強制調停**を最終的に視野に入れておかなければならない。

仲裁手続は，形式性がより少ないことおよび決定について柔軟性がより高いことで訴訟手続とは区別される。裁判所は，それに与えられた訴訟物についてのみを単独かつ過去志向的にのみ判断しなければならず，その際には法律と法のみに従って，手続をすすめなければならない一方，調停人は法律の遊域を余すところなく使用し，当事者の利益を譲歩させ，彼らの将来の全関係を調整することを目的として努力することができる。もちろん，調停人は，妥当する法を簡単に無視してよいわけではない。[49]

仲裁所と調停所の**実務的な意義**は，極めて大きい。国内的および国際的に大きな大規模経済流通では，圧倒的な部分で**合意**による**仲裁裁判**によって裁定されている。[50] 経営体規則法による争議の調整のために法律は，むしろ仲裁所の1種である**合意所**を設置することを定めている。[51] 大きな団体の多くでは，法律の根拠に基づかない**団体裁判所**があり，そこで団体からの除名に至るまで団体と団体構成員の間の紛争を裁定している。最もよく知られている例は，スポーツ仲裁裁判所と政党仲裁裁判所がある。仲裁裁判所の仲裁判断は，それらが団体の規則に従っており，法律，良俗に違反せず，もしくは明らかに

---

49) それゆえ，ドイツ法では，仲裁判断の破棄は，その承認もしくは執行が公の秩序に反する結果となる場合にのみ，請求されることができる（民事訴訟法第1059条第2項第2号b）。

50) 全ての文献を挙げる代わりに *Banakar, Reza,* Reflexive Legitimacy in International Arbitration, in: *Gessner/Budak,* Emerging Legal Certainty: Empirical Studies on the Globalization of Law, 1998, 347 を参照。

51) 事業所組織法第76条他，連邦公勤務者代表法第71条。

不正ではない適正手続に基づいている限り，国家により承認され，緊急な場合には，強制執行される。[52]これに対して仲裁所および調停所は消費者紛争の解決はこれまでのところ成果はない。[53]いくつかの連邦諸州で設置されているゲマインデで選任された**仲裁人**の和解手続の成果については議論があるところである。

　仲裁手続を選択する理由は重層的である。まず，手続の形式性がより少ないこと，法律家であることを要しない任命された裁定人の専門的知識，国家の裁判所によるよりも迅速で，安価な，紛争への対処であることである。また，通常の民事訴訟手続での公開性を避けたいという希望も少なくはない。

　国家の裁判所の負担が増大したこと，私的紛争を法律形式よって処理することに対する不満が蔓延したことは，1970年代に**司法の選択肢**を求めるきっかけとなった。[54]その代替物は，国家の裁判所よりも社会的紛争を「より廉価で，より良く，より早く，より親切に」[55]解決することができると考えられた。このようなやり方によって，判決することのコストを削減でき，社会的弱者の権利保障を改善し，「人に親切な」脱形式的なコミュニケーション形態によって官僚的な裁判手続が置き換えられることができると信じられていた。そのうち仲裁所が消費者関係領域において受け入れられることが少なかったことにより，覚めた見方が広まった。それに加えてかつてのドイツ民主共和国の「社会裁判所」の否定的な経験もこれに対する注意を喚起した。[56]また，これに加えて米国における経験的な調査は，人々は脱形式的な斡旋手続および調停仲裁手続よりも「公式の」裁

---

52)　BGHZ 47, 382; 87, 337; *Schlosser,* Vereins- und Verbandsgerichtsbarkeit, 1972; *Teubner,* Organisationsdemokratie und Verbandsverfassung, 1979 を参照。

53)　最もよく知られているのは，医学鑑定所および調停所ならびに原動機つき車両職人組合と中古車商の調停所であろう。消費者紛争における調停所の意義について，以下を参照。 *Morasch, Helmut,* Schieds- und Schlichtungsstellen in der Bundesrepublik, 1984; *Miletzki,* Formen der Konfliktregelung im Verbraucherrecht, 1982; *Gottwald/Plett/Schmidt v. Rhein,* Streitbeilegung in Bausachen, NJW 1983, 665.

54)　*Gottwald, Walther,* Streitbeilegung ohne Urteil, 1981; *Blankenburg/Gottwald/Strempel* (Hrsg.), Alternativen in der Ziviljustiz, 1982; *Blankenburg/Klausa/Rottleuthner* (Hrsg.), Alternative Rechtsformen und Alternativen zum Recht, Jahrbuch für Rechtssoziologie Bd.6, 1980; *Voigt, Rüdiger* (Hrsg.), Gegentendenzen zur Verrechtlichung, Jarhbuch für Rechtssoziologie Bd, 9, 1983; in den USA *Nader, Laura,* No Access to Jusutice. Alternatives in the American Judicial System, 1980; *Galanter, Marc,* Justice in Many Rooms, in *Cappelletti, Mauro* (Hrsg.), Access to Justice, 1981; *Abel Richard* (Hrsg.), The Politics of Informal Justice, Bd. 1.

55)　*Röhl* in *Blankenburg/Gottwald/Srempel,* aaO, 15.

56)　*Niederländer,* Schieds- und Schlichtungsgerichte in der ehemaligen DDR, in; *Gottwald/Strempel* (Hrsg.), Streitschlichtung, 95; *Habermann,* Schiedskomissionen in der DDR, in: *Rennig/Strempel* (Hrsg.), Justiz im Umbruch, 1997, 91.

判手続に対して，より大きな信頼を寄せいていることを明らかにした。[57]

　仲裁裁判所の評価では，長所と短所の釣り合いをとる方がよいであろう。それが実現されるという限りで，長所は，より形式性が少なく，事情に即し，コストが低い紛争処理の可能性があるということである。[58] しかしこれに対して仲裁判決は，相手方が任意に履行しようとしない場合には，国家の裁判所による執行手続によって確定されてのみ履行可能になるという難点があり，そのことはコストを倍増させる。（民事訴訟法第1060条）。それに続き，最も強固な反対の見解は，制度的および人格的に仲裁人の資質，独立性，そして不偏不党性の保障に欠けることからくる危険性である。以上のような理由から，仲裁裁判所は，通例，国家による権利保護に対して任意の選択肢としてのみ支持される可能性がある。[59]

　ゲスナーの類型論では調停は**役割紛争**に分類される。[60] ゲスナーは，このことを役割紛争は，柔軟で将来の構築に向けた取り扱いが必要とするという考察によって根拠づける。これは，当事者が仲裁判断の後も関係を継続することに意味がある場合には，なおさら一定の発見に役立つ説得力があるということを支持する。他方，上述したことは，実際には仲裁裁判所と国家の裁判所間の選択は他の基準によることを教える。

---

57) *Vidmar* ZfRSoz 1993, 35ff. 米国における多くの資料による論証がある。
58) この点について *Reich, Nobert*, Alterenativen zur Ziviljustiz im Verbraucherschutz, in *Blankenburg/Gottwald/Srempel*, aaO, 220; *Hegenbarth, Rainer*, Neue Kopfe für die alte Hydra? Die Entgerichtlichung von Verbraucherstreitigkeiten, in *Voigt* (Hrsg.), aaO, 152; *ders.*, Privatisierte Konfliktregelung, Entrechtung durch Entrechtlichung, in *Blankenburg/Gottwald/Srempel.*, aaO, 257 を参照。
59) 連邦政府の表明；BT-Drucks.10/5317（1984）111 f. を参照。「国家の司法へのプローチは，制限されてはならない……。最終的には，われわれの社会システムと法システムの自己理解に適するであろう結果が得られることが追求されなければならない。」
60) *Gessner,* aaO, 179; *Falke/Gessner,* aaO, 303; *Gottwald,* Verfahrensmäßige Bedingungen alternativer Konfliktregelung, FS Blankenburg 1998, 635.

第5節　抽象的紛争処理としての法律

1　補完的紛争裁定形態としての法律と判決

　現代の法治国家においては国家は，2つの段階で私的紛争の処理で機能する。まず，ひとつには国家は法律を作ることによって紛争処理の抽象的で一般的な妥当範型を定立し，第2の段階で裁判所によって具体的な紛争事例にそれが適用される。このような機能分化の利点は，非常に大きい[61]。法律は，このようにして二重の課題を行うことができる。ひとつは，法律は，社会の規範構造と人間社会の中の平和な共同生活のための一般的範型を強固なものとし，それに加えて，このようにして争いをできる限り予防することに寄与するのである。他には，争いがひとたび生じたときには，それを除去する道筋を提示する。法律は，紛争解決を社会の規範的秩序と結びつける。

　民主的に選挙された議会の議決によって法律が成立したことは，法律に高度の正当性を付与する。このことによって裁判官は自らが適用した法を，その人格の権威，もしくは，職務によって正当化しなければならないことの負担を免除する。慎重な準備作業と助言もまた法律による規律の内容的正当性保障を高める。その一般的妥当は，人格と個別事例への顧慮を行わないで，平等，正義，法的安定性への関係づけを生み出す。それとは反対に，裁判官は，争いの個別の状況をより入念に考慮して，そして個別事例における正義を配慮することができる。立法者と裁判所は補完しあい，相互にまたコントロールする。機能としては相違しているが，相互に関連づけられた紛争処理機関として，それらは，まとまって国家による紛争処理の遂行力と当事者が最終的に判決を受容する機会とを高める。

2　権力分立の理論

　立法者と裁判官との関係およびその行為の固有の境界づけは，歴史の中で大きく揺れ動いてきた。古代社会においてはこれを区別することは，多くの場合，

61）　以下の叙述は特に次の文献による。*Luhmann*, Rechtssoziologie, 234ff. を参照。

まったく不可能であった。というのは，明確な中央権力が存在しないこと，また，文字文化が発達したときに法律が初めて作られたからである。裁定者は，歴史的にも人間学的にも卓越した人物である。古代においても，また，中世においてもまだ立法と判決の言渡しとは，多くの場合，人的にも事物的にもまったく分離していないか不完全に分離していたにすぎない。支配者は同一人格において，立法者としてまた裁判官として振舞った。抽象的で一般的な規則の緻密さはわずかであり，いくつかの偉大な立法者と法律が伝わっているのみであり，ハムラビ Hammurabi，モーゼ Moses，ソロン Solon は，特異な人物である。多くの場合，国家は一般的法律を執行する権力を有していなかった。古典時代の法務官のローマ法は，判例法と裁判官法として発展した。英米法圏では，今日に至るまで裁判官はより高い法的威信を享受している。法律は，むしろ第2ランクの法源として理解されている。

　近代のヨーロッパ大陸における**法律の優位**についての理論は，啓蒙主義哲学と市民階級の絶対主義に対する政治闘争に起源を求めることができる。モンテスキューの権力分立理論は，彼が法定立機関としての裁判所に対して，多くの貴族的裁判官たちよりも高い独立性と不偏不党性があることに信頼を寄せることから，とりわけ説明される。後に，カントにおいても見られるように，彼にとって**一般的**法律を法の理性，その正義を保障するもの，また個人の自由の確保を保障するものと考えた。一般意思 volonté générale についてのルソーの理論では，法律の民主的根拠づけは，人民の支配の表現と道具として現れ，その主要な点は，20 世紀に展開されることになる。啓蒙主義，自由主義および民主主義はまた，基本法の権力分立概念の根本を形作り，これによれば，裁判官は「法律と法に拘束され」同じく「独立であり法律にのみ従う」。そしてまた，ある行為は，「その行為がなされる以前にその可罰性が法律で規定されていた」場合にのみ処罰されるのである（基本法第 20 条第 3 項，第 97 条第 1 項，第 103 条第 3 項）。モンテスキューによるこの「**ある意味では無である権力** pouvoir en quelque façon nul」としての司法権という有名な定式と，ただ法律を表現するにすぎない裁判官が自ら立法者に従属することが明らかにしたことは，今日に至るまでドイツの法理論を彫琢している。その最も極端な所産は，裁判官を純

粋な包摂自動機械とする観念に示されてきた。[62] 無論，法律学は，立法者と裁判官のヒエラルヒーを相対化し，裁判官法に再びひとつのより高い重点を置かざるをえないように思われる。[63]

3 法社会学的評価

　法社会学は，ザヴィニーや歴史法学派との関連において，当初，立法者の優越性という観念の一面性に反論し，事実上，本質上，裁判官法のより大きな役割を強く浮き彫りにしてきた。[64] オイゲン・エールリッヒは，[65] 民衆法と法曹法と国家法という逆の順位を主張する。現代において法社会学は，法律の一定の機能喪失と社会の法ならびに裁判官法の影響が再び増大していることを確認している。[66] 特に，民事法，労働法，経済法で，われわれは私的な法の担い手と裁判官による数多くの法形成に関係をもたなければならず，そこから，しばしば，新たな社会的および経済的必要に対する法に適応のための極めて重要な革新が生じる。

　2, 3の例でこれについては，ここでは十分としなければならない。以下のことが，経済実務が新たな契約類型を作り出したものとして挙げられるべきであろう。リース，フランチャイズ，ファクタリングという裁判官による法形成の頂点としては，一般的人格権の承認，医師およびその他の専門職義務の具体化，普通取引約款に関する内容統制，争議権の形成，著作権者と演者である芸術家に有利な新たな保護権などである。[67] これらの多くの裁判官法の創造は，後に立法者が取り上げ，法律の形式をとり，認められた。最近，立法者は多くの事例でたとえば，いわゆるドイツ企業統治法の策定において，明確に専門家の委員会に法の策定を委任した。ソフトロー soft law についてもそうである。他方，社会統御の領域において本来の制定法が逆に増加していることに注意をしなけれ

---

62) *Ogorek, Regina,* Richterkönig oder Subsumtionautomat?, 1986 を参照。

63) 全ての文献を挙げる代わりに *Esser,* Grundsatz und Norm in der richterlichen Fortbildung des Privatrechts, 3. Aufl. 1974; *ders.,* Vorverständnis und Methodenwahl in der Rechtsfindung, 2. Aufl. 1972; *Kriele,* Theorie der Rechtsgewinnung, 2. Aufl, 1976; *Wank,* Grenzen richterlicher Rechtsfortbildung, 1978; *Ipsen,* Richterrecht und Verfassung, 1975 を参照。

64) 第*3*章第1節2，第2節1を参照。

65) 第*6*章第2節4，第3節を見よ。

66) *Raiser,* Richterrecht heute, ZRP 1985, 111; *Helmrich,* Die Innenseite der Rechtspolitik, ZRP 1987, 204ff.

67) 多くのそれ以外の例は，以下を参照。*Raiser,* aaO, 112ff.

ばならない。これについての例は、たとえば、労働保護法、社会法の全体、増加する行政法と税法である。

　私法領域における法律による調整の**機能的限界**の理由は多面的であり、ひとつには現代の経済社会の諸条件にあり、他方では基本法という憲法体制にある。議会は既に現代化の過重負担によって古い法律ではしばしば対応できていない。社会的および経済的生活が高度に分化していることは一般的な法律に矛盾する傾向がある。新たな状況は、往々にして非常に複雑で見通しがたいものであり、その結果、大きな努力と最良の意図をもっても不完全であり欠陥のある法的規制が得られるだけである。政党民主主義において議会が、様々な政治的影響にさらされているのは構造的なことであり、そのため非常に調和がとれず一方的利益または不明瞭で一時的な妥協によって規定された規律が行われることがあり、裁判所がそれらを**整え**なければならない。とりわけ、基本法における判例価値の高まり自体が付け加えられる。そうすることによって、これは立法者を直接妥当する法としての基本権に結びつける。つまり、このことによって基本法は連邦憲法裁判所の独占的法律無効化権を定めているにもかかわらず、区裁判所の最年少の裁判官に至るまで全ての裁判所があらゆる法律の合憲性を審査することができるのである。

　これらの諸要因から以下のような理論が理解できよう。その理論によれば、**社会的法**、**裁判官法**、そして**制定法**が**均衡**して並存し、2つの国家権力である立法と司法において作用するが、それらの権力は、法形成が予防法学とともになって弁証法的プロセスと相互的なプロセスにおいて課されているというものである。3つの審級は、異なる手段を用いるがまさにそれゆえ相互に指示しまた補完するのである。

　法形成に関するより包括的な法社会学的理論は、**行政実務**の法形成への独自の貢献にも注意を払わなければならないであろう。それは、法の**内容根拠**と**妥当根拠**とを、さらに、区別しなければならないだろう。上に述べたことは、まず法規定の内容に関係する。紛争調整に対する調整としてのその規範的妥当は、別様に根拠づけられなければならない。民主主義ではここに法律に優位性を与えるのが相当である。というのは、それは国民代表によって採択され、その正当性は、すなわち直接国民に由来するからである。この点で裁判官法はひとつの緊張関係の中にある。その正当性は、裁判官が民主主義的に選出

されていない1つの州において，ただ，その独立性と不偏不党性，裁判官の専門性および職業的訓練によってのみ根拠づけられており，究極的には司法の制度的独立とそれによって社会が内部秩序と内部平和とを保障する手段としての，裁判によって**運営されている**法システムという内在的な事物の論理によって基礎づけられる。制定法と並立する独自の法源としての裁判官法のこの正当性の根拠は，原則的に，法によって裁判官が法律によって検証されており，彼らが基本法第20条にいう法律と法に拘束されていることが承認されているということにある。実際には**裁判官たちは**，連邦憲法裁判所として基本法第93条による下位法の場合に法規定，また法律の拘束性の判断において，**決定権**を有している。それゆえ規範的考察においても裁判官法の相互の独立性と同順位性をもつとする理論が穏当である。

第6節　裁判手続の理論

1　裁判官による法発見の理論

　法社会学は，**裁判手続**にことさら注目してきた。法社会学者たちは，まず，裁判官の判断がどのように行われるのか，また，どのような要因がその内容に影響を与えるのかを扱ってきた。この視角のもとで，裁判官の社会的および裁判官の地域的な出自，教育，職業的社会化，階層に特有の価値観念と行動範型，政治的信条とそれ以外の人格的メルクマールを調査した。判決内容とこれらの諸要因の間の相関関係を組み立てようと試みた。階級司法の理論が学問的調査の対象となった。既にジェローム・フランクによる1930年代において主張された米国における極めて懐疑的な見解のひとつは，たとえ適用されるべき法が保障されても裁判官の事実認定をつねに主観的なものであるとし，それゆえ予見できないとする。つまり，「事実は，客観的なものではない。それは裁判官がそのようなものとして捉えたものである[68]」。フランクは，このことから裁判官そして，特に新人の法律家も，とりわけ精神分析的手段で彼の潜在的予断を自覚するように指導されなければならないものとした。

　これに対して，経験的研究は，裁判官の裁量と判決に対する，出自に関係す

---

68) *Jerome Frank,* Law and the Modern Mind, 1930; これについて，*Weiss,* Die Thorie der richterlichen Entscheidungstätigkeit in den Vereinigten Staaten von Amerika, 1970.

る諸要因の散在的にはとどまらない影響を証明することができなかった。そのためこの点は，表舞台から退く。裁判官の意見形成と判断に，また，システムに内在する法的に特殊な決定要因，つまり，法律，裁判慣行，裁判官の技術的ルール，そして司法において受け継がれてきた正義観念が全般にわたり注目される。さらに裁判官の採用方法と裁判所の組織が裁判官による紛争処理の形態と傾向に決定的である。ドイツでは，裁判官はヒエラルヒー的にまた官僚的に秩序立てられた司法に組み込まれた国家公務員であり，主権の作用として職務を行う。その専門的知識，国家からの独立性と不偏不党性が保障されており，その判決は，国家権力によって執行される。このような地位で，彼らは容易に政治への奉仕者となり得る。彼らの，執行権力からの外的および内的な独立性を保障することは，とりわけ微妙な課題である。他面，このことから彼らはまた自らの政治的傾向を展開できないのか，また，そしてそれができるとすれば，どのような政治的傾向かという問題が次に生じる。

2 メタ紛争および自律的行為システムとしての裁判手続

新しい理論で，主としてウイルヘルム・オーベールとヨハン・ガルトゥング Johan Galtung によって生命を吹き込まれ，そして，ニクラス・ルーマンによってこれまでに極めて広範に手を加えられた理論は，制度化されたそれ自体の行為連関としてのそして全ての当事者，つまり，裁判官に加えて，とりわけ，原告と被告，または検察官と被告人が一定の役割で参加する社会システムとしての裁判手続自体の経過と特徴とを研究する。オーベールは，既に引用した，次のような重要な知識に負っている。すなわち，配分紛争と利害紛争は事情に関

---

69) *Rottleutnher,* Abschieds von der Justizforschung? Für eine Rechtssoziologie mit mehr Recht, ZfRSoz 1982, 82 を参照。
70) これについては，以下を参照。die US-amerikanischen Werke von *Shapiro, Martin,* Courts, A Comparative and Political Analysis, 1981; *Horowitz, D.L.,* The Courts and Social Policy, 1977; *Ely, J.H.,* Democracy and Distrust. A Theory of Judicial Review, 1980.
71) AaO (Fn. 3).
72) AaO (Schrifttumsverz.).
73) *Luhmann,* Legitimation durch Verfahren, 2.Aufl., 1983.
74) 前述第2節3を見よ。

第 16 章　紛争と紛争処理　369

する，また法規の適用に関する意見の相違がある場合に，決定できるようになるために訴訟において転換されなければならないという知識である。彼は，紛争当事者二者の関係から，裁判官を含む三者間の関係への移行が同時に転化するプロセスを研究する。[75] 同様にガルトゥングはそのメカニズムが紛争を把捉し，加工できるように紛争がコード化される場合にのみその課題が実現されるという，紛争解決メカニズムとしての裁判手続を分析する。進んで得られた結果，つまり，裁判官の判決は，デコード化，すなわち当事者に対してその観念世界で，紛争が解決効果を出す前に翻訳される。コード化，つまり手続の入り口で入力されることによって当初の紛争はひとつの派生的なメタ紛争へと移っていく。[76] 同じ文脈でルーマンは，手続を，紛争を構造変化させ，そして，同時に把捉し限界づける法律に従った自律的な行為システムとして記述する。[77]

　これらの端緒の中心的な考え方は，紛争はそれが裁判の対象となり，そこで選択され，当初の複雑性を縮減する準則で処理されるということでその性格を変えるということである。紛争は法化される。かかる条件の下によってのみ，社会は紛争を解決し，もしくは，それどころか限定し，支配可能なものとしてそして社会的に受け入れられるものとすることに成功するのである。

　ルーマンはこのことがいかに行われるのかを詳細に記述している。つまり，訴訟によって法的争いの対象は，その社会的背景の一定の範囲内においてまず解決される。当事者はもはやそれらの，たとえば家族の父として，医師として，企業家として，労働者として社会的に登場するのではなく，訴訟に特殊な役割において原告，被告，裁判官，証人その他として登場するのである。[78] 彼らは，自らの生活圏の言説を離れ，裁判所において使用されている言葉によって説明しなければならない。彼らの社会関係は，手続においては動員されず，すなわち彼らの地位と名誉から独立して評価される。法的に意味を有する事情情報のわずかな部分が問題となるのである。その他全ては，次第に分離され，そうす

---

75)　AaO, 185ff., 192ff.
76)　AaO, 124-127.
77)　AaO, 59ff., 69ff.
78)　AaO, 75ff. 82ff. 経験豊かな裁判官は，このことを理論的に理由づけられた言明には，当然懐疑的でありいずれにせよ相対化する。

ることによって，また，議論空間と法的空間とは当事者がそこから離れることなく，みるみるうちに狭められるのである。争っている当事者もまた，確かに彼が失敗せず，そのことで信用に値するという評価を失うことを望まないときには，このフィルタリング過程に組み込まれなければならないのである。紛争は，彼らに認められて対審手続の構造原理が形成される。彼らは対立的な立場を主張することが期待される。しかしながら，まさにそうすることによってまた紛争は同時に相対化され先鋭さが失われる[80]。

ルーマンもこの役割を果たすことに，たとえそれが自らの利害に反しても判決を後に受容するかやむを得ず受け入れる準備の心理学的根源を見ている。すなわち，彼は以下のように記している。「これはおそらく，役割を果たすことのなかに組み込まれることによって人は人格性を受け取り，形成し直し，決定の受け入れを動機づけられるという，手続理論における隠された部分である[81]」。他方，ルーマンは否定的な判決は，受け入れられるのではなく，敗訴した者の異議は硬化することも考慮するのである。そのような状態では，判決の妥当可能性は，その執行が可能な国家の強制手段だけに基づくのではなく，とりわけ，敗訴者が，彼の抗議にただ固執し，それによって自らを守ることができないということにも基づく。手続の公開性は，この目的に貢献する。なぜならばそれは関与していない公衆にとってそこで起こったことを追体験できるものとし，頑固な敗者を孤立させることに公衆が同意することを可能とするのである[82]。

もっとも，最近の経験的調査によれば，この説明は行き過ぎているように思われる[83]。これによれば，手続が当事者により正当なものとして感じられるかについて本質的に重要なのは当事者が，その手続の経過に対して影響を維持し，より詳しくは自らの事案に社会的人格として真摯に受け取られるように十分態度を決定できるということ，そして，裁判官が彼らに対して，その利益に意を用いることが問題である。この意味で，手続が公正なものと感じられるほど裁判の権威は，尊重され，不利な判決も受け入れられる[84]。このような知見は，ルー

---

79) AaO, 75ff.
80) AaO, 100ff.
81) AaO, 87.
82) AaO, 107ff.
83) これについての批判的見解の概要は次を参照。Machura ZfRSoz 1993, 97ff.
84) *Thibaut/Walker, Tyler, Vidmar*, それぞれ前掲の文献一覧を参照。

マンの一方的な官僚的な見解を相対化するが，そのことは，均衡を失わせることとはない。

3　裁判手続の影の部分

　制度化された裁判手続によって紛争を馴致することの必要性は，裁判制度の影の部分への批判から解放するものではない。[85]紛争の素材を転形することと法的に意味のある点に限定することは**選択的**に**事実を加工すること**となり，その場合，紛争の複雑な諸原因やその背後にある人格的もしくは社会的な緊張は，もはや現れることはない。当事者を前もって形作られた原告と被告という役割にあてはめることは，爾後，彼らに感情的なアンガージュマンを抑制することを要求する。当事者に弁護士がつくと交渉過程における当事者は，交渉においても紛争処理のイニシアティブを失い，受動的な情報提供者になりさがりやすい。彼らに慣れない手続が理解を過度に要求することは珍しいことではない。裁判の独特の雰囲気は社会的下層に属する当事者に対する克服しがたい精神的障害物を形成することになる。そうであるから法廷手続の威嚇的な作用は，また，法政策的な問題ともなるのである。

　法的裁定のもうひとつの特性は，それが**過去志向的**であるという点である。裁判は，通常ひとつの隔絶された事実を確定し，法的に評価しなければならない。当事者間の将来に向けての関係を形成することは，裁判の課題ではない。[86]結局，法は二元的構造において，**あれかこれか，全てか無かの判断**を裁定する必要があり，たとえば，事実認定での不確実性，または法的規定が明確さを欠くことのような手続の見通しがたさは予想できないのである。[87]

---

85)　以下に関して，特に，次の要約を参照。*Falke/Gessner*, aaO (Fn. 19), 293ff.; Empirisches Material bei *Rottleutner* (Hrsg.), Rechtssoziologische Studien zur Arbeitsgerichtbarkeit 1984; *Blankenburg/Schönholz*, Zur Soziologie des Arbeitsgerichtsverfahrens, 1979, 77.
86)　当然このことは限定的に妥当する。たとえば，離婚による未成年の子の配慮権の配分，もしくは，将来の一定の行為もしくは陳述の不作為が裁判で求められる場合のように，将来のことを形成することのみが問題である訴訟が存在する。
87)　法の二元構造につき以下を参照。*Luhmann*, Rechtssoziologie, 177. この断定もまた相対化されなければならない。なぜならば，訴えが一部は根拠があるとみなされ，他の部分は，棄却されることがよく起こるからである。

かかる知見から，原理的に批判を導き出し，裁判手続を「**ゆがめられたコミュニケーションの場**」[88]，あるいは「**言葉を失った機構**」[89]と評価する者もある。その場合はほんの一歩で裁判手続の政治的批判へと至り，まったく別の，「支配から自由な」裁判手続が要求される。しかしながら，今日の民事訴訟が形成されてきたここ数百年間の古い伝統をみるとその種の批判は，むしろ空虚なものとなる。この強調された理想はひとつのユートピアであって，ついでに言えば広範な人々の間で選択的な裁判外裁定手続が，あまり受け入れられないことで裏づけられるように，また，国民に根ざした確信とも矛盾する。これに対して当然，現行訴訟法規の個々の好ましくない点について語られる。手続法の多くの改正は，立法者もまた，改善を行うことができるということを示している。さらに司法に対する訴訟代替的手続を考察することも正当なことである。

第7節　司法の中立性

司法の中立性は，機能性に富み当事者に受け入れられる司法の不可欠な前提のひとつである。これに対して，とりわけ1960年代と1970年代のドイツの法社会学者は，法律家の社会的出自と人格類型も判決のスタイルと傾向を形成してきたと確信した。すなわち，このことが特定の国民階層に不利になるようにし，このようにして社会政策的な効果を獲得してきたとするのである。彼らは，保守的，場所や社会を移動しない，また，権威主義的，理想主義的に思考する法律家の類型を発見し，こうした知見から**階級司法**と**非民主主義的・権威的な司法**という見方を導き出した。たとえば，ラルフ・ダーレンドルフは，この意味で「**社会の半分が，それらの者が知らない他の半分に判決することができる資格を有するということ**」[90]は，何を意味するのかと問うことができた。

---

88)　*Rottleuthner,* Zur Soziologie richterlichen Handelns, KJ 1971, 60ff. を参照。
89)　*Hegenbart/Scholz,* Konfliktslösung ohne Kommunikation, Informationsbedarf für Rechtssoziologie 5 (1979) 88.
90)　*Dahrendorf,* Bemerkungen zur soizalen Herkunft und Stellung der Richter an Oberlandesgericht, in *ders.,* Gesellschaft und Freiheit, 1961, 195.

階級司法[91]というドイツの判例に対する批判は，マルクスの階級理論に帰することができる。それは，既にドイツ帝国において社会主義者によって主張されていた。カール・リープクネヒト Karl Liebknecht は，4つの事例群を彫琢している。その批判は次のようなものである。a)刑事手続における不平等な取り扱い。ブルジョアである被告人は，丁寧で控えめで理解ある取り扱いを受けた。他方で労働者である被告人は，荒っぽく性急な取り扱いを受けた。b)下層階級出身の人間に対する裁判所による一方的証拠採用と事実関係の不利な評価。c)差別的な法律解釈。d)平等性を欠いた量刑判断である[92]。このことに対する根拠は労働争議における民事司法と刑事司法の評価の明白な相違である。つまり，民事法では，労働争議が許容され，刑事法では，脅迫または恐喝と認定される[93]。ワイマール共和国時代においては極右か共産主義者であるかによって政治犯を不平等に取り扱うことは，階級司法の非難を呼び起こした[94]。

これに対してドイツ連邦共和国においては，裁判官の社会的出自と彼らがどのように判決を言い渡すのかということの間の原因関係を証明しようとするあらゆる試みは，無駄なことであるということが証明された[95]。しかし階級司法の方向性を意味する個別的な判決も存在した。

エッセン地方裁判所の判決では，ラジオ技術工場の社員と州議会議員に，原告の事業所における徒弟教育を行う際のスキャンダラスな状況を非難した宗教教師に対して慰謝料を認めたことが報告されている[96]。ある立ち退き訴訟に関する調査では，自身が賃借人である裁判官は，住居を所有する裁判官よりも賃借人に有利な判決を言い渡すということが確認された[97]。ロットロイトナーは，労働裁判権の調査において労働裁判官の社会的出自と人格的態度との間に弱い相関関係を確認したが，それはせいぜいのところ弁論の形と一般的に被用者に好意的であるという態度に関して証明したにすぎない。また一方，判決の結果では，被用者は，被用者に好意的な裁判官による裁判と被用者にあまり好意的ではない裁判官による裁判では統計的には比較的な結果は見られない[98]。

---

91) 批判に関して次を参照せよ。*Raiser und Schelsky*, aaO (Schrifttumsverz.).
92) *K. Liebknecht*, Rechsstaat und Klassenjustiz, 1907, *ders*., Gegen die preußische Klassenjustiz 1910.
93) *Rainer Schröder*, Die Enwicklung des Kartellrechts und des kollektiven Arbeitsrechts durch die Rechtssprechung des Reichsgerichts vor 1914, 1986.
94) *Fraenkel*, Zur Soziologie der Klassenjustiz, 1927, *Kübler*, Der deutsche Richter und das demokratische Gesetz, AcP 162(1963), 144.
95) これに対して，ドイツ民主共和国における判決の党派性は，政治システムのひとつであった。
96) LG Essen JZ 1972, 89 mit Anm. Kübler.
97) *Hilden*, Rechtstatsachen im Räumungsrechtstreit, 1976.
98) *Rottleuthner* (Schrifttumsverz.) 291ff., 296. もちろん労働法の構造自体は，雇用者と被用者

しかし，有名なった個別事例は，一般化が許されるものでない。1970年代の大規模な経験的研究のひとつは，反対に次のことを示している。裁判官の判決スタイルに対する直接の淵源と見られる自己了解は，彼らの社会的背景もしくは教育の過程よりも，同じく司法組織の諸要因，裁判所の上下関係，ならびに業績基準と判断基準，出世の見込みと願望によってより強く影響されるということである。[99]

もっともかような否定的な経験的知見は，階級に制約され，また党派的な判決という問題に対して，決してそれほど決定的に破壊力を与えるものではない。全体主義的国家では法と判決の党派性が政治的に求められ，裁判所の組織と人事政策の目的とされた方策を通じて国家によって確保される。民主主義国家は，司法権が政治的に偏る傾向に対して名誉職裁判官が関与することによって対抗しようとする。

第8節　弁護士へのアクセスと裁判所へのアクセス

1　法動員の条件

国家の裁判所による紛争解決が機能的に行われることは，さらにどのような条件の下で訴訟が提起されるかということにかかっている。この場合，実体法で認められた請求が，また裁判所で主張されるということだけが重要であるわけではない。むしろ，社会的法治国家は全ての法の担い手が，自らの社会的地位と経済的な給付能力を考慮することなく同じように，そしてできるだけ容易に弁護士と裁判所にアクセスすることを可能とすることを必要とする。

社会的現実においては，このことは決して自明のことではない。むしろ，弁護士が介在するか，裁判所に訴えるかということよりもずっと以前に，ある者が権利を実現しようとするか否かを決断する「**訴訟前の手続**」が，行われるのである。特に1970年代と1980年代の法社会学的調査が彫琢してきたように実

　　の間の対立によって形作られており，それは社会の階級構造の法的な遺物として理解され得るかもしれない。また，そして一般的民事裁判権から労働裁判権が分離していることは，被用者が裁判所に提訴できることに特に重要さを置いている。

99) *Werle*, aaO, 335ff.; *Riegel/Werle/Wildermann*, aaO.

際の「法の動員[100]」は，数多くの要因によっている。アクセス障壁が社会環境によるか，当事者の人格によっているのかに従って，弁護士と裁判所へのアクセスの**障壁**と**不足**というよく使用されるようになった語法により区別することができる[101]。障壁にはさらに経済的障壁，社会的障壁，法的障壁の区別がある。しかしながら全ての場合において，中心となる問題は同じものである。つまり，どのような困難が裁判所への提訴を妨げているのだろうか。これらの困難は，害がないが回避不能なものであり，または，それどころか必要であり望まれたものなのか，「すべての者のために同等な権利を」という基本原則に合致することが可能だろうか。

全てではないが，以下の諸要素をリストアップできる[102]。

- **人格に基づく不足**　法，弁護士と裁判所，言葉の不足，紛争の法的意味についての知識の欠如，その者の権利を追求するために法的に助言を受けることや国家による経済的支援がある相談援助と訴訟費用扶助を求める可能性に関する知識の欠如，また優勢な相手方に対して物おじすることについての当事者の心理的な敷居の高さと不安の広がり。
- **経済的障壁**　相談もしくは法的紛争についての費用が，高額になるかもしれずまた予測がつかないこと。
- **社会的障壁**　訴訟提起することに対する社会的な禁圧，弁護士と裁判所への社会的な距離，階層に特有の弁護士や裁判所に対する躊躇と予断，法的紛争を行うことの結果，重要な関係が絶たれる危険やその他の不利益。
- **法的障壁**　明確さを欠く法律，法的主題となりにくい当事者の要求，訴訟の結果予測への疑問，もしくは結果の不確実性への疑念，裁判所の所在と遠隔であること，訴訟手続が見通しがたいことと長期すぎること，裁判手続よりも有利な選択肢の存在。

---

100) *Blankenburg*, Mobilisierung von Recht, ZfRSoz 1980 33ff.
101) 全ての文献を挙げる代わりに，以下を参照。*Röhl*, Rechtssoziologie, §54, 8. もっともこの区別は，明確に行われるわけではない。なぜならば，多くの状況が主観的要素と同様に客観的要素を指示するからである。
102) 文献一覧に掲げた，以下の著作を参照。*Blankenburg, Blankenburg/Rogowski, Bender/Schumacher, Reifner, Wettmann/Jungjohann*, 国際的比較は，*Cappelletti*.

法へのアクセス障壁と不足とは，長らくドイツと西欧諸国においては，法社会学の主要テーマのひとつであり，それゆえ十分に研究されてきた。以下では，これらの調査研究のうち最も重要なもののみが論じられるにすぎない。

2 人的条件による権利追求の不足

裁判所は特に経済的に恵まれていない，また教育を満足に受けていない階層の人々に抵抗感と不安とを呼び起こす。むしろ裁判所を利用することを避けるのである。できるだけ弁護士とも関係をもとうとしない。弁護士は分かりやすく説明してくれないし，その顧客の要望に十分に対応してくれないので信用することはできない，彼らは，依頼人から金銭を引き出そうとしているだけであると非難するのである。この種の経験と態度は，法の動員の障害となることは明らかである。

この種の障害となることと不安は，以下の理由により法治国家および社会国家のひとつの問題である。すなわち，そういう障害不安は下流層では中流層および上流層におけるよりもはっきりと刻印されており，それゆえ社会的階級の転落の危険を強めるからである。適切な方法でそうさせないようにすることは，社会国家の目指すものである。このことの正しい手段は，法生活における社会的制約の克服においてももとより援助者としての弁護士へのアクセスを容易にすることでなければならない。つまり弁護士たる職業地位の課題は自らに対する畏怖するイメージの原因を払拭することである。とりわけ，法律専門用語と日常的な言い回しとの間の，そして，ドイツ語の使用に制約のある外国人間の言語障害を克服することである。

当然，裁判官も法への入り口での不安と，教育水準の低い人々もしくは外国から来た人々の言語的能力不足と情報不足に特に対処することによって彼らに応ずることができるのである。これに対して，実体法や訴訟規則の複雑さは容易に単純化されるものではない。なぜならば，それらは社会的相違の度合いの差を反映しているからである。

結局，関連するあらゆるそれらの方策は，下流層の人々の一般的な教育水準と能力水準とを向上させ，このようにして自分たちに提供されている可能性を利用する意思を高めることにも成功する限りで成果を挙げることができる。自由な法システムにおいては，私的生活を形成するための主導権は，全ての個人に委ねられていなければならない。それはまた社会において自己を主張するために必要な知識を獲得すること，偏見と恐怖を克服すること，権利のための戦いがそれが求める，実体的手段と精神力の傾注に応じた

価値があるか，ということを決断することである。

3 弁護士費用と裁判費用

　高価すぎる，もしくは，予想不可能な弁護士**費用**が弁護士もしくは裁判所へ赴くことを妨げ，その場合に法的請求権の実現が危うくなることは周知のとおりである。いくつかの国では，訴訟費用を高くすることは，まさに訴訟件数を低く抑えるという目的に役立っている。他方，米国で行われている成功報酬制は，自己のリスクで依頼人の代理をする弁護士がいるので，あらゆる者が費用のリスクを負担することなく，請求権を主張することができる効果を有する。ドイツでは，労働裁判手続を除いて敗訴した当事者は，相手方の費用を含めて全てに費用を負担しなければならない。その価額は，訴額に応じる。報酬は仕事の量によって計算されるので，個別にこのことが合意された場合，裁判所ではなく弁護士のみが計算することができる。このルールによって費用は制限され，費用リスクは，うまく無視することができる。加えて弁護士費用と裁判費用を負担できない者は，権利追求に成功への見通しが十分あるときに国家の支出による**相談扶助**と**訴訟扶助**が保障される。権利追求を容易にする重要な方策は，最終的には私的権利保護保険契約の締結であってドイツでよく利用されている。

　1977年のアンケート調査の結果によれば，ドイツ連邦共和国の国民のほぼ3分の2が弁護士費用と裁判費用は高すぎるという見方であった。しかし，訴訟が頻繁に行われていることは，むしろこの見解とは逆のことを示している。確かに出訴を困難とする効果を有する費用を除去することは社会国家の必要不可欠な責務である。しかし，他面では以下の理由からですら，権利を保障することはまた無料とすることはできない。つまり実際に生じる費用は，いずれにせよ裁判所における裁判費用収入を大きく上回っているので，有料でなければ一般の負担になるからである。レッセフェールと社会国家的福祉

---

103) イングランドと日本の例。
104) この場合,それぞれの当事者は,法的争いのはじめからその独立した費用を負担する（労働裁判所法12条a）。
105) *Blankenburg, Erhard/Fiedler, Jann,* Die Rechtsschutzversicherungen und der steigende Geschäftsanfall der Gerichte, 1981; *Jagodzinski, Wolfgang/Raiser, Thomas/Riehl, Jürgen,* Rechtsschutzversicherung und Rechtsverfolgung, 1994.
106) 応用社会科学研究所（Infas）による調査。Kontakte mit der Justiz – Barrieren, 1977, 12f.; また，*Wettmann/Jungjohann,* aaO, 36 参照。

との適切なバランスを見つけることは，政治決定のひとつの問題であるが，それはむしろドイツでは，社会的弱者に有利になる傾向がある。

第9節　当事者の布置状況

1　訴訟負担の分配

　当事者双方は法的に対等である。当事者双方は同等の訴訟上の権利を有しており，彼らの地位は，事件が許す限りで対称的となっている。しかし，法社会学的観察はこの視点にとどまることはできず，原告と被告の様々な状況とその行動への作用に目を向けなければならない。**原告は訴えの費用**を担う。彼は，訴訟へのイニシアティブを取らねばならない。これに加えて，彼は結果の見込みを検証しなければならないだけではなく，その請求権の行使が必要不可欠な時間，力量，そして，経済的資源の消費に見合うか，また，現実に訴訟でもって被告を訴追するか否かを判断しなければならない。精神的負担，社会的コスト，相手方に対する考慮は，結果の見通しにくさや，訴訟が長期にわたることと同様に法を動員することを妨げる。結局，原告は，裁判費用と，場合により弁護士費用を，訴訟を開始するためにとりあえず支出しなければならない。これに対して**被告**には，選択の余地はない。彼が，はじめから負けることを望まなければ訴訟手続にいやおうなしに巻き込まれることになる。そうしなければ，敗訴するからである。それゆえ社会学的にも，社会政策的にも，誰が原告として，また被告として現れるかが，ひとつの重要な問題である。

　その問題は，全ての者が同じ可能性の下でひとつもしくは他の役割を引き受ける場合にそれに基づくことができよう。けれどもそうではない。むしろ，訴の費用は，多くの法領域では，典型的に特定の当事者に割り当てられる。つまり，売買では売買価格を訴求しなければならない売主に，賃貸借契約では売買と同じ理由で賃貸人に，事故の場合は，被害者に，また，労働法では，受け取る賃金が低すぎるであると考え，もしくは，解雇通知を受け入れない被用者に対して割り当てられているのである。法関係の構造においてこの役割分担が基

---

107)　労働裁判では，訴えは1991年では，33万762件が被用者，経営協議会，労働組合から

礎づけられる限りそのことによって条件づけられた不平等性は，回避されえない。その限りで法政策的には，そこから生じる原告にとっての不利益を補償することのみが問題なのである。この役割分担が実体法の一定の判断から生じれば，このことが相手方の訴訟負担の配分を有利にするために変更されるべきではないか，が検証されなければならない。

2 非対称的当事者構造

多くの訴訟類型のひとつの特別なメルクマールは，非対称的な当事者の布置状況であり，一方に，**私人，消費者，被用者**，他方に，**企業，国家の公共機関，もしくは他の組織**が現れるものである。督促手続では，企業は申立人として優越的な地位にあるが，交通事故後遺症訴訟と労働裁判手続では，企業はほぼ一貫して被告側に現れる。しかしまた，売買法，建築法，そしてまれな場合には住居賃貸法の領域に基づく紛争の場合にも，通例一方の側は，ほとんど原告の側は企業であり，他方の側は，私的な買い主，建築主，賃借人である。あらゆる民事手続の極めて多くの部分は，**団体的行為主体**によって提起され，あるいは，間接的に引き起こされている。[108]

こうしたことを確認すると，一方が企業であり，他方が私的な個人が相手方である，**力関係が対等ではない**ことが見て取れるような紛争の解決には，国家の民事訴訟が，まさに適しているということになる。企業は，消費者，賃借人，信用受供者，被保険者に対して，請求権もしくは，債務を履行させるために，またはその債権を取り立てるためにのみ司法を利用する。他の場合においては極めて小さな程度ではあるが，司法は逆に巨大な社会組織の優位性に対して，私人としての個人を擁護する防波堤である。

以上のような理解が正しいならば，司法が訴訟において力の不平等性を**均す**という自らに課せられた使命をこなすか否かが，すぐに求められる問いとなる。この問題は，決して無制限に肯定することはできない。むしろ以下のこと

のものであり，これに対して雇用者，雇用者団体からのものはわずかに1万546件であった。後者は前者の3％にすぎない。Statistisches Bundesamt Fachserie 10.2, 1991, 115.

108) 詳細と関連する統計について前版の403頁以下を参照。

が法社会学的に確定された知見である。すなわち，団体的行為主体は，彼らが訴訟を何度も利用するものとして，相手方より法の細部に関するよりよい情報をも知っており，また，ただ訴訟を自らの有利な方向に向けるために必要な実務経験を有しているということからだけでも導かれる**立場の優利さ**を享受しているということである。[109]

これらの理由からしばしば学説では，団体的行為主体は，統計的に個々人よりも勝訴する，より大きな可能性を有しているという仮説が立てられ，また，時としてではあるが，証明されている。[110] けれどもその種の確認と推測とは，これまでのところ確定的な事実とはみなされてはおらず，また，一般化することはできない。というのは，司法が意識的にそして，より広い場面でそれは企業の手先となっていることに賛成する理由はひとつもないからである。反対に，多くの経験はむしろ消費者もしくは被用者に好意的な傾向を示している。いずれにせよ，裁判官の不偏不党性および法的に規定された公正な訴訟が国家によって保証されているので，司法は考慮に値するあらゆる紛争処理機関によって介在する権力の影響に抵抗し得るのが最もよい。諸般の事情がどうであるとしてもである。すなわち，権力の均衡の問題が提起されているので法政策と同じく法社会学は，その問題から目を離してはいけないということである。

3 当事者の背後の当事者

団体的な当事者は，彼らの代理となる機関によって訴訟を進める。代理となる機関は必要な意思表示をしなければならず，また裁判所が当事者本人に出廷することを求める限りで口頭弁論に出廷する。しかし彼らは自ら決定するのではなく，団体の内部の意思形成によって彼らに与えられた指示を守らなければならず，もしくは全ての重要な行為の場合にはその他の団体機関によって許可してもらわなければならないことが多い。直接的な訴訟推移の隔たりのゆえに，とりわけ，また集合的な意思形成の特殊性の結果，訴訟におけるコミュニ

---

109) *Galanter, Marc*, Why the Haves Come Out Ahead, Law & Society Review 1974/75, 95 を参照。これ以外の文献案内は Röhl 1987, 500ff. にある。

110) *Bender/Schumacher*, Erfolgbarrieren vor Gericht, 1980, 72.

ケーションをゆがめ，紛争の解決を困難とし得る訴訟における諸力が効果をもつようになる。さらにより強い緊張が現れるのは，原告または被告ではない**第三者が訴訟に利害があるとき**，つまり，当事者の背後に別の法の担い手がいるときである。これは稀なことではない。たとえばそれ自体としては原告の資格を有しない，労働組合，賃借人組合，賃貸人組合，その他の団体が原告としての構成員を矢面に立たせ，費用を負担し，背後で事態を操作するときである。損害賠償訴訟においては，訴えられた加害者ではなくて，その背後にいる責任保険が実質的に関与し，そうして被告の行為に継続的に影響を与えることになる。扶養請求が青少年局によって彼らが監護してきた子の名で主張されることなどである。全てのそのような場合においては，法社会学的な問題設定は訴訟当事者にとどまることはできず，当事者の背後にある当事者の行為や，利害をも考慮しなければならない。

4 匿名の社会関係における訴訟の起こりやすさ

さらに考慮すべき点は，社会関係の**非人格性**や**匿名性**と**紛争を裁判所に持ち込む心づもり**との間の関係に関するものである。一般的な法社会学の仮説によれば，1回限りの，一時的な社会的接触による争いは，長く継続するもしくは，反復する関係のなかで現れる紛争よりも，早期に裁判所に持ち込まれるということになる。長期間にわたる法的関係においてもまた，匿名で，官僚主義的に方向づけられた関係は人格的関係のそれよりも訴訟になりやすい。他では，関係が**破綻**しもしくは，**持続的に阻害**されている場合，つまり当事者間の感情的な接触もまた断たれ，否定的なものになっている場合に，初めて通例，法的関係が裁判所での対決になる。[111]

司法調査によって得られた資料は，この命題を補完する豊富な素材を提供する。[112] 関係が匿名であることは，とりわけ催告督促手続が大量であることと交通事故後遺症訴訟の割合が高いことを表している。また売買法の紛争が極めて大きな数にのぼることは，主として1回限りのそして匿名の社会的接触と社会関係が圧倒的に多いことから生じ，賃貸借訴訟においてさえも，賃借人の賃貸業者に対する関係が非人格的であれば，非常に

---

111) *Blankenburg*, Mobilisierung von Recht, ZfRSoz 1980, 33, 45ff. を参照。
112) 個々の点について前版389頁以下を参照。

重要である。明渡し訴訟，離婚訴訟，解雇に対する保護訴訟は，社会的な継続関係が断たれていることを示しており，その調整のために裁判所に提訴されなければならないのである。というのは，立法者は，当事者の自由に任せるように場合を変更したからである。離婚しようとする者は，その者が，配偶者と離婚を合意していても訴訟を提起しなければならない。賃借人を法的に保護するためには，それ以外の場合には解約告知と強制執行という簡便な方法に合意していなければ，賃貸人が訴訟を起こすことが必要である。労働法における解雇保護手続では，結局，原告は訴訟によって労働関係をもう一度形成することを可能とすることを主として望むのではなく，人格的補償もしくは金銭的補償を得ることを求めるのである。

つまり，匿名的社会関係に特に訴訟が起こりやすいという理論は，また，訴訟件数の増大が現代の文明化において社会構造の匿名性が増大することと官僚主義化の結果であるという限りで，訴訟件数が全体として増加していることをも表すのである。

文献一覧

第1節 *Bonacker, Thorsten,* Sozialwissenschaftliche Konflikttheorien, 2005; *Bühl, Walter,* Theorien sozialer Konflikte, 1976; *ders.*,(Hrsg.), Konflikt und Konfliktstrategie, 2. Aufl. 1973; *Coser, Lewis,* The Function of Social Conflicts, 1956, deutsch: Theorie sozialer Konflikte, 1972; *ders.,* Conflict and Consensus, 1984; *Dahrendorf, Ralf,* Die Funktionen sozialer Konflikte, 1960; *ders.,* Über den Ursprung der Ungleichheit unter den Menschen, 2. Aufl. 1966; *Deutsch, Morton,* The Resolution of Conflict, 1973, deutsch: Konfliktregelung. Konstruktive und destruktive Prozesse, 1976; *Freund, Lucien,* Sociologie du conflit, 1983; *Gessner,* Recht und Konflikt, 1976; *Krysmanski, Jürgen,* Soziologie des Konflikts, 1971; *Schelling, Thomas* C., The Strategy of Conflict, 1960; *Simmel, Georg,* Soziologie, Kapitel IV: Der Streit, 1908, 6. Aufl. 1983; *Weede, Erich,* Konfliktforschung, 1986.

第2節 *Aubert, Vilhelm,* Interessenkonflikt und Wertkonflikt, in: *Bühl, Walter* (Hrsg.), Konflikt und Konfliktstrategie, 2.Aufl. 1973, 17ff.; *Gessner, Volkmar,* Recht und Konflikt, 1976; *Griffiths, John,* The General Theory of Litigation. A First Step, ZfRSoz 1983, 145; *Luhmann, Niklas,* Konflikt und Recht, in: *ders.,* Ausdifferenzierung des Rechts, 1981, 92; *Röhl, Klaus,* Der konflikttheoretische Ansatz in der Rechtssoziologie, Zeitschrift für Rechtstheorie 1977, 93; *Thibaut, John W./Walker, Laurens,* A Theory of Justice, Cal. L.R. 66, 1978, 541.

第4節 *Abel, Richard,* A Comparative Study of Dispute Institutions of Society, Law & Society Review 8, 1973, 218; *Eckhoff, Torsten,* Die Rolle des Vermittelnden, Richtenden und des Anordnenden bei der Lösung von Konflikten, in: *Hirsch/Rehbinder* (Hrsg.), Studien und Materialien zur Rechtssoziologie, 2.Aufl. 1971, 243; *Eidmann, Dorothee,* Schlichtung: Zur

Logik außergerichtlicher Konfliktregelung, 1994; *Falke, Josef/Gessner, Volkmar,* Konfliktnähe als Maßstab für die gerichtliche und außergerichtliche Streitbehandlung, in: *Blankenburg/ Gottwald/Strempel* (Hrsg.), Alternativen in der Ziviljustiz, 1982, 289; *Gessner, Volkmar,* Recht und Konflikt, 1976; *Goldberg/Green/Sander,* Dispute Resolution, Boston 1985; *Gottwald, Walther,* Streitbeilegung durch Urteil, 1981; *Gottwald/Stempel* (Hrsg.), Streitschlichtung, 1995; *Messmer,* Sammelrezension Streitschlichten, ZfRSoz 1998, 85; *Nothdurft* und *Schröder* (Hrsg.), Schlichtung, Bd. 1, 1995; Bd. 2, 1997; Bd. 3, 1997; *Stock/Thunte/Wolff,* Schnittstellen von außer- und innergerichtlicher Konfliktbearbeitung im Zivilrecht, 1985.

第 6 節　　*Galtung, Johan,* Institutionalisierte Konfliktlösung; Ein theoretisches Paradigma, in: *Bühl* (Hrsg.), Konflikt und Konfliktstrategie, 1973, 113; *Lind, E. Allen,* Procedural Justice and Culture: Evidence for Ubiquitous Process Concerns, ZfRSoz 1994, 24; *Luhmann, Niklas,* Legitimation durch Verfahren, 2. Aufl. 1973; *Thibaut, John/Walker, Laurens,* Procedural Justice, 1975; *Tyler, Tom R.,* Why People Obey the Law, 1990; *Vidmar, Neil,* Verfahrensgerechtigkeit und alternative Konfliktbewältigung, ZfRSoz 1993, 35ff.

第 7 節　　*Dahrendorf, Ralf,* Gesellschaft und Demokratie in Deutschland, 1965, 273ff.; *Raiser, Thomas,* Zum Problem der Klassenjustiz, in: *Friedman/Rehbinder,* Zur Soziologie des Gerichtsverfahrens, 1976, 123; *Riegel, Manfred/Werle, Raymund/Wildenmann, Rudolf,* Selbstverständnis und politisches Bewusstsein der Juristen, 1974; *Rottleuthner, Hubert,* Abschied von der Justizforschung? Für eine Rechtssoziologie mit mehr Recht, ZfRSoz 1982, 82; *Schelsky, Helmut,* Die Bedeutung des Klassenbegriffs für die Analyse unserer Gesellschaft, in: *ders.,* Auf der Suche nach Wirklichkeit, 1965; *Werle, Raymund,* Justizorganisation und Selbstverständnis der Richter, 1977.

第 8 節　　*Baumgärtel, Gottfried,* Gleicher Zugang zum Recht für alle, 1976; *Bender, Rolf/ Schumacher, Rolf,* Erfolgsbarrieren vor Gericht, 1980; *Bierbrauer, Günter/Falke, Josef/Giese, Bernhard/Koch, Klaus-Friedrich/Rodingen, Hubert,* Zugang zum Recht, 1978; *Blankenburg, Erhard,* Mobilisierung von Recht, ZfRSoz 1980, 33; *Cappelletti, Mauro* u.a., Access to Justice, 5 Bde 1978-80; *Cappelletti, Mauro,* Access to Justice and the Welfare State, 1981; *Reifner, Udo,* Erfolgs- und Zugangsbarrieren in der Justiz, Demokratie und Recht, 1981, 143, 396; *Wettmann, Reinhart/Jungjohann, Knut,* Inanspruchnahme anwaltlicher Leistungen, 1989.

第17章　法文化の研究

Die Erforschung der Rechtskultur

第1節　法文化の概念

1　抽象的法社会学と具体的法社会学

　これまでの章においてわれわれは法社会学理論の諸問題について論じてきたが，その際おもに概念的・分析的方法を用いた。この考察の目的は，体系的な法社会学の基礎となる一般的諸関係を明確にすることであった。それは，理論物理学の学説が，特殊な物理現象を理解するため，物理実験のため，その技術的な応用のための基礎となっているのと同じである。それゆえ重要なのは，法社会学が，社会的現実を科学的に研究し，記述し，説明することができるために，またその現実を制御し，変革するための手段を提供するために用いる思考方法である。これらを考慮に入れるならば，このようにして得られた認識は，一般的に妥当する観念，つまり最終的には，人間社会およびそこでのコミュニケーション関係・相互作用関係がどのようなものであるのか，またその関係において法がどのような役割を果たすのかについての構成を伝えることに用いられるのである。

　これに対して，この方法では，法社会学的な特徴によって**具体的社会の法文化**が個人的な，歴史的に成長した，取り違えるはずのない統一体であることを明らかにすることは，目的ではなかった。しかしながらこのことも，正当な，学問認識の今日的な重要性や有効性からみて優先的ともいえる目的である。なぜならそれは現代法社会学においては世界的に注目されているからである。しかし，そのとき視野に入ってくるテーマや問題，経験に基づくデータとその解

釈の数が極めて多いことを考えれば，そのような目的は当面の叙述の意図するところとはなりえないのである。そのようなことをあてにして，普遍的で時代を超えた認識を得ようとするのはどのみちできないのである。法社会学者の関心を引きつける研究対象が多様であることを印象づけ，また法社会学者がそのよりどころとする見解を示唆するだけで十分とせざるをえない。その前にこのような努力の前提と限界を反映している方法的な考察を若干行う必要がある。この考察は法文化の概念と結びついているのである。

2 法のあらゆる現象形態の総体としての法文化

法文化の概念はあいまいであり，またいろいろな意味内容をもって用いられている[1]。文化というのは，自然や科学や政治あるいは単に人間の衝動性とも対比させながら語られる。文化科学は自然科学と，さらには社会科学とも異なる。法社会学はしばしば法解釈学の規範的・解釈学的テキスト解釈からその研究対象をはずすためにこの概念を用いる。このような状況では他の分野の用語法と比べながらこの概念を明らかにすることも，また特に文化哲学に取り組むことも必要ない。その代わり法社会学は広く緩やかな捉え方で満足することができる。われわれが法文化と考えるのは，**ある社会に存在し，かつ法と関連をもつ価値観念，規範，制度，手続規則，行動様式の経験的に研究可能な総体**である。このように規定すると，法文化は法と法生活のあらゆる現象を含むことになる。それは，法と法生活が相互に関連しており，それらを法文化の特徴が表れているひとつのまとまりとして理解することができることを前提としている。法は特別な社会的領域——制度理論家に言わせれば分離独立した社会制度——として現れる。それは他の領域とは区別されるが，もちろんこれと関連があり，またこれの影響を受けるのである。

ある社会の法文化を社会学的に記述するためには，経験的・記述的・理解的社会学の全ての方法と法学の全ての方法が互いに結びついている包括的な手がかりが必要である。重要なことは，社会に根を下ろしている宗教的な正義の観

---

1) 以下については，特に文献一覧に挙げたフリードマン，ブランケンブルク，コットレル，マルティニの著書を参照。

念と世俗的な正義の観念の基本的な考え方，社会で通用している法の基本原則，立法・行政・司法の組織と実務の主要なメルクマール，法律家の思考方法と技術的な専門的ルール，裁判手続の特徴，とりわけ市民の法知識や法意識や法行動を探究し，互いに関連づけることである。法社会学にとってこれらのメルクマールは，それが社会の法的思考や法生活を個別化し，その特徴を示している限りは，全て重要性をもっている。

それゆえ全体的に見れば，ある特定の社会の法文化を社会学的に研究する，あるいはさらにいくつかの社会の法文化を比較することは，極めてむずかしい問題を投げかける非常に複雑な課題であることが明らかとなる。厳密な社会科学的および法学的な比較ができるのは，いつでも法と法生活の個々の現象に限られている。[2] それ以上に全体的な特徴を明らかにしようとする者は，類型化的考察方法によることになる。この考察方法は，確かに経験や科学的分析に基づいてはいるが，ただ大量のデータや観察結果を直感的に概観するだけのものになっている。その際いずれのメルクマールを強調するのかは，叙述の目的いかんによるのである。たとえば並存するいくつかの法文化の比較を目的とするときは，歴史の一断片を取り上げる場合，あるいは法文化は同じ社会の経済システムまたは政治的秩序とはいかなる関係にあるのかという疑問に答える場合とは違ったメルクマールを強調しなければならない。

3　法家族

法を従来から行われているように国民国家的に規定するならば，法文化の比較の場合にもまず国家としての統一体と結びつけたり，その限りで社会と国家を同一視したりするのは当然である。この考え方に立てば，国家は多くの場合に今日においても立法者としてまた行政や司法や法強制の担い手として登場するとされ，また人々の所属意識もたいていは自分が暮らしている国家と結びつ

---

[2] たとえばブランケンブルク（ZfRSoz 1985, 255）は，ドイツとオランダの訴訟能力の違いを浮き彫りにしている。彼は，この違いについて，オランダには裁判上の紛争裁決の魅力的な選択があるが，ドイツ連邦共和国にはそれがない，と説明している。彼は，そこに両国間の法文化の違いを表す指標を見出している。もっとも，両国の法や社会的，経済的，政治的状況は，その他の点ではほとんど同じではあるが。

くとされる。したがってこの意味ではドイツ連邦共和国の法意識は，たとえばイギリス，アメリカ合衆国，ロシア，中国などとは違った方法で研究することができる。[3]

ある国の法が他の国々の法とどのように異なるのかという問題は，これまで特に**比較法学**が扱ってきた。しかし比較法学はつとに国民国家的規定から抜け出して，地球上の法秩序を**法圏**または**法家族**に分ける試みを行った。その場合，比較法学は，ある法圏の共属性や共通の様式を基礎づける5つのメルクマールを基本的によりどころにしている。それは，①法圏に属する法秩序の歴史的起源と発展，②法圏の中で支配的な法的思考方法，③極めて特徴的な法制度，④法源の種類と解釈，⑤共通の価値観念，である。[4]比較法学は，これをもとにしてヨーロッパでは，ドイツ法圏，ロマンス法圏，英米法圏，北欧法圏，社会主義法圏を区別する。[5]ドイツ法については，比較法学はオーストリア法やスイス法とともにドイツ法圏にまとめている。

この試みは法社会学においては断固たる**批判**に遭遇した。その批判は最初に生物学的な家族関係や親族関係の類推を用いることの可能性に対して向けられる。しかしとりわけ上に挙げた5つのメルクマールはそれを満足させるものではない。なぜなら，このメルクマールはせいぜい成文法およびそれの裁判所による適用の特質についていくらか述べているにすぎず，現実の法文化の特質については何も述べていないからである。[6]様々な国を法社会学的に比較するには，実際にもっと広い方法的な手がかりが必要である。この手がかりには上に挙げた視点以外に法生活の現実の現象形態も入っている。しかしその一方で，法社会学が比較法学の成果を考察から除外しようとするならば，まさに赤子を風呂の水といっしょに流してしまうことになるであろう。

---

3)　現代ドイツの法文化のいくつかの特徴を明らかにするという，私が旧版（第19章）で行った試みを参照。

4)　*Zweigert/Kötz,* Einführung in die Rechtsvergleichung auf dem Gebiet des Privatrechts, Bd.1, 1984, 86; *Rheinstein,* Einführung in die Rechtsvergleichung, 2.Aufl. 1987, 77ff.; *Häberle,* Europäische Rechtskultur, 1994 を参照。

5)　*Zweigert/Kötz,* aaO, 79.

6)　Friedman (Schrifttumsverz.), 208ff.; *Blankenburg* ZfRSoz 1985, 255ff. 法学的視点から批判的に検討しているものとして，*Kötz,* Abschied von der Rechtskreislehre, ZEuP 1998, 493.

もっと詳しく見てみると，比較法学がもたらした成果は社会学的には限定的なものにすぎないことが明らかになる。ツヴァイゲルト Konrad Zweigert とケッツ Hein Kötz は，法規定を抽象化・一般化しようとする傾向を強調する。この傾向はドイツ法を英米法圏から区別する（ロマンス法圏からはそれほどでもない）。イギリスとアメリカ合衆国の**判例法** Case-Law は原則として個別事例に由来しており，その結果裁判官に最高の法的権威を認めているが，これに対して大陸ヨーロッパ法では，法原則を抽象的な法規定の中に組み入れ，またこれを体系的に編纂された**法典**の中に集約するのである。このような捉え方は，ドイツの法伝統からすれば 18 世紀末から 19 世紀に作られた大法典をそのよりどころとする。それはまた現代の立法者たちの功績を示しているともいえる。この立法者たちは，何よりも家族法を新たに整理し，さらに行政法と社会法の主要部分を編纂することに成功したのである。

　比較法学によって明らかにされた**法学的思考の多様性**も，これと同じ文脈で捉えることができる。大陸の法学は，現行法のドグマ的体系を構築し，その中に個別の法規定をあてはめることを伝統的にその目標としている。この方法が法学文献に典型的に表れているものは，一方では解釈的論文であり，もう一方では体系的な教科書である。大陸の法学は，その結果極めて抽象的な法制度——たとえば法律行為の概念，権利譲渡の無因主義，契約締結における過失 culpa in contrahendo の一般的形象のような——を生み出す[7]。これに対して，学として一般化や体系化を行う傾向にある法学ではなく，実用的かつ論証的な方法で行われる英米の法学において判例集が重要視される。

　成文法と判例法の対立が，法学者の日々の仕事のやり方や社会的・学問的生活での法の操作や人々の法観念においてどのような跡を残しているかについて，これまで法社会学では体系的に研究されることはなかった。とはいっても，この両者の対立においては法的思考の違いだけでなく司法の実践の違い——これについては法社会学も無視することはできない——も表れているということは，これまでの体験から明らかであろう。その一方で既にマックス・ヴェーバーによって指摘された事実を想起しなければならない。それによれば，しばしば古めかしく回りくどい英米法は，18, 19 世紀の大陸ヨーロッパの法典編纂と同様に資本主義や現代の市場経済の出現を阻止することがほとんどできなかったのである[8]。

　現代においては，グローバリゼーションや法制定権を有する国家横断的な統一体の形成によって，さらにこの違いはいやおうなしになくなりかけている。イギリス人とアメリカ人は，均一な・理解できる・確実な法を求める経済の要請に応えるために，さらに

---

[7]　*Zweigert/Kötz*, aaO, 81ff., 84.
[8]　*Weber*, Wirtschaft und Gesellschaft 第 2 部を参照。

一部には法の近代化を必ずやりぬくため，あるいは国際的な責任を果たすために，通用する法を制定法の形で，いやさらには包括的な法典の形で定立せざるをえなくなっていることをますます感じてきている。その一方で，法典は古くなり，また立法者は，社会的・経済的な経過がますます多様になっているために，発展に歩調を合わせることが必ずしもできるわけではないので，裁判官による判例法の重要性はドイツにおいてはしだいに高まっているのである。しかも立法者が十分綿密で細かい法規定を制定できないこともよくあるので，その結果，裁判所はますます足りない部分を補い，そして法規定を明確にしたり，あるいはさらに修正さえもせざるをえなくなる。現代の先進工業国では法文化の同一化を容易に見出すことができるが，これはとりわけ技術的発展の産物であり，コミュニケーションや経済や流通の国家を超えた結びつきの産物である。この法文化の同一化は，ヨーロッパ連合においては連合の立法によって強く推し進められている。しかし周知のように，まさにこれに対する抵抗も生まれているのである。それは，マーストリヒト条約によって取り入れられたヨーロッパ法の**補充**の原則（ヨーロッパ共同体条約第5条第2項）に表れている。

　いろいろな国の法文化を比較する法社会学は，比較法学とは違ってまだ発展途上にある。そのためこれまでその成果はまだわずかしか得られていない[9]。法社会学の研究が特に力を入れているのは，裁判の利用[10]，裁判手続の多様な頻繁性[11]，司法実務の多様性[12]，法律家特に弁護士の職業社会学についての比較研究[13]，である。

---

9) 全般的で人類学的な基礎ももつ概観を与えているのが，*Sally Falk Moore*, Legal Systems of the World, in: *Lipson, Leon/Wheeler, Stanton* (Hrsg.), Law and the Social Sciences, New York 1986, 11ff. さらに，*Gibson/Caldeira*, The Legal Cultures of Europe, 30 Law & Soc Review, 1996, 55.
10) 5巻からなる全集 *Cappelletti* (Hrsg.), Access to Justice, 1978 を参照。
11) *Blankenburg*, Weniger Prozesse durch mehr Rechtsberatung, DRiZ 1987, 169ff. を参照。
12) *Blankenburg, Erhard* (Hrsg.), Prozessflut? Studien zur Prozesstätigkeit europäischer Gerichte in historischen Zeitreihen und im Redhtsvergleich, 1989; *Wollschläger, Christian*, Die Arbeit der europäischen Zivilgerichte im historischen und internationalen Vergleich, in: *Blankenburg*, aaO, 21ff.; *ders.*, Exploring Global Landscapes of Litigation Rates, FS Blankenburg 1998, 577; *Simsa, Christiane*, Die gerichtliche und außergerichtliche Regulierung von Verkehrsunfällen in Deutschland und in den Niederlanden, 1995.
13) *Abel, Richard/Lewis, Philip*, Lawyers in Society, 3 Bde., 1988/1989.

第2節　法多元主義と法普遍主義

1　法文化の多元主義

これに対して現代の法社会学では国家の法文化に関しても多元主義的な始まりが支配的である。それは，全ての社会は，ひとつの国家に統合されている限り，程度の差はあれ区別可能な集団や団体に分けられている。それらは法的に組織化されている程度にまで限定的で自立的な法文化を形成している。団体特有の法文化がどのくらいはっきりと表れているか，他の団体や全体社会の法文化に対してどの程度の独自性をもっているか，全体社会の法文化にどのように適合しているかはそれぞれ異なっている。内部分化の程度は，社会の大きさとともに，さらには文明化や社会的分業が進んでいくとともに，そして政治的秩序が自由主義的になるとともに，高くなっていく。[14] 最も重要な例としては，ある国家で生活している民族的・宗教的な少数派の独特な法文化の形成がある。これはエールリッヒが生きた法という構想を生むきっかけとなったのである。[15] このほかにも職業特有の倫理規則や特定の経済分野のために作られた「行為規範 codes of conduct」を挙げることができる。この視点からみて法社会学のテーマとなるのは，そのなかに部分法文化や下位法文化をもった**国家および社会内部の法多元主義**であり，それらの法文化相互の関係である。

　方法論としては，法多元主義のいくつかの現象形態を区別することが目的に適っている。[16] まず最初に，取り上げた個々の法文化が同列に並んでいるのかあるいは互いに上位秩序と下位秩序という関係にあるのかによって，**水平的な法多元主義**と**垂直的な法多元主義**とを区別することができる。

　2番目に，**政治，文化，社会経済**のいずれに制約された法多元主義であるのかを区別することができる。政治的な法多元主義には，**法制定機関の構成，連邦制，権力分立**が該当する。文化的な法多元主義には，ある社会における法文化の多様性があてはまる。

---

14)　これについては，デュルケム，前述第5章第2節2およびアメリカの2つの都市における印象的な経験的研究として，Merry, Getting Justice and Getting Even, 1990 を参照。
　　さらに，Lampe (Hrsg.), Rechtsgleichheit und Rechtspluralismus, 1995 にある多くの論文を参照。
15)　第6章第2節3を見よ。
16)　Friedman, aaO, 203ff. を参照。

この多様性は，宗教的か，民族的か，言語的な特性にその原因を求めることができる。その典型的な例は，初期オスマン帝国におけるイスラム教徒とユダヤ教徒とキリスト教徒の友好的な共同生活である。その自由度は，ある争いについてそれぞれの集団に独自の裁判権さえも認めているほどである。[17] 社会経済的な法多元主義は，法文化の独自性に表れている。この独自性は，様々な社会階層や職業団体——これらは**職業活動**の性質に基づいて，あるいは**収入や財産の違い**によって互いに区別される——において生まれる。

　3番目は，既に**実定法**の中に入っている法文化の特色と，人々の法見解や法行動，つまり**生きた法**に表れているものとを区別することである。

2　法普遍主義

　いわば逆の方向性として，現代の法社会学研究は，個々の国家の境界を越えた全世界に及ぶ法文化の生成に目を向けている。そのためそれは，現代のコミュニケーション手段や交通手段によって可能になった社会的・経済的・政治的関係の**グローバリゼーション**に対応する。このグローバリゼーションは，たとえば世界的な規模の観光，世界的な生産物市場や資本市場の形成，多国籍企業の伸張，超国家的な政治組織の数の増大に表れている。法社会学者の間でそれを表す名言となったのが，「グローバル・ヴィレッジ global village」というメタファーである。法的に見れば，この場合政治的領域で重要なことは，おもに**普遍的な人権**の承認と実現への要求である。これはしばしば**民主主義的支配構造**の形成への要求と結びついている。経済交流の分野では，国際契約を規制するための条約や経済的規制モデル，さらに契約実務に基づく，またこの分野での紛争は，国際的に設置され，一国の法に縛られない仲裁裁判所を通じて解決できるようにするという慣習が広まったことによる，国家に縛られない「**レークス・メルカートーリア lex mercatoria**」の形成が注目される。これに競争秩序や知的財産権の保護のための規定が加わる。社会的には，様々な国々の異なる生活環境，特定の民族や住民集団を差別するメカニズムが重要になっている。

　これら全ての事例について法社会学が第1になすべき任務は，事実を把握し，意識させ，分析することである。しかしテーマの選択やその扱いが既に批判的な響きを気づかせるのはまれではない。研究の関心事は，純粋に科学的な

17）　Friedman, aaO, 205 を参照。

認識を超える価値的考察には弊害があることを指摘することにある。「正義の研究」の中に科学の任務があることがわかるのである。

文献一覧

第1節　　Arnaud, Andre-Jean (Hrsg.), Legal Culture and Everyday Life, Oñati Proceedings Bd. 1, Publication of the Oñati International Institute for the Sociology of Law, 1989; *Bierbrauer, Günter,* Cultural Differences and Legal Consciousness, 28 Law & Society Review, 1994, 243; *Blankenburg, Erhard,* Indikatorenvergleich der Rechtskulturen in der Bundesrepublik und den Niederlanden, ZfRSoz 1985, 255; *Cotterrell, Roger,* The Concept of Legal Culture, in *Nelken* (siehe unten); *ders., Law, Culture and Society,* 2006; *Friedman,* Das Rechtssystem im Blickfeld der Sozialwissenschaften, 1981, 202ff.; *Gephart, Werner,* Kulturelle Aspekte des Rechts, ZfRSoz 1990, 1770; *ders,*. Recht als Kultur. Zur kulturhistorischen Analyse des Rechts, 2006; *Gessner/Hoeland/Varga* (Hrsg.), European Legal Cultures, 1996; *Gibson/Caldeira,* The Legal Cultures of Europe, 30 Law & Society Review 1996, 1; *Martiny, Dieter,* Rechtskultur-Berührungspunkte zwischen Rechtssoziologie und Rechtsvergleichung, FS Blankenburg, 1998, 421; *Nader, Laura* (Hrsg.), Law in Culture and Society, 1969; *Nelken, David* (Hrsg.), Comparing Legal Cultures, 1997; *Nelken, David/Feest, Johannes* (Hrsg.), Adapting Legal Cultures, 2001; *Varga, Csaba* (Hrsg.), Comparative Legal Culturs, 1992.

第2節1　　*Bonaventura de Sousa Santos,* Toward a Multicultural Conception of Human Rights, ZfRSoz 1997, 1; *Chiba, Masaji,* Legal Pluralism: Toward a General Theory Through Japanese Legal Culture, 1989; *Gessner, Volkmar,* Rechtspluralismus und globale soziale Bewegungen, ZfRSoz 2002, 277; *Griffith, John,* What is Legal Pluralism? 24 Journal of Legal Pluralism, 1986, 1; *Lampe, Ernst-Joachim* (Hrsg.), Rechtsgleichheit und Rechtspluralismus, 1995; *Merry, Sally Engle,* Legal Pluralism, 22 Law & Society Review, 1988, 869; *Petersen, Hanne/Zahle, Henrik* (Hrsg.), Legal Polycentricity: Consequences of Pluralism in Law, 1995; *Teubner, Gunther,* Global Bukowina: Legal Pluralism in the World Society, in:ders. (Hrsg.), Global Law without a State, 1997; *Tie, Warwick,* Legal Pluralism – Toward a Multicultural Conception of Law, 1999.

第2節2　　*Arnaud, André-Jean,* Universalismus versus Globalisierung: Der Bruch in der Geschichte des westlichen Rechtsdenkens, ZfRSoz 2002, 251; *Bonacker, Thorsten,* Inklusion und Integration durch Menschenrechte. Zur Evolution der Weltgesellschaft, ZfRSoz 2003, 121; *Callies, Gralf-Peter,* Reflexive Transnational Law. The Privatization of Civil Law and the Civilization of Private Law, ZfRSoz 2002, 185; *ders.,* Billigkeit und effektiver Rechtsschutz. Zu Innovation und Evolution des Zivilrechts in der Globalisierung, ZfRSoz 2005, 35; *Gessner, Volkmar,* Globalization and Legal Certainty, in: *Gessner/Budak,* Emerging Legal Certainty: Empirical Studies on the Globalization of Law, 1998, 427; *Ladeur, Karl-Heinz,* (Hrsg.), Globalization and Public Governance, 2001; *McGrew, Anthony,* Global Legal Interaction and

---

18)　「国際正義研究協会 International Society for Justice Research」という特徴的な名称を参照。

Present-day Patterns of Globalization, in: *Gessner/Budak,* aaO, 325; *Röhl, Klaus/Magen,* Die Rolle des Rechts im Prozess der Globalisierung, ZfRSoz 1996, 1; *Teubner, Gunther* (Hrsg.), Global Law without a State, 1997.

第18章　人間と法

Die Menschen und das Recht

第1節　法感情と法意識

　社会における法文化の中心的な要素は，社会で生きている人間の法感情および法意識である。それを学問的に研究することは，社会学および社会心理学の対象であるが，社会学および社会心理学については，本章では示唆することしかできない[1]。人間というものは制定された法とまったく接触せずとも，正と不正に対する以下のような感知力を有していることは，経験に合致している。すなわち，何が許されていて何が禁止されているのか，どのような請求をしてもよいか，どのような義務があるか，そしてどのように他人の行動が判断されるべきかを人間は直感的に知っているという感知力である。社会において適切な行動をするためのこの本来のセンスは**法感情**[2]と呼ばれ，それをもって，そのセンスは，意識によりもむしろ（個々人のまたは集合的な）無意識および感情に拠り所があると説明される。

---

1) *Teuchert-Noodt/Schmitz, Hammer/Keller* und *Kreppner* in *Lampe* 1997, 134, 152 und 341 による著作を参照。このほかに，第 11 章第 4 節および第 5 節における配分的正義と手続的正義に関する人間の観念についての社会心理学での研究への指摘を参照。
2) 法感情なる概念は，曖昧であり，学説では様々に定義されている。本節では，その概念を，より厳密に限界づけることをせず，一般的な意味においてのみ用いる。これ以外の手引については，*Lampe* 1985 および *Jakob/Rehbinder* 1987 によって編集された論集における数多くの論文を参照。さらに，*Riezler, Erwin,* Das Rechtsgefühl, 1921, 3. Aufl. 1969, *Bihler, Michael,* Das Rechtsgefühl, System und Wertung, 1979; *Blankenburg, E.,* in: *Hof/Kummer/Weingart,* aaO, 83; *Meier, Chr.,* Zur Diskussion über das Rechtsgefühl, 1986; *Eckensberger/Breit,* Recht und Moral im Kontext von *Kohlbergs* Theorie der Entwicklung moralischer Urteile und ihrer handlungstheoretischen Rekonstruktion, in: *Lampe,* aaO, 1997, 253 を参照。

法感情は，法と道徳を未だ区別していないとか，または両者を曖昧に区別しているにすぎないということではない。法感情は，通常，道徳における判断力（および甚だしい侵害がある場合には道徳における激昂）として現れるが，この形態においては，個々人の法的な行動のためのガイドラインとして，また社会において支配的である社会規範や法規範に対する調整のための基準として作用する。その中心的な要素は，群れをなしている比較的高次の動物たちにおいて既に明らかになっている。生物の根源は，継続的な社会関係において相互に助け合うことが関わりのある個体一人ひとりの長生きする可能性を高めるという観察結果のなかに見出される。それは，既にチンパンジーを観察した結果得られた次のような素質において見出される。すなわち，後の反対給付を信頼して別の個体に援助を与えるが，援助を受けたその別の動物が反対給付から逃れようとする場合には，その別の個体への攻撃行為に転じるという素質である。行動生物学の知識に従うことが許されるなら，この行動範型は発生学的な進化の結果であり，そのこと自体は遺伝学において確定している。それ故に，その行動範型は人間の場合にも遺伝的素因において定着している。

　ヴォーラント Voland は以下のように記述している。すなわち，「チンパンジーは，ある程度，前規定的な規範を理解することができるように思われる。その理解は，社会的な互酬の文脈において効果を有するようになり，そしてこのとき，その理解が進化として生じたと思われる[3]」。類似のものとして，ヘンドリクス Hendrichs は以下のように書いている。すなわち，「動物は，状況の特性に応じて自らの『諸権利』を知っていることがあり，その権利を要求し守ることがある。別の個体の『諸権利』が状況の特性に応じて知覚され，認められることもある。しかし，動物が法および正義という一般的な観念の準備形態を発展させるような状態にあり得るか否かを私は思い切って判断できない[4]」。

　人間の個体においては，この素因は，幼少期および思春期における社会化プ

---

3) *Voland, E.*, Von der Ordnung ohne Recht zum Recht durch Ordnung. Die Entstehung von Rechtsnormen aus evolutionsbiologischer Sicht, in *Lampe* 1997, 111.

4) *Hendrichs, H.*, Zu möglichen Vorformen des menschlichen Rechtsgefühls bei höheren Tieren, in: *Lampe* 1985, 57, 67; これについてはさらに，*Wukeits, F. M.*, Biology of Morality(Evolutionary Ethics) and its Implications for the Study of Legal Systems, in:*Hof/Kummer/Weitgart*, aaO, 235; *Gruter, Margaret*, Die Bedeutung der Verhaltensforschung für die Rechtswissenschaft, 1976; *Gruter/Rehbinder*, Der Beitrag der Biologie zu Fragen von Recht und Ethik, 1983; *Schurig, Werner*, Überlegungen zum Einfluss biosoziologischer Strukturen auf das Rechtsverhalten, 1983 を参照。

ロセスの流れのなかで形成され，複数の段階を経て，人格に定着した個人的な**法意識**または**法の良心**へと発展する。そして，個々の人間誰もが，自らを取り巻く環境において妥当する社会的な規範，とりわけ妥当する法とそれを実践的に取り扱うことで積んだ経験さえもその法意識または法の良心のなかへと入り込む。個々人の法意識が有する一定の内容は，多くの人の間で合致し，その限りで**集合的な法意識**の構成要素および**伝承された文化に関する知識**の構成要素としても理解することができる[5]。

　系統発生的に形成され確定した法感情と個体発生的に個々人が学習することによって手に入れた法意識との関係は，道徳生物学と道徳心理学における争いのある問題である。個々人の道徳上の発展についての現代における通説的な理解は，社会心理学者ジャン・ピアジェ Jean Piaget とローレンス・コールバーグ Lawrence Kohlberg の観察結果と理論によって形成されている。ピアジェは，正義の問題は遊んでいる子どもにとってすら非常に重要であり，また激しい対立を招くことがある点を確認した。同人は，正義を知覚することを3段階に区別する。すなわち，①正しいのは，両親が言うことである。②正しいのは，同等の配分である。③正しいのは，比例配分である。コールバーグは，このアプローチをさらに進め，**前慣習的**な道徳における方向性，**慣習的**な道徳における方向性，**脱慣習的**な道徳における方向性という諸段階の間で区別している。前慣習的な道徳の段階では，子どもたちには良い振る舞いと悪い振る舞いが教えられる。子どもたちはルールを学ぶが，報奨と罰を伴う第三者による行動要求としてそのルールを表面的に理解するにすぎない。慣習的な段階では，成長期にある人間は，伝統的な行動範型を内面化し，価値あるものと身をもって知る。たいていの人間は，一生の間この段階にとどまっている。脱慣習的な道徳が意味するのは，自律的に発展した個人の基準に有利になるように，権威によって支えられた所与の行動規範から人々が解放されることである[6]。

　個々人の法意識の形成に影響を与える要素は，非常に多岐にわたる[7]。それは，幼年期においては，両親，縁者，兄弟姉妹および遊び友達から教えられる初歩

---

5) 法意識なる概念も，本節では，特殊に用いることをせず，実定法の規定に特別に関係するのではなく，個々人の意識に貯えられた法および正義という一般的な観念に関係する限りでのみ確定する。あらゆる機会に実定法の方針を定める備え，または実定法を援用する備えという意味での法意識なる概念はそこから区別されるべきである。

6) *Piaget, Jean,* Das moralische Urteil beim Kinde, 1932, Neuaufl 1954; *Kohlberg, Lawrence,* Zur kognitiven Entwicklung des Kindes, 1974. 全体については，*Eckensberger,* Das „Rechtsgefühl" aus entwicklungspsychologischer Perspektive, in: *Lampe* 1985, 71 を参照。

7) 以下の記述については *Raiser,* aaO, 115ff. を参照。

的な行動範型である。彼我の所有関係，つまり，個人の所有の意味および物質的な財産の正しい分割と配分についての経験もこのひとつであろう。言語の発達にともなって，言語において定着した法観念も言語とともに学ばれる。就学年齢においては，学校での経験が特徴的な影響力をもつに至る。その場合，具体的な法知識を取得することよりも，校則や生徒と先生との日常の付き合いおよび正当または不当だと感じられる学校での成績の評価に関する経験の方がより重要といってよいだろう。学校の授業で扱われる対象と教科書も，法問題と法的な叙述に満ちていることが多い。公正な行動というゲームのルールは，模範として，スポーツにおいて教え込まれる。罪や罰や損害賠償という初歩的な法原則は，事故や生徒の間で暴力が起こる場合に，教え込まれる。相互主義の原則，契約の重要性および合意は守られるべきである pacta sunt servanda なる命題の社会的な役割は，どんなティーンエイジャーも既に自覚していると言ってもよいだろう。見知らぬ人と付き合うために，今日，道路交通での経験は中心的な役割を果たしている。メディアでの法事件に関する報道および成長期にある者が影響を受ける準拠集団における議論からはそれとは別の印象を受ける。全体としては，これまで見たような多様な社会環境における諸要因が，あらゆる個人に影響を与え，相まって作用するという点から次の結論を引き出すことが許される。すなわち，十分に充実した豊富な法意識が形成され，それは新しい経験をすることで最新の状態に更新され続け，その真価が試されるが，そのことには，実定法の相当に正確な知識と実定法の規定に関する熟した考察は必要ではないといえることである。

　法感情および法意識から区別することができるのは，国家ないし社会で妥当している**実定法**に対する人間の**考え方**である。確かに，この考え方は生得的な法観念ないし幼少期および思春期に体得した法観念には左右されない。しかし，この考え方がそのような法観念と同一ではないと簡単には言えない。というのは，その考え方が結びついているのは，言語によってきちんと整理され，かつ文書によって定められた数多くの法文であり，それは様々な影響力と適用分野をもち，細かく分かれた反応を引き起こさせることがあるからである。さらにその場合には，法の規定を**知っている**こととそれを拘束力ある法として**承**

認すること（受容）そして**法順応**，つまり法の規定に実際に従うこととの間で区別されるべきである。即座にそこに立ち戻らねばならない。

　法感情，法意識，法知識，現行法の受容および法に忠実であることは，原則として，世論調査およびその他の経験的方法によって研究される。それらは法社会学の中心的対象のひとつである。もっとも，それを目的とした研究は，実定法が様々な形態を有しかつ複雑であるが故に，そして人間の考え方が不定のものであるが故に，方法論の上で著しく困難な様相を呈する。その困難さは，調査を行う場合に，十分な訴求力をもち十分に保障された立言が得られるか否かという疑問を生じさせる契機となる。

第 2 節　人々の法知識

1　法知識の源泉

　法学の教育を受け，職業上法に関わっている人の法知識に関する包括的な経験的調査は，ドイツではこれまで存在していない。それ故に，それに関する言説は全て，一般化するのが困難である個別の出来事で示されたものである。そして，それ以外の点では，体系的でない観察結果および経験に依拠しなければならない。人々の法知識は**僅少なもの**として評価されるのがまったく圧倒的である。それは不思議なことではない。一般的な教育では，現行法は何ら重要ではないし，学校の授業でもそれは教えられない。法律家の影響をかなり内部まで踏み込んで疑念をもって観察されることがないわけではないが，法は法律家

---

8)　たとえば，女と男が異なる法意識を有しているかという疑問については，*Lautmann*, ZfRSoz 1980, 165; *Blankenburg* in *Gerhard/Limbach* (Hrsg.), Rechtsalltag von Frauen, 1988, 143 を参照。

9)　*Rottleutner*, Rechtssoziologie, 159ff. によるこれについての批判的な言及を参照。さらに，*Smaus*, Theorielosigkeit und politische Botmäßigkeit der KOL-Untersuchungen, ZfRSoz 1981, 245; *Blankenburg*, ZfRSoz 1982, 291 および *Podgórecki/Vinke/Kaupen/Kutschinsky/van Houtte*, Knowledge and Opinion about Law, 1973 における *Podgórecki und Kutschinski* による寄稿論を参照。*Keßler*, Annotierte Bibliographie zu Knowledge and Opinion about Law (KOL)-Untersuchungen, ZfRSoz 1981, 278 における広範な文献案内を参照。

10)　しかし，*Pichler/Giese*, Rechtsakzeptanz, 1993 によるオーストリアについての一大研究を参照。

11)　それぞれが広範な文献案内を有する *Röhl* Rechtssoziologie, 1987, 271ff.; *Rehbinder* Rechtssoziologie, 156f. を参照。

に委ねられている。そのような態度は，われわれが知っているように，法の取扱いは組織立った長い訓練を必要とし，その訓練の必然的な結果として，法学の素人には依然として閉ざされている専門知識が得られるという理由からもごく自然に考えられる。いや，実際問題，法的な規律を充実させることは法律家にさえ完全には委ねられていない。

　人々は法を知っているものであるという普遍的に維持されている現行法の要請は，これらの立言と著しく対立している。民事法において，法の錯誤は顧慮されない傾向にあるが，刑法は禁止の錯誤を，それが過失に基づいている場合にのみ，認めている。[12]

　他方で，人間は日常生活で様々な方法で法と接触するし，少なくとも状況が限定されてではあるが，法に関して考察することを強制される。生活関係がますます法化する時代には[13]，それに加えて，法のコミュニケーションもより密になる。特に，メディアに関して密になるが，人間相互の日常生活の会話においてもそうである。法事件に巻き込まれた者自身は，法事件の被害を受けずに済んだ者よりも，関連する諸規定をより正確に知っており，それらの規定に対してよりいっそう敏感であることが推測される。さらに，特定の規定を自らの職業において用いなければならない多くの人々には，持続的な法知識をもっていることが，それが特別な法知識であるにもかかわらず，期待され得る。手工業の工場ないし経済的企業を経営している者，国家の事業を営む者，授業を行う者，他人に助言を行う者，医学的に看護を行う者などは，自らの法感情を信頼してはならず，その職業にとって決定的である規定を知っていなければならないし，それらを確実に取り扱うことができなければならない。従属的労働者，年金生活者および失業者でさえも，労働法および社会法において彼らが有する請求権を余すところなく用いるよう指示されている。個々の生活領域において法とつきあうことで得たそのような知識が，法に対する普遍的な理解をも深めていることを出立点とすることができる。

　これが正しい場合には，単に知識の正確さを過度にやかましく要求するので

12）　オーストリア一般民法第 2 条「ある法律が公布されたと同時に，何人も自らがその法律を知らなかったと弁解することはできない。」を参照。さらに *Röhl, Rechtssoziologie*, 259 を参照。
13）　第 *20* 章第 2 節を参照。

はなく，ある規律の核心に関する一般的な観念でよしとする限りにおいて，その外観から最初にイメージされる知識水準よりも人々の知識水準は全体として好意的に判断されるべきだといってよいだろう。もっとも，個々の法分野を基準として大きく区別されることおよび調査された者の個人的生活事情を基準として大きく区別されることが考慮に入れられるべきである。勘違い，的外れの法観念，問題のある中途半端な法学教育もまた除外されるべきではない。

2 知識水準

内容における実質的な観念は，現在の研究によれば，まず**刑法**の分野で明らかになる。それは，刑法の分野では集合的道徳意識と妥当する法がなお密に隣接していることから説明がつく。[14] **憲法**においては，政治的な過程ならびにメディアおよび民主主義の関与する権利を通じて伝えられることで，むしろ，民主主義，連邦主義，法治国家，人権，権力分立，社会国家性などの基本原理についてのある程度一般的な知識が明らかになっている。[15] メディアおよび公論に関して，たとえば**死刑の禁止**および**堕胎**または**利子の課税**に関する諸規定などの象徴的にとても重要な規律も一般的な意識に浸透している。[16] **民事法**の分野では，大衆の間で生じる法関係について，つまり売買法，賃貸借法，労働法および保険法，扶養義務，事故の清算などについて，事細かな法知識がまったく問題なく広まっている。むしろ，あやふやな観念が観察されるのは，組織，**法制**

---

14) *Blath, Richard*, Einstellungen der westdeutschen Bevölkerung zur Strafe und zu abweichendem Verhalten, 1974; *von Oppeln-Bronikowski, Hans-Chistoph*, Zum Bild des Strafrechts in der öffentlichen Meinung, 1970; *Kaupen/Rasehorn*, Die Einstellung der Bevölkerung der Bundesrepublik zu Strafrecht und Strafvollzug, ZRP 1972, 21; *Smaus*, Das Strafrecht und die Kriminalität in der Alltagssprache der deutschen Bevölkerung, 1985; *Karstedt-Henke*, Die Stützung von strafrechtlichen Normen und Sanktionen durch das Rechtsgefühl, in Lampe (Hrsg.), Das sogenannte Rechtsgefühl, 1985, 210; *Dölling*, Rechtsgefühl und Perzeption des Strafrechts bei delinquenten und nicht delinquenten Jugendlichen, in: Lampe, aaO, 240.
15) そのようなものとして，オーストリアの研究において「憲法によれば誰が立法者であるか」との問いに，調査された者の54%だけが正しく議会であると回答した（*Pichler/Giese*, aaO, Tabellenband 114）。
16) これについては *Reuband*, Sanktionsverhalten im Wandel, Die Einstellung zur Todesstrafe in der Bundesrepublik Deutschland seit 1950, KZfSS 1980, 535; *Rottleuthner*, 1987, 163ff.; *Allensbacher Jahrbuch für Demoskopie* 1984-1992, 607 を参照。

度の課題および活動方法，つまり立法機関，裁判所および行政官庁に関してである。これに対して，ピヒラー Johannes Pichler とギーセ Giese によるオーストリアでの調査において，自分自身についてどちらかというと法に疎いと語った者の圧倒的大多数は，誰に助言と助けを請うことができるかを知っていると明言した。[17] 最も知られていないのは**国家法**および**行政法**における知識である。[18]

主として外国における多くの研究によって，**個人的**地位や**社会的**地位によって法知識に程度差があることが十分に証明されている。[19] 知識水準は男性の方が女性よりも幾分高い。[20] これに対して年齢はほとんど重要ではない。都市と地方とでは知識の高低差がある。しかし，とりわけ法知識は，社会での所属階級，一般教養や学校教育，政治への関心によって異なっている。[21]

3 法知識の望ましい程度

豊かな法知識はどのような利益をもたらすのだろうか。明確であるのは，豊かな法知識は社会生活において，特に紛争が起こった場合により優位に自らの権利を認めさせることができるという利益をあらゆる個人にもたらし，さらに裁判所による権利保護を比較的容易に引き出すに至る点である。だから，オーストリアでこれについて調査された者の81％が，法律を知れば知るほど自らが自由であると感じると述べたのは驚くべきことではない。68％の者は，法律によって許容されていることの限界を知らない場合に，自由が制限されているとみなした。[22]

---

17) *Pichler/Giese*, aaO, 331.
18) *Kulscar*, Rechtssoziologische Abhandlngen, 204ff.
19) 以下の記述については *Kulscar*, aaO; *Williams, Martha/Hall, Jay,* Knowledge of the Law in Texas:Socioeconomic and Ethnic Differences, Law & Society Review 1972, 99; *Irwin, M.J.* Sociological Evaluation of the Development of Sociology of Law, 1986, 48 を参照。さらに die Studie: Legal Knowledge of Michigan Citizens, in: Michigan Law Review 71(1973)1463 を参照。
20) *Lautmann*, Negatives Rechtsbewusstsein: Über Geschlechtsdifferenzierungen in der juristischen Handlungsfähigkeit, ZfRSoz 1980, 165; *Pichler/Giese*, aaO, 323.
21) そのようなものとして，オーストリアでは，あなたは法律問題が起こった場合に十分にあるいは少なくとも部分的に自分で何とかすることができますかという問いに，自由業および自営業の77％，ホワイトカラーの72％が「はい」と答えたが，公務員の64％およびブルーカラーの62％しか「はい」と答えなかった（*Pichler/Giese*, aaO, Tabellenband 435）。
22) *Pichler/Giese*, aaO, 317.

それに対して，法知識が，個々の諸規定ないし法秩序全体の受容を高めることに貢献するか否か，そして法順応を強めることに貢献するか否かは疑わしい。逆に，一定の研究成果は以下のことを示している。すなわち，知識の水準が低い場合には権威への信頼および法への信頼が極めて強い一方で，知識が増加すると現行法への批判も増加するという点である。[23] 現行の秩序を神ないし自然によって与えられたものと捉える者もいる。個々の規律を問うことなく，現行の秩序が一般的価値観念にとって十分であることに甘んじ，集合的価値観念が本質的に現行法と一体となって形づくられていることを熟慮さえしない者もいる。多くの人々が社会国家による給付法に基づいて享受している利益もまた，現行法の普遍的正当性への信頼を強めるものである。[24]

　そのような事情のもとで，社会の統合，共同のための社会の統御および社会内部における平和の維持を考慮して，一般的な法知識の改善を支持することが望ましいか否かは目下のところ依然として未決着でなければならない。しかし，その問題が否定されるべきだとしても，法に関して人々を不案内にしておくことを目的としている政治は人間の尊厳および民主主義と相容れないだろう。

第3節　実定法の承認と正当性

1　受容の前提

　知っているからといって同意しているわけではない。人々がどのような法知識をもっているのかは，法知識そのものを理由に注目されることはない。むし

---

23)　オーストリアでは，調査された者の78％が，法に専門知識のある人々が法の欠缺を自らの利益のために利用するものと確信していると述べた。法の専門家が平均的市民よりも法に忠実に行為すると考えている者はわずか12％である（*Pichler/Giese,* aaO, Tabellenband 403）。さらに die US-amerikanische Untersuchung von *Sarat,* Support for the Legal System: An Analysis of Knowledge, Attitudes and Behaviour, 3 Am. Politics Quarterly (1975), 3 は以下のようにまとめる。すなわち「法システムが働く方法についての理想化された非現実的な概念を人々が有する限り，それはマスメディアとその他の大衆的な情報源によって伝えられた概念なのだが，法システムに対する支持は，少なくとも依然として相対的に広まったままであろう。……その概念が情報によって練磨される場合，支持は，少なくとも満足感には反映されているのだろうが，おそらく減少するだろう」。

24)　*Cotterrell,* Sociology of Law, 171ff. 参照。

ろ学問的かつ法政策的に重要な問いは，どのような前提のもとで人々が法を正当なものとしてそして自己を拘束するものとして**受容する**かである。人々がこうした受容を行う限り，人々が実際にも法に忠実に行動することが合理的に期待され，また規範的秩序と社会での生活過程との間に調和が生まれ，あるいはその調和が維持され続けることが合理的に期待される。確かに，法は，正当なものとはみなされない規定に対しても順応することを要求し，必要とあらばそれら法規定は違反する行動に対して国家の強制手段によってその効果を実現する。しかし，社会の平和は，人々が，少なくとも大体のところ実定法の拘束力を受容する備えがある場合のみ保障されている。社会の変遷が急速な時代では，このことが妥当するのはまったくの特例である。そういう時代においては，法律は社会を統御する手段および絶えず生ずる新しい要求に応ずるものとして利用される。つまり，法は絶えず変化し続け，その変化に相応する行動の変化を市民に要求するか，または新たな負担を市民に課すのである。

　詳細に観察すれば，受容という概念は極めて**複雑な事実内容**を表している。その事実内容はより正確に調査される必要があるが，況してそれが経験的研究の基礎として役立つものとされているときはなおさらである。[25] 社会の結合と内部の平和を維持するために，受容するには最低限何が必要かという問いもまた立てられる。その問いを認めることは，個々の規定や特定の判決，法律，法制度（たとえば，介護保険），官庁，裁判所や権利に関する公的制度（たとえば，社会裁判権），特定の基本的な憲法の諸原則（憲法による所有権の保護，団結の自由，法治国家，社会国家）に関係するかもしれないし，それとも国家全体の法的秩序と政治的秩序に関係するかもしれない。国家全体の法的秩序と政治的秩序に関係する場合には，法社会学は**一般的なシステムへの信頼**も取り上げている。[26] マックス・ヴェーバーは，実定的に定立された規則の合法性が信頼されることに基づいて，行為者はある秩序に正当な妥当を認めることができると記述している

---

25) 以下の記述については，特に Lucke (Schrifttumsverz.), 31ff.; *dies.*, ZfRSoz 1996, 221 を参照。
26) *Luhmann*, Rechtssoziologie, 254, 281; *ders.*, Das Recht der Gesellschaft, 131f.; *ders.*, Vertrauen, 3. Aufl. 1989. 法における信頼 Vertrauen の意味については *Hof/Kummer/Weingart* (Schrifttumsverz.) の論集における数多くの論文を参照。

が，それは一般的なシステムへの信頼と同じことを指している。[27] 法に対するこのような信頼の強さ，幅広さ，深さは，社会秩序を安定させるための最も重要な支柱のひとつである。

　第1に，受容は個々の人間が内心で同意することを意味する。もっとも，その同意が別の人間に対する表出として，ないしは少なくとも道理に適った行動として明らかにならない限り，同意は社会的に無価値なままであり依然として学問的に観察され難くもある。しかし，同意が表出されたとしても，通常，状況次第であり，[28] あらゆる者が自らの意見をいつでも変更し直せるのだから，表出された同意を直ちに持続的なものとみなすことはできない。さらに，同意は不明確に部分的にだけ与えられていることもあるし，または制限および留保されて与えられることもある。

　社会に属する人間の総体に照準が合わせられる場合，それは法において重要な場合なのだが，上述のように受容の前提が不確実で浮動的であることと関連して，事は難しくなる。その限りにおいても，規範ないし秩序の受容というのは，社会での生活過程で絶えず変化する不安定な尺度である。開かれた社会では，均一に形作られた統一的かつ持続的な承認というのはあり得ない。むしろ，個々の諸規定と法分野を基準にした大きな区別ならびに諸個人と社会における特定のイデオロギーをもった集団を規準にした大きな区別が考慮されるべきである。同一の人間ないし同一の集団が特定の諸規定を承諾することもあれば，別の人間ないし集団がそれら諸規定を受け入れなかったり，それら諸規定に対して中立の立場をとったりすることもある。複数の人々ないし諸集団が同一の規定を様々な理由に基づいて受諾することもあるし，または拒否することもある。政治的な諸事情が変化するために，特に，メディアと世論の影響のもとで，受容の前提が大きく浮動することおよびその浮動性が予期し得ないものであることが考慮されるべきである。

　それに対して，法知識と受容の間に直接の関係はない。知識の水準が低いか，

---

27) *Weber,* Wirtschaft und Gesellschaft, 19.
28) *Lucke* 1995, 109ff.; *Blankenburg,* Situatives Rechtsbewusstsein in:*Pichler* (Hrsg.), Rechtsakzeptanz, 133.

法に関する観念が非常に曖昧であるか，または誤ってすらいるとしても，法的関係にそこはかとなく満足することもあれば，不満を抱くこともある。その満足感や不満感は，ある程度特徴的な同意として現れる。他方で，法知識が向上することは，既に示唆したように，決して非常に高い程度で同意されたことを請合うものではない。むしろ，反対に，そういう法知識は同意への批判および拒絶を促す。不知や教養の程度が低いことは，むしろ，現行の秩序を盲目的に承認することへの備えを増大させる傾向にある。[29] もっとも，意識して法に忠実に行動することは，この行動が一般に知られた習律的規範によって既に前もって影響を受けていないならば，どんな場合でもその行動ごとに関連する規範が知られていることを前提とする。

確かに，受容は**経験的**に世論調査によって突き止めることができるが，それはつねにその限りのものとして突き止められるのであり，必ず行われなければならない一般化は犠牲にされる。重要な例は，上記のような研究が示し得るように，ピヒラーとギーセによるオーストリアにおける調査である。その成果は，オーストリアとドイツの両国における社会的関係と経済的関係が類似しているが故に，ドイツにおける状況への示唆をも与え得るものである。[30] この分野では，学問上の関心はこれまで**人々の司法機関への信頼**に集中していた。そこでは，弁護士および裁判所を用いることに対する逡巡が伝播していることが顕在化した。もっとも，その種の逡巡はドイツにおける裁判所訴訟の件数が非常に多いこととは対照的である。ドイツ統一以来，旧連邦州と新連邦州の間での法の受容に関する注目に値する差異が明らかになった。[31]

通常，世論調査は，以下の場合にのみ，特別法と特別な法制度のために役立つ。[32] すなわち，これらが高度に象徴的な効力を示す場合，特にこれらの評価が定まっていない場合，または人々の意見を共有することが政治における意思形成に影響を与える場合である。それ以外の場合には，**現行法に対する満足**の程度および現行法への信頼の程度を一般的に把握することがもっと重要である。

---

29) *Popitz*, (Schrifttumsverz.).
30) *Pichler/Giese*, Rechtsakzeptanz, 1993.
31) 両方については，第 3 版 352 頁以下における細分化した説明を参照。
32) この文脈において，たとえば，死刑，堕胎または外国人の取扱いおよび庇護問題についての調査は欠かせない。外国人の取扱いおよび庇護問題については *Noelle-Neumann/Köcher* (Hrsg.), Allensbacher Jahrbuch für Demoskopie 1984-1992, 520 における統計を参照。死刑については，同書 607 頁，堕胎については同書 127 頁を参照。

その場合には，実体法の制度，権利に関する公的制度および法手続の間で区別することが考えられる。方法論としては，ある質問への同意の程度ないし同意の拒否の程度を等級づけすることができる目盛が設定されるべきである。[33]

2　法システムへの信頼

特に示唆に富んでいるのは国際比較である。ここでは，例示として，「あなたはどのくらい法システムを信頼していますか」という質問への回答に関する統計的評価を以下に掲げる図表において挿入しよう[34]（表18-1）。

各縦列における1段目と2段目の数字に注目すると，次のことが判明する。すなわち，西ドイツにおける法への信頼（65％）が最も大きいが，他の3つの西側の民主主義国家においても50％を超えており，旧東ドイツ地域のみが45％でそれを下回っている。その状況はフランスとドイツにおいては1981年と1990年の間で依然として安定していた。政治的には，**受容の移ろいやすさ**が問題である。というのは，指導的な意思決定者の誰もが，自らの決定についての同意を国民のなかで達成し，維持し，促進するために，自ら何を行うことができるか，また何を行わねばならないかを考慮することにつねに迫られていると気づくからである。社会の結合と内部の平和を維持するために，受容されるには最低限何が必要かという問いもまた立てられる。普及した診断に照らして現にある秩序を承認するための一般的な備えができていない時代では，そこには重要な，しかし問題をも孕んだ政治的な課題がある。

これらの理由に基づいて，今では，社会科学においても，受容の研究は，どのような前提のもとで人々が自らに課された法を受容し，どのように受容が向上し得るかという分析のための問いについて時代の経過におけるその時代ごとのありのままの状態およびその変化を調査することによって，進められている。[35]これについては既に前で言及した（第*13*章第4節）。

---

33)　*Blankenburg* in *Hof/Kummer/Weickert*, aaO, 95 による相応しいアンケート用紙のドラフトおよび *Pichler/Giese*, aaO und *Tyler*, aaO, 179 によるアンケートカタログを参照。

34)　出典元：*Noelle-Neumann* in Informationen des *Allensbacher Instituts für Demoskopie*, nach International Value Surveys 1981, 1990 und 1992.

35)　*Pichler*, Akzeptanz, Akzeptabilität und Akzeptanzförderung in *Pichler*, aaO, 1998, 23 および同巻におけるこれ以外の数多くの論文。

表18-1　法システムへの信頼　(%)

	フランス		西ドイツ		旧東ドイツ地域	カナダ	アメリカ合衆国
	1981年	1990年	1981年	1990年	1992年	1990年	1990年
極めて信頼している	8	7	17	13	6	10	12
相当信頼している	47	48	50	52	39	44	47
あまり信頼していない	33	31	29	31	47	39	34
全く信頼していない	9	11	4	4	8	7	7
わからない	3	3	+	+	+	+	+

+ = 0.5%未満

　最後に，ある条項が承認されるための根拠は，その条項の確信力にあり，その確信力が基礎とするのは当事者の利害とその条項とが合致すること，とりわけそれらの者の法感情および法意識とその条項とが合致することであるが，さらにその条項が合目的であること，またはその条項が必要だと判断されることだけですらある。その場合に，法社会学は，**受容可能性**を取り上げる。ある規範は，それがあらゆる者にとって得心がいく十分な理由をもって正当化され得る場合，受容可能なものとして妥当する。その規範が受容可能である場合，それが受容されることもまた一定の蓋然性のもとで期待され得る。それだけではなく，受容可能性という概念は，受容可能な規範を受容することがあらゆる者に期待でき，それ故に受容を要求することができるという見解がその概念と結びつく場合，規範的価値内容を得るに至る。

第4節　法順応

1　法順応に対する根拠

　ある規範を知っているだけでその規範を正当かつ拘束力のあるものとして承認していると結論されることがないのと同様，その規範が実際に遵守されることもまた言葉によってその規範を承認していることだけを理由に推定することはできない。こうした推定を行わないことに対しては多くの根拠がある。犯罪行為を行う者は，自らが抵触する刑法の妥当性を疑わないものである。確信犯

---

36)　*Lucke*, 1995; *Weinberger*, Akzeptanz, Akzeptabilität und Diskurs, in: *Pichler* (Hrsg.) aaO, 73.

は稀である。あらゆる法分野において，自らの利益と対立する諸規定，個人の自由の制限だと感じられる諸規定，または単に不便であるにすぎない諸規定を無視ないし回避する試みは数多く行われている。社会集団は，独自の倫理的，宗教的または文化的な伝統を有する場合，もしくは現にある社会を変更することを目的とした政治的指標や犯罪組織を内包する場合，公式の法と乖離する独自の行動規範を作り出すことが少なくない。その行動規範は上記集団内で堅固なものとなり，貫徹さえされる。

他方で，不当，非合目的または政治的に望まれていないものとみなされるが故に承認されていない諸規定に対しても，法順応が行われる。その法順応はこの場合，以下のような確信に基づいている。すなわち，整序された社会生活は適法な方法で成立している法律を遵守することを要求し，人々が法に忠実に行動しようとするか否かに関する判断はそれぞれの個人に委ねることはできないという確信である。

このことから，経験的法社会学に対して，法によって要求された行動と実際の行動とはどの程度合致するのかを別個に研究するという課題が導かれる。その課題は，実効性研究の対象である。もっとも，その研究は，ある者が法に忠実に行為する場合を容易に限界づけたり，予測したりできないが故に，方法論において相当困難である。[37]それ故に，どのくらい多くの規範違反が特定の人々の数と特定の時間と相関して生じるか，または違反によって惹起される損害全体がどの程度であるかを特に確定しようと努めることで，補助的手段に訴えるのである。法政策的には，そのように見出された「**犯罪の被害**」は重要なデータを与えるものである。犯罪の被害は，刑法の分野で最もよく研究されており，刑法は，その限りで，ある国における法文化の状態の特徴をも示すものである。[38]

2　法律に忠実であることについての人々自身の意見

しかし，人間は恐らく法に忠実であるとの指摘は，人間自身の意見表明からも補足される。オーストリアにおける調査[39]は，以下の質問でもってこれを究明している。①人間は，たとえ法が本当は正しくないと考えているとしても，法

---

37) 既に記述した第 *13* 章第 1 節 5 を見よ。
38) 道路交通におけるスピード制限の場合の規範受容，規範運用および規範遵守の間の関係については，*Sagel-Grande* ZRP 1990, 26 が報告するオランダの興味深い研究を参照。
39) *Pichler/Giese*, aaO, Tabellenband 511, 538, 675.

表18-2 オーストリアにおける法律への忠実さ (%)

	①	②	③	④	⑤	⑥	⑦	⑧	⑨
まったく適切である	27	40	31	52	34	28	56	28	36
どちらかといえば（部分的に）適切である	40	44	40	37	34	31	34	44	34
どちらかといえば適切でない	21	11	22	9	17	21	8	20	18
まったく適切でない	12	3	6	2	15	19	2	7	12
わからない	-	2	1	1	1	1	-	2	1

に服従しなければならない。②法を無視することまたは法に抵触することが正当化されることは稀である。③私は個人的には，たとえ法律が間違っていると考えているとしても，つねに法律に従おうとしている。④私がひとたび法律に違反した場合，それに対する刑罰を甘受し，その刑罰を正当なものとして受け入れる。⑤逮捕される可能性または罰を受ける可能性が非常に高い場合には，罰を受けない可能性が高い場合よりも私は法律に忠実である。⑥些細な罰しか受けない法律よりも違反すると重い刑罰によって罰を受ける法律に私は服従する。⑦私は，あらゆる場合に法律を守ろうとする。逮捕される可能性が高いか低いかは重要ではない。⑧ある法律が良心と矛盾する場合，人々はその法律を遵守しないのが当然である。⑨権威と法律に対する服従と尊重は，子どもに学んでもらいたい最も大事な美徳である。このアンケートは以下のような結果になった（表18-2）。

この表は，たとえ調査された者が期待された答えを認識しており，またある程度自らをよく見せようとするつもりであったことを考慮に入れるとしても，法律に忠実である度合いが高いことを証明している。この結果はドイツでも本質的に異なったものにならないと仮定してもよいだろう。この結果が他の諸国においてどのようなものとなるかは本書では未決着のままとされねばならない。

文献一覧

第1節　*Blankenburg, Erhard,* Haben Frauen ein anderes Rechtsbewusstsein als Männer?, in: *Gerhard/Limbach* (Hrsg.), Rechtsalltag von Frauen, 1988, 143; *ders.,* Empirisch messbare Dimensionen von Rechtsgefühl, Rechtsbewusstsein und Vertrauen im Recht, in: *Hof/Kummer/Weingart* (s unten), 83; *Bryde/Hoffman-Riem* (Hrsg.), Rechtsproduktion und

Rechtsbewusstsein, 1988; *Geiger, Theodor*, Einige Bemerkungen zum Thema Rechtsbewusstsein, in *Geiger*, Vorstudien, 340; *Gruter, Margaret* (Hrsg.), The Sense of Justice, 1992; *Hof, Hagen*, Rechtsethologie, 1996; *Hof/Kummer/Weingart*, Recht und Verhalten, 1994; *Jakob/Rehbinder* (Hrsg.), Beiträge zur Rechtspsychologie, 1987; *Lampe, Ernst-Joachim* (Hrsg.), Das sogenannte Rechtsgefühl, 1985; *ders.* (Hrsg.), Zur Entwicklung von Rechtsbewusstsein, 1997; *Lautmann, Rüdiger*, Negatives Rechtsbewusstsein. Über Geschlechtsdifferenzierungen in der juristischen Handlungsfähigkeit, ZfRSoz 1980, 165; *ders.*, Rechtsgefühl und soziale Lage, in: *Lampe*, aaO, 1985, 287; *Lucke/Schwenk*, Rechtsbewusstsein als empirisches Faktum und symbolische Fiktion, ZfRSoz 1992, 185; *Noelle-Neumann, Elisabeth*, Rechtsbewusstsein aus der Sicht der Sozialforschung, in: *Weigelt K.*(Hrsg.), Freiheit, Recht, Moral, 1988, 44; *Östreich, G.*, Im Dschungel der Paragraphen: „Rechtsgefühl" zwischen Klischee und Information 1984; *Raiser, Thomas*, Rechtsgefühl, Rechtsbewusstsein, Rechtskenntnis, Rechtsakzeptanz, in: *Pichler, Johannes* (Hrsg.), Rechtsakzeptanz und Handlungsorientierung, 1998, 109; *Reuband K.H.*, Wechselnde Mehrheiten bei Fragen zum Rechtsbewusstsein: Was die Meinungswechsler von den Stabilen unterscheidet, KZfSS 1989, 690; *Schwind, Hans-Dieter*, Rechtsbewusstsein aus kriminologischer Sicht, in: *Weitgelt*, aaO, 65; *Smaus, Gerlinda*, Das Strafrecht und die Kriminalität in der Alltagssprache der deutschen Bevölkerung, 1985; *Tyler, Tom*, Why people Obey the Law, 1990; *Würtenberger, Thomas*, Schwankungen und Wandlungen im Rechtsbewusstsein der Bevölkerung, NJW 1986, 228.

第2節　*Dimmel, Nikolaus*, Überlegungen zur Funktion des Nichtwissens von Recht, ZfRSoz 1986, 142;*Kaupen, Wolfgang*, Das Verhältnis der Bevölkerung zur Rechtspflege, in:*Rehbinder/Schelsky* (Hrsg.), Zur Effektivität des Rechts, 1972, 555;*Kulscar, Kalman*, Rechtssoziologische Abhandlungen, 1980; *Pichler, Johannes/Giese, Karim*, Rechtsakzeptanz, 1993; *Pichler, Johannes* (Hrsg.), Rechtsakzeptanz und Handlungsorientierung, 1998; *Podgórecki/Vinke/Kaupen/Kutschinsky/van Houtte*, Knowledge and Opinion about Law, 1972.

第3節　*de Bakker*, Der (beinahe) weiße Fleck in der Legitimitätsforschung: Über Akzeptanz, verborgenes Unbehangen und Zynismus, ZfRSoz 2003, 219; *Frommel, Monika/ Gessner, Volkmar* (Hrsg.), Normerosion, 1996; *Hof, Hagen*, Ethologie, 1996; *Hof, Hagen/ Kummer/Weingart* (Hrsg.), Recht und Verhalten, 1994; *Lucke, Doris*, Akzeptanz, Legitimität in der „Abstimmungsgesellschaft", 1995; *dies.*, Legitimation durch Akzeptanz, ZfRSoz 1996, 221; *Pichler, Johannes/Giese, Karim*, Rechtsakzeptanz, 1993; *Pichler, Johannes* (Hrsg.), Rechtsakzeptanz und Handlungsorientierung, 1998; *Popitz, Heinrich*, Über die Präventivwirkung des Nichtwissens, 1968; *Raiser, Thomas*, Rechtsgefühl, Rechtsbewusstsein, Rechtskenntnis, Rechtsakzeptanz, in: *Pichler, Johannes* (Hrsg.), Rechtsakzeptanz und Handlungsorientierung, 109; *Tyler, Tom*, Why People Obey the Law, 1990; *Vollmer, Hendrik*, Akzeptanzbeschaffung, Verfahren und Verhandlungen, Zeitschrift für Soziologie 1996, 147.

第19章 法律家の社会的プロフィール

Das Sozialprofil der Juristen

第1節 法律家の社会における地位

1 法に関する職業

　法律家は，数多くの法の現象形態において狭義の司法を委ねられ，かつそのために特に養成された専門家として，発展したあらゆる社会において，共同のための中心的機能を果たす重要な職業的地位を形成している。その職業的地位は，法を解釈し適用することに対して責任を負い，政治的，経済的および社会的な生活関係の秩序に決定的に関与している。法が言葉や文書でどのように明瞭化されるか，そして法が法律のレベルでさらにどのように形成されるかは，あくまでその職業的地位次第である。その職業的地位は，有形な影響を立法にも与える。というのは，新たな規律を準備し法律草案を起草することは法律家に委ねられている一方で，政治的部局は，通常，その内容において基本問題を決定するにすぎないからである。全体として，法律家は他の職業的地位とは異なり，国家による支配に関与している。[1]比較的少ない職業部門——たとえば，外交官，研究者，ジャーナリスト[2]——を度外視すれば，法律家は司法（裁判官および検察官），弁護士職および公証人職，行政ならびに経済の4つの主要分野

---

1) この文脈において，社会の法，法曹法そして国家法の間でのエールリッヒによる区別が想起されるべきである（第6章第2節4を参照）。さらに，マックス・ヴェーバーが法の合理化の過程で法律家に付与した中心的役割も想起されるべきである（第7章第2節4を参照）。
2) ドイツにおける学問と教育を生業としている法律家の数を私はだいたい3,000人だと見積っている。そのような法律家を社会学的に研究するためには，*Klausa*, Deutsche und amerikanische Rechtslehrer. Wege zu einer Soziologie der Jurisprudenz, 1981 を参照。

に分かれる。これに加わるのは，非常に多くの法知識を必要とする広い意味での法に関する職業——人事部局長，金融コンサルタント，保険専門担当者，財産管理人，ブローカー——である。それらは法の教育を受けた者が引き受けることが多い。

　2007年当時ドイツでは十全な教育を受けて法に関する職業に就いていた法律家はだいたい250,000人以上いた。その者たちは，大まかにいって，司法10％，弁護士職50％，行政25％そして残りの比率は経済という基準に従って分かれている[3]。もっとも，その場合，数多くの弁護士も自由業のように法廷で活動しているのではなく，いわゆる顧問弁護士として経済企業や経済団体で雇われており，そこで生じた法律の案件を処理して，固定給を受け取るという点が顧慮されるべきである。

　その職業的地位の高度の**社会的威信**は，法律家の抜きん出た政治的な影響に添うものである。世論調査によれば，法律家はあらゆる職業集団の評価の最高値のひとつであり，医師，教授および——統一前の連邦州における——聖職者に抜かれているにすぎない。**所得**および**経済的状況**に照らしても，法律家は最高の職業である。

　しかし，個別に見ると，ここでは分化した姿が現れる。裁判官，検察官，行政法律家および通常は大学教師もドイツでは公務員である。その給与は俸給法において一般的に規定されており，公職にある医師，教師などの給与に匹敵する。もっともその場合，法律家は，平均して，公職にある医師などよりも昇給の機会に恵まれている。弁護士および公証人は自由業なので固定の給与はもらえない。それら職業の所得は彼らが処理した事件の価値に依存するので，千変万化する。数は未確認であるが，弁護士のなかには，生計に必要不可欠な最低限度の額を稼げる状況になく，そのために国家による援助を必要とせねばならない者もいる。とりわけ，若い個人弁護士は，十分な数の依頼人を確保することが到底できない[4]。それに対して，弁護士職でのトップクラスの収入は非常に高額である。経済においても，たとえば，ある保険企業の損害専門担当者とその企業の人事部長または大銀行の人事部長との間の格差は著しく大きい。

---

[3] これらの数字は司法法律家および弁護士についてはドイツ連邦の統計年鑑の記述に，行政法律家および経済法律家については概算に基づいている。それ故，これらの数字自体は査定的な価値しか有さない。絶対的な数字については，前版362頁を参照。法に関する職業と法に関しない職業の間の限界づけは流動的であるので，より確かな記述は到底不可能である。

[4] Einzelheiten bei *Hommerich*, Anwaltschaft unter Expansionsdruck, Eine Analyse der Berufssituation junger Rechtsanwältinnen und Rechtsanwälte, 1988, 96f.

2 歴史的経過における法に関する職業の展開

1965年以来ドイツ連邦共和国では、裁判官および検察官の数は約70％、行政官の数は概算で150％、弁護士の数は600％増加した[5]。この事実から認識できるのは、あらゆる分野において法律家の数が増加したことである。これは、主として、法のネットワークがいっそう密になったことから説明がつく。このネットワークは社会におけるあらゆる生活領域を覆って広がり、法に精通した助言と紛争処理の需要を高めている。しかし、このような需要が高まっているにもかかわらず、国家に関連した職業および経済に関連した職業は無制限に増加することができたわけではなく、財源ならびに公的機関および企業の財政政策に依然として依存している。経済法律家は、他の専門家、特に経営経済学の専門家、国民経済学者、税理士および公認会計士との競合が激化することによってさえ、無制限に拡張することを妨げられた[6]。弁護士が甚だしく過度に増加したことは、この観点に照らせば、法律相談への需要が高まったことのみならず、その機能が移転したことも反映している。すなわち、かつては当事者自身によって処理されるかまたは裁判所に持ち込まれるかのどちらかであった権利形成および紛争解決という課題が弁護士へ移転したということである[7]。さらにもうひとつの要因がこれに加わる。すなわち、第2回国家試験に合格したあらゆる者に弁護士業に就く道が開かれているということである。それに従って、とりわけ若い法律家の多数は、国家あるいは経済に取り込まれていないこの職業に殺到する。

かつての**ドイツ民主共和国**では状況はまったく異なっていた。ドイツ民主共和国には、1989年、全体として1,493人の裁判官、1,237人の検察官そして592人の弁護士がいた[8]。この数は統一前のドイツ連邦共和国と比べると極端に少ない。検察官の数が裁判官の数とほとんど等しいというのは、全体主義国家

---

5) 第3版364頁における数字の記述を参照。もっとも、ここでは新たなドイツの州が加わったことが考慮されるべきである。
6) *Hartmann*, Juristen in der Wirtschaft, 1990.
7) 弁護士があらゆる民事事件の約70％を裁判外で解決すること確認した *Wasilewski*, Streitverhütung durch Rechtsanwälte, 1990, 92 を参照。
8) 出典元：DtZ 1990, 113. *F. Müller*, Gerichtsverfassungsrecht, in: *Heuer* (Hrsg.), Die Rechtsordnung der DDR, 1995, 242, 253, 263.

のひとつのメルクマールである。ドイツ民主共和国はいわゆる**人民裁判官**も設置していた。彼らは短期の教育過程で養成されたが，大学での勉学を修了することはなかった。弁護士の数がその半分以下であるのは，紛争調整手続の「民主化」から説明がつく。その手続は数多くの事例において素人に委ねられ，そのため弁護士なしでも行われたのである[9]。さらに言えば，社会主義国家における法の従属的意味，行政による法統制の欠如，経済の中央集権的統御からも説明がつくが，弁護士について言えば，全体主義国家にとって特徴的である，国家権力から独立した弁護士の立場を認めることへの拒絶から説明がつく[10]。

3 国際比較

こう推測されるだろう。つまり，西欧型の高度に発展した産業国家全ては，同じように法律家を必要としている，と。しかしそのような見かけは当てにならない。すなわち，国際比較をしてみると，ある国の裁判官および弁護士の総数は，その社会的秩序および経済的秩序にかかわらず，文化的特殊性および政治的特殊性に依存しているので，激しく揺れ動いていることが示されるのである[11]。比較統計学において，1990年の以下の数字が出ている（表19-1）。

これらの数字を基礎にする場合，裁判官密度は100,000人あたり，中国では13.4人，フランスでは7.15人，統一前のドイツの連邦州では28.4人，日本では2.3人，イングランドでは1.5人，アメリカ合衆国では13.2人になる。弁

---

9) 比較的少ない事例はいわゆる**社会裁判所**に委ねられていた。それは最終的に約300,000人の構成員を有していた。これに属していたのが年に約50,000件の労働紛争を扱っていた**紛争委員会**と年に約5,000件の民事事件，15,000件の比較的軽微な刑事事件および6,000件の微罪，特に侮辱を扱っていた**仲裁委員会**である（*F. Müller*, aaO, 232による記述）。

10) *Rottleuthner* (Hrsg.), Steuerung der Justiz in der DDR, 1994, 409におけるローレンツの論考；さらに*Heuer* (Hrsg.), Die Rechtsordnung der DDR, 1995における*Heuer/Lieberam*, Rechtsverständnis in der DDR, *E Müller*, Gerichtsverfassungsrecht, Bernet, Verwaltungsrecht, und *Kellner*, Zivilprozessrechtを参照。

11) *Rokumoto, Kahei*, (Hrsg.), The Social Role of the Legal Profession, Tokyo 1993, 293. これ以外の比較は，*Galanter, News from Nowhere*: The Debased Debate on Civil Justice, Denver University Law Review 1993, 77; *Abel/Lewis* (Hrsg.), Lawyers in Society, Bd. 2, 1988, 44; *Markesinis*, Litigation Mania in England, Germany and the USA: Are we so Very Different?, Cambridge Law Journal 1990, 233; 1977年のカリフォルニア大学ロサンゼルス校の分析を基礎としている*Blankenburg*, Zur neueren Entwicklung der Justiz, DRiZ 1979, 200にある。

表 19-1 国際比較における裁判官，弁護士および法律家の総数[12]

国	裁判官	弁護士	総 数	人 口
中華人民共和国	147,283	50,000	?	11 億
フランス	4,000	35,560	62,060	5600 万
西ドイツ	17,627	57,652	135,000	6200 万
日 本	2,823	14,104	19,019	1 億 2300 万
イングランドおよびウェールズ	833	61,313	63,896	5050 万
アメリカ合衆国	33,000	449,920	606,105	2 億 5000 万

護士密度は 100,000 人あたり，中国では 4.5 人，フランスでは 63.5 人，ドイツでは 93 人，日本では 11.5 人，イングランドでは 121.4 人，アメリカ合衆国では 180 人である。かつてのドイツ民主共和国では，前述 2（413 頁）で挙げた数字によれば，住民 100,000 人あたり裁判官密度は 8.7 人，弁護士密度は 3.5 人に達していた。特に示唆に富んでいるのは，（統一前の）ドイツ連邦共和国とオランダとの間での比較である。なぜなら，両国はお互いに国境を接しており，歴史および経済的構造や社会的構造が広範囲にわたって一致しており，実体法もまた酷似しているからである。オランダでは，裁判官密度は，1990 年には 100,000 人あたり 9.9 人，弁護士密度は 43 人であった。[13]

---

12) ここに挙げた数字は完全に比較できるものではない。したがって，注意して用いられるべきである。そのようなものとして，たとえば，イングランドおよびウェールズについて言えば，治安判示，高等法院の補助裁判官（マスター），高等法院や県裁判所の補助裁判官（レジストラー），パートタイムの裁判官は裁判官の数として考慮していない。彼らは裁判官と同じように紛争事例に裁定を下すのであり，*Markesinis*, aaO はその総数を約 28,000 人だと記述している。より正確に見るならば，様々な基準に照らして作成された国家による統計を比較できるようにするのは非常に困難である。これについては，*Galanter* aaO, *Markesinis*, aaO を参照。

13) *Blankenburg*, Die Infrastruktur der Prozessvermeidung in den Niederlanden, in: *Gottwald/ Strempel*, Streitschlichtung, 1995, 139. 類似の結果は比較訴訟統計から導かれる。これについては前版 369 頁の図版を参照。さらに *Wollschläger*, Exploring Global Landscapes of Litigation Rates, FS Blankenburg, 1998, 577; *ders.*, auch schon: Die Arbeit der europäischen Zivilgerichte im historischen und internationalen Vergleich, in: *Blankenburg* (Hrsg.), Prozessflut? Studien zur Prozesstätigkeit europäischer Gerichte, 1989, 21, 104. この論文は，19 世紀まで遡る時系列をも含んでいる。さらにこのテーマについて，デンマークについては *Blegvad/Wulf*, フランスについては *Ietswaart*, ベルギーについては *van Loon/Langerwerf*, オランダおよびノルトライン＝ヴェストファーレンについては *Blankenburg/Verwoerd* による著作が同じ巻に集録されて

これらの数字をドイツに関連づけると，ドイツでは裁判官密度が極めて突出していることが明白になる。ドイツ連邦共和国は，人口あたりの裁判官をアメリカ合衆国の2倍以上，日本の10倍以上そしてイングランドの約20倍も有しているが，ここでは狭義の裁判官しか数に入れていない。弁護士密度においては，ドイツ連邦共和国はアメリカ合衆国の半分，イングランドの4分の3であるが，他方で他の全ての国をはるかに上回っている。ここで観察したいくつかの相違は，ひとつの原因に起因するのものではなく，文化的要因，経済的要因，政治的要因そして法体系に内在する要因など多数の要因を考慮して，細かく説明をする必要がある。[14] 社会主義国家において法律家の数が少ないことに対する決定的な理由は，既に述べたように，法が国家権力および政治に従属しているからである。日本では訴訟の相談が非常に少ない点で，国家の歴史と伝統にしっかりと根ざした態度が今日もなお注目を引いている。それによると，調停機関を使った交渉および和睦によって，紛争は仲裁されるが，他方で裁判所へのアクセスは社会的に忌避されている。この背後には調和の要求と日本人の法意識があまり発達していないことがある。[15]

　西洋文化圏の産業国家において，裁判官と弁護士が様々な形で必要とされるのは，人間の気質が多方面にわたって多様であることに責任がある。これによれば，アメリカ人とドイツ人は特に法を意識し，喧嘩好きであるに違いないだろう。これに対して，イングランド人は特に平和を愛しているに違いないだろう。証明されてはいないのだが，たとえこれが正しいとするとしても，それ以外の事情の方がいっそう重要だといってよいだろう。どのくらい訴訟が提起されるかは，本質的に以下の点に左右される。すなわち，裁判所へのアクセスが

いる。さらに上記以外の国家も扱っている *Munger, Clark und Ietswaart* による諸論文が24 Law & Society Review 1990, 217 に集録されている。注12) で *Markesinis* と *Blankenburg* の著作を引用した。

14)　以下については特に *Blankenburg* DRiZ 1979, 200; *ders*. ZfRSoz 1985, 6; *Blankenburg/Verwoerd,* aaO; *Markesinis,* aaO; *Galanter,* Reading the Landscape of Disputes, UCLA Law Review 31, 1983, 4ff., *Clark,* aaO, *Jetswaart,* aaO; *Kagan,* Do Lawyers Cause Adversarial Legalism? A Preliminary Inquiry, Law & Social Inquiry 19, 1994, 1 を参照。

15)　*Chiba,* Asian Indigenous Law, 1986, 33Sf. における説明を参照。この説明を疑問視している *Oki,* Schlichtung als Institution des Rechts, Rechtstheorie 16, 1985, 151ff. を参照。

どのくらい容易かつ安価であるか，そして国家による裁判手続についてどのような代替手段があるかという点である。**イングランド**では，伝統的に裁判官の数は意識的に非常に少なく押さえられている。それ故に，裁判官による判断の容量は少なく，その費用は高額で，訴訟を阻止するように作用する。それ故に「公式の」裁判所に加えて，国家による紛争処理機関と国家が半分だけ関与する紛争処理機関が定着した。それらの機関は裁判所よりも安価に大多数の紛争を処理する。[16) **オランダ**では，ブランケンブルク Erhard Blankenburg が示した[17)ように，消費者法に関して大量に生じたあらゆる紛争のために仲裁機関が存在する。その仲裁機関はそれら諸事例を国家の裁判所から距離を置いている。

これに対して**ドイツ**では裁判官の数と国家の裁判所への訴えの件数は特に多いが，これは裁判所へのアクセスが容易で，かつ比較的に費用が僅かしかかからないからであり，また裁判所が説得力あるように活動する結果，通常，代替手段を探し回る動因はないからである。裁判官によって判断された事例の件数が比較的少ないことは，ドイツにおける職権主義の訴訟という構造から追加的に説明がつく。その構造は，個々のあらゆる手続を準備し，実行する場合，また判決を理由づける場合に，英米法による当事者主義の訴訟よりも大きな労力を裁判官に代償として要求する。紛争処理を第1に国家の課題として把握することは，ドイツ人の気質と伝統に合致する。国民社会主義の専断と対照的に，法治国家を非常に強調することによって，なおこの傾向は強められている。その事実は積極的に評価されることもあれば，消極的に評価されることもある。すなわち，高度な法文化の目印として評価されることもあれば，極めて不便で要領の悪い狭義の司法の官僚化のメルクマールとして評価されることもある。

第2節　弁護士：狭義の司法機関またはサービス事業者

ドイツにおける弁護士の数が 150,000 人を超えて，1965 年の 7 倍の数に増加

---

16) *Markesinis*, aaO.
17) *Blankenburg*, aaO (Fn. 14). さらに *Simsa*, Die gerichtliche und außergerichtliche Regulierung von Verkehrsunfällen in Deutschland und in den Niederlanden, 1995.

したことは，既に詳論したように[18]，本質的に以下のことから説明される。すなわち，弁護士業が，職を渇望する数多くの若い法律家のための受け皿になっていることである。彼らは，司法，行政そして経済への職を見出すことができないが，それはそれらの人事政策が厳格であるためである。弁護士が膨大化しているにもかかわらず，弁護士の明白な失業者の数が弁護士の膨大化と同程度に増加しなかったのだから，弁護士の業務の供給が市場に受け入れられたということ，つまり，法的な助言と代理の必要性が，それと似たような次元で増加したということを出立点とすることができる。しかし，そうした展開は，その職業的地位の内部体制への影響がなければ，起こらなかった。**膨大化への圧力と現代化の強制**[19]によって引き起こされた変化は，スローガンのように「**自由業および狭義の司法機関からサービス業へ**」[20]という概念でもってレッテルを貼られている。弁護士業は，つとにイングランドとアメリカ合衆国においてドイツに匹敵する変遷を経験した。そのことは変化の特性と意味に関して猛烈な議論を引き起こした[21]。

弁護士業の**伝統的な職業像**は以下のことを基礎にしている。すなわち，弁護士は――医師もそうであるが――社会的に特に重要なサービスをその顧客に提供しており，そのサービスには，高額な学問的教育を受けることでのみ得ることができる特別な知識が高いレベルで必要とされるということである。弁護士の主たる課題は，裁判所に対して訴訟依頼人の代理をすることである。そのためには特定の法領域への専門化は必要ではな

---

18) 前述第1節2を見よ。
19) *Hommerich,* Die Anwaltschaft unter Expansionsdruck, 1988 がこれらの概念を用いている。
20) *Paul,* Anwaltsberuf im Wandel – Rechtspflegeorgan oder Dienstleistungsgewerbe? in *Kübler* (Hrsg.), Anwaltsberuf im Wandel, 11; *Kötz,* Anwaltsberuf im Wandel, Rechtsvergleichender Generalbericht, ebenda 79; *Hommerich,* aaO; *Winters,* Der Rechtsanwaltsmarkt.
21) 全ての文献を挙げる代わりに，以下のものを参照。Abel, R., The Transformation of the American Legal Profession, Law & Society Rev 20, 1986, 7; *Curran B. A.,* American Lawyers in the 1980s: A Profession in Transition, Law & Society Rev 20, 1986, 19; *Galanter, M./Palay, T,* Tournament of Lawyers. The Transformation of the Big Law Firm, 1991; *Heinz, J.P./Laumann, F.O.,* Chicago Lawyers, 1982; *Lewis, Philip,* A Comparative Perspective on Legal Professions in the 1980s, Law & Society Rev 20, 1986, 79; *Nelson, R.L.,* Partners with Power: The Social Transformation of the Large Law Firm, 1988; *Rüschemeyer, Dietrich,* Lawyers and their Society, 1973. ドイツ語のものとして以下を参照。Juristen in Deutschland und in den USA, 1976; *Abel, Richard/Lewis, Philip* (Hrsg.), Lawyers in Society, 3 Bde, 1988/89. *Hommerich,* aaO はアメリカ合衆国の研究に関する優れた俯瞰図を提供する。

い。弁護士の任務を実行するには，権利の実現化に対する責務，それと同時に訴訟依頼人の利益のための無私の奔走が必要とされる。この両方は，国家による監視が弁護士の職業上の自己統制のために可能な限り放棄されることによって，職業ルールに規定された特別な職業モラルによって保障されている。弁護士の稼得は，需給によって交渉して決めた，自らが提供した給付に対する報酬ではく，弁護士をその業務の実行にあたり経済的な考慮から解放する謝礼である。その謝礼は，どんな訴訟依頼人も自らの財力を考慮することなく，等価値の法的助言を受けることを担保するものである。この理由から，弁護士の職業的地位は，競争に対する法定の法律相談独占権によって外側から，また競争に対する広告禁止によって内側から保護されている。

　この職業像は，同時に弁護士業の内的な同質性を担保しているが，その発展によって空洞化し，また深刻に変化した。[22] 法および生活関係がいっそう複雑になっていることにより，弁護士は特定の領域への専門化を余儀なくされる。このように専門化することで，必然的に，職務遂行の社会環境および依頼人の社会的境遇ならびに収入を得る機会を基準として弁護士業が分化するという結果にもなっている。訴訟依頼人の法についての相談，紛争を避けるための契約の文書化および裁判外の紛争処理は，訴訟代理人としての職務遂行に加わっており，これらはますます重要になっている。法的な知識に加えて経済的知識，貸借対照表法の知識および税金に関する知識さえも必要となる複雑な相談が以前にも増して要求されている。巨大な，特に地域を越えた弁護士の共同組織は，その構成員が増大し専門化しているので，この事態に対応することができ，また他の職業集団の代表者たちと提携することができる。個々の弁護士はいっそう狭くなった活動領域に甘んじなければならない。あらゆる弁護士にとって，職業上の同僚のみならず，公認会計士，金融専門家および税理士との競争はいっそう激しくなっている。法定の法律相談独占権は著しく制限された。この展開により，職業倫理という桎梏から離脱する圧力，特に，需給についての法律に従って個々に報酬を取り決める圧力は高まっている。弁護士とその依頼人との関係は，依頼人が盲目的に自らの身を委ねる単なる世話役を求めるのはもはや頻繁にあることではなく，――必要とあれば競合する弁護士を使って――自ら

---

22)　以下の記述については *Hommerich*, aaO 13ff.; *Busse* AnwBl 1994, 482; さらに *Wettmann/ Jungjohan*, aaO を参照。

のサービスを批判的に検討する専門知識のある利益代理人を求めているという理由からも変化しており，責任訴訟の件数が増加するにまで至っている。現代社会では，弁護士もその仕事を市場に出さねばならない。すなわち，自らの重点について情報を伝え，宣伝を行い，その領域において顧客を探し集め，顧客の願望に対応するのである。とりわけ，弁護士が脱却しなければならないのは，「狭義の司法機関」としての弁護士を裁判所へと密着させ，近寄りがたい雰囲気でもって弁護士を取り巻いている伝統的なイメージである。

　今ではドイツでも外的条件の変遷により，職業関係法および弁護士業の職業ルールは，立法者と判例によって，あまりに深刻に変化した。その最も重要な変化は，専門弁護士の許可[23]，税理士および公認会計士との協力の許可[24]，民法における会社よりも自由業の需要をよりよく満たす新しい会社形態のひとつとしてのパートナー会社および弁護士有限会社の導入[25]，そして特に謝礼の合意に対する料金規定の公開[26]である。その発展がさらにどこへと向かうのか，また職業的地位の結束を維持することに継続的に成功するか否かは到底予測できることではない。しかし，今日既に，職業的地位の内部が分化し緊張していることは明らかである。

文献一覧

　第1節　*Bryde, Brun Otto,* Juristensoziologie, in:*Dreier, Horst* (Hrsg.), Rechtssoziologie am Ende des 20. Jahrhunderts, 2000, 137; *Hoffmann-Riem,* Modernisierung von Recht und Justiz, 2001.

　第2節　*Busse, Felix,* Anwalt 2000, AnwBl 1994, 482; *Hartmann, Michael,* Reprofessionalisierung-eine wahrscheinliche Zukunft für die Anwaltschaft? ZfRSoz 1987, 285; *Hommerich, Christoph,* Die Anwaltschaft unter Expansionsdruck, 1988; *Kübler, Friedrich* (Hrsg.), Anwaltsberuf im Wandel, 1982; *Roethe, Thomas,* Strukturprinzipien professionalisierten anwaltlichen Handelns, 1994; *Rüschemeyer, Dietrich,* Juristen in Deutschland und in den USA, 1976; *Wein, Thomas,* Recht durch Rechtsanwälte? Eine ökonomische Analyse des Marktes für Rechtsanwaltsdienstleistungen, 1995; *Wettmann, Reinhart/Jungjohann, Knut,* Inanspruchnahme anwaltlicher Leistungen, 1989; *Winters, Karl-Peter,* Der Rechtsanwaltsmarkt, Chancen, Risiken und zukünftige Entwicklung, 1990.

---

23)　連邦弁護士法（BRAO）第43c条。
24)　連邦弁護士法第59a条。
25)　1994年7月25日パートナーシップ会社法。連邦弁護士法第59c条以下。
26)　弁護士報酬法（RVG）第4条。

第20章 法の進化

Evolution des Rechts

第1節 進化論的な法理論

　これまで一般法社会学の概念的基礎および理論的基礎を扱ってきた。法社会学は，社会と法の歴史的発展を認めないものではないが，むしろ歴史的事実と過程を時間を考慮しない社会学的探究の道具として理解された構想のための観察素材として利用する。これは，物理学のモデルに従って社会生活においても一般的合法則性を発見しようとする限りで，社会学の当初の目的に応じたものである。[1] これに応じて，遅くともダーウィン Charles Darwin が，生物学においてあらゆる生命の進化を発見して以来，また社会的制度の時間的変遷と歴史性の経験はもはや排除することはできない。今日ではまた，社会諸科学においては社会秩序とそれに伴っている現行法も長い歴史的発展の所産と見なされることは自明である。いかにこの発展プロセスが進行してきたか，それが目的を追求しているか，もしくは，たとえば，文明化の進展という意味でひとつの方向を示すのかは，哲学者と社会科学者を今日までつねに魅了してきた問題である。法社会学の偉大な古典家たちもまた，法の進化理論を打ち立てることを断念してはこなかった。

　マルクスとエンゲルスの未来の無階級社会の理論，デュルケムの抑圧的法から修復的法への移行の理論，メインの「身分から契約へ from status to contract」という命題，ヴェーバーの法の合理化の進展という考え方，近代法の実定性をその分析の中心に据えるルーマンの法社会学，シェルスキーの統合性と人間の

---

1) 第*1*章第1節1を見よ。

自律の法的強化による中間権力の浸透への逢着という主張を想起してみよう。[2] 全てのこれらの諸理論は，法の歴史的進化とそこから生じる今日の法文化の性格についての言明を含んでいる。ここでは第2部におけるそれらの説明と批判的評価が参照されよう。

ここでは，現代において最もよく議論される3つの法文化の進化理論が，再度取り上げられなければならない。それらは，**社会の法化の進展**，**近代法の実定性**，**近代法の合理性**の諸理論である。ここでは長期に渡る発展プロセスは，また将来においてもまずは継続するであろうこと，そして一定の蓋然的な言明は認められるが，歴史的合法則性が存在するかという問題は，未解決であるという知見を共有する。[3]

第2節　社会の法化

1　問　題

　法律と訴訟の氾濫，法律が入り組んで錯綜していること，法によってあらゆる社会的，経済的，政治的な関係が覆い尽くされていること，手短かに表現すれば，またドイツの官僚言葉で言えば，**生活諸関係の法化**に対する苦情の訴えは，1970年代以来，声高に，また非難めいて聞こえる合唱のようにまで大きくなった。法規定が見通しのつかないものになっていること，自由の喪失と個人の生活形成の領域が狭まっていること，法のために自発的な行動様式が失われていること，社会的および経済的なイニシアティブの法による障害が，嘆かれている。政治家たちは規範の氾濫を封じ込め，官僚主義の解体と重要な規制分野の民営化を求める。この現象はけっしてドイツにとどまるものではなく，広範に広まっている。とりわけ米国では，「法の爆発 legal explosion」，「法によ

---

2) マルクスとエンゲルスについて第4章第2節3，デュルケムについて第5章第2節4，メインについて第3章第1節2，ヴェーバーについて第7章第2節4，ルーマンについて第8章第2節3，シェルスキーについて第9章第2節4と5を参照。
3) その他の進化論的発展の歩みとして，法のグローバル化，つまり国際法と国家を超える法によって国民国家の制約がますます解決されることの増大に見られる。この点につき第17章を参照。

る汚染 legal pollution」，そして「規制の危機 regulatory crisis」について，声高に訴えられている。学問の領域では，ユルゲン・ハーバーマスが，**法による生活世界の植民地化**について語り，重要なキーワードを彫琢した。ハーバーマスは，この現象をまったくもってアンビバレントであると論定する。なぜならば，それが自由を奪うと同時に自由を保障し，社会統御の手段としてまったくもって有益であるが，システム内在的な諸強制のもとへの従属という代償，そして成長的でさらに健全な社会構造を破壊するという代償を求めるからである。

　法化論争の背景にあるのは，法規定の持続的な増大とそれがこれまで規制されてこなかった生活諸領域に拡大してきているという主張，それに法の密度の同様な増大，組織運営の官僚化と提訴件数と判決数が増加することに結びついている。

2　ドイツにおける立法と判決の量的発展

　上記のような経験は学問的には，自明であると単純に前提とされてはならず，全ての評価の前に経験的検証を必要とする。1871年からの立法と司法のドイツにおける量的発展をより厳密に調査したことは，ロットロイトナーの功績である。彼はその結果を図20-1のグラフで示している。

　ドイツ帝国ではグラフからわかるように，法規定の数はゆっくりと増加していることが見て取れる。分量については，1898年，1900年，ならびに1911年で頂点を示すが，これはドイツ民法とそれによる法改正と附則の公布，ライヒ保険法の公布を反映している。第一次世界大戦中とワイマール時代にはそれぞれの年で大きく変動するもののまさしく法律の氾濫があり，それはおよそ1920年の末に初めて減少し，その後第二次世界大戦のはじめまで増大する結果となった。法規定の件数は1938年で最大となり，分量では1939年に最大となる。戦中では法律の制定数は1945年においては最少数まで減少した。

　ドイツ連邦共和国においては，特に4年の周期で減少することが目につく。議会会期の終わりごとに最も高くなる。総じて，1976年まで水準は，ゆっくりと増加し維持するが，

---

4)　*Teubner,* Verrechtlichung aaO, 292 における紹介。
5)　*Habermas,* Theorie des kommunikativen Handelns, Bd.2, 522, 530ff., 539.
6)　*Rottleuthner,* Aspekte der Rechtsentwicklung in Deutschland, ZfRSoz 1985, 206.
7)　以下については，*Rottleuthner,* aaO, 213ff. を参照。

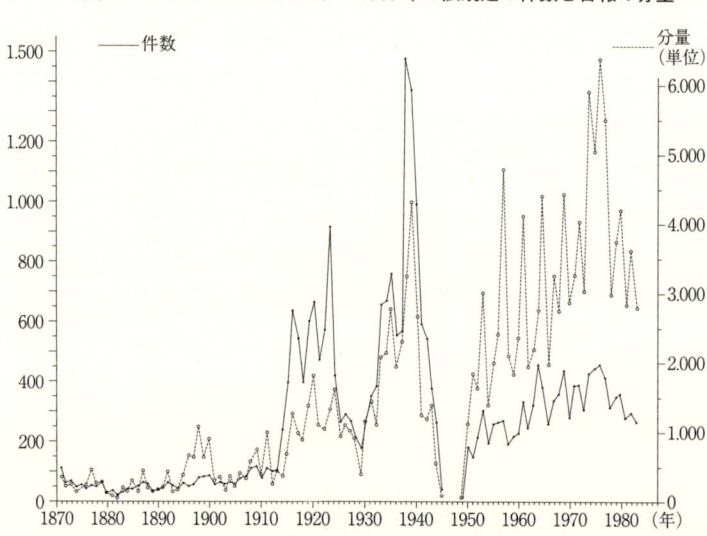

424　第Ⅲ部　法と社会（法社会学総説）

図20-1　ドイツにおける1871-1983年の法規定の件数と官報の分量[8]

法規定の件数は，一貫してその前の期の最大数よりは，相当下回る。これに反して分量は，全体として明らかにより大きくなり，1976年に最大を記録する。その後，比較的少ないが，しかし，長く詳細な規則が施行された。1976年以降，件数と分量は1983年に至るまで減少する。この現象がその後持続したかについては，体系的には調査されていない。1989年以来，ドイツの統一は，数多くの特別法規を必要としたが，それらは長期にわたる傾向の表れとして解釈されてはならない。しかしながら，新たな法律の尋常ではない件数は，増減曲線が，遅くとも1994年から再上昇することを予想させる。長期にわたる発展においては，当然ながら両世界大戦間期の法律の氾濫によって相対化される増加傾向が示される。

　ロットロイトナーは，彼の調査の第2部で，**民事裁判と労働裁判における件数**を調査している。彼は，以下の増減曲線を見出した。

　図20-2，20-3によれば，1881年から1913年までの時期に民事訴訟の件数は，3倍に増加し，そして，大戦の終わりまでに再び急速に元の状態に戻る。ワイマール共和国期には，世界経済危機の頂点である1932年の最高点までさらにより大きく増加する。第三帝国では，数値は継続的に減少する。このことをロットロイトナーは，裁判前の紛争

---

8)　*Rottleuthner*, aaO, 214（1949年からのドイツ連邦共和国では，国際条約を含まない）。

第 20 章　法の進化　425

図20-2　民事事件（第1審）と督促手続の新受件数（100万件単位）[9]

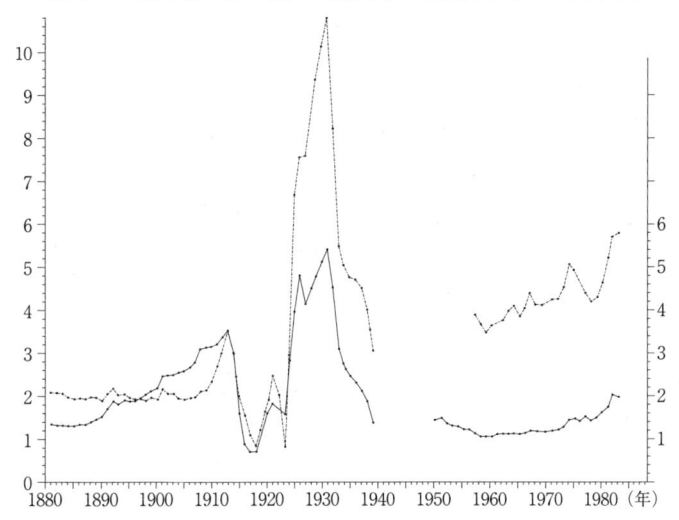

第1審民事新受件数（区裁判所と地方裁判所）1881-1939年／1950-1983年
督促手続 1881-1939年／1957-1983年

図20-3　労働事件件数（1902-1941年／1951-1984年）[10]

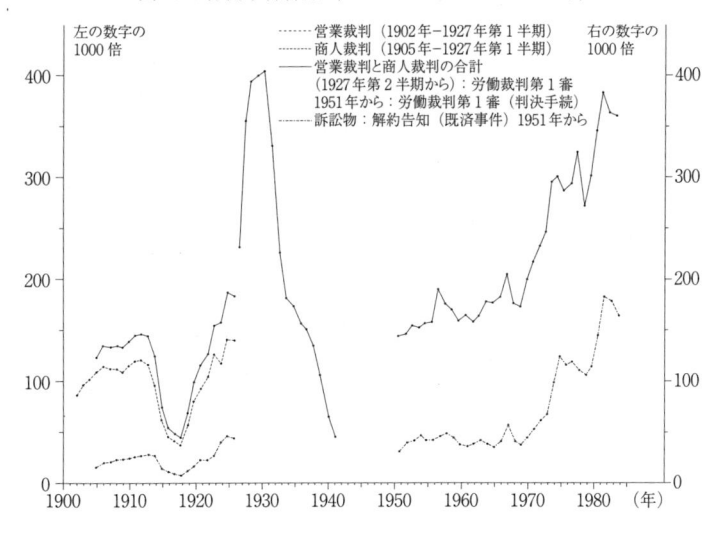

左の数字の1000倍　　　……営業裁判（1902年-1927年第1半期）　　右の数字の1000倍
　　　　　　　　　　……商人裁判（1905年-1927年第1半期）
　　　　　　　　　——営業裁判と商人裁判の合計
　　　　　　　　　　（1927年第2半期から）：労働裁判第1審
　　　　　　　　　　1951年から：労働裁判第1審（判決手続）
　　　　　　　　　……訴訟物：解約告知（既済事件）1951年から

9)　*Rottleuthner,* aaO, 238.
10)　AaO, 241.

処理によって社会的調和を創出しようとした国民社会主義の企図によって説明する。統一前のドイツ連邦共和国では，それ以前の時期に比較して毎年の新受件数は，はじめは顕著に低く，1960年までの減少の後に1970年まで中程度で増加し，その後により大きく増加する。無論，督促手続の件数は，明確に増加した。これに対して労働裁判権の領域では，増減曲線は激しく推移する。1960年と1980年の間では2倍以上となり，しかしその後に再び幾分減少する。ここでは民事裁判よりは明確に経済状態の発展と特に失業の増加が減少が現れる。1928年以降，つまり世界経済危機の間における高い状態が説明される。しかも，また，1970年代の増加と1980年からの減少も説明される。ここでもまた，長期にわたっては，立法の場合に見られる。もっとも，この傾向は経済危機の時期には，最大を超えるのである。

以上の数値は，法の発展について流布している憂慮を相対化することを求める。その時の一時的な影響，とりわけ，経済状況と政治状況の変化は，重要な役割を果たすことは明白である。法の爆発に関するロットロイトナーが記したような愁訴は，これらの状況の下で**適切ではないように見える**。とりわけ法規と裁判手続の量的増加の進化論の意味での合法則性については，語ることはできない。

3 法文化の質的変化

他方，かかる知見を確認することは，法の社会的意義が増加するということを意味のないものとすることにはならない。ロットロイトナーが示した数値は，古い法が新しい法が公布されるのと同じ規模で廃止されるのではないがゆえに，また国境を越える法，特にヨーロッパ連合が考慮されていないがゆえに，**量的**に増加していることを反映していない。そのうえ，法による規制の密度と規制の強化の増大において表現される**質的変化**が生じている。現代法はつねに新たな，これまで規制されてこなかったか，もしくはわずかにしか規制されてこなかった，他の点では，社会的自己規制に委ねられてきた生活諸領域を把捉

---

11) AaO, 236.
12) AaO, 237. ガランター Garanter は米国での展開に対して同様に判断する（News from Nowwhere: The Debased Debate on Civil Justice, Denver University Law Review 1993, 77ff.）。Vgl. auch ders., Law Abounding: Legalisation Around tne North Atrantic, The Modern Law Review 1992, 1ff.

する。これらについては，学校と大学，環境保護，データ保護，消費者保護，医師と患者の関係，恒常的に拡大する銀行法と資本市場法，コンピュータプログラムの権利保護などが例として多く挙げられる。特に，全体的な社会保障のような重要な成果は，その複雑性が持続的に増加する法規定によってのみ構築される。また，税法の細分化もまた増加する。

　実際に，人口の増加，人々の協働生活，高度な社会的労働分化，技術的および経済的な進歩と人間によらないコミュニケーションは，より詳細な規制をつねに必要とし，その結果，法にかかわらない領域はなくなる。全てこのことは，個人の視点からは法による自由の制約として，そして国家とその機関の視角からは，規制の必要性と決定の必要性が多くなることとして働く。しかしまた，それは個人を国家による規制されない干渉から，もしくは同じく個々の領域の他の法の担い手の干渉から保護する。そのようなアンビバレンツに直面して法による社会統御はどの程度行われるべきか，ということはまたそれゆえ政策的に様々に判断される。

　長期的視点では，法化を近代のはじまりの４つの大きな段階において形作った**世俗的馴化プロセス**として解釈するハーバーマスに従ってみよう[13]。この理論によれば，最初の段階は，**市民国家**を生み出し，第２の段階で**法治国家**の国家秩序を，第３の段階で，**民主主義**的国家秩序を生み出した。いずれのこれらの秩序も先行するものよりも多くの実定法をもたらした。最後の段階として，**社会国家的法化**の段階が始まり，われわれは現代におけるその証人である。そして，その特徴は，国家が市民の福祉に対する責任を引き受けることである。社会国家は，社会的正義を生み出し，生活諸関係を改善することを目的として，社会と経済を形成するために統御手段と構築手段としての法を用いる。私法の領域では，とりわけ，経済法，労働法，消費者法においては，社会的弱者を私的権力の濫用に対して十分に保護することを保障する法の任務が前面に出る。行政法は，社会保障，環境保護，国土計画，教育政策，および文化政策などの，それぞれの大規模計画を構築する手段となる。いずれの場合でも，大量の規定が必要とされることは避けられえない。それらは，有効性が，個々人がそのシ

---

13)　*Habermas*, aaO, Bd. 2, 522.

ステム強制に従属し，そしてその行為はそれが彼らに求める役割に適合することに左右される**規制的**な法を作る。その発展はまた，19世紀に由来する（市民）社会と（官庁）国家の分離を問題化し，それらは徐々に解決される。私法と公法とは，ますます相互に切り結び，入り組むものとなる。公法の量と重要性は増加する。刑事法もまた，もはや共同生活に対する基礎的な違反の克服のために対して使用されるのみではなく，多様な社会形成的法律の防衛のためのサンクションとして使われる。

4 脱法化

以上から，ひとつの馴化のプロセスとしての民主的法治国家と社会的法治国家の進化が止らず，また，要求されるものであるならば，法化もまた，押し止めることはできず，もしくは，まったくもって後戻りすることはできない。しかし，限界を明らかにし，否定的な結果を緩和するという課題が存在する。「脱法化」の要請，すなわち，法による行動統御の縮小を掲げる政治家と法社会学者は，この目的を定立する。[14] 彼らは，緻密にすぎる規則によって個人の発展の自由と自発性が力を失った状態に関連するばかりではなく，立法者による複雑な調整プログラムが不完全にしか実現されず，数多くの望まれざる，また，意図されざる副次的結果を有しうるという知見をも引き合いに出す。[15] 彼らは対抗策として規制的官憲国家から「**コーポラティズム的交渉国家**」への社会国家の転換を推奨する。彼らによれば，この国家の特徴は，「**社会的自己統御のための間接的に作用する法的構造上の基準**」が社会的行動を間接的に統御しようとすることにとって代わるとのことである。[16] そうすると立法者の責務は，まず第1に統制権限の規制と新たな配分と並んで適合的な組織形態と手続とを整備することとされる。

法のそのような技術は，実際極めて強化されて現れる。それらは，以下のようなものであって，もちろん，目新しいものではない。すなわち，公的行政，

---

14) *Voigt* (Hrsg.), Gegentendenzen zur Verrechtlichung, 1983; ders.(Hrsg.), Abschied vom Recht, 1982 を参照。
15) これについては，いわゆる，運用研究という問題設定で述べた。第 *13* 章第3節を参照。
16) *Teubner,* Verrechtlichung aaO, 335ff.

企業，ならびに私的団体，公的団体の組織法と手続法がつねにその構成員の自らの自発性のための立法者によって形作られた枠組みを構成したということである。ひとつの重要な実際の例は，いわゆる「ソフトロー soft law」,すなわち，拘束力のある国家の法律に規定するのではなく，当事者が自由意思で受け入れることが推奨される，専門家によって作られた一連の規則で行われる調整モデルである。もちろんそのためには，相当な圧力が行使されることも稀ではない。とりわけ環境法と刑法においては，官庁による一方的な決定に代わって行政庁と当該市民もしくは企業との間の合意による調整の交渉の諸手続は，これまで知られていなかった意味を獲得した。

しかしながら，そのように新たな種類の調整形態が規制的で介入的な法を引き継いだであろうということは難しい。ちなみに，その種の新たな技術が法による調整の度合いをどの程度緩和するかということは，いまだまったく予測することはできない。少なくとも，この点を法の進化におけるひとつの新たな時代の特徴と見なすことは時期尚早のように思われる[17]。

第3節　近代法の実定性

1　法の実定性の諸理論

あらゆる近代の産業国家における法の第2の顕著な特徴として，マックス・ヴェーバーによれば**合法性**，ルーマン，ハーバーマス，フリードマンおよびその他によれば法の**実定性**が強調されてきた[18]。その言葉の意味では，**実定性**とは，そのための権限のある機関，まずは，立法者により法が**定立される**ことである。その概念は，法が言語の意味によって，形をとって厳密であることばかりではなく，特に，意識的な決定によって効力を有し，新たな決定によっていつでも再び変更されることを意味する。その反対物は，一方では口承によりもしくは無自覚的に伝承されてきた慣習法の規定と，他方では実定化されていない一般

---

17)　そうではあっても反対意見がある。*Teubner*, aaO, 335; *ders. ARSP* 68, 1982, 13ff.
18)　この点では，ヴェーバーにつき前述第 *7* 章第3節3, ルーマンにつき第 *8* 章第3節3, ハーバーマスとフリードマンにつき，文献一覧で示したものがある。

的な法規定と法原則である。法が実定的ではないところでは，社会規範と法規範の間の境界，法と道徳の境界もまた流動的であるにとどまる[19]。

　法がこの意味で歴史経過のなかで実定法への進化を経験してきたということは，ほとんど疑う余地はない。古代社会はそもそも成文法を知らない。契約や裁判官の判決も記述されて根拠づけられない。これに対して，実定化された法は，文字文化が発展したところでは，いたるところに存在し，むしろ当初はささやかな役割を果たすことが多かった。中世ではまだ，少数の法律しか存在しなかった。第2節で説明した近代における法律と裁判手続の増加，さらに司法における慣習法の消滅の進行，また契約方式と普通取引約款のなみなみならない普及は，法が成文によって固定化されることが必要とされることの徴表である。現代における経済流通，法治国家，民主国家と社会国家は，これらなくしては考えられないであろう。読み書きすることが一般に普及したことによってこれが可能となった。その機能は**法的確実性**の保障である。文字で記述された法は，記述されない規範よりもより高度な，精確性，明晰性，不変性を有する[20]。同時に，新たな形式の法制定手続の変更が必要になる場合でも，いつでも変更され新たな必要性に適合させることができる。実定法は，近代の個人主義的で多元的社会で失われた，承認された社会規範と道徳観念の同質性に機能的にとってかわるに違いない。

　法社会学は以上のことを超えてさらに，近代の実定法の**内容的任意性**を説く[21]。多くの規制領域では，人々が遵守する規制が一般に存在するということが問題であることよりその内容は，それほど問題にはならない。道路交通では，左側通行か，右側通行かということは，法的にはあまり意味はない。ただ，全ての人間にそのルールは妥当しなければならない。その理論はしかし，実定法

---

19)　第**10**章第2節，第3節および第5節を参照のこと。
20)　法社会学において，現代法の実定性をその十分な射程で研究しその実際の有意味性を説明したことは，ルーマンの功績である。*Luhmann*, Rechtssoziologie, 251ff. und 282ff. ならびに上記第**8**章第2節3e)，第3節を参照。法哲学においては，法的安定性は，彼以前には長い間，本質的な正当性価値であると認められ，それによって法の実定性の承認もまた基礎づけられた。*Radbruch*, Rechtsphilosophie§9; そして，*Arthur Kaufmann* aaO(Schriftemsverz.), 39ff., 170ff. を参照。
21)　先行研究として，*Luhmann*, Rechtssoziologie, 207ff.

の内容的任意性という主張で，その**正当性根拠**とその**性格**を本質的な方法で変更する。というのは，ひとつの規範が内容的その上位にある正義の諸原則を満足するかということは，一般にはもはや重要ではない場合，規範に従属する者の規範の拘束性とそれをすすんで遵守することが，ただ立法者もしくは裁判官の純粋な支配権限への信仰にだけ関連づけられるからである。これには，神の啓示の発露，あらゆるものを拘束する自然法，もしくは，超越的理性としての法のあらゆる基礎づけと正当化がまず放棄される。法は，人間の作品，そして変遷する法律観の時代制約的な産物，利益闘争と権力闘争の産物として現れる。次に，このようにして法社会学的実証主義は，法を慣行や慣習からそれぞれ導出することを切り捨てる。法の妥当は，もはや，価値や伝統を義務づける力，そしてそこに受け継がれた正義の諸観念に帰することはできない。第3に，決定を行う立法者もしくは裁判官の視点と他の法形成プロセスに参加するスタッフとの境界は消失する。たとえば，契約，団体の規約，商慣習，庶民の内部で形成された法に対する見方，その実際の遵守でさえも，それらが司法もしくは裁判官の決定の対象とならない限りで，法の性質を備えない。最後に，アプローチは以下のような明確な考察方法へと至る。すなわち，法は権力者，つまりは民主主義においてはその時々の多数派が，社会とそこで作用する諸力を彼らの意思の方向で統御し，コントロールする手段として現れるということになる。

2　実定法と実質的正義

　以上のような見解には，次のような反論がなされるかもしれない。すなわち，それは，第三帝国における，スターリンの独裁における，そしてまた，かつてのドイツ民主共和国における国家によって行われた不正義の経験から見れば，もはや不可能である。法哲学においては，これは1946年のグスタフ・ラートブルフ Gustav Radbruch による著名な文章によって克服された。

>　「正義と法的安定性との間のこの衝突は，法令と権力によって保障された実定法が内容的にはたとえ不正であり，非合目的であっても優位を与えられるということで解決されうるものであろう。ただし，正義に対する実定法規の矛盾があまりにも耐えがたく矛盾し，その法律を悪法として正義に道を譲らせなければならない場合は，別であ

る。法令の不正の場合と不正な内容にもかかわらずなお妥当する法律の間にこれ以上はっきりとした境界線を引くことは不可能である。しかし，次のような場合には，極めて明確に境界線を引くことができる。すなわち，正義がいささかも追求されない場合，正義の核心である平等性が，実定法の定立に際して，意図的に否認された場合には，そうした法律は，おそらく単に『悪法』であるにとどまらず，むしろ法の本質を欠いている。なぜならば，法は，実定法も含めて法を定義づけるとするならば，その意味からして正義に奉仕する秩序であり規則であるにほかならいからである。」[22]

　法社会学もまた，以来，実定法に与えられた所与の問いをもはや単純に消し去ることはできない[23]。もちろん，これで問題が解決されるわけでない。というのは，近代社会は，わけても実定的で，政治的決定に基づき内容的に変化することが可能な法を有し，必要とするということについての確認を回避できないからである。法律に従う全ての者を代表する立法機関を設けるということが民主主義の意義である。しかし，ドイツにおいては，基本法第1条における人間の尊厳と不可侵で不可譲の人権に対するあらゆる国家権力の後退が均衡点を形成している[24]。理論的には，実定法と実定性を超える同時代の法哲学のひとつの基本問題である実質的正義の要求の間の関係である。経験的法社会学は，特に，どの程度これについて，人間が極めて個人主義と多元主義であるにもかかわらず実定法において妥当させなければならない共通の法的確信を生成させるのかという問題の研究に寄与することができる[25]。

第4節　近代法の合理性

1　合理性の諸形態

　社会と法とは，進展する合理性を発展させるというマックス・ヴェーバーの

---

22)　*Radburch*, Gesetzliches Unrecht und übergesetzliches Recht, SJY 1946, 105, 107
23)　このことをルーマンも，彼が実定法の濫用を防止するべきメカニズムと手続保障の仕組みに多くの部分で精力的に取り組むときに，そして，後に彼が実定法を正当に関連させるときに見ている。第 *8* 章第2節3e）と第3節5を参照。
24)　第 *10* 章第5節および第 *11* 章第2節を参照。
25)　ここに取り上げられた諸問題は，さらに詳細に，第 *11* 章第4節と第5節に述べられている。

有名な命題は，現代の社会理論および法理論においても中心的役割を演じる。もちろんより詳細にみれば，合理性の概念は，それを使用することにより極めて様々な言説を示唆し，関連するイメージが呼び起こされる極めて広範な概念であることが明らかとなる。彼は，その核心において啓蒙主義の哲学的伝統に立ち戻り，脱呪術化，法の神聖化と世俗化，内在的説明，自然科学的説明もしくは，それどころか自然科学のアナロジーによって構想された説明に好意的な形而上学と超越論を放棄することを意図する。それらは，具体的には，神託と神判，鳥占い，血讐，異端審問と魔女裁判の克服が考えられている。同時に次のようにこの概念は理性にも訴える。秩序と法が理性的である場合，またその限りで社会はうまく秩序づけられ法は正当化される。これによって恣意性，権力衝動，一方的な利害，感情，愛憎，憎しみおよび激情によって形づくられた秩序は拒否される。そのように見なされれば，啓蒙主義の時代の進歩への確信が合理性の概念とも共鳴する。個々の事例に関係づけられた単にカーディ裁判に代わって，法においては，普遍的な法律が理性と進歩を表現する。

現代における法の性格を言い表わし得るには，これに対し，合理性のより正確な概念が要求される。我々が法の合理性を取り上げる場合，以下の，**法の基礎づけの可能性**を意味する。法的な決定と法的行動様式は，それらが，**十分，そしてまた当事者によっても理解される根拠**によって正当化されることができる場合に，合理的である。[26] 民主主義において法律は，数多くの関係者が行う批判的討議プロセスの結果として成立するのであるから，合理的法を実現する。

この形の概念は，まだいっそうの区別を必要とする。ヴェーバーは，基礎づけが規則をともなって追求される一定の目的と利害によって行われるのか，それとも，宗教的，習俗的，美的，もしくは，その他の価値観念から出てくるのかに従って，**目的合理性**と**価値合理性**に分類することを取り入れた。[27] この二分

---

26) この合理性概念は，以下の著作によっている。*Habermas,* Theorie des *kommunikativen Handelns* Bd.1, 15, 44 und *Peters,* Rationalität, Recht und Gesellschaft, 167ff. 現代の合理性概念についてのその他の説明は，哲学の関連文献で示されなければならない。アプローチのために，*Rescher,* aaO und *Schnädelbach* (Hrsg.), Rationalität. Philsophische Beiträge, 1987.

27) Wirtschaft und Gesellschaft, Bd.1, Kapitel 1 § 2ff.

類に，ルーマンによれば**システム合理性**を加えることができる。あるルールを根拠づけることは，そのルールが順応するシステムとそのルールそのものが，同調することから導かれる。つまり，法についていえば，現にある法システムから法の根拠づけが導かれる。

ヴェーバーは，第2の段階で**形式合理性**と**実質合理性**とを分ける。ある規則はそれが，一般的に構成された事実要件メルクマール，とりわけ，抽象的な，論理的な意味づけに親近性がある法概念に結びつけられている場合に形式合理的であり，これに対してそれが一般化された内容的な行為原則を志向する限りで実質合理的である。価値合理性と実質合理性とは本質において同等である。近時，法社会学はまた，形式合理性と実質合理性という対置関係に，**再帰的合理性**もしくは**手続的合理性**という第3のカテゴリーを付け加えた。

2　近代の法文化の合理性

ヴェーバーによって提示され，その後拡大された概念用具を利用し，現代の法文化の診断を試みよう。合理性のあらゆる種類の重要な意味を見出すことになる。

ドイツにおける**価値関係的な合理的規定**は，**基本権**であり，それらは，憲法起草者が人間の尊厳の発現と保障として理解したものである。しかし，権利の単純な数多くの規定もまた，最終的には，立法者の意図で理解され，解釈され，社会における承認された一定の価値観念と正義観念とを実現するべきものである。その例として，男性と女性の同権，親権に対する子の地位の改善，特に非嫡出子の地位の改善，婚姻と家族の基本権的保護を実現するべき新たな家族法を挙げることができる。共同決定法は，経済民主主義によって政治的民主主義を完成させるべきものである。数多くの学校教育法規は，教育制度における青少年の機会の平等を保障することを目的とする。

---

28)　*Luhmann*, Zweckbegriff und Systemrationalität, 1968.
29)　Wirtschaft und Gesellschaft, Bd.2, 395ff.; これについて第7章第2節4を見よ。
30)　*Luhmann*, Soziale Systeme 642; *Teubner/Willke*, Kontext und Autonomie, ZfRSoz 1984, 19; *Eder* ZfRSoz 1986, 1ff.　さらに，Diskussionbeiträge von *Treiber, Ladeur* und *Dimmel* in: ZfRSoz 1986, 224ff. を参照。

民事法における価値関係的な判決の重要な例は，連邦通常裁判所と連邦憲法裁判所による**一般的人格権**の承認である。他には，ドイツ民法典が第138条および第826条において，善良の風俗を法律行為の有効性の規準および不法行為による損害賠償義務の条件とするときに，それは実定法の上位価値基準を指示している。今日，民法の自由主義的規定は，消費者保護のために，一段と強いものへと修正されている。現代の労働法の基調は，被用者の保護であり，会社法の基調のひとつは，少数派社員の保護と経済企業の債権者を多数派や組織権力の濫用に対して保護することである。これらと比較し得る価値関係的な規定はまた，現代の他の法秩序においても存在する。それらの背景には，強者に対する弱者の保護という根本的な正義原則が存在する。

これら以外の法規定においては，価値関係性と目的関係性とは，相互に移行し合い，単純には把握しやすく境界づけることはできないのである。これに対して租税諸法は，上述の**目的関係的である**と理解できる。なぜならば，それらは，国家の収入を増加させる目的以外に，資することはないからである。行政法のほとんどの規定は，社会統御の定められた目的を追求する。また，立法者は，今日，刑法をたとえば，テロリズム，騒乱状態，もしくは，経済犯罪を克服するという，実質的な政治的目的の強力な手段として，利用することも稀ではない。

判決における合目的な配慮の例として，著作権侵害の場合に，抽象的に算定された2倍のライセンス料を清算可能な損害とすることを承認することがこれに当たるかもしれない。2倍のライセンス料は純粋な損害補償の原則に一致せず，最終的には法政策的意図からのみ正当化される。著作権侵害を経済的にどうでもいいものとする[33]。

最後にまた，立法と判決において**システム契約性**が重要な役割を演じる。

労働争議権は，労働団体と使用者団体が同等の価値をもつ武器と成果に対する可能性を備えて対置するように形成されなければならない。賃金契約システムが，機能するために作られなければならない。立法者もしくは裁判官によって作られたということはどうでもよい。大企業における決算報告と公開性の規定は，経済生活の機能関係と矛盾してはならない。とりわけ，裁判所の判決は通例，妥当する法のシステムと一致すること

---

31) 最初のものとして，BGHZを参照。13, 334(Hjalmar Schacht) そして，ついで，とりわけ BGHZ 26, 349 (*Herrenreiter*)
32) BVerfGE 34, 269(Soraya).
33) BGHZ 59, 286 そしてこれについて，*Larenz*, Schuldrecht Bd.1, 14.Aufl. § 29 Ⅱ Anm. 98.

に基づく決定の合理性に関係する。

　論拠資料の同様の分化は，また，ヴェーバーの合理性基準の第2のカテゴリーに関しても見られる。ヴェーバーの形式合理的法の範型となっているのは，19世紀の概念法学とおよびそれによって形作られたドイツ民法の規律様式である[34]。これに対して実質合理性は，ヴェーバーにとって彼の存命中に，労働法と経済法という新たな法律において既に実現している。現代において彼の意味で新たな法律の数多くが，実質合理性の現象形態として特徴づけられる。立法者は彼が制度を創設し，その手続を調整し，その目的を実現するための目的と活動とを定め，手段を見出すことをこれらに委任する場合に，手続的合理性を使用する。

　それゆえ手続法と法人の組織関係法は，この用語法の意味における手続的法である。目的合理性と手続合理性のコンビネーションは，ひとつの法律が一定の目的を設定し，拘束力をもって確立するが，しかし，どのようにして名宛人にそれらが実現されるように任せるときに存在する。

3　非合理性への後退の危険[35]

　法規定と法的決定の合理性による正当化への道程は，高度に分化している以上，近代法の徴表としての特定の合理性範型をあげつらうことは，不可能であることが示される。ヴェーバーとは反対に，形式合理的法は今日もはや法文化の最高度の段階に達しているとは見られていない。それどころか，法の純粋に手続的な合理性が追求するべき最終的な目的を有するという楽観主義には，ほとんど意見を同じくしない。

　最終的に，合理性の種類についての学問的議論は，次の2つのより本質的問題の背後に隠れる。

- 法は，進化的な歴史過程の中で成長する合理性にまで発展するという診断は，事実であろうか。そして，
- 法の合理性は，追求する価値があるか，もし，価値があるとすると，どのような理由からか。それは，自己目的か，もしくは，それは他のより高い価値に貢献すると

---

34)　第7章第2節4，第3節3。
35)　以下について *Raiser* JZ 2008, 853ff. を参照。

いう限りで是認することができるのか。

最初の問いは，ヴェーバー自身においては，彼がその法社会学の最後に「法学概念に代わり，社会学的そして経済学的もしくは倫理的判断が現れるという動きは」と「合理主義に反する特徴的な退行のひとつであろう」と書くとき，懐疑的である。[36] 20世紀の経験，その大きな変革，戦争ならびに，深層心理学の発見は，そしてまた，ヴェーバーの合理性についての理解もなお特徴づけたのではあるが，進歩に対する楽観主義を打ち砕いた。パンデクテン法の形式合理性は，実質合理的な法を構築しようという試みと同様に，第三帝国，総力戦争そしてホロコーストをほとんど阻止することはなかった。また，近代法の合理性も，権力の濫用，盲目的な感情性の突発，集団ヒステリー，もしくは，人間を全面的に否定する憎しみを前にして，確実ではない。

既に，デュルケムが観察したように[37]，社会的意識 conscience sociale，集合的な社会感情を引き起こす。今日でもまた，犯罪と数多くの刑事訴訟に対する人々の反応は，合理的であると特徴づけられることは，困難であろう。新聞，放送，テレビにおけるレポートの類は，往々にして意識的に感情を高ぶらせる。デモンストレーション，不法集会，その際の言説においても同様のことが見られる。政治的活動家でさえも，それが公的に登場する場合においては，特に，選挙においては，理性に訴えるのではなく，しばしば感情，ルサンチマン，同情と反感に訴えるので十分である。また，あらゆる種類の選挙の結果と投票の結果は，まったくその合理性を疑うにしばしば十分である。

多くの例を挙げることはたやすい。それらは，現代の法文化もまた，けっして純粋に合理的であるわけではなく，いかに合理性の概念を定義するかは重要ではないことがわかる。逆に合理的ではない諸要素は，それぞれ個々の人間もその知性によってのみ生活し，行為するのではないように，まったく普通のことである。

それでは，そもそも何故合理性への要求があるのか。それに対する答えとして言いうるのは，感情と欲動を，また集合的意識と無意識の衝動の危険な傾向が抑止され，またこれらが破壊的力動性を発展させないために，それらを方向づけ，またコントロールすることが，合理性 ratio の課題であるということだ

---

36) Weber, 1972, 512.
37) 第5章第2節1を参照。

けである。他者に対して，法の視点のもとで自らの行為を了解できるように根拠づけなければならないという義務は，そのためには，ひとつの不可欠な前提条件である。その点では古代の法文化の非合理的要素へ回帰したとしても，今日の文明には，ふさわしくない。実際，法は社会の内在する進化によって前進的な合理性へと発展してきたといえるのみである。いかなる場合でも，合理性に対する法の要求を疑ってはならないし，または，放棄してはならない。なぜならば，そうでなければ無秩序な諸力が優勢となり，あらゆる社会秩序が無に帰することが予想されるからである。

　以上のようではあるとしても，法の合理性は十分な自己充足的な目的ではない。というのは，今度は，社会を害するそして，破壊的な目的のために使用されうるからである。価値合理的法は，邪悪な諸価値，つまり，異端審問，大衆的狂気に奉仕し，目的合理的法は，損害を与える目的，いわゆる生きる価値のない生命の抹殺，ユダヤ人迫害に濫用されることも可能である。あらゆる歴史経験から法の合理性は，確かに正当な社会秩序の可能性を高めるが，しかし，それをいまだ確実なものとすることはしない。人間の尊厳，自由と平和を保障するのは合理性ではなくて，現代の法文化が作り出した自由で民主的な社会的法治国家の制度である。

文献一覧
　第2節　　*Bock, M.*, Die Eigendynamik der Verrechtlichung in der modernen Gesellschaft, in: *Lampe* (Hrsg.), Zur Entwicklung von Rechtsbewusstsein, 1997, 403;　*Ellscheid, Günther;* Verrechtlichung und Entsolidarisierung, in: *Gessner, Volkmar/Hassemer, Winfried* (Hrsg.), Gegenkultur und Recht, 1985, 21; *Funk, Albrecht/Haupt, Hans Gerhard/Narr, Wolf-Dieter/Werkentin, Frank,* Verrechtlichung und Verdrängung, 1984; *Habermas, Jürgen,* Theorie des kommunikativen Handelns Bd.2, 1981, 522ff.; *Kübler, Friedlich* (Hrsg.), Verrechtlichung von Wirtschaft, Arbeit und sozialer Sicherheit, 1984; *Merten, Dieter/Kirchhof, Paul,* Quantitative Analyse der zentralen Rechtsnormen des Bundes und Bayerns,1983; *Müller, Wolfgang,* Empirisches zum Stichwort Gesetzesflut, in: *Kindermann, Harald* (Hrsg.), Theorie der Gesetzgebung, 1982, 34; *Rottleuthner, Hubert,* Aspekte der Rechtsentwicklung in Deutschland. Ein soziologischer Vergleich deutscher Rechtskulturen, ZfRSoz 1985, 206; *Simitis, Spiros,* Zur Verrechtlichung der Arbeitsbeziehungen, in: *Kübler,* aaO, 73; *Teubner, Gunther;* Verrechtlichung-Begriffe, Merkmale, Gernzen, Auswege, in: *Kübler,* aaO, 289; *ders.* (Hrsg.), Juridification of Social Spheres, 1987; *Vogel, Hans-Jochen,* Zur Diskussion um die Normenflut,

JZ 1979, 321; *Voigt, Rüdiger* (Hrsg.), Verrechtlichung. Analysen zur Funktion und Wirkung von Parlamentarisierung, Bürokratisierung und Justizialisierung sozialar, politischer und ökonomischer Prozesse, 1980; *ders.* (Hrsg.), Abschied vom Recht?, 1982; *ders.* (Hrsg.), Gegentendenzen zur Verrechtliehung, 1983; *ders.* (Hrsg.), Recht als Instrument der Politik, 1986; *Zacher, Hans F.*, Verrechtlichung im Bereich des Sozialrechts, in *Kübler,* aaO, 11.

第3節　*Dreier, Ralf,* Neues Naturrecht oder Rechtspositivismus? Rechtstheorie 18, 1987, 368; *ders.* (Hrsg.), Rechtspositivismus und Wertbezug des Recht, ARSP Beiheft Nr. 37 1990; *Friedman,* Das Rechtssystem im Blickfeld der Sozialwissenschaften, 203ff., 222ff.; *Habermas, Jürgen,* Wie ist Legitimität durch Legalität möglich?, KJ 1987,1 ; *ders.,* Faktizität und Geltung, 49, 247, 541ff.; *Hoerster, Nobert,* Verteidigung des Rechtspositivismus, NJW 1986, 2480; *Kaufmann, Arthur,* 45 Jahre erlebte Rechtsphilosophie, ARSP Sonderheft 44, 1991, 144; *ders.,* Grundprobleme der Rechtsphilosophie 21ff.; *Lampe, Ernst Joachim,* Grenzen des Rechtspositivismus, 1988; *Radbruch, Gustav,* Rechtsphilosophie §9; *ders.,* Gesetzliches Unrecht und übergesetzliches Recht, Süddeutsche Juristenzeitung 1946, 105; *Wyduckel, Dieter,* Normativität und Positivität des Rechts, in: FS Krawietz, 1993, 437ff.

第4節　*Eder, Klaus,* Prozedurale Rationalität. Moderne Rechtsentwicklung jenseits von formaler Rationalisierung, ZfRSoz 1986, 1; *Habermas, Jürgen,* Theorie des kommunikativen Handelns Bd. 1, 1981, 15, 44ff.; *Luhmann, Niklas,* Zweckbegriff und Systemrationalität, 1968; *Peters, Bernhard,* Rationalität, Recht und Gesellschaft, 1991; *Raiser, Thomas,* Max Weber und die Rationalität des Rechts, Juristenzeitung 2008, 853; *Rescher, Nicholas,* Rationality. A Philosophical Inquiry into the Nature and the Rationale of Reason, Oxford 1988; *Teubner, Gunther/Willke, Helmut,* Kontext und Autonomie: Gesellschaftliche Selbststeuerung durch reflexives Recht, ZfRSoz 1984, 4ff.; *Weber, Max,* Wirtschaft und Gesellschaft.

ライザー教授の法社会学

専修大学教授・東京大学名誉教授，日本法社会学会元理事長
広 渡 清 吾

　トーマス・ライザー教授の『法社会学の基礎理論』がこのたび刊行の運びとなった。ライザー教授とも，また，法社会学とも縁浅からぬ私にとっては，心からうれしいできごとである。それと同時に，このようにしてライザー教授の法社会学が日本の読者にとって容易に親しめるものとなり，また，日本の法社会学の基礎文献に加えられることは，学問的にも大きな意義をもつ。今回の翻訳の仕事を担われた大橋憲広教授をはじめ，田中憲彦，中谷崇，清水聡各氏に心から感謝し，その御尽力にあらためて敬意を表したい。

　ライザー教授との直接のお付き合いは，私がアレキサンダー・フォン・フンボルト財団の奨学生としてドイツのギーセン大学に1980年12月から1982年9月まで留学したときに始まる。1991年4月から7月には，東京大学社会科学研究所（当時の私の職場）に新設された外国人客員教授としてお迎えした。ライザー教授との交流について語るべきことは多いが，以下では，本書の刊行を祝して本書の意義について，少しだけ述べさせていただくことにする。

　ライザーは，1992年にギーセン大学からベルリンのフンボルト大学に異動する。統一後，旧東ドイツ地域の大学では人事の刷新が行われたが，その一こまであった。このなかで，フンボルト大学，つまり戦前のベルリン大学の法社会学に関わる先行的業績のプレセンスを考えると，ライザーの招へいは，ドイツにおけるライザー法社会学の重み示していた。競争相手の候補者は理論法社会学で鳴るグンター・トイブナーであったらしい。ドイツの慣行に従ってライザーは，ベルリンで教授就任講演を行うが，これをめぐって小さな論争があっ

た。

　ライザーの講演題目は「法学の分肢としての法社会学の課題」であった。本書の目次をみると，第1部の「法社会学の学問的位置づけ」の第1章は「社会学の一分野としての法社会学」であり，第2章が「法学の分肢としての法社会学」である。講演の論題は，法学の側に一方的に比重がかかっているようみえる。内容は，法社会学が「認識にのみではなく，法の改善に寄与する」任務をもつこと，法の形成過程において社会科学的な経験的知識と理論的分析が法解釈学に負けず劣らず必要であることを強調するものであった。

　この就任講演について，ルチェルン大学のチーゲルト（Klaus A. Ziegert）が強い調子で批判した。ライザーの見解は，法律家にとって社会科学的研究がどんな意味をもつかについての，世界に広がっている「法学部的考え」である。このような見解は，法律家養成において真に必要な法実務の社会科学的分析を不可能にする。求められているのは，法律家のための特別の社会学であり，社会科学的方法である。決して，法学に法社会学を統合してしまうことではない。「よりよき決定」を夢見る法律家的方法と手を切るのでなければ，法に関する社会学にチャンスはない。

　チーゲルト批判に応えて，ライザーは「法社会学と法学」と題して再論し，「私の学問的信条」として次のように述べている。

> 「法律家も（法）社会学者もともに，認識および（よりよき）行為と決定のための指示を求めている。両者は，対象としての法が意味を担うものであり，また，行為の範型であるがゆえに，截然と分かたれえない。法の科学において，純粋な認識に限定する試みは，とめどない恣意性と知的遊戯の危険性をもつ。他方で，認識に基礎づけられない行為と決定の規則は，盲目的で少なからず恣意的な決定論におちいる。」（丸括弧による付加はいずれも原文）

　以上の議論の応酬は，「法社会学雑誌」（Zeitschrift für Rechtssoziologie, 1/1994, 2/1997）に掲載されているが，ここでは，法社会学の位置規定をめぐって法学的アプローチと社会学的アプローチが対立しているように見える。ライザーが1987年に『法社会学』の教科書をはじめて刊行した際にも，同じ視点からの論評が見られた。

1987年には，ライザーの教科書に加えて，レール（Klaus F. Röhl）『法社会学』およびロットロイトナー（Hurbert Rottleutner）『法社会学入門』が刊行される。また，すでにレービンダー（Manfred Rehbinder）の『法社会学』が刊行されていた。ブレーメン大学で一般社会学と法社会学を担当するラウトマン（Rüdiger Lautmann）は，このような法社会学教科書の繚乱をとらえ「野生種から盆栽へ――教科書における法社会学」と題して評論した。

　ラウトマンは，これらの教科書がその目的とするところに応じてみればそれぞれ成功していることを評価する。ライザー著の評価も高い。問題とするのは，「法社会学について突然に3つもの教科書が刊行された」ことの意味である。ラウトマンによれば，これを可能にした条件は，「法学を社会科学として設営する試みの挫折」である。社会学の側からのこの試みは，いまや手痛く突き返された。つまり，これらの教科書は，法社会学をめぐる社会学の闘争と敗北の結果としての法社会学の状態を示すものである。(Vom Wildwuchs zum Bonsai – die Rechtssoziologie im Lehrbuch, Kritische Justiz, 3/1990)

　ところで，社会学の側からの法社会学へのアプローチとしては，すでにルーマン（Niklas Luhmann）が1972年に『法社会学』を刊行していた。これは，ルーマンの語るところによれば，同僚のシェルスキー（Helmut Schelsky）の勧めにより，法社会学を社会学者にも法律家にも講義することを意識して執筆された。この背景には，二人の属するビーレフェルト大学に法社会学講座を創設するという狙いがあった。シェルスキーは，社会学者が法に関心をもつよりも，法律家が法社会学を必要とする可能性が大であると判断し，社会学部ではなく法学部に法社会学講座を作ることになった。ルーマンは，この講座の人事委員会の委員となったが，教授団は「社会学者も，また，社会学者になろうとする法律家」も嫌い，必ずなにかの実定法を専門とする者を講座担当候補者として提案した。ルーマンは，人事委員会で教授団の提案にたえず助手達とともに反対せざるをえなかった。こうして，結局のところ，この講座はつぶれてしまったという（Zeitschrift für Rechtssoziologie, 1/2000）。

　以上からうかがえるのは，戦後ドイツの法社会学の発展に関わる一つの重要な分岐である。あらためて，ライザーの本書での簡潔な言及を補足しながら述

べると次のようである。

　1964年にベルリン自由大学でヒルシュ（Ernst E. Hirsch）がはじめて法社会学研究所を設ける。法社会学が，広く認知されるようになるのは，60年代末の大学改革を求める学生闘争のなかである。推測するに，上記の人事委員会でルーマンとともに法学部教授団の提案に反対した「助手達」は，こうした学生闘争の影響下にあった。法社会学の大学における制度的承認は，一方で法社会学がマルクス主義的社会理論と変革理論に強く影響されていること，他方で保守的な法学者の拒否的な態度によって，なかなか進まない。

　このような状況のもと，法社会学について2つの学会が誕生する。ひとつは，1972年のドイツ社会学会法社会学セクション（Sektion der Rechtssoziologie in der Deutschen Gesellschaft für Soziologie）の立ち上げであり，それに遅れて1976年，ドイツ法社会学会（Deutsche Vereinigung für Rechtssoziologie）が創設された（2010年に"Deutsche Vereinigung für Recht und Gesellschaft"に名称変更）。前者は社会学オリエンテッドな学会であり，後者は強く法学オリエンテッドな学会である。両組織は，1980年以降共同で「法社会学雑誌」を編集・刊行しているが，組織的統合には至らず，社会科学者と法律家の隔たりはなお存続している（本書第2章第3節）。

　ライザーは，ドイツ法社会学会の創設メンバーの一人である。上述したラウトマンも同様に創設メンバーの一人であるが，かれはまた，ドイツ社会学会法社会学セクション立ち上げの発起人の一人でもある。ちなみにドイツ社会学会は1909年に創設され，現在2000名以上の会員をもち，設置されているセクションの数は36に上る。2つの学会の創設時期の前後や両者の創設にラウトマンがコミットしている事情からは，かれの上述の論評の背景が推測できる。

　さて，ここで問題としたいことは，戦後ドイツの法社会学の発展を見るについて，だれが法社会学の担い手か，「社会学者か，それとも法律家か」がポイントなのかどうか，である。そのように一般的に問題を立てることは行き過ぎかもしれない。焦点を絞れば，チーゲルトやラウトマンが指摘するように，ライザー法社会学（とその成功）は，社会学からの法社会学への突撃が撃退され，「よりよき決定」を夢見る法律家的方法が勝利したというべきものだろうか。

私のライザー法社会学についての見方は，そうではない。

ライザーは，社会学がそもそも「批判的社会改革的特徴をもった研究方法」と結びついており，このことが学問の生成史においてだけでなく，学問の本質をなしていることを指摘している。社会学は，一方で人間の価値観念とニーズ，他方で現実の社会関係と支配構造の矛盾を分析し，明らかにする。その科学的認識は必然的に，解明された事態への批判につながっていく。かれによれば，これこそが，社会学が全体主義のシステムの下で全くその存在を許されなかったか，そのシステムに服せしめられた理由である。

なるほど法社会学の先達であるヴェーバー（Max Weber）やガイガー（Theodor Geiger），またルーマンは，法的問題の決定や政策的問題に社会学の経験的研究を関係させることを厳しく退けている。しかし，19世紀における社会学の生成は，社会的弊害の克服のための手段と方法を見いだす願望に負っている。今日においても，社会学の一貫した重要な任務は，社会の病理的状態を認識し，その変革に寄与することである。法に関わる法社会学は，それゆえ当然に，法の改善と法による社会的制御を課題とする。そのためには経験的研究が不可欠である（本書第 *1* 章第1節・第2節）。

以上見るように，ライザー法社会学は，法社会学への法学的アプローチというのではなく，社会学のあり方についてのライザー的理解に基礎づけられた法社会学ということができる。かれの法社会学が「よりよき決定」を求めるのは，法学的に規定された地平に立つからではなく，「よりよき社会」を求める社会学＝社会科学的見地に立つからである。

ライザーは，本書の序文（第2版への序文）において，エールリッヒ（Eugen Ehrlich）に従って自分の著作の意味を一文でまとめるとしたら，「この著作の目的は，自由主義的かつ社会的法治国家の法社会学である」と述べている。これは，1987年の最初の法社会学の教科書において述べられたものと同じである。このことの意味を正しく（つまりライザーの意図通りに）理解しているという自信は私にないが，次のように言えるのではないか。

第二次世界大戦後，「人間の尊厳は不可侵である。それを尊重し擁護することはすべての国家権力の義務である」と第1条に規定するドイツ基本法（1949

年制定・施行, 1990年統一ドイツの憲法として施行)は, 自由主義的かつ社会的法治国家を設計した。ライザー法社会学は, この国家・社会の実態を経験的, 理論的に考察し, 分析し, 基本法に託してドイツの人びとが理念とするものに向けて法と社会を改善することを課題とするものであると。

　本書は, このような法社会学の構築のために, 長年にわたって費やされてきたライザー教授の理論的, 実践的活動の集大成というべきものである。私は, 高い理論的精錬度を示しているこの著作の中に, 法と社会の改善を目指す著者の困難な闘いの痕跡をみることができると思う。

監訳者あとがき

　本書は，トーマス・ライザー著 Grundlagen der Rechtssoziologie（Mohr Siebeck 社刊）の翻訳である。フンボルト（ベルリン）大学（旧ベルリン大学）の名誉教授である同氏は，1935 年にシュトゥットガルトに生まれ，チュービンゲン，ボン，ベルリン自由大学で哲学，法律学を学び，司法試験に合格後弁護士となった。1962 年，論文「契約目的による責任制限」で博士号を取得後，1965 年から 1969 年までハンブルク大学の民法・民事法基礎研究の助手をつとめ，1969 年，論文「組織としての企業」で民法，商法，経済法，比較法および法社会学の教授資格を得た。1970 年から 1992 年までギーセン大学の教授をつとめ，この間，1977 年から 1992 年までフランクフルト高等裁判所のカルテル部の裁判官を兼務する。1992 年から退官までフンボルト（ベルリン）大学の教授にあり，2002 年に名誉教授となっている。同大学では，学部長職をつとめ，弁護士法研究所の設立にかかわった。2005 年には，De Gruyter Recht 社より，900 ページに及ぶ古稀記念論文集が出版され，23 名が寄稿している。なお，著者の伯父である L. ライザー（1904-1980 年）も著名な法学者である。

　学界では，ドイツ法社会学会 Vereinigung für Rechtssoziologie の設立メンバーで事務局長をつとめた。本学会は，1976 年に高等教育機関の教授によって法律家への社会科学的教育を目的として設立されたが，2010 年にドイツ法と社会学会 Vereinigung für Recht und Gesellschaft と改称され，法と社会科学のためのより広い学会となっている。

　その経歴から知られるように著者は，実務経験を有する法社会学研究者である。ドイツでは，法社会学を志向する優れた研究者が，法解釈学のいくつかの領域をあわせて専攻し，また同時に実務においても重要な地位にあることは珍しくない。たとえば，1994 年から 2002 年まで連邦憲法裁判所長官で後にゲーテインスティトゥート総裁をつとめたリムバッハが，かつてフランクフルト（ゲーテ）大学の「法社会学および法事実研究所」の教授であり，同じく連邦憲法裁判所の判事をつとめたブリュイデが，ミュンヘン連邦軍大学，キール大

学に籍を置き，法社会学領域で活躍したのはその例である。

著者は，日本では1992年，東京大学社会科学研究所の客員教授を4月から7月までつとめ各地で講義を行っている。2007年にフンボルト（ベルリン）大学で開催された法と社会学会 Law and Society Association（LSA）と法社会学調査委員会 Research Committee on the Sociology of Law（RCSL）の合同学会では，開催の指導的役割を果たした。

業績は，法解釈学関係で，会社法，企業法，共同決定法に関するものが多数ある。これらは本書における引用にも現れている。一方，法社会学に属する業績では，法学と法社会学，階級司法，法の事実研究，法の実効性と作用，その他，裁判官論や弁護士論，法曹養成についてのものがある。文末を参照されたい。

原書は，1987年に，Rechtssoziologie, Ein Lehrbuch として Alfred Metzner Verlag 社より，後に Nomos Verlagsgesellschaft 社より，Das lebende Recht:~Rechtssoziologie in Deutschland として，さらに後 Mohr Siebeck 社より UTB シリーズのひとつとして，Grundlagen der Rechtssoziologie の書名で出版され，版を重ね2009年には，第5版が出版されている。大きな枠組みは，当初の版から変わらないが，各版は細部について変更がある。本書は，原書第5版に日本版用に変更された箇所を含む翻訳である。変更については凡例を参照されたい。すでに，"Rechtssoziologie. Ein Lehrbuch"については，日本法社会学会「法社会学49号」（1997年，有斐閣）に広渡清吾教授の，また，第4版については，ミヒャエル・ヴラーゼ Michael Wrase 氏による詳細な書評が Zeitschrift für Rechtssoziologie 28（2007年）に収められている。

これまで外国人による法社会学の概説書の翻訳としては，古くはN. S. ティマーシェフ著，川島武宜他訳『法社会学』原著1939年（東京大学出版会，1962年）以下，L. M. フリードマン著，石村善助訳『法と社会』原著1977年（至誠堂，1980年），A. ハント著，及川伸他訳『法社会学——法の社会学的研究』原著1978年（法律文化社，1985年）などがある。ティマーシェフによるものは，法社会学を法則記述学とし，法学を個性記述学とすることに特色が見られる。また，フリードマンについては，法システムを構造と実体（rules と norms）に分け，法システムを作動させる要素として法文化を考えるところに，ハントのもので

は，学説紹介という色彩が強いが，そのなかで，ヴェーバーなどと並んでリアリズム法学を取り上げるところに特徴がある。

　本書はその内容と総合性においてK. F. レール著『法社会学』(1987年) に並ぶドイツにおける概説書である。日本の法社会学はドイツ系の法社会学からかつてはエールリッヒ，ヴェーバーなど，また近時では，ルーマン，トイブナーなどから大きな影響を受けてきた。これまでにドイツ系法社会学概説書の翻訳書として，M. レービンダー著，吉野正三郎監訳『法社会学』原著1989年（晃洋書房，1990年）は，法社会学の目的は社会を説明することではなく，法実践に役立つことを目的とする「補助科学」であるとする。これに対して著者と同じくベルリンで法社会学を講じるロットロイトナーによる六本佳平監修／越智啓三訳『現代ドイツ法社会学入門』原著1987年（不二出版，1995年）は，経験的手法をとり，自らの法社会学をグランドセオリーや抽象概念の構築を目的とせず，法事実研究とは区別される確立した経験的学問分野であるとし，その視点からアプローチできる対象の研究が示される。同書では，「法の主題化，法の動員，法へのアクセス」が理論的に注目される。

　本書は，大綱においては変更がないものの数度の改訂が行われており，常に現代化が図られている。なお，数値データについては現状を反映していないところがある。日本版においては，第14章で「契約および契約法の社会学」が新たに加えられ，それに関連する箇所が改訂されている。これは，第5版における第15章「契約と契約法」を詳細化したものである。そこで扱われるのはマクニールの「関係的契約論」に触発された契約の理論である。日本においても，これは棚瀬孝雄編『契約法理と契約慣行』（弘文堂，1999年），内田貴『契約の再生』（弘文堂，1990年）などにおいて影響が見られる。

　法と社会の関係を探求しようとするとき，一方で特定の視点から法現象を位置づけるという方法がある。ルーマンの法社会学は，オートポイエシスシステムの理論をその準拠点として独自の概念装置で，広範な法現象を理解可能とした。他方，ロットロイトナーやオランダのブランケンブルクは，経験的事実をその分析の主たる対象とし，そこから理論化を図る。本書は，それら双方に属さない。それぞれの分野の経験的，理論的提示と分析を通じて，法と社会の関

係が示されている。著者が実務家でもあったことから判例や事例の記述も比較的豊富に含まれる。もっとも，著者はいわゆるヴェーバリアンではないものの，各所においてヴェーバーについて言及されており，ヴェーバーの理論と方法を思考の軸に置いている。特にそれが現れているのは，第 *1* 章「社会学の一分野としての法社会学」，第 *14* 章「契約および契約法の社会学」，第 *20* 章「法の進化」である。第 *20* 章では，ヴェーバーの合理性とルーマンによる手続合理性が挙げられ，特定の合理性を追求することには懐疑的であるが，社会秩序が無に帰さないためには，その追求は必要であること，そして人間の尊厳，自由と平和を保障するのは合理性 ratio ではなく，社会的法治国家の制度であると結論づける。以上を推し進めた議論としては，T. Raiser "Max Weber und die Rationalität des Rechts" in Juristen Zeitung 2008 がある。なお，方法論的個人主義と主意主義というヴェーバー理論の影響からしても，著者はルーマンのシステム論による法と社会の了解に対しては極めて批判的である。

　外国書を翻訳することは，その外国を知ることであると同時に自国の鏡像を見ることでもある。日本の法社会学の現状を考慮して，いくつか挙げるとすれば，まず，「法社会学の研究分野としての固有性，実務との関係」という往時の問題には，一方で法が社会のあらゆる領域に拡散・浸透しており，他方で法社会学における方法も多様化している状況にかんがみ，今日一段と自覚的でなければならない。この点で，著者は経験的法社会学研究が，法の改善と法による社会統御という目標に可能性が開かれていなければならないとし，批判的次元の法社会学が，法解釈学の経済的，政治的イデオロギー的前提の分析を行うことを示す。ただし，法社会学の成果が，直接的に法解釈学に影響を与えることには，謙抑的であるように思われる。

　日本の法社会学の歴史のなかで持続されるべき最大の共通テーマであろう「法意識論」についてあえて本書における枠組みと比較してみよう。川島武宜『日本人の法意識』（岩波書店，1967年）は，一般に受け取られているほどではないとしても，日本における訴訟回避の原因を文化的背景に求める。そこでは日本人の法意識の原因が，言語を重視しない姿勢やいわゆる文化に求められ，それは近代化論・民主化論の文脈で実践的な色彩を帯びる。後にこの説は「制

度機能論―状況規定モデル」によって応答されこれが優勢になりつつも，今日では，このモデルも文化論的説明と両立可能であるという展望が示されている。この問題に関係するところは，本書では第17章「法文化の研究」と第18章「人間と法」である。ここでは，法文化を「ある社会に存在し，かつ法と関連をもつ価値観念，規範，制度，規則，行動様式の経験的に研究可能な総体」と定義する。国民性や伝統，言語文化などに直接結びつけられることはない。法意識については，個体発生的に個々人が学習することによって手に入れたものとされ，系統発生的に形成され確定した法感情と区別される。そして，法意識の一定の内容は，集合的な法意識の構成要素および伝承された文化に関する構成要素としても理解可能であるとされる。川島説を紹介する箇所もあるが文化は法意識の決定的説明理由とはされない。日本において語られる「法意識」は，「法観念」であることが多いが，その点を差し引いても参照されるべきである。また，これまで極めて多くの日本人論，日本文化論が，欧米の諸制度を取り入れてきたわが国において自己確認として産出された。その文脈の中で法意識論は，再度検討される必要がある。

　今日までいくつもの外国の法社会学書が翻訳されてきた。本書もその中のひとつということになる。これに対して外国での日本の法社会学の参照，受容はいかなるものであろうか。本書で名が見える日本人は，川島武宜，千葉正士，大木雅夫，六本佳平のみである。日本の法社会学書の外国での翻訳出版は，最近のものでも T.Tanase, Community and the Law（2010）などわずかである。日本語が英独仏語ほどの普遍性をもたないことを考慮しても，多くの日本の法社会学書が外国において出版されるのはいつのことになるであろう。なお，本書は中国においても昨年翻訳出版された。

　翻訳にあたっては，それぞれの担当部分をもちより「ライザー翻訳研究会」（大橋・田中・中谷・清水）全員で逐次検討し，修正を加えた。本書の翻訳では，法学領域だけではなくその周辺の社会科学的知識の必要を痛感させられた。必ずしも十分にそれらの知識を反映した訳になっていないかもしれない。また，訳語については，訳者たちの討議を経て，これまで通用している語にとらわれることなく最適と思われる語を使用した。たとえば，「生ける法」は，既に日

本の法社会学において定着した訳語であるが，必ずしもこれが現在における表現としてふさわしいものでなくなってきていると考え，「生きた法」という訳語を当てた。研究会での共同作業は，ほぼ毎週土曜日の午後に，2年半以上にわたり私の研究室で続けられた。途中で諸般の事情から翻訳メンバーの交代もあって翻訳作業には予定していたよりも長い時間を要し，研究室の近くを流れる石神井川河畔の桜並木の花を見ることも3回を数えることなった。訳者の中で法社会学を専攻するものは，監訳者のみであるが，法社会学は著者も述べるとおり学際分野であり，その点では各訳者の専門性が翻訳作業に生かされたと思っている。

前述の2007年の合同学会でライザー教授とお会いし，広渡清吾教授も同席され，日本における翻訳出版を行うこととなった。爾後，翻訳には予想した期間よりも相当な時間を要した。翻訳の着手から刊行までかくも長き間，寛大さをもって猶予くださった法律文化社の秋山泰前社長，田靡純子社長，この翻訳をお受けくださった岡村勉元社長，そして，煩雑な編集作業を担当された野田三納子さんの行き届いた助力に心より感謝申し上げる。また，当初の翻訳出版契約よりも，長い期間を与えていただいた Mohr Siebeck 社にも謝意をあらわしたい。

折に触れ，我々の訳業を励まして下さり，またライザー名誉教授と長い親交のある日本学術会議前会長，日本法社会学会元理事長で日本ドイツ学会理事長を長くつとめられた広渡清吾教授には，一文をお寄せいただき深謝いたします。

大橋憲広

著者の邦語に翻訳されているものとしては，以下がある。
- 吉野一訳「最近十年間の西ドイツにおける契約法領域の立法および法律学の社会的変化への対応」（法学研究 27 号（明治学院論叢第 317 号），1981 年）
- 広渡清吾訳「統一ドイツにおける法的諸問題」（法の科学第 19 号，1991 年）
- 広渡清吾訳「旧東ドイツにおける人民所有権の私有化」（比較法学第26巻第1号, 1992年）

ライザーの業績は，多岐にわたるが法社会学関係では，以下のようなものがある。
- Was nützt die Soziologie dem Recht, JZ 1970

- Einführung in die Rechtssoziologie, 1971, 4. Aufl., 1985
- Zum Problem der Klassenjustiz, Jahrbuch für Rechtssoziologie und Rechtstheorie Bd. 4, Köln, 1976
- Soziologie im Gerichtssaal, DRiZ 1978
- Einführung zu dem Band "Generalklauseln als Gegenstand der Sozialwissenschaften", hrsg. von der Vereinigung für Rechtssoziologie e.v. Baden-Baden, 1978
- Besprechungsaufsatz: Friedman, Lawrence M., Das Rechtssystem im Blickfeld der Sozialwissenschaften (The Legal System. A Social Science Perspective). ZrRSoz 1982
- Richterrecht heute - Rechtssoziologische und rechtspolitische Bemerkungen zur richterlichen Rechtsfortbildung im Zivilrecht, ZRP 1985 sowie in Achterberg (Hrsg.), Rechtsprechungslehre, 1986
- Rechtssoziologie und Rechtsdogmatik, Lexikonartikel für "Ergänzbares Lexikon des Rechts", 1984. „Rechtssoziologie in der Juristenausbildung", JuS 1987
- Rechtssoziologie in der Juristenausbildung, JuS 1985
- Über die Beziehungen von Rechtssoziologie und Rechtsdogmatik (vgl. Nr. 92) in: Hoffmann-Riem/Mollnau/Rottleuthner (Hrsg.), Rechtssoziologie in der Deutschen Demokratischen Republik und in der Bundesrepublik Deutschland, 1990
- Staatsexamen oder Diplom? - Richtige und falsche Alternativen in der Diskussion um die Reform der Juristenausbildung. 10 Thesen, JZ, 1990
- Der Entschluß, Jura zu studieren, zusammen mit Hans-Jörg Graf, in: D. Coester-Waltjen u.a., Das Jura-Studium, 1993.
- Hermann Ulrich Kantorowicz in: Lutter u.a. (Hrsg.), Der Einfluß deutscher Emigranten auf die Rechtsentwicklung in den USA und in Deutschland, Tübingen, 1993
- Rechtsanwälte in den neuen Bundesländern, Ergebnisse einer rechtssoziologischen Pilotuntersuchung (zusammen mit L. Kirschner und M. Lienau), Anwaltsblatt, 1994
- Rechtsschutzversicherung und Rechtsverfolgung (zusammen mit Jagodzinski und Riehl), 1994
- Aufgaben der Rechtssoziologie als Zweig der Rechtswissenschaft, ZrRSoz 1994
- Rechtsgefühl, Rechtsbewußtsein, Rechtskenntnis, Rechtsakzeptanz. Einige begriffliche und methodische Bemerkungen zu den Grundlagen der Akzeptanzforschung, in: Pichler, Rechtsakzeptanz und Handlungsorientierung, 1998
- Die Entstehung der Vereinigung für Rechtssoziologie, Festschrift Blankenburg, 1998
- Rechtssoziologie als Grundlagenfach in der Juristenausbildung, in: Dreier (Hrsg.), Rechtssoziologie am Ende des 20. Jahrhunderts, 2000
- Reform der Juristenausbildung, ZRP 2001

- Recht und Moral, soziologisch betrachtet, JZ 2004
- Krise der Rchtssoziologie in Deutschland, NJW 2007, Heft 29.
- Max Weber und die Rationalität des Rechts, JZ 2008
- Handelsgesellschaften und politische Verbände in der Rechtssoziologie Max Webers, Festschrift für Karsten Schmidt, 2009
- Homo Oeconomicus, Homo Sociologicus, Homo Juridicus, 2009, Festgabe für Hubert Rottleuthner, 2010
- Rechtssoziologisches Denken an der Berliner Juristischen Fakultät, in: Festschrift 200 Jahre Juristische Fakultät der Humboldt-Universität zu Berlin, 2010
- Über das Verhältnis von Macht und Recht, in: Beiträge zur Rechtssoziologie

法社会学関係の業績を集めたものとして
- Beiträge zur Rechtssoziologie (Nomos 2011)

（なお，上記の論文の多くは本書に所収されている）

翻訳担当一覧

序　文		清水　聡	第11章	第1節〜第4節	田中憲彦
第1章		中谷　崇		第5節	中谷　崇
第2章		大橋憲広	第12章	第1節	大橋憲広
第3章	第1節〜第2節2	田中憲彦		第2節〜第3節1	中谷　崇
	第2節3〜第3節	中谷　崇		第3節2〜5	田中憲彦
第4章		清水　聡	第13章		大橋憲広
第5章		田中憲彦	第14章		中谷　崇
第6章		田中憲彦	第15章		清水　聡
第7章		中谷　崇	第16章		大橋憲広
第8章		大橋憲広	第17章		田中憲彦
第9章		田中憲彦	第18章		中谷　崇
第10章	第1節〜第3節	田中憲彦	第19章		中谷　崇
	第4節，第5節	清水　聡	第20章		大橋憲広

人名索引

あ 行

アリストテレス Aristoteles　030, 228
イェーリング，ルドルフ・フォン Jhering, Rudolf von　031-033, 036, 041, 170
イエス Jesus　110
イェリネック，ゲオルク Jellinek, Georg　035
ヴェーバー，マックス Weber, Max　009, 014, 043, 051, 066, 102-126, 330, 331, 335, 337, 421, 429, 432
ウォルツァー，マイケル Walzer, Michael　229
ヴォルフ，マルティン Wolff, Martin　018
エールリッヒ，オイゲン Ehrlich, Eugen　009, 014, 019, 043, 051, 066, 084-101, 365
エッサー，ヨセフ Esser, Josef　100
エルスター，ジョン Elster, Jon　231, 237, 244
エンゲルス，フリードリヒ Engels, Friedrich　005, 057, 058, 061, 064-066, 421
オーベール，ウイルヘルム Aubert, Vilhelm　282, 350, 368
オーリュー，モーリス Hauriou, Maurice　039
オップ，カール＝ディーター Opp, Karl-Dieter　052, 285

か 行

カードーゾ，ベンジャミン Cardozo, Benjamin　045
カーン＝フロイント，オットー Kahn-Freund, Otto　038
ガイガー，テオドール Geiger, Theodor　009, 051, 337
ガランター，マーク Galanter, Marc　204
カルヴィン，ハリー Kalven, Harry　049
ガルトゥング，ヨハン Galtung, Johan　368
カルボニエ，ジャン Carbonnier, Jean　041
カント，イマニュエル Kant, Immanuel　013, 030, 211, 229
カントロヴィッツ，ヘルマン Kantorowicz, Hermann　013, 036
ギールケ，オットー・フォン Gierke, Otto von　033, 038
ギュルヴィッチ，ジョルジュ Gurvitch, Georges　040
グールドナー，アーヴィン Gouldner, Alwin　168
ゲーレン，アルノルト Gehlen, Arnold　165
ゲスナー，フォルクマー Gessner, Volkmar　351
ケッツ，ハイン Kötz, Hein　388
ケントゥゲン，ヨハネス Köndgen, Johannes　296
コールバーグ，ローレンス Kohlberg, Lawrence　396
コットレル，ロジャー Cotterrell, Roger　195
コルシュ，カール Korsch, Karl　063
コント，オーギュスト Comte, Auguste　004, 039, 071

さ 行

ザイゼル，ハンス Zeisel, Hans　049
サヴィニー，フリードリッヒ・カール・フォン Savigny, Friedrich Karl von　031, 097
サムナー，ウイリアム・グラハム Sumner, William Graham　043
サレイユ，レイモン Saleilles, Raymond　040
ジェニー，フランソワ Gény, François　040
シェルスキー，ヘルムート Schelsky, Helmut　051, 152, 161-173, 314, 342
シュタイン，ロレンツ・フォン Stein, Lorenz von　035
シュピットラー，ゲルト Spittler, Gerd　183, 283
ジンツハイマー，フーゴ Sinzheimer, Hugo　037

ジンメル，ゲオルク Simmel, Georg　071
ストゥーチカ，ピョートル・イヴァーノヴィチ Stučka, Piotr Ivanovič　062
ソクラテス Sokrates　218
ソローキン，ピティリム Sorokin, Pitirim　048, 203

た 行

ダーウィン，チャールズ Darwin, Charles　421
ダーレンドルフ，ラルフ Dahrendolf, Ralf　053, 345
タイラー，トム Tyler, Tom　240, 241
千葉正士 Chiba, Masaji　204
ツヴァイゲルト，コンラート Zweigert, Konrad　388
ティマーシェフ，ニコラス Timasheff, Nicholas　048
デュギー，レオン Duguit, Léon　039
デュルケム，エミール Durkheim, Emile　004, 014, 043, 051, 066, 070-083, 248, 297, 346, 421
デリダ，ジャック Derrida, Jacques　052
テンニース，フェルディナント Tönnies, Ferdinand　034, 071
ドイチュ，モートン Deutsch, Morton　235
トイブナー，グンター Teubner, Gunther　051, 279
トゥルンヴァルト，リヒャルト Thurnwald, Richard　168, 224
トマジウス，クリスティアン Thomasius, Christian　030

な 行

ナポレオン Napoleon　110
ヌスバウム，アルトゥール Nußbaum, Arthur　019, 038
ノイマン，フランツ・レオポルト Neumann, Franz Leopold　038

は 行

パーソンズ，タルコット Parsons, Talcott　051, 078

ハーバーマス，ユルゲン Habermas, Jürgen　051, 128, 211, 423, 427, 429, 229, 340
ハーファーカンプ，ハンス Haferkamp, Hans　052
ハウスマン，フリッツ Haussmann, Fritz　039
パウンド，ロスコー Pound, Roscoe　044
パッソヴ，リチャード Passow, Richard　039
ピアジェ，ジャン Piaget, Jean　396
ピヒラー，ヨハネス Pichler, Johannes　401, 405
ヒルシュ，エルンスト・エドゥアルト Hirsch, Ernst E.　053
フィケンチャー，ヴォルフガング Fikentscher, Wolfgang　100
フーコー，ミシェル Foucault, Michel　052
プーフェンドルフ，ザムエル Pufendorf, Samuel　030
フックス，エルンスト Fuchs, Ernst　037
ブラック，ドナルド Black, Donald　195
プラトン Platon　030
フランク，ジェローム Frank, Jerome　045, 367
ブランケンブルク，エアハルト Blankenburg, Erhard　385, 386
ブランダイス，ルイス Brandeis, Louis　045
フリードマン，ローレンス Friedman, Lawrence M.　009
フリートレンダー，ハインリッヒ Friedländer, Heinrich　039
ブルデュー，ピエール Bourdieu, Pierre　052
フレンケル，エルンスト Fraenkel, Ernst　038
フロイト，ジークムント Freud, Sigmund　165
ブロー，ペーター Blau, Peter　169
ヘーゲル，ゲオルク・ヴィルヘルム・フリードリヒ Hegel, Georg Wilhelm Friedrich　031
ペトラジツキ，レオン Petrażycki, Leon　046, 204
ヘラクレイトス Heraklit　344
ホームズ，オリヴァー・ウェンデル Holmes, Oliver Wendell　041
ホッブズ，トマス Hobbes, Thomas　030, 344
ポドゴレツキ，アダム Podgórecki, Adam　009, 048, 196, 204

ポピッツ, ハインリッヒ Popitz, Heinrich 051,
192, 288, 333, 336, 337
ホーマンズ, ジョージ・キャスパー Homans,
George Casper 169
ホルツ, マティアス Horz, Matthias 309
ポルトマン, アドルフ Portmann, Adolf 165

ま行

マクニール, イアン Macneil, Ian 306
マコーリィ, ステュアート Macaulay, Stewart 309
マリノフスキー, ブロニスワフ Malinowski, Bronisław 165, 166, 168, 196, 224
マルクス, カール Marx, Karl 005, 057-068, 345, 373, 421
ミル, ジョン・スチュアート Mill, John Stuart 071
メイン, ヘンリー・サムナー Maine, Henry Sumner 033, 120, 299, 421
モース, マルセル Mauss, Marcel 224
モンテスキュー, シャルル・スゴンダ Montesquieu, Charles Secondat 030, 364

ら行

ラートブルフ, グスタフ Radbruch, Gustav 431
ライザー, ルートヴィッヒ Raiser, Ludwig 296
ラドクリフ=ブラウン, アルフレッド・レジナルド Radcliffe-Brown, Alfred Reginald 224
ランペ, エルンスト=ディーター Lampe, Ernst-Dieter 052
リープクネヒト, カール Liebknecht, Karl 373
リスト, フランツ・フォン Liszt, Franz von 014, 035
ルウェリン, カール・ニコルソン Llewellyn, Karl Nickerson 046, 205, 207, 208
ルーマン, ニクラス Luhmann, Niklas 009, 051, 128-159, 338, 368
ルソー, ジャン・ジャック Rousseau, Jean Jacques 030, 229
レヴィ=ストロース, クロード Lévy-Strauss, Claude 224
レヴィ=ブリュール, アンリ Lévy-Bruhl, Henri 041
レーザーソン, マックス Laserson, Max 048
レービンダー, マンフレート Rehbinder, Manfred 034, 206, 304, 309
レール, クラウス Röhl, Klaus 195
ロールズ, ジョン Rawls, John 228
ローレンツ, コンラート Lorenz, Konrad 165
ロック, ジョン Locke, John 030
ロットロイトナー, フーベルト Rottleuthner, Hubert 285, 373, 423

事項索引

あ 行

暗　数　Dunkelziffer　269
逸脱行動　abweichendes verhalten　072
一般条項　Generalklausel　025
オートポイエシスシステム　autopoietisches System　146, 154

か 行

カーディー裁判　Kadi-Justiz　109
階級なき社会　Klassenlose Gesellschaft　067
価値判断論争　Werturteilsstreit　122
下部構造　Basis　061, 062
関係的契約　Beziehungsverträge　305
関係的契約　relational contract　306
官僚制理論　bürokratische theorie　126
機械的連帯　mechanische Solidarität　073
規　範
　　──概念　Normbegriff　190
　　仮説的──　hypothetische Norm　193
　　干渉──　Eingriffsnormen　093
　　公式な──　offizielle Normen　203
　　個別──　partikulare Normen　181
　　裁判──　Entscheidungsnormen　091
　　潜在的──　latente Norm　193
　　全体──　universelle Normen　181
　　土着の──　indigenous norms　204
　　非公式な──　inoffizielle Normen　203
　　評価──　Bewertungsnorm　188
共産主義社会　Kommunistische Gesellschaft　064
共同決定　Mitbestimmung　023, 243
偶　然　Kontingenz　131
契　約　Vertrag　294-328
　　──自由　Vertragsfreiheit　120, 300
　　──ネットワーク　Vertragsnetze　324
　　──の概念　Vertragsbegriff　294
　　──の機能　Vertragsfunktionen　295
　　──絡合　Vertragsverflechtung　321
　　──絡合体　Vertragsgeflechte　295, 324, 325
　　──類型　Vertragstypen　310
　　──連鎖　Vertragskette　322
　　国家を越えた──　transnationale Verträge　326
　　身分──　Statusvertrag　120
　　身分──と目的──　Statusvertrag und Zweckvertrag　298
　　目的──　Zweckvertrag　120
KOL　Knowledge and Opinion about Law　290
権利のための闘争　Kampf ums Recht　033
権　力
　　──と支配　Macht und Herrschaft　107, 330, 336, 341
　　──と法　Macht und Recht　337, 338
　　──の概念　Begriff der Macht　331
　　──の制度化　Institutionalisierung von Macht　336
　　──分立　Gewaltenteilung　363
　　──要素　Machtfaktoren　333, 334
交換的正義と配分的正義　Kommutativer und distributiver Gerechtigkeit　227
行動統御　Verhaltenssteuerung　206
行動予期の一般化　Generalisierung von Verhaltenserwartungen　135
合理性
　　──の概念　Begriff der Rationalität　433
　　価値──　Wertrationalität　433
　　形式──　formale Rationalität　434
　　形式的──　formelle Rationalität　125
　　再帰的──　reflexile Rationalität　434
　　システム──　Systemrationalität　434
　　実質──　materiale Rationalität　434
　　実質的──　materielle Rationalität　125
　　手続的──　prozedurale Rationalität　125, 434
　　法の──　Rationalität des Rechts　433

目的―― Zweckrationalität 433
合理的
　価値―― wertrational 104
　形式―― formell rational 116
　実質―― materiell rational 116
　目的―― zweckrational 104
国際比較 internationaler Vergleich 414
個別主義的な社会理論 individualistische Gesellschaftstheorien 162
コミュニケーション Kommunikation 130

さ　行

三角の特性 Dreieckscharakter 323
サンクション
　――機関 Sanktionsinstanzen 259
　――決定機関 Sanktionsinstanzen 252
　――権力の独占化 Monopolisierung der Sanktionsgewalt 259
　――の概念 Begriff der Sanktion 249
　――の規範化 Sanktionsnormierung 259
　――の主体 Sanktionssubjekte 250
　肯定的―― positive Sanktion 249
　受益者―― Benefiziar-Sanktion 251
　特有でない―― unspezifische Sanktion 263
　否定的―― negative Sanktion 247
しきたり Brauch 105
自然科学 Naturwissenschaften 004
実効性率 Effektivitätsquote 269
支　配
　――に関する社会学 Herrschaftssoziologie → 社会学
　カリスマ的―― charismatische Herrschaft 109
　官僚制的―― bürokratische Herrschaft 108, 126
　合法的―― legale Herrschaft 108
　伝統的―― traditionale Herrschaft 109
社会学
　――的法概念 soziologischer Rechtsbegriff 104, 133
　――的法学 Sociological Jurisprudence 044
　――における理論 Soziologische Theorie 005

支配に関する―― Herrschaftssoziologie 330
　理解―― verstehende Soziologie 110
社会心理学 Sozialpsychologie 394
社会心理学的研究 sozialpsychologische Forschung 241
社会制御 soziale Kontrolle 206
社会組織 soziale Organisation 183
社会的威信 Sozialprestige 412
社会の規範的秩序 normative Ordnung der Gesellschaft 185
社会の法化 Verrechtlichung der Gesellschaft 422
習　俗 Sitte 043, 105
集　団 Gruppe 183
自由法論 Freirechtslehre 037
受　容 Akzeptanz 397
受容する akzeptieren 403
条件プログラム Konditionalprogramm 140
承認すること Anerkennung 397
上部構造 Überbau 061, 062
信義誠実 Treu und Glauben 118
人民裁判官 Volksrichter 414
人類学 Anthropologie 165
生産諸関係 Produktionsverhältnisse 059-061
精神科学 Geisteswissenschaften 004
正当性があると信じていること Glauben an die Legalität 105
正当性への信頼 Legitimitätsglaube 107
正当性を要求 Legitimitätsanspruch 107
制度化 Institutionalisierung 134
制度としての基本権 Grundrechte als Institution 144
制度によって保証された強制規範としての法 Recht als institutionell garantierte Zwangsnorm 199
先例裁判 Präjudizienjudikatur 109
相互性 Gegenseitigkeit 223
相　談 Beratung (consultation) 357
相談扶助 Beratungshilfe 377
訴訟扶助 Prozesskostenhilfe 377
存在と当為 Sein und Sollen 110

た 行

体系化 Systematisierung　116
堕　胎 Abtreibung　274
脱法化 Entrechtlichung　428
団体的行為主体 korporative Akteure　379
抽象的紛争処理としての法律 Gesetz als abstrakte Konfliktregelung　363
中範囲の理論 Theorien mittlerer Reichweite　053
手続的正義 Verfahrensgerechtigkeit　238
当事者の布置状況 Parteienkonstellationen　378
匿名の社会関係 Anonyme Sozialbeziehungen　381
匿名の社会関係における訴訟の起こりやすさ Prozessanfälligkeit anonymer Sozialbeziehungen　381

な 行

二者間の関係 Zweierbeziehung　179
人間の自律 Autonomie der Person　221
認識を導く関心 erkenntnisleitende Interesse　006
妊娠中絶 Abtreibung　279
認知的予期と規範的予期 kognitive und normative Verhaltenserwartung　134

は 行

配分的正義 Verteilungsgerechtigkeit　226
非対称的当事者構造 asymmetrische Parteienstruktur　379
非対称的相互作用の関係 asymmetrische Interaktions beziehung　331
評価研究 Evaluationsforschung　277
フォークウェイズ Folkways　043
複雑性の縮減 Reduktion von Komplexität　131
副次的効果 Nebenfolgen　283
普通取引約款 Allgemeine Geschäftsbedingungen　318, 341
普遍主義的な社会理論 universalistische Gesellschaftstheorien　162
分　業 Arbeitsteilung　073
弁護士 Anwalt　417
法
　——と経済 Recht und Wirtschaft　113
　——と道徳 Recht und Moral　139, 209
　——の強制理論 Zwangstheorien des Rechts　106
　——の合理化 Rationalisierung des Rechts　115
　——の合理性 Rationalität des Rechts　433
　——の実定性 Positivität des Rechts　137, 429
　——の指導理念 Leitideen des Rechts　168
　——の進化 Evolution des Rechts　421
　——のスタッフ Rechtsstab　106
　——の正当性 Legitimität des Rechts　339
　——の動員 Mobilisierung von Recht　375
　——の有効性 Wirksamkeit des Rechts　266
　——意識 Rechtsbewusstsein　394, 396-398
　——感情 Rechtsgefüh　394-398
　——事実の研究 Rechtstatsachenforschung　018
　——システムへの信頼 Vertrauen in das Rechtssystem　406
生きた—— lebendes Recht　087, 291
権力と—— Macht und Recht　→ 権力
社会の—— gesellschaftliches Recht　085
制定—— gesetzliches Recht　085
組織—— Organisationsrecht　088
直観的—— intuitive law　204
土着の—— indigenous law　204
復元—— restitutives Recht　076
抑止—— repressives Recht　076
法社会学
　——と法解釈学 Rechtssoziologie und Rechtsdogmatik　016
　——と法制史 Rechtssoziologie und Rechtsgeschichte　014
　——と法哲学 Rechtssoziologie und Rechtsphilosophie　015
　——の応用 Anwendung der Rechtssoziologie　021
経験的な——的研究 empirische rechtssoziologische Untersuchungen　010

抽象的——と具体的—— abstrakte und
　　konkrete Rechtssoziologie　384
理論的——と批判的—— theoretische und
　　kritische Rechtssoziologie　011
法順応 Rechtsgehorsam　407
法曹法 Juristenrecht　092
法治国家 Rechtsstaat　244, 257
法律家の役割 Funktionen der Juristen　094
本　能 Instinkte　165

ま　行

民主主義 Demokratie　244

や　行

役　割 Rolle　206
有機的連帯 organische Solidarität　074
欲求行動 Appetenzverhalten　165

ら　行

リーガル・リアリズム Legal Realism　045
立　法 Gesetzgebung　021
理念型 Idealtypus　105, 111, 121
良　俗 gute Sitten　210

訳者紹介（＊は監訳者，翻訳担当箇所については監訳者あとがきを参照のこと）

＊大橋憲広（Norihiro Ohashi）　東京家政大学教授
専攻：法社会学
『ルーマン／来るべき知』（訳出部分を担当，勁草書房，1990年），H. ロットロイトナー著「法思想における生物学的メタファー」『比較法学』第25巻2号（共訳，1992年），「ベルリンにおける法曹養成――法の比較社会学」『東京家政大学研究紀要』第35巻人文社会科学（1995年），『レクチャー法社会学』（共著，法律文化社，2001年），『現代法ワークショップ』（敬文堂，2009年）

田中憲彦（Norihiko Tanaka）　法政大学講師
専攻：西洋法制史
『歴史における法の諸相』（共著，敬文堂，1994年），G. ケブラー『ドイツ法史』（共訳，成文堂，1999年），ガーイウス『法学提要』（共訳，敬文堂，2002年）

中谷　崇（Takashi Nakaya）　駿河台大学准教授
専攻：民法
「架空環状取引と錯誤」『横浜国際経済法学』第15巻3号（2007年），「双方錯誤の歴史的考察（1）～（4・完）」『横浜国際経済法学』第17巻1号～第18巻1号（2008～2009年），「わが国における錯誤法の生成」『駿河台法学』第25巻1号（2011年）

清水　聡（Soh Shimizu）　法政大学講師／玉川大学講師
専攻：政治学
『国家のゆくえ――21世紀世界の座標軸』（共著，芦書房，2001年），「ドイツ民主共和国と『社会主義のなかの教会』」『西洋史学』第214号（2004年），「『スターリン・ノート』と冷戦 1950-1952年――ドイツ統一問題をめぐるドイツ社会主義統一党（SED）の動向」『ロシア・東欧研究』第37号（2009年）

著者紹介

トーマス・ライザー（Thomas Raiser）
フンボルト（ベルリン）大学名誉教授。1935年にシュトゥットガルトに生まれ，チュービンゲン大学などで法律学を修め，論文「Haftungsbeschränkung nach dem Vertragszweck」で博士号を取得。ハンブルク大学，ギーセン大学などを経て，フンボルト（ベルリン）大学教授。1977年から1992年までフランクフルト高等裁判所裁判官を兼務する。研究対象は，法社会学関係のほかに，会社法，共同決定法，企業法など多岐にわたる。ドイツの「法と社会学会」の設立メンバーでもある。数度にわたり日本に滞在し研究・交流を行っている。

Horitsu Bunka Sha

2012年5月20日　初版第1刷発行

法社会学の基礎理論

著　者　トーマス・ライザー
監訳者　大　橋　憲　広
発行者　田　靡　純　子

発行所　株式会社　法律文化社
〒603-8053　京都市北区上賀茂岩ヶ垣内町71
電話 075 (791) 7131　FAX 075 (721) 8400
URL : http://www.hou-bun.com/

©2012 Norihiro Ohashi Printed in Japan
印刷：中村印刷㈱／製本：㈱藤沢製本
ISBN978-4-589-03430-4

大橋憲広・奥山恭子・塩谷弘康・鈴木龍也 林 研三・前川佳夫・森本敦司著〔αブックス〕 **レクチャー法社会学** A5判・270頁・2625円	これまでの法社会学の理論展開と社会事象の現実を読み解くことをテーマに平易に解説。「生ける法」から臓器移植・脳死やリーガルプロフェッション（法律家制度）まで今日的な課題にアプローチする。
和田仁孝編〔NJ叢書〕 **法　社　会　学** A5判・306頁・3360円	かつてない分岐を迎える現代法社会学。その錯綜した方法論と学問領域の多様性を「法と社会の構造理解」「実践的問題関心」「方法論的アプローチ」という3つの次元から的確にマッピングする知的刺激にみちた教科書。
樫村志郎編〔法動態学叢書 水平的秩序1〕 **規　範　と　交　渉** A5判・276頁・3990円	ビーチから民族関係までの，ありとあらゆる人間的秩序関係において，秩序が水平的に構築されるための条件と限界を扱う。社会の中で，人々自身の手による秩序形成のさまざまな局面に光をあてる。
齋藤 彰編〔法動態学叢書 水平的秩序2〕 **市　場　と　適　応** A5判・278頁・3990円	「市場」ないし「市場化」における経済的取引を中心に，取引による規律の拡大，市場の調整能力と法制度の関係，を解明し，水平的秩序が，さまざまな取引において無視し得ない基盤性をもつことを検討する。
樫村志郎編〔法動態学叢書 水平的秩序3〕 **規　整　と　自　律** A5判・258頁・3990円	「市場」ないし「市場化」における，国家その他の公的権力による「市場」の管理ないし「市場」への介入という現象をとりあげ，水平的秩序化と垂直的秩序化の融合が顕著であるような領域を分析検討する。
山本顯治編〔法動態学叢書 水平的秩序4〕 **紛　争　と　対　話** A5判・246頁・3990円	水平的秩序化における当事者自律，対立する当事者の間の対話と相互理解を基本に，当事者の行動原理，またとりわけ，当事者を支援する専門的援助者の役割，倫理，責任の問題を検討する。

―――――法律文化社―――――